KB202916

종교와 정의

: 제4세대 통전적 정의론 모색

R e l i g i o n   a n d   J u s t i c e :

A Study of the Holistic Concept of Justice in the Perspective of the Fourth Generation

종교와 정의

: 제4세대 통전적 정의론 모색

성공회대학교 신학연구원 엮음

권진관 김명희 김혜경 류제동 박혜경 백민정 신익상 이숙진 함께 지음

동연

종교와 정의
: 제4세대 통전적 정의론 모색

2015년 8월 23일 초판 1쇄 인쇄
2015년 8월 30일 초판 1쇄 발행

엮은이 성공회대학교 신학연구원
지은이 권진관 김명희 김혜경 류제동 박혜경 백민정 신익상 이숙진
펴낸곳 도서출판 동연
펴낸이 김영호
디자인 황경실 관 리 이영주
등 록 제1-1383호(1992. 6. 12)
주 소 (우 03962) 서울시 마포구 월드컵로 163-3
전 화 02-335-2630, 4110
전 송 02-355-2640

ISBN 978-89-6447-282-8 93200

이 저서는 2012년 정부(교육부)의 재원으로 한국연구재단의 지원을 받아 수행된 연구임
(NRF-2012S1A5A2A03034101).

책 을 펴 내 며

　"종교와 정의: 제4세대 통전적 정의론 모색"을 시도한 본 연구는 한국의 각 종교들의 경전과 전통에 나타나는 경제, 정치, 생태 정의에 대한 통전적 이해를 목표로 하였다.

　현대 서양학자들에 의해 전개된 정의는 3세대에 걸쳐 변화해왔다. 제1세대의 정의 이념은 17, 18세기 미국, 영국, 프랑스 혁명 및 자본주의의 등장과 관련한 '자유'였으며, 시민권과 정치권(자유권과 참정권)이 추구되었다. 19세기 이후부터는 '평등'이라는 제2세대의 정의 이념이 등장하였다. 이때 추구되는 권리는 경제적, 사회적, 문화적 권리(사회권)이다. 이후에 등장한 제3세대 정의는 연대와 인류애를 이념으로 한다. 제3세대 정의는 집단적으로 실현되는 권리로서 지역 사회, 전체 국민, 사회, 혹은 국가에 적용되는 권리다. 이러한 제3세대 정의는 개인주의적, 자유주의적 관점에서 전개된 제1세대 정의에 대한 비판적 관점으로부터 발전하였으며 특히 식민주의적·환경오염적 개발에 반대한다.

　이처럼 현대의 정의론은 3세대에 걸쳐 '자유', '평등', '인류애'를 중심으로 담론화 되어왔다. 그러나 오늘날과 같은 글로컬(Global+Local) 시대의 복합적 문화, 종교, 민족적인 상황에서는 이러한 가치들이 상대적으로 작용하기도 한다는 점에서 한계에 도달하였다. 최근 철학과 정치학에서 다시금 '정의론'이 대두된 것은 이런 맥락에서라고 하겠다. 종교는 때로 정의와 부정의의 원인이 되기도 하지만 정의를 정립하는 역할을 담당하기도 했다. 본 연구는 이를 토대로 인류의 공통 과제인 제4세대 정의론 즉 '생태적 정의론'을 포함한 '통전적 정의론'을 제시하고자 하였다.

본 연구는 우리나라의 대표적 종교 전통으로 자리 잡고 있는 고유 종교, 유교, 불교, 천주교, 개신교를 대상으로 하여 세 가지 관점에서 진행되었다. 첫째, 종교의 경전과 가르침 속에 나타난 '종교의 정의'에 대한 해석학적 연구를 추진하였다. 둘째, 실천 속에 나타난 '종교와 정의'의 상관성에 관한 연구다. 종교의 긍정적 혹은 부정적 정의 실천의 결과들을 통해 종교와 정의 간의 상관성을 규명하였다. 셋째, 종교들의 정의론 연구를 통하여 제4세대 통전적 정의관을 모색하였다.

각 종교에 대한 연구 결과를 본서에서는 각각의 발생 지역에 따라서 동양 종교와 서양 종교로 크게 나누어 1부와 2부로 구성하였으니, 연구 성과를 간략히 요약하면 아래와 같다.

동양 종교에서 우선 권진관의 연구에 의하면, 우리의 고유 종교라고 할 수 있는 동학에서 인간 존재의 근원에 대한 성찰은 우리가 궁극적으로 추구해야 할 것이 무엇인지를 깊이 생각하게 하며, 생명과 평화의 관점에서 '생태 정의'를 논의할 수 있는 장(場)을 마련해 준다. 우리의 고유 종교에서는 심층적 차원에서 모든 '자연스러운' 것을 최고의 '정의'라고 본다.

백민정의 연구에 의하면, 사회적 정의의 실현은 단순히 이성적 협의나 쟁론을 거쳐 합리적으로 도출할 수 있는 결과가 아니라 구체적 인간 관계 속에서 행동하고 실천함으로써 실현 가능한 가치라는 점을 생각해야 한다. 이 점은 공적 영역의 실현 혹은 공동선의 실현이 구성원의 자기 공부와 변화, 지속적인 윤리적 의지를 필요로 한다는 것을 보여준다. 유교의 정의론은 구성원 각자의 공부론과 삶의 다양한 기술[기예]을 첨예하게 발달시켜 왔다.

김명희는 법륜 스님의 '생태적 정의관'을 통해 불교의 통전적 정의론을 연구하면서, 불교의 정의론이 자연을 대상화하는 서양의 전통적 정의론을 넘어 연기론과 무아론에 근거하여 인간뿐 아니라 동물과 자연환경을 포함하는 생태계의 온 존재가 주체가 되고 존중되는 '통전적 정의론'을 지향함을 밝힌다. 이것은 모두가 주체가 되는 불이적(不二的)·통전적(統全的) 정의로서 제4세대의 생태적 정의론이다.

류제동의 연구는 초기 불교와 비판불교운동을 중심으로 불교에서 정의 모색이 어떻게 이루어지고 있는가를 살피면서, 불교는 개인의 수행에만 관심을 두지 사회정의에는 관심을 두지 않는다는 입장이 초기 불교에서는 타당하지 않으며, 오늘날의 불교에서도 비판불교운동을 중심으로 사회정의 및 생태 정의에 대한 심층적이고 비판적인 성찰이 이루어지고 있음을 밝힌다.

서양 종교에서 우선 권진관의 연구에 의하면, 예수는 합리주의적 정의론자들이 이야기하는 사회적 합의로서의 정의나 개인의 사랑의 감정에서 비롯된 개인적인 정의인 보살핌의 정의가 지니는 한계를 넘어서, 사랑에 기초하여 정의로운 배분과 모든 사람들의 자유가 보장되는 새로운 사회 질서를 지향하는 주체들을 모아서 적극적인 역사 참여에 의한 정의를 추구하였다.

김혜경의 연구에 의하면, 인간은 다른 인간, 피조물과 '더불어' 서로를 '위해' 존재한다. 생태 환경을 인간의 삶의 조건과 따로 떼어서 생각할 수 없는 것은 서로 긴밀하게 연관되어 있기 때문이다. 가톨릭 사회 교리는 이것을 '공동선'의 근거로 제시한다. 정의 문제가 인간에게만 국한된 문제가 아니라 이제 모든 피조물의 세계에까지 도달되어야 하는 과제로 부각된 것이다.

박혜경의 연구는 인권과 생태권을 아우르는 정의론을 구축하기 위해 '그린 리더십'(Green Leadership)을 제시한다. 권력은 '정의'라는 이름으로 약자에게 폭력 리더십을 행사하곤 한다. 강자가 지닌 폭력성에 저항하는 정의론을 정의하기 위해 박혜경은 기독교 정경인 '이사야서 11장'과 '해와 달이 된 오누이'의 해석학적 대화를 시도한다. 서양 정경과 한국 민담간의 두 이야기의 합류는 제4세대가 추구하는 통전적 정의론의 한 지평을 제시하고 있다.

신익상의 연구는 공감을 정의의 중심에 놓는다. 공감이 허물어져 내린 오늘날 한국의 기독교적 삶 한가운데서 공감을 새롭게 세우고자 한다. 고린도전서의 아가페-사랑을 통해 문제를 찾아내고 로마서의 은혜-선물로써 이에 대한 대답을 제시하는 가운데 배제된 이들과의 '공감하기'야말로 정의가 시작되는 지점임을 발견한다.

이숙진의 연구는 오늘날 사회적 정의의 내용과 주체 설정에 있어서 성(性)을 매개로 한 억압과 지배의 문제가 중요한 요소임을 주목하고 있다. 그리하여 아이리스 영이 제안한 여성주의 정의론을 지렛대로 활용하여, 기독교 공동체 안에 침윤된 젠더/섹슈얼리티에 의한 부정의 문제를 분석함으로써 통전적 정의론 구축의 기초 작업을 하였다.

오늘날 우리의 정의 논의는 기존의 범주 밖에 있는 존재들에 대한 사회적 배제의 메커니즘을 주목할 필요가 있다. 이는 이성적 차원에서 발생하는 불의뿐만 아니라 감성적 차원에서 발생하는 부정의 문제까지 아울러야 한다. 이를 위해 민주화 시대에서 전개되고 있는 운동, 담론, 감수성을 면밀히 분석하고, 궁극적으로는 새로운 정의 패러다임을 모색하는 것이 우선적인 주요 과제다.

　우리나라에서 종교 인구는 결코 적지 않다고 할 수 있으나, 지성적 차원에서의 관심과 아울러 정의 실현 차원에서 종교에 대한 관심은 매우 아쉬운 수준이라고 할 수밖에 없다. 이러한 상황을 타개하는 데 본서의 기여가 있기를 바란다.

2015년 7월
연구책임자 권진관
(성공회대 신학과 교수, 조직신학)

차 례

1부

동양 종교에서의 정의

동학(東學)의 정의 이해
: 주체론적 관점에서

권진관 ― 성공회대학교

I. 서론: 방법론과 연구의 범위

정의론에서 중요한 질문은 정의의 의미를 시대 속에서 규정하고 그 것을 실천적으로 구현해 내는 주체가 누구인가이다. 정의는 역사와 사회 속에서 실현되는 것이라고 한다면, 이 정의의 의미를 실현하는 의식적이고 정치적인 주체가 요청된다. 19세기 말의 제국주의의 위협 속에서 정의를 위해 몸부림친 집단이 있었다. 그들은 동학인들이었다.

이 연구는 정의를 주체론적으로 접근하고자 한다. 이러한 접근은 시대적 상황과 정치적인 공간 속에서 주체들에 의해서 추구되는 역동적인 정의의 이해를 산출해 낼 수 있다. 이 연구는 주체들을 설정하고 그 주체

* 이 논문은 2012년 정부(교육부)의 재원으로 한국연구재단의 지원을 받아 수행된 연구임 (NRF-2012S1A5A2A03034101). 이 논문은 『종교연구』 74집 1호(2014년 3월)에 게재된 것임을 밝힌다.

들이 실현하고자 했던 정의 개념을 몇 가지의 범주들을 매개로 하여 접근하게 될 것이다. 또한 동학과 천도교의 역사와 경전에 나타나는 정의 사상을 이 범주들의 관점에서 분석함으로써 동학의 정의 사상을 밝혀 보려고 시도할 것이다.

연구자는 동학의 정의 이해를 논의할 때 당시의 동학의 농민들 그리고 동학의 지도자들이 가졌으리라고 생각하는 범주적 개념들을 추론할 것이다. 그리고 이와 연결하여 다른 행위 주체들, 일본 제국, 조선의 지배 관료들, 유학자들, 개화적 지식인들, 일반 백성 등 다양한 주체들이 가졌던 정의 사상을 동일한 범주들을 가지고 분석하려고 한다. 이러한 다른 주체들의 정의 이해를 고려하면서 동학의 정의에 관한 이해에 접근할 수 있을 것이다.

이 연구는 동학의 1대 최제우로부터 2대 최시형 그리고 3대 교조 손병희의 죽음까지의 시기 즉 1860년부터 1922년의 기간의 동학과 천도교의 정의 사상과 활동을 연구 대상으로 삼는다. 의암 손병희 이후의 천도교의 활동에 대해서는 다음을 기약할 것이다.

II. 종교 사상들의 종합으로서의 동학

동학은 유교의 가르침들을 조선 민중이 겪고 있는 고통과 그 해결을 위해 주체적으로 재해석하여 받아들였다.[1] 최제우는 유교 사상의 상당

---

1 동아시아 연구자 이병한은 이렇게 썼다. "18세기의 개명이 19세기의 서세동점으로 개화파의 서학과 개벽파의 동학으로 분화했던 것이다. 개화파가 유학의 타파와 조선의 전복을 꾀했다면, 고종은 절대왕정의 이데올로기로 유학을 왜곡했고, 개벽파는 유학의 민중화

부분을 받아들일 뿐만 아니라 이것들을 새롭게 재해석하였고, 여기에 그의 신적인 체험 속에서 유교는 물론, 불교 및 도교적 사상을 새롭게 재해석함으로서 새로운 종교적 사상인 동학을 창도하였다.

최제우의 이러한 재창조적 통합은 시대적 과제에 응답하는 방향으로 이루어졌다고 하겠다. 이것은 특히 성리학에 대한 주체적인 해석으로 이루어졌다. 그는 서양과 일본이라는 힘의 제국들이 밀려오는 상황에서 고루한 성리학으로는 대처할 수 없다고 보았다. 그는 성리학을 넘어설 수 있는 길은 서학이 아니라, 이미 우리 안에 있는 종교 사상들에 있다고 믿고 동학을 창도하였다. 그러나 전통적인 성리학이나 불교, 도교, 무속은 민중이 당면한 상황을 능동적으로 응답하기에 한계가 있었다. 그는 이러한 조선 종교 사상들에서 비롯된 사상적 요소들을 창조적으로 재해석하고 통합하여 새로운 해방의 종교 사상을 세우는 데에 성공하였다. 해월 최시형은 수운으로부터 다음과 같은 말을 들었다고 기록하고 있다. "이 도는 유불선 삼도의 가르침(敎)을 겸하였다."[2] 그는 서양과 서학의 도전을 의식하면서 삼교와 무속을 종합함으로써 과거 종교들의 요소들을 받아들이고 종합하여 새로운 체계를 형성했던 것이다. 그는 1860년 경신년 4월 5일 초월적 존재인 하느님으로부터 가르침을 받고 영부와 주문을 받았다. 1861년 신유년 6월부터 소문을 듣고 찾아오는 사람들에게 도를 가르치기 시작하였다.

최제우의 동학은 성리학의 고루함과 사상적 비역동성, 그에 기반한

를 통한 조선의 갱신을 도모했다. 유학을 고집하는 척사파와 서학을 맹종하는 개화파 사이에서 '제3의 길'을 모색했던 것이다."

http://www.pressian.com/news/article.html?no=112926, 2014.01.20 08:22:41.

2 「제의식」, 『동경대전』. 윤사순, "동학의 유학적 성격," 민족문화연구소 편, 『동학사상의 새로운 조명』 (영남대 출판부, 1998), p. 95에서 재인용.

위계적 통치 체계를 극복하는 사상성을 가졌다. 동학의 사상은 19세기 중후반의 제국주의 침략의 시대에 풍전등화와 같던 국운의 시기에 많은 민중에게 설득력을 가졌다. 최제우는 유학, 성리학의 중요한 요소인 기(氣) 사상을 그의 천주 사상, 하느님 사상과 연결시킴으로써 기 개념에 역사적 역동성을 부여했다. 그동안 기를 인간과 우주의 상통 혹은 인간 내면의 영역으로 그 활동 영역을 제한시켰지만, 수운에게 와서 이 기 사상은 우주적, 역사적, 사회적인 역동성을 갖게 되었다.

최제우는 성리학을 자신의 신 체험과 연결시켰다. 그는 성리학의 이적(理的)인 초월관을 인격적인 신관으로 대체하여 무적(巫的)인 민중의 심성에 파고들어갈 수 있었다. 최제우는 「수덕문」에서 인의예지는 성인이 가르쳤으나, 수심정기는 오직 내가 생각해 정한 것(惟我之更定)이라고 하였다.3 수운은 성리학의 인식 체계의 대강을 받아들였지만, 성리학의 형이상학적인 이기론과는 무관하게 자신의 사상을 정립하였다. 즉, 인격적 신인 천주를 性이나 理의 자리에 놓고 수세기 내려온 비역동적인 성리학적 체계를 역동적인 동학으로 바꾸었다. 배영순이 지적했듯이 시천주 조화정(侍天主 造化定)의 조화정은 "뜻이 하늘에서 이루어진 것 같이 땅에서도 이루어지소서"와 같이 혁신적인 사상으로 보아야 한다.4

수운의 사상적 기조에는 새로운 세상에 대한 희망을 내포한 종말 사상, 개벽 사상의 역학적 운세관이 참여하여, 어려운 현재적 상황에서도 희망을 가지고 개혁하게 하는 힘으로 작용한다는 긍정적인 면을 가지고 있었다.5 특히 이러한 개벽 사상은 위기에 처해 있는 집단들이나 피억압

3 천도교 중앙총부, 『천도교경전』 (서울: 천도교 중앙총부출판부, 2001), p. 51.
4 배영순, 「동학사상의 기본구조」, 『동학사상의 새로운 조명』, p. 77.
5 수운의 『용담유사』의 「몽중노소문답가」에 기록된 가사를 보자. "천운이 둘러서니 근심 말

자들의 종말론적 종교에서 잘 나타나고 있는데, 이것은 기독교 신약의 요한계시록, 구약의 다니엘서 등에도 나타나고 있다. 그러나 이런 모든 것은 성리학적 세계관에서 보면 이단이었다. 당시의 지배적 세계관인 성리학적 관점에서 보면 동학은 이단이었으며, 기성의 질서로부터 일탈된 주체였다.

III. 정의를 이해하기 위한 범주와 주체

1. 정의의 서술을 위한 범주들

범주는 대상을 이해하게 해 주는 매개적 개념이며, 학자마다 한 대상을 놓고 범주들을 다르게 설정할 수 있다. 본 연구자는 정의를 설명 가능하게 하는 범주들을 설정하고자 한다. 여기에서 범주란 정의와 같은 대상을 진술할 수 있게 하는 하위의 개념들을 말한다. 논자마다 이러한 범주들을 의식적으로나 무의식적으로 가지고 있어서 이 범주들로 정의의 의미를 다르게 진술한다. 범주들의 선택이 다르게 되면 대상에 대한 이해와 진술이 다르게 될 것은 당연하다.

예를 들어, 마르크스주의적 정의 이해는 다음 몇 가지의 범주들을 통해서 형성될 수 있을 것이다. 즉, 재산, 계급, 지배, 착취, 소외, 자유 등이다.[6] 정의를 덕목(virtue), 품성(disposition) 등의 범주적 개념을 사

고 돌아가서 윤회시운 구경하소. 십이제국 괴질운수 다시개벽 아닐런가 태평성세 다시 정해 국태민안 할거시니 개탄지심 두지말고 차차차차 지나서라 下元甲 지나거든 上元甲 호시절에 만고없는 무극대도 이세상에 날거시니."

용하여 접근할 수도 있다.7 어떤 논자는 평형(equlibrium)과 신중이라는 개념을 중요하게 활용하여 정의를 진술한다.8 공리 혹은 실용(utility, Jeremy Bentham)을 정의의 기본 개념으로 보거나, 인간의 자유를 위한 도덕적 원칙을 만들 수 있는 보편적인 이성(칸트), 분배, 공정(John Rawls) 등을 기본적 범주로 활용하여 정의를 구상할 수도 있을 것이다.9 아리스토텔레스는 정의(díkη)를 균형 잡힌 질서와 연결시킨다. 질서를 정의라고 한다면 질서는 기성의 질서를 가리키게 되는데, 그렇다면 정의는 보수적인 것이 된다. 그러나 새로운 가치에 의해서 질서가 새롭게 조성되면 이전의 정의는 반정의(injustice, A-dikia)가 된다.10 정의는 새로운 가치관에 따라 시대마다 그 의미가 달라진다. 그렇다면 이제 필요한 것은 동학의 정의를 이해하기 위해 어떤 범주적 개념을 설정할 것인가 하는 것이다. 선택된 범주는 비록 형식적인 범주적 개념이지만, 정의의 내용을 실질적으로 구성하는 데에 막대한 영향을 준다. 본 연구자는 동학의 경전, 역사적 자료 등을 검토하고, 동시에 동학운동을 놓고 공방을 벌였던 다양한 주체들이 역사 속에서 보였던 정의관을 검토하여 그

---

6 Carol C. Gould, *Marx's Social Ontology, Individuality and Community in Marx's Theory of Social Reality* (Cambridge, Mass: The MIT Press, 1978), p. 130. 5장 "The Ontology of Justice: Social Interaction, Alienation and the Ideal of Reciprocity," pp. 129-178 참조.

7 Jiwe Ci, *The Two Faces of Justice* (Cambridge, Mass: Harvard Univ. Press, 2006).

8 Norman Daniels, *Justice and Justification: Reflective Equilibrium in Theory and Practice* (Cambridge, UK: Cambridge Univ. Press, 1996).

9 정의를 위한 다양한 범주적 개념들은 다음 책에 잘 나와 있다. David Johnston, *A Brief History of Justice* (Chichester, UK: Wiley-Blackwell, 2011).

10 Louis E. Wolcher, "Thought's Prison: An Image of Images," *Imaginary Boudaries of Justice: Social and Legal Justice across Disciplines*, ed. by Ronnie Lippens (Oxford and Portland, Oregon: Hart Publishing, 2004), p. 26.

시대에 적합한 다음 4개의 범주들을 선택하였다. 그것은 질서, 평등, 자유, 힘이며, 이 4개의 범주를 사용하여 동학과 천도교의 초기 시대의 상황 속에서 동학인들이 품었던 정의관을 이해하고자 한다. 선택된 범주들의 효용성은 앞으로의 논의 과정에서 드러날 것이다.

1) 질서

동학인들이 추구했던 질서는 개화파나 유학 성리학(지배 질서)이 추구하는 질서 그리고 일본 제국주의자들이 지향하는 질서와 다르며, 이 질서 개념에 의해서 각각의 주체들이 가진 정의의 이해도 다를 수밖에 없다. 유학/성리학은 이기 이원론적, 계급-질서적 정의 개념을 가지고 있었다. 사대부, 군자의 계급적인 이해가 보존되는 질서가 정의의 상태였다. 불의는 이러한 질서를 무너뜨리는 것이며, 여기에서 민란과 같은 아래로부터의 혁명은 불의한 것으로 나타날 수밖에 없다. 조선의 유교적 지배 질서는 동학을 이와 같은 민란으로 규정하여 앞장서서 막았다.

개화파의 질서 개념도 성리학의 위계주의와 크게 다르지 않았다. 개화파들은 그 주도 세력을 양반 관료들과 이를 더 확장하여 개화된 중인들을 포함시켰지만, 기본적으로 선각적인 양반 지배 엘리트들로 구성되었으며, 이들은 구 지배 엘리트로부터 정권을 탈취하여 개혁을 통한 부국강병과 독립을 추구하면서 지배 질서를 유지하려고 하였다는 점에서 동학의 평등주의적인 계급타파주의와는 구별되었다. 일본에 의해서 1894년 7월에 시작된 갑오경장으로 탄생한 개화파 김홍집 내각은 일본과 손잡고 동학혁명군을 섬멸하는 데에 앞장섰다. 동학은 1894년 2차전투 시기인 11월 12일 동학창의소 명의로 발표한 고시문에서 민족적

총궐기를 독려하는 한편 일본과 친일 개화파에 대한 거부를 분명하게 표현하였다.[11]

2) 평등

개화파는 상층의 일정 계급 내에서의 자유주의적 형식적 평등을 지향하였고, 성리학자들은 불평등 구조를 강화하였다. 동학은 실질적 평등을 지향한 것으로 판단된다. 동학은 모든 인간을 시천주하는 존재로 보고 하늘과 같이 대하라고 가르쳤다.

조선의 지배적 이론이며 이념인 주자학은 주희의 이기 이원론을 받아들일 뿐 아니라, 그것을 현실 정치에 그대로 적용하였다. 그리하여 이에 충실한 지배 계급이 기에 의해 움직이는 피지배 계급을 지배하는 지배 질서를 구축하였다고 해도 과언이 아니다.[12] 지배 계급인 군자와 피지배 계급인 소인으로 엄격히 나누어 민을 소인으로 간주하여, 민에 의한 정치를 생각할 수 없었다.

수운은 그의 「도덕가」에서 당시 도덕군자로 자처하는 사람들이 결국은 학벌 있고, 가세가 있고, 문필이 있어 그렇게 된 것이라고 하면서, 지벌, 가세, 문필을 가지고 도덕을 점유하고 독점하는 현실을 비판했다.[13] 이는 조선 사회를 밑으로부터 흔드는 비판이었다. 부자 사대부가

---

11 황선희, 『동학~천도교 역사의 재조명』 (모시는사람들, 2009), p. 248. 다음은 창의문의 일부이다. "이제 우리 東徒가 의병을 드러 왜적을 소멸하고 개화를 제어하며 조정을 청평하고 … 조선 사람끼리라도 도는 다르나 척왜와 척화난 其義가 일반이라 … 각기 돌아보고 충군애국심이 잇거든 곳 이리로 도라오면 상의하야 갓치 척왜척화하야 조선으로 왜국이 되지 안이케 하고 동심합력하야 대사를 이루게 할새라."

12 Ibid., pp. 262-263.

13 『천도교경전』, pp. 218-219.

쥐고 흔드는 사회에서 그들의 지배가 정당성을 갖지 못한다면 누가 그런 정당성을 가지는가? 최제우는 시천주하는 새로운 주체가 그 정당성을 갖는다고 보았다. 해월 최시형은 "동학을 깨달은 자는 호미를 들고 지게를 지고 다니는 사람 속에서 많이 나오리라"고 하면서 부한 사람들은 도를 깨닫기가 어렵다고 하였다.14 최시형은 말하기를, "우리나라 안에 두 가지 큰 폐풍이 있으니 하나는 적서의 구별이요, 다음은 반상의 구별이라. 적서의 구별은 집안을 망치는 근본이요 반상의 구별은 나라를 망치는 근본"이라고 하였다.15 그는 베짜는 여인(며느리)을 보고 한울님(천주)이 강림하였다고 하였다.16 동학은 남녀, 적서, 반상, 장유에서 비롯되는 모든 신분제적 불평등을 혁파한 철저한 평등주의 사상이었다. 수운은 서자 출신이었고, 해월은 무식한 하층 민중 출신이었고, 손병희도 하층민 출신이었으니 이들의 사상이 평등주의적이 될 것은 쉽게 이해될 수 있다. 이들에게 평등의 근거는 재물이나 신분, 혈통이 아니라 한울(天主)을 모심에 있었다. 그 모심으로 새로운 사람이 되면 역사의 주체가 된다는 것은 매우 높은 윤리적 정치 사상이라고 평가하지 않을 수 없다.

3) 자유

동양 사회, 특히 서양에서 볼 수 있는 시민혁명을 경험하지 않은 19세기 말의 조선 사회에서 개인의 자유를 위한 운동이 있었는가? 정의는

---

14 황선희, p. 290.
15 『천도교경전』, p. 389.
16 Ibid., p. 280.

개인의 자유를 극대화하는 것이라면 동학운동이 바로 그것을 향한 운동이었다. 본 연구자는 동학운동은 근대 시민혁명적인 성격을 가지고 있었다고 본다.

동학사상에 개인적 주체, 시민적 주체 개념이 있는가. 공동체성과 집단성 안에서도 개인의 자유를 인정하였는가? 스스로 자기를 뛰어 넘을 수 있는 초월하는 자유를 동학사상이 품고 있었는가? 동학운동 안에서 개인의 독립성이 존중되었는가? 가족중심주의도 아니고, 민족, 국가 속의 일원이 아닌 자유로운 인간, 족쇄에 매이지 않은 인간, 국가나 왕조의 일부가 아닌, 독립된 개체로서의 자유로운 인간상이 동학 안에 있었던가? 분명 동양에서는 자기의식, 즉 한 개체의 생각과 행동이 자신에게로 돌아와 성찰되는 자기 주체화의 과정이 부족한 것이 사실이다.

동학 연구자인 오문환은 동학이 근대적 개인의 주체성을 확립하지 못하였다고 주장하였다. 그는 동학의 주체성의 근원이 '생각하는 나 (cogito)'에 있는 것이 아니라 천주 또는 신령이라고 하는 내면적 보편성이 내 안에 있기 때문으로 보았기 때문에 그것은 개체성이 아니라 보편성에 있으므로, 엄밀한 의미에서 동학에는 서구의 개체적 주체성이 없었다고 주장했다.[17] 그는 동학의 주체는 우주적 공동체적 주체라고 하였다. 오문환은 다음과 같이 주장한다. "따라서 동학은 자기 안의 보편성을 개발하는 데 노력을 기울였지 개체들 간의 합의를 통한 객관적 공공성의 구현에는 소홀했다." 왜냐하면 "개체를 실체로 보지 않고 개체성이란 원래 없다고 보았기 때문"이었다.[18] 그러나 이러한 주장은 당시의 동학인들의 실제적인 이야기를 통해서 입증되어야 마땅할 것이다. 동학

---

17 오문환, 『다시개벽의 심학』 (모시는사람들, 2006), p. 226.
18 오문환, p. 227.

운동은 자유를 위한 운동이었고, 동학 농민들의 각 사람은 자기 책임 하에 자신의 삶을 개척하기 위하여 힘을 모은 집단적인 운동이었다. 이러한 주장을 위해 앞으로 많은 실증적인 조사가 요구되지만 여기에서는 우선 김용옥의 주장을 가지고 이 연구자의 생각을 뒷받침하려고 한다.

동학운동은 자유를 위한 운동이었다. 김용옥은 동학운동을 불란서나 미국의 혁명에 비교될 수 있는 혁명이라고 보았다. 김용옥에 의하면,

> 동학은 "명실공한 조선역사 근대성modernity의 기점"이며, "비록 그것이 정치사적으로 좌절로 끝나고 만 사건이지만, 그 내면의 제도개혁에 대한 요구의 본질은 불란서혁명이나 미국독립전쟁이 구현하려고 했던 정신적 가치에 조금도 뒤지지 않은 것일 뿐 아니라, 그 제도 개혁을 가능케 만드는 포괄적 세계관, 그리고 왕정의 축을 민주의 축으로 전환시키는 새로운 인간관을 체계적으로 제시했기 때문"에 동학운동은 동학혁명이라고 불릴만하다고 하였다.19

자유를 위한 동학의 행진은 다시 3.1운동으로 이어진다. 3.1운동이 전 세계에 시민적 인권과 민족의 독립을 주장한 것이고, 이는 동학의 정신에 그 뿌리를 두었다고 주장하는 것이 과연 무리일까? 3.1운동에 기독교가 많이 참여했지만, 그러나 천도교는 준비 단계에서부터 끝까지 주도적으로 참여했고, 거사를 위한 재정적 뒷받침이 되어 주었다. 동학운동의 정신은 한국 전통 속에서 면면히 살아남아서, 한국의 정의와 민주주의를 위한 정신적인 밑받침이 되었다.

---

19 김용옥, 『도올심득 동경대전 1』, (서울: 통나무, 2004), pp. 8-9.

4) 힘(power)

힘은 정의를 구성하는 필수적인 요소이다. 힘이 없다면 정의는 추상적인 관념으로 남는다. 힘을 수반하지 않은 정의는 실질적이지 못하다. 무엇이 정당하고 정의로운 힘인가? 개화파의 정의관에는 저항적 힘의 요소가 없었는데 그것은 폭력의 세력인 일본과의 타협의 산물이었다. 정의를 실행할 때에는 그에 반대하는 힘의 대응이 일어난다. 따라서 정의는 갈등과 고난을 수반한다.

정의는 힘(power)의 현상이다. 힘과 관련된 것으로 폭력(violence, force)이 있는데 폭력에 의한 정의는 제국주의, 전체주의를 낳는다. 동학농민혁명에서 나타난 농민들의 거사는 일본 제국주의에 대한 저항적 폭력이었고, 자기 해방을 위한 피지배자, 약자의 폭력이었기 때문에 우세한 무기에 의한 제국의 폭력과는 구별되어야 한다. 동학인들의 힘의 사용은 정의를 향한 정당한 힘의 사용이었다. 이것은 정의는 힘(power)을 필요로 한다는 것을 다시 확인해 준다. 이러한 힘은 강제력(force)이기보다는 살리는 힘(power)이라고 보아야 한다.

최제우는 자신의 시대의 힘의 현실을 직시했고, 세상은 최종적으로 힘에 의해서 움직이고 있다는 것을 통찰했다. 이러한 세상관은 유학-성리학의 그것과 달랐다. 유학과 성리학은 긴장이 없는 세상(atonic world)을 전제로 한다. 이에 비해 동학은 세계를 긴장이 있는 세상(tensed world)으로 보았다. 이러한 세상관으로부터 최제우는 다양한 종교 사상들을 하나로 통합해냈다. 최제우는 동학은 그런 면에서 유학-성리학과 이(理)에서는 같지만 도에서는 다르다고 했다. 그는 정감록과 주역 그리고 약간 멀게는 천주교의 유신론으로부터도 영향을 받은 것으로 보인다. 동학이 역동적 세계관을 가졌고, 평등과 자유를 지향하여 세상을 바로 잡을 정의의 사상이었기 때문에 민중 속으로 급속하게 넓게 퍼질 수 있었고, 정치 세력으로 발전할 수 있었다.

2. 정의의 주체들

이 연구에서 다양한 주체들 중에서 동학인들, 일본 제국 그리고 조선의 지배 계층만을 다루려고 한다. 그 외 개화파 지식인들, 非 동학 민중들, 유생들 등 다른 주체들이 더 있을 수 있으나 개화파 지식인과 유생의 경우는 모두 지식인들이므로 조선의 지배 계층의 범위 안에 포함될 수 있다고 생각하며, 그 밖의 다른 주체들은 당시의 주요한 주체들이 아니라고 생각하여 논의에서 제외한다.

1) 동학인들

동학 주체를 동학농민들이라고 하지 않고 동학인이라고 부른 것은 동학운동에 농민들만 참여한 것이 아니라 많은 사람이 참여하였고, 거기에는 몰락한 양반, 지식인들도 있었고, 다양한 업종에 종사하는 민중을 포함하여, 불특정 다수 즉 다중들이 참여하였음을 강조하기 위함이다. 동학운동에 의해서 역사에서의 객체로만 남았던 피지배 계층인 민중이 역사의 현장에 주체로 다시 등장하게 된다. 어떤 의미에서 수운 최제우의 동경대전, 용담유사 그리고 해월 최시형의 글들은 주체로서의 민중의 자기의식을 표현한 것이라고 할 수 있다. 한편으로, 동학이라고 하는 세력으로서의 주체가 등장하고, 그 영향력이 발휘되면, 다른 편에서는 이에 대응하는 주체들이 나타난다. 동학이 주체로 일어나게 되었던 것은 조선 지배 계층의 가렴주구 때문이기도 했지만, 특히 일본 제국주의가 역사 현장 속에 주체로 등장하였기 때문이었다. 일제가 주체로서 역사를 일정하게 몰고 갈 때 이에 실질적으로 대응하는 대응 주체로서 동학인들이 일어났다.

(1) 주체로의 변화

인간 존재는 다양한 요소를 그 안에 가지고 있는 다양성을 가진 존재이다. 그리고 모든 인간은 지속적으로 변화하고 되어가는(becoming) 존재, 도상 위에 있는 존재이다. 동학인들은 조선의 위계적 봉건 사회의 정신 세계의 요소를 내면화하고 있었지만, 동시에 동학의 새로운 정신 세계가 들어와 내적 변화를 경험하는 변화의 도상에 있는 존재였다고 할 수 있다. 이러한 새로운 존재는 결단을 요구하는 역사적 상황에서 자기 결단을 통하여 역사에서 주체로 등장한다. 우리는 동학인들이 1892년 공주 집회, 1893년 보은집회 그리고 1894년의 1, 2차 동학농민전쟁에 참여할 수밖에 없었던 당시의 시대적 상황, 일본에 의해서 조선의 모든 물적 토대가 무너질 수밖에 없는 위기의 상황이 동학인들을 역사의 주체로 등장할 수밖에 없도록 결단하게 만드는 결정적인 계기가 되었음을 부정할 수 없다. 그러나 그것만으로는 동학인들을 적극적인 투쟁의 주체로 만들지는 못했을 것이다. 동학인들이 주체로 모일 수 있도록 만든 동학의 사상적인 흡인력이 없었다면 동학인들은 역사의 주체로 등장하지 못했을 것이다. 이러한 계기들이 동학인들을 새로운 주체로 만들어 놓았다.

종합하면, 동학인들이 역사의 주체로 등장하게 되는 계기는 동학의 가르침 외에 당시의 정치적, 물질적 상황의 변화에서 비롯되었다. 한말 제국주의가 창궐하는 시기에 일본과 서양 제국의 제국주의적인 침략의 도전이 동학인들을 비롯한 조선 민중들을 새로운 상황 속으로 몰아넣었다. 최제우는 이러한 위기의 상황에 대해서 그의「논학문」에서 언급하고 있다.

> 경신년(1860) 사월에 천하가 분란하고 민심이 효박하여 어찌할 바를 알지 못할 즈음에 또한 괴상하고 어긋나는 말이 있어 세간에 떠들썩하되,「서양사람은 도성입덕하여 그 조화에 미치어 일을 이루지 못함이 없고 무기로 침공함에 당할 사람이 없다하니 중국이 소멸하면 어찌 가히 순망의 환이 없겠는가.」[20]

제국주의의 도전은 동학인들을 이전의 없었던 존재에서 새로운 존재로 바꾸어 놓는 계기를 가져왔다. 그리고 최제우의 동학의 가르침은 이러한 당시의 동학인들이 새로운 주체가 되도록 정신적인 무장을 해주었다. 이러한 시대적 상황 속에서, 동학인들의 개체 안에 자리했던 성리학적 위계질서적인 세계 속에서 엮어진 "이야기적 구조"가 분열하게 되는데 그것은 동학사상에 의해서 생성되는 새로운 이야기적 구조 때문이었다. 이러한 새로운 이야기적 구조로의 진입은 동학인들을 변화시켜 역사의 주체로 거듭나게 만들었다.

---

20 『천도교 경전』, p. 26.

(2) 동학 주체의 구조적 성격

수운이 제시한 인간은 영적 주체이며, 밖으로는 우주적 공동체성을 갖는 주체이다. 수운의 사상은 제국주의 앞에서 저항적 보편주의(resistant universalism)였다. 수운이 제시한 인간은 광제창생하는 인간으로서 이는 보편적 정의를 실현할 주체였다. 시천주는 이러한 영적, 우주적 기운과 소통하는 보편적인 주체성을 가리킨다. 시천주는 하늘의 뜻이 땅에서도 이루어지는 인간 사회를 추구한다. 여기에서 중요한 것은 천주, 즉 하느님이다. 시천주에서 인간은 천이 아니라 천을 품는 자, 천에 의존하고 의탁하며, 천의 입장에서 격물(格物), 즉 현실 속에 존재하는 존재자들과 그 관계들을 아는 것을 말한다. 그런데 이것이 후에 손병희에 의해서 선포된 인내천, 즉 인간이 곧 하늘이라는 사상에 이르면 인간과 천 사이에 간격이 없어지고 둘이 같아지므로 인간이 스스로 아무 변화 없이 하늘이 되었다고 선언해버리는 우를 범할 수 있다. 이것은 곧 아무 사랑의 행동이 없는 은총의 무위로써 구원을 얻을 수 있다고 하는 루터적 교리주의자들의 자기 합리화 또는 자기 절대화로 나아갈 수 있다. 양천주(養天主), 체천주(體天主)는 시천주(侍天主)와 인내천(人乃天) 사이의 중간에 있는 개념으로 이 속에는 천주와 나 사이의 어느 정도의 간격이 좁혀져 있기는 하지만 그렇다고 인내천처럼 완전히 하나로 된 것은 아니라는 점에서 건강한 측면이 있다.

인간은 하느님과 함께하는 실존적 존재(Dasein)이다. 즉 Dasein이라고 하는 인간 실존은 특정 시간과 장소 속에서 항상 Sein(존재)을 지고 가는 존재이기 때문이다. 인간은 하느님을 모시는 존재이며, 이 모심을 통하여 인간은 현존의 상황의 테두리를 넘어서 새로운 상황을 생각할 수 있는 존재가 된다. 이런 면에서 시천주라고 하는 초월적인 차원을 민중에게 가르침으로써 민중들이 자기의 삶과 역사 속에서 초월을 지향하는 주체가 될 수 있는 길을 열어주었다. 시천주 사상으로 수운은 민중에게 최대한(maximal)의 기대치를 부여하고 있다. 인간적, 역사적인 차원에서 최대치의 가치와 과제와 책임을 부여받은 민중은 더 이상 무기력하거나 자기 비하적인 존재일 수 없다.

하느님을 모시는 존재인 모든 사람들은 평등한 존재요, 역사의 주체가 된다. 스스로 없이 여겼던 비존재인 억눌린 민중들 특히 농민들은 하느님을 안에 모시는 가능성의 존재가 된 것이다. 이러한 사상은 계급 사회를 타파하는 정신적 원동력이 된다. 이것은 해월 최시형(1827-1898)에게 와서 범천론적 사상으로 확대된다.

동학의 주체는 개인이면서 공동체적이고, 사회적이면서 우주적이다. 물오동포(物吾同胞), 인오동포(人吾同胞), 사인여천(事人如天) 등은 새로운 공공적 주체를 말하고 있는 것이 아닌가? 이것은 프랑스 시민혁명을 위한 주체, 프롤레타리아의 혁명적 주체와도 다른 주체성을 말한다. 동학에서의 주체는 열린 관계망을 가진 주체이다. 이것은 전연 새로운 주체론이며, 여기에서 새로운 그리고 앞선 정의관이 나올 수 있다. 우리는 동학 농민들의 잠재된 주체성에서 미래적 주체성을 볼 수 있다. 그것이 제국 일본과 부패무능한 조선 정부의 폭력에 의해서 좌절되었다. 이것을 다시 살려내는 일이 필요하며, 동학의 후신인 손병희 중심의 천도교가 일정하게 이것을 해 냈다. 동학은 모든 사람들, 피조물 세계 모두가 공존하며 상호성을 갖는 세계를 그렸다. 배제됨이 없는 시천주하는 구성원들의 "우주적 공동체"를 추구했다. 무위이화(無爲而化), 물오동포, 인오동포, 이천식천(以天食天), 경물사상(敬物思想), 천지부모사상, 의암 손병희의 위위심(爲爲心, 위하고 위하는 마음) 등은 당시의 폭력적 지배 주체들과 전연 다른 주체상을 보여주는 것이며, 이것은 오늘날에도 수용될 수 있는 사상이라고 본다. 이러한 동학사상은 동학농민혁명, 3.1운동에서 나타났다.

(3) 주체의 행위

동학인들은 척왜를 외치고 기포했지만 그 기본적인 행동 양태는 매우 평화적이었고 인간적이었다. 인명을 존중했고, 행군하면서도 약탈하지 않았고, 철저히 자기 통제를 한 주체였다.[21] 물론 예외는 있었겠지만 이러한 인간주의적인 자세는 그 주체성의 성격에서 나타났다. 그 주체성의 성격은 수운과 해월의 종교적 사상에 영향 받은 바가 크다.[22]

주체의 행위와 관련된 동학의 가르침은 시천주 조화정이라고 하는 주문의 주제어들에 있고 특히 그의 무위이화 사상 속에 있다. 무위이화는 동경대전에서 4회, 용담유사에서 2회 사용될 정도로 자주 사용된다.[23] 무위이화는 조화(造化)와 상통한다. 무위이화는 인간의 사욕을 극복하여 도달하는 것이며, 조화는 하늘이 행하는 것을 말한다. 우리가 시천주, 수심정기(守心正氣)하여 무위이화를 기하면 조화가 일어난다. 무위이화는 곧 조화이며, 무위는 유위(有爲)의 반대로서 유위는 기존 세계의 기존 질서와 관습에 따르는 행위나 비공공적 이기적 행위를 가리킨다. 무위는 자기 중심과 기존 질서에 대한 강한 비판적 요소를 가지며,

---

21 이것은 박맹수,『개벽의 꿈, 동아시아를 깨우다: 동학농민혁명과 제국 일본』(모시는사람들, 2011)에 잘 나타나고 있다.
22 1894년 동학군의 행군 기강을 위한 기율 12개조의 일부를 싣는다. 1. 항복한 자는 사랑으로 대한다. 2. 곤궁한 자는 구제한다. 3. 탐학한 자는 추방한다. 5. 도주한 자는 쫓지 않는다. 6. 굶주린 자는 먹인다. 11. 병든 자는 진찰하여 약을 준다. 신일철,『동학사상의 이해』(사회비평사, 1995), p. 194.
23 박맹수, p. 131.

따라서 기존적 자아와 질서에 대한 변혁을 말한다. 이것은 불교의 무아, 자아의 없음과도 연결된다. 기존의 자아를 버리라는 말이다. 그리고 행위, 즉 기존 방식의 행위, 혹은 각자위심(各自爲心)의 행위가 아니라, 천을 모시는 행위, 천에 의해서 기존의 세상과 기존의 내(ego)가 극복되고 초월되는 무위로 행(化)하는 것을 가리킨다. 化는 됨, 되어짐(becoming)을 가리킨다. 이것은 마치 사도 바울이 율법(기존 질서를 유지하고 통제하는 법)과 그 안에서의 행위에 의해서가 아니라, 그러한 행위가 없는(무위의) 믿음(즉 신을 모심)에 의해서 구현되는 조화(becoming)를 가리킨다.

수운이 말하는 각자위심(各自爲心)이란 기존 질서의 원리 자체를 문제 삼지 않으면서 그 기존 질서 내에서 자기의 이해관계에 따라서 행동하는, 세계 종속적 마음가짐을 가리킨다. 이러한 각자위심에는 시천주, 양천주, 체천주와 같은 천주와 함께 하는, 즉 모든 존재의 원천, 존재 자체에 기대어 그 의미를 삶속에서 구현하고자 하는 큰 의로움(大義)이 부재하고 있다. 동귀일체는 모든 사람들이 한결같이 함께 이러한 존재 자체를 향해 나아가고 그에 귀의하는 상태를 가리킨다고 해석할 수 있으며, 일반적인 구원이 이루어진 '다시 개벽'의 모습이라고 볼 수 있다. 동귀일체, 시천주, 무위 등은 각자위심의 세계를 극복하기 위한 동학의 상징적인 개념들이다.

중국 노자 사상에서 비롯된 무위사상은 세상 질서 속에서의 유위를 가르친 유학에 대한 혁명적이면서 도전적인 사상이었다. 그것을 수운이 받아들였고 이것을 이화(而化)라는 개념과 연결시켜 인간 질서로부터 자연 질서로의 도피가 아닌, 다시 인간 질서 속으로 이 혁명적 전위 개념을 끌고 들어왔다. 최제우에게 각자위심의 행함(有爲)은 당시의 세상에 참여하고 있는 다양한 주체들(조선의 지배계급, 일본 등 제국주의자, 일반 민중)의 행동 양식을 말한다. 그러나 무위는 그 당시의 없이 존재하는 세력의 행동들 특히 각자위심하지 않고 질서 밖에서부터 천주를 모시고 그(하늘)를 따르며, "천도에 일치하는" 사람들이 이루는 움직임, 되어감(化)을 가리킨다. 역사학자 정창렬은 무위사상을, 그것이 비록 너무 큰 개념이며 따라서 현실적인 전략으로 표현되기 쉽지 않은 것이었지만, 혁세적인 개념이며, "현실의 사회 체제 전체를 근원적으로, 총체적으로 그리고 전면적으로 부정하여 바꾸는" 것을 추구했다고 보았다.24 무 즉 없음은 만물의 변화의 동력을 가리킨다. 무위의 의미는, 역사는 제국의 자의적 힘에 의해 움직여지는 것이 아니라, 신적인 의(義)에 의해서 움직여져야 자연스럽고 편안한 것임을 말한다.

동학이 역사의 전면에 주체로서 부각되는 것은 역시 제국주의 일본과의 대항에 의해서였다. 척왜척양의 구호는 동학혁명운동 특히 1892년 공주 집회의 교조신원운동 때부터 가장 중심된 구호였고, 보국안민은 동학의 당면 목표였다. 이처럼 척왜척양은 동학을 역사의 주체로 등장하게 만들었다.

2) 일본 제국

동학인이라고 하는 주체에 가장 큰 적대적 주체는 일본 제국이었음은 말할 나위가 없다. 당시 일본인들은 국가주의적 주체들이어서 동학농민운동이 고조되는 시기인 1893년의 척왜척양 운동 때를 전후하여

---

24 정창렬, 「동학사상의 사회의식」, 『한국학논집』 8 (한양대 한국학연구소, 1986), 298, 박맹수, Ibid., p. 134에서 재인용.

민간 일본인들도 조선의 정황, 특히 민중의 움직임에 대한 정보 수집에 참여했다.[25] 일본은 이른바 대동아공영권을 임진왜란 때부터 구상하여 실행하려 하였다고 한다. 실제로 임진왜란을 통해서 일본은 조선을 침략하고 그 후 중국을 쳐서 북경을 수도로 하는 대동아공영의 제국을 세우려고 하였다. 이 해묵은 야망을 일본은 다시 19세기 말 전 세계적 제국주의의 움직임에 편승해서 실행에 옮기려고 하였다. 일본은 서구 열강의 문명과 산업과 무기 생산 기술을 배우고 도입하여 위로부터 근대화 개혁을 빠르게 단행하고, 부국강병 정책을 일사분란하게 진행했던 것이다. 이런 상황에서도 조선의 지배 계층들은 안일하고 무방비하여 일본의 야욕적 침략 앞에서 속수무책이었다.

일본 제국은 조선에 진출했던 구미 제국들과의 갈등을 회피하면서 조선 정부를 앞세워 동학을 제압하고 조선을 병합하려고 하였다. 그리고 상대적으로 약한 중국과 러시아와 싸워 패퇴시키고, 마침내 대표적인 서구 열강인 미국과 손잡고(가츠라-테프트 조약) 조선을 수중에 넣었다.

3) 조선의 지배 계층: 애매한 주체

동학군은 근대식 신식 무기와 전술을 가지고 공격하는 일본군 외에 경군(京軍, 당시 조선정부군)을 비롯하여 지방관과 보수 유생들을 중심으로 조직된 민보군(반농민군), 재조일본인 등 사방에서 닥치는 적들에 둘러싸인 어려운 형편이었다.[26] 이외에도 당시의 자유주의자라고 할 수

---

25 일본 제국의 정보수집 등의 동학에 대한 감시활동에 대한 연구는 박맹수의 책 p. 517 이하를 참조하였음.
26 Ibid., p. 568.

있는 개화파 지식인들도 동학군에 적대적이었다. 유일하게 일본 제국에 맞선 동학군은 그야말로 조선의 지배 계층으로부터 거의 지원을 받지 못한 상태에서 외롭게 싸웠다. 양반, 상민 계급 구조를 철저하게 유지 강화시켜준 이기 이분법적 성리학은 그 추상성으로 인한 일상적인 삶과의 괴리로 말미암아 제국의 침략을 대비할 수 있는 실질적 준비를 갖추지 못하였다. 이에 비해서 일본은 전 인민적으로 정한론으로 뭉쳐 있었다고 해도 과언이 아니다. 일본의 전 신민이 제국주의적 주체가 되었던 것이다. 일본 내의 일본인들은 정한론(征韓論)으로 뭉쳐 있었고, 재조일인들은 동학을 비롯한 조선에 대한 정보 수집 등 전쟁 협력 활동에 적극적으로 참여했다.[27]

조선의 지배 계층이 동학군에 우호적이지는 않았지만, 그렇다고 일본 제국주의에 무조건 투항하고 협조했던 것은 아니었다. 특히 유생들은 자기 나름의 방식으로 일제의 만행과 야망을 극복하려고 하였다. 유생들 중에는 항일 의병 활동에 참여하는 수가 적지 않았다. 조선 정부의 전략은 신식 군대와 무기가 없는 상황에서 스스로의 힘으로 나라를 지킬 힘이 없는 것으로 판단하고 다른 제국들과 손을 잡아 일본 제국주의를 물리치려고 했다. 중국과 손잡고 러시아와 손잡았지만 그러나 그것도 실패하고 말았다. 동학과 손을 잡는 것이 마지막 길이었겠지만, 조선 정부의 지배 계층은 그것을 택할 의지도 없었고 그럴 힘도 없었던 것이다. 동학은 제국주의를 극복해야 하는 어려운 일을 홀로 감당하였다. 조선의 정부를 비롯한 지배 계층들은 애매한 주체라고 할 수 있다. 그들이 애매한 것은 동학에 대해서 다양한 태도를 보였다는 점이다. 어떤 때는

---

27 박맹수, p. 517 이하

동학을 공격하였고 다른 때에는 손을 잡기도 하였다. 특히 일본 제국이 1894년 7월 23일 왕궁을 점령했을 때에는 동학교도뿐 아니라 조선의 모든 유생, 민중, 지식인들이 같은 마음으로 일본 제국을 규탄하였다. 그러나 대부분의 경우 유생들과 지식인들은 동학에 적대적이었다. 결국 이 시대에 일본과 정면으로 맞서 싸운 주체는 오직 동학 민중이었던 것이 우리 역사의 아픈 모습이었다.

IV. 천도교로의 주체의 변화

동학은 1894년 5월 1차 봉기에 성공한 후 집강소를 설치하고 일정하게 자치적 지방정부 조직을 갖는다. 그러나 일본과 조선 정부의 탄압으로 1894년 10월에 재봉기를 감행하였다. 전봉준 지휘 하의 동학군은 북상하여 11월 9일 공주 우금치와 13일 청주 전투에서 일본군과 경군 연합군과 싸우다가 결정적으로 패배하고, 다시 1895년 1월 24일 대둔산 전투에서 최후의 항전을 하였다. 그 과정에 동학의 지도자들은 죽거나 잡혀가고 나머지는 뿔뿔이 흩어졌다. 전봉준은 1894년 12월 2일에 체포되어 다음해 3월 29일 손화중, 최경선 등과 함께 사형 당했다. 2대 교주 최시형은 1896년 5월 25일 관헌에 체포되어 1898년 1월 18일에 교수형을 당했다.

동학농민 전쟁이 패퇴하고 뿔뿔이 흩어져 조직 재건을 기하지만 조선 관헌과 일본 군인들의 감시에 숨어 지내는 어려움에 처한 동학은 2차 봉기에 참여했던 3대 교조 의암 손병희의 일본 망명으로 새로운 상황에 직면하게 되었다. 의암은 우선 시간을 벌고 후일을 기하는 동안 세계를 공부하고자 하였다. 미국으로 건너가는 것이 실패하게 되어 1901년 가명으로 일본으로 건너가 1905년 귀국까지 4년여 동안 머무르게 된다. 이 동안에 젊은 동학교도들을 일본의 학교로 보내 공부할 수 있도록 주선하면서 일본으로부터 배워 보국안민과 광제창생 그리고 포덕을 기하였다. 이 시기에 국내에서는 독립협회(1896)가 결성되어 1898년에는 만민공동회를 개최하여 자주 국권운동을 전개하고 있었다.

1900년 손병희는 대도주의 직위를 맡고 동학을 이끄는 3대 교조가 된다. 1905년을 전후로 하여 동학은 동학농민 혁명 기간의 척왜 기치 하에서의 일본과의 적대적인 관계를 재편하는 국면으로 들어가게 된다. 동학은 일본 제국이 실체적으로 조선에 들어와 지배하고 있는 상황에서, 일제와의 공생에 기초한 보국안민, 광제창생, 교세 확장을 기할 수밖에 없었다. 이러한 시대에 동학은 한때 친일 세력으로 낙인찍히는데 이것은 이용구 등의 동학 지도부가 친일 세력인 일진회를 조직했기 때문이었다. 일진회와 동학은 한통속이라는 세간의 인식을 불식시키기 위해서 의암은 1905년 12월 1일 동학을 천도교로 개명하기에 이르고, 이듬해 일진회 세력 62명을 출교 처분하면서 자체 개혁을 단행했다. 천도교가 시작된 것은 1905년 일제의 통감부 통치가 시작되던 시기로 이제 일본은 명실상부하게 조선을 통치하는 위치에 서게 된다. 이러한 상황에서 동학이 아닌 다른 주체들(특히 유생들)은 의병 전쟁을 일으키는데, 동학과 천도교는 무장투쟁을 거두고 일본과의 갈등적 공존 속에서 애국계몽운동 등을 통해 인민의 실력을 양성하여 국권 회복을 꾀하는 새로운 패턴을 보이기 시작한다. 이러한 애국계몽운동은 일제의 탄압 하에서 실행 가능한 공개적인 국권 회복 운동이었다. 천도교는 이를 위해 다양한 출판 활동, 여성 운동, 어린이 운동, 교육 운동 등을 전개하였다.

천도교로 개칭된 1905년 12월은 러일전쟁이 끝나고 일제의 조선 통치가 공식적으로 시작되는 시기이며 조선왕조는 사라져 가고 있었다. 천도교는 일본과의 무력적 대적을 현실성이 없는 것으로 보았다. 이러한 상황에서 새로운 주체들이 형성되고 있었다. 천도교는 개화세력의 일종으로 변모했다. 동학농민전쟁 시기의 친일 개화파를 반대하였던 그 입장에서 이제는 스스로 개화 세력이 되었고, 동학농민전쟁의 진정한 후속이라고도 볼 수 있는 의병들의 거사를 현실을 외면한 무모한 것으로 비판하였다. 1906년 기관지『만세보』의 한 논설에서 의병운동과 의병을 국가의 죄인으로 혹평하였을 뿐만 아니라 조선의 개화 발전을 방해하는 부류라고 보았다.[28] 흥미로운 것은 의병운동을 주도한 세력은 동학을 탄압했던 보수적인 유림들이었다는 것이다. 이러한 주체들의 반전의 이유는 동학의 천도교로의 주체의 근본적인 변화에서 온 것인가? 아니면 새로운 상황에 대한 각 주체들의 이해의 변화에서 오는 것인가? 천도교는 동학, 특히 동학농민혁명의 정신을 계승한 것인가 아니면 이탈한 것인가?

이 논문의 범위인 동학 창도로부터 천도교 3대 교조 손병희의 죽음(1922년)까지를 살펴보았을 때, 동학이 천도교로 넘어가면서 나타나는 태도의 변화는 기본적으로 시대적 상황의 변화에서 오는 상황 분석과 이에 적절한 전략의 변화에서 온 것이지 주체 자체의 본질적 변화에서 온 것이 아니었다. 적어도 이용구 일파를 제거하면서 손병희는 1대, 2대 교조 영도 하의 동학을 충실하게 계승했다고 본다. 그 결실이 천도교가 주도한 1919년 3.1운동이었다. 본 연구자는 의암 손병희가 그리스도교

---

28 황선희, pp. 277-278.

의 사도 바울에 해당할 수 있다고 본다. 바울이 예수의 정신을 팍스 로마나의 헬라 문명 속에서 충실하게 이어갔던 것과 마찬가지로, 의암도 일본 지배의 공간에서 동학을 창조적으로 계승하고 펼쳤다고 본다.

1905년 이후 1922년까지의 시기에 새로이 정립되어 부각된 주체들은 누구였나? 첫째는 일본 제국, 둘째는 조선 민중이었다. 이 둘의 주체가 있었을 뿐이다. 둘째의 조선 민중 속에 천도교가 포함된다. 이 시기에 일제는 모든 물리적인 힘, 즉 제국을 대표하는 주체이었고, 이에 대응하는 주체는, 추상적인 언어이지만, 진보적 민중이었다. 이 양대 주체들 가운데에 서 있었던 주체들을 상정할 수 있을 것이다. 그들 중 한 부분은 친일 세력으로서 반민족적 세력이었고, 다른 하나는 어느 편에도 들지 않으면서 자신들의 보전을 꾀했던 보수 세력이 있었다. 일본에 대항하는 민중 주체에는 다양한 세력들이 참여하고 있었다. 본 연구자는 이 시기에 민중을 통합했던 주체가 천도교였다고 판단한다. 3.1운동 당시 천도교의 교세는 3백만 명에 가까웠던 것으로 보인다(위키백과 "천도교" 중에서). 천도교는 그리스도교와 함께 3.1독립운동을 주도하였다. 민족 대표로 33인 중 천도교인 손병희, 나용환, 나인협, 홍기조, 임예환 등 15명이 참여하였고, 천도교인 1363명이 입감되었다. 천도교의 재정으로 운동 자금을 마련하였고 천도교의 접포 조직을 통해 독립운동 시위를 조직하였다. 천도교는 3.1운동 이후에 임시정부를 만드는 일에 관심을 가졌다.[29]

---

29 고정휴, "3.1운동과 천도교단의 임시정부구상," 『의암 손병희와 3.1운동』 (모시는사람들, 2008), 277 이하 참조.

V. 결론을 대신하여

그렇다면 동학이 품었던 정의는 무엇이었나? 당시 자유를 향한 몸부림은 조선 민족의 모습이었으며, 동학은 이것을 구체적으로 표현해 냈던 주체였다. 그 시대의 정의는 무엇보다도 약육강식의 제국주의의 불의로부터 해방되는 자유와 독립이었다. 동시에 구한말로부터 내려온 불평등의 체제를 극복하고 평등을 구현하는 것이었고, 이것의 실현을 위해 사회적, 정치적, 경제적 개혁(신분차별 철폐, 폐정 개혁)이 요구되었던 것이다. 동학의 정의를 위한 몸부림은 자유, 평등 그리고 개혁이 이루어지는 새로운 질서, 즉 제국주의적 억압, 불평등, 부자유의 질서와 불평등과 착취의 질서(구조)를 넘어서는 호혜평등하고 자유로운 새로운 질서를 추구하는 것이었다.

존재론적으로 말하면, 정의란 정의의 의미가 모두 실현된 상태를 의미한다. 그러나 정의란 특정 시기와 상황 속에서 실현되어지는 것이고, 그것을 실현하는 활동 주체 즉 정치적 주체(body)가 형성되었을 때 비로소 정의는 단순한 개념이 아니라, 실제적 사건으로서의 정의, 단순한 발전, 개선으로서의 정의가 아니라, 역사 속에서의 진리의 드러남으로서의 정의가 된다. 정의는 시대적 상황과 연관된 사건이요 실재이다. 따라서 시대와 무관한 정의 개념은 무의미하다. 예를 들어, 물에 빠진 사람에게 정의는 그를 당장 물에서 구하는 것이지, 그가 이전에 어떤 행악을 했는가, 어떤 인물인가를 저울질하는 것이 아니다.

그렇다고 해서 정의를 역사실증적-결과론적인 관점으로 보아서도 안 된다. 오히려 정의는 시간을 뛰어넘는 초월의 측면에서 그 관련 의미성을 보아야 한다. 사실적, 결과론적으로 본다면 동학은 일본 제국주의와 부패한 왕조에 패배한 실패의 사건이 된다. 그러나 초월의 관점에서 보면 동학운동은 그 실현하고자 한 정의가 영원한 초월적인 의미를 가지고 있는 것이어서 결코 실패가 아니었다. 죽어간 동학인들은 한국의 정의를 건설하려는 이후의 모든 역사 속에서 다시 부활하고 있다고 보아야 한다.

또 다른 방식은 동학의 정의 사상을 사상사적인 측면에서 접근하는 방법이 있다. 많은 연구가 그렇게 진행되고 있다. 그러나 사상사적으로 접근하면 불충분한 이해로 빠질 수 있다. 예를 들어, 시천주 사상과 조화정이라고 하는 사상이 잘 연결되지 않는다는 비판, 시운관과 인격신(천주) 사상과의 부조화, 동학 농민들의 개인적 주체성과 개체성의 부족 등 동학의 부족한 부분들이라고 여겨질 수 있는 것들을 서양의 사상사적 맥락에서 비판적으로만 본다면, 동학은 당연히 역부족한 역사일 수밖에 없을 것이다.

본 연구자는 정의를 주체론적으로 접근하였다. 그것은 정의를 관념(idea)이나 본질(essence, substance)로 접근하는 것이 아니라, 주체의 관점으로 접근하는 것을 의미한다. 정의는 구체적인 역사적 상황 속에서 주체 형성의 문제와 연결된다. 즉 주체들이 역사 속에서 어떠한 정의를 구현했고, 추구했는가에서 역사적 정황 속에서의 구체적인 정의의 의미를 발견해 낼 수 있다. 그렇다면 이렇게 정의를 접근한다는 것은 주관적인 것이지, 객관적이지 못한 것은 아닌가? 주체론적인 접근은 객관적, 역사적이면서, 동시에 주관적이라고 말할 수 있다. 정의를 역사 속에 살아 있는 존재적 개념으로 본다면, 당연히 역사적 주체를 설정해야 한다. 살아있는 존재인 정의는 자기를 역사 속에서 실현하는 힘을 가져야 하기 때문이다. 이를 위해서 정의는 담지자, 주체를 요구한다. 정의란 살아있는 주체들이 역사 속에서 창출해 내야 하는 본원적 과제이다. 주체의 등장과 정의의 역사적 실현은 유기적인 상관관계를 가지고 있다. 이러한 관계가 이 논문에서 밝혀졌다고 생각한다.

　마지막으로, 주체론적인 접근이 제대로 이루어지기 위해서는 동학/천도교 운동에 참여했던 인물들의 구체적인 이야기를 포함한 1차 사료들을 좀 더 자세히 검토해서 과연 동학인들이 자기 개체적인 인격과 생명을 걸고 동학운동의 취지 즉 척양척왜, 광제창생을 통한 정의의 실현에 참여하고 있는지를 확인하는 등 그 주체성을 충분히 분석해야 함에도 불구하고 이 연구는 이 점에서 미흡하다는 것을 인정하지 않을 수 없다. 이것은 앞으로의 과제로 남겨두려고 한다.

참고문헌

고정휴. "3.1운동과 천도교단의 임시정부구상,"『의암 손병희와 3.1운동』. 서울: 모시는
사람들, 2008.

민족문화연구소 편.『동학사상의 새로운 조명』. 경산, 경남: 영남대출판부, 1998.

박맹수.『개벽의 꿈, 동아시아를 깨우다: 동학농민혁명과 제국 일본』. 서울: 모시는사람
들, 2011.

신복룡.『동학사상과 갑오농민혁명』. 서울: 선인, 2006.

신일철.『동학사상의 이해』. 서울: 사회비평사, 1995.

오문환.『동학의 정치철학: 도덕, 생명, 권력』. 서울: 모시는사람들, 2003.

_____.『다시개벽의 심학』. 서울: 모시는사람들, 2006.

정창렬. "동학사상의 사회의식,"「한국학논집」8권, 한양대 한국학연구소, 1986).

천도교 중앙총부.『천도교경전』. 서울: 천도교중앙총부출판부, 2001.

황선희.『동학-천도교 역사의 재조명』. 서울: 모시는사람들, 2009.

Christman, John. *The Politics of Persons*. Cambridge, UK: Cambridge
University Press, 2009.

Ci, Jiwe. *The Two Faces of Justice*. Cambridge, Mass: Harvard Univ. Press,
2006.

Gould, Carol C. *Marx's Social Ontology, Individuality and Community in Marx's
Theory of Social Reality*. Cambridge, Mass: The MIT Press, 1978.

Daniels, Norman. *Justice and Justification: Reflective Equilibrium in Theory and
Practice*. Cambridge, UK: Cambridge Univ. Press, 1996.

Hegel, GWF. *Hegel's Logic*. Oxford: Oxford Univ Press, 1975.

Johnston, David. *A Brief History of Justice*. Chichester, UK: Wiley-Blackwell, 2011.

Lippens, Ronnie, Ed. *Imaginary Boudaries of Justice: Social and Legal Justice
across Disciplines*. Oxford and Portland, Oregon: Hart Publishing,
2004.

Tillich, Paul. *Love, Power, and Justice*. New York: Oxford Univ. Press, 1954.

예수와 수운의 정의 사상 비교*
: 정의 사상을 통한 두 이야기의 합류

권진관 ㅣ 성공회대학교

I. 문제 제기

예수와 수운 최제우(이하 최제우의 호 '수운'으로 표기) 사이에 공통점이 많다. 이 논문은 그 중 정의관에 공통점이 있음을 밝혀보고자 한다. 그리스도교를 서방의 종교라고 한다면, 수운이 세운 동학은 동방의 종교라 할 수 있다. 동서의 다름에도 불구하고 이 두 분은 공통적으로 변혁적인 종교 사상을 가르쳤고 특히 매우 유사한 정의관을 가졌다.

예수는 예언자의 전통에 서 있었고, 유대의 모세의 오경과 예언서들을 새롭게 해석하였고, 새로운 신 체험에 입각한 하나님의 나라, 즉 보다 가까이에 와 계신 신에 근거한 신의 나라의 도래를 선포하였다. 그의 목

이 논문은 『신학사상』 168집 (2015년 봄호)에 게재되었음을 밝힌다.

적은 이 땅 위에 하나님의 나라, 즉 새로운 사회, 새로운 관계를 세우는 것이었다. 예수의 하나님의 나라는 팍스 로마나와 대조하여 이해해야 한다. 하나님의 나라는 팍스 로마나라고 하는 제국적인 질서를 대신하는 치유와 나눔의 나라였다. 하나님의 나라는 기존의 질서, 특히 제국과 그 하위 권력 질서(헤롯 왕국과 유대 성전 종교 세력)에 대항하여 새로운 질서를 제시하는 정치적-사회적 상징이었다.

수운의 동학이 발흥하는 시기는 한반도를 둘러싼 제국들이 한반도를 병탐하기 위한 야욕을 노골적으로 드러내던 때였다, 1842년 영국과 청국의 아편전쟁으로 청국이 패하고 남경조약이 체결되었다. 1860년에는 영·불 연합국에 청국이 패하여 굴욕적인 북경조약을 맺었다. 이에 조선민은 중국이 아닌 서방의 강대국들이 실제로 위협적인 존재라는 사실에 크게 충격을 받고 조선에 올 수 있는 위협을 감지하게 된다. 이와 함께 동쪽 일본으로부터 오는 위협도 심각한 상태였다. 이러한 상황 속에서 수운은 1861년, 보국안민을 위해 동학을 창도한다.

이 두 사람의 공통점을 다음과 요약해 볼 수 있다. 첫째, 예수는 33세 경에 정치범으로 십자가형으로 죽임을 당하였다. 그는 죽기 전 3년 동안 자신의 복음을 가르쳐 많은 제자들을 얻었다. 수운(1824-1864)도 비슷하다. 그는 정치범으로 참수형을 당했다. 그가 1860년 득도하고 1861년부터 공개적으로 도를 가르치고 많은 제자를 얻었지만, 1863년에 체포되어 참수되어 그의 공생애도 3년밖에 되지 않는 짧은 기간이었다.

둘째로, 예수와 수운 모두 가난한 자, 약자의 편에 서서 평등, 자유, 정의를 외쳤다. 예수는 약자, 병든 자, 핍박받는 자를 우선시했고, 이들과 연대했다. 두 사람 모두 이러한 약자에 대한 배려를 통한 사회개혁과 민중의 공동체를 위해 나섰다.

셋째로, 두 사람 모두 역동적인 역사관, 특히 새로운 시대가 열릴 것을 대망하는 종말론적인 역사관을 가졌다. 예수는 하나님 나라의 도래를 역설했고, 수운은 인격신을 믿었고 후천개벽을 설파했다. 마지막으로, 두 사람 모두 종말적인 새로운 시대를 추구했다. 역동적 역사관은 예수의 종말의 현재적 기대(하나님의 나라 선포)에서 발견될 수 있다. 하나님의 나라는 사랑이 사회적으로 역동적으로 실현되어 정의가 이루어지는 구조를 말한다. 예수는 이 종말의 현재적 기대에 참여할 수 있는 주체들(제자들)의 사랑의 행동을 요구했다. 예수의 사랑은 사람들 사이의 바른 관계(right relation), 정의로운 구조적, 사회적 관계의 변화를 의미했지 이러한 사회적 구조적 변화 없는 일시적, 개인적, 자선적 행위를 의미하지 않았다고 말할 수 있다.

수운은 조선의 지배 사상으로 군림해 왔던 주자학이 말하는 시대와 장소를 뛰어 넘는 무한하고 변함없는 원리인 이(理)에서 비롯되는 정태적인 세계관(그리고 계층적 세계관)이 아니라, 사물 간, 주체 간의 바른(right) 관계 속에서 일어나고 있는 생명의 기의 흐름을 주목하는 역동적 세계관(그리고 평등적 세계관)을 가졌다. 그리고 사물과 인간들, 그리고 인간들과 인간들 사이에 바른 관계(right relation)가 바로 새로운 시대의 기초적이고 근본적인 요소라고 보았다.

이제 이 연구자의 질문은 다음과 같다.

우리는 이 두 분을 통해서 정의론을 발견해 낼 수 있겠는가? 이러한 질문에 긍정적으로 대답하기 위해서 우리는 정의가 무엇인가를 정의 내려야 할 것이다. 이 연구자는 정의란 모든 사람들이 자신들이 속한 콘텍스트에서 구성원들 상호간의 평등한 관계 속에서 이루어 놓은 사회-정치적 구조가 형성된 상태라고 보며, 이러한 상태를 이루기 위해서는 우선 최소한이면서 근본적인 정의가 확립되어야 한다고 본다. 연구자는 이것을 최대한(maximal)의 정의를 위한 최소한(minimal)의 요소이며, 정의가 실현된 상태 즉 최대한(maximal)의 정의를 위한 기초적이고 근본적인 조건이라고 본다.[1] 바른 관계는 사회의 모든 성원들, 특히 약자들이 자기의 이야기를 자유롭게 말 할 수 있고 그것이 들려지는 것을 말하며, 이러한 것이 이루어지는 것이 관계적 정의이다. 관계적 정의란 모든 사람들이 공적인 영역에서 자기의 생각과 이야기를 말할 수 있는 동등한 위치를 확보한 상태를 말한다. 이러한 자기의 의사를 동등한 위치에서 발언할 수 있고, 들릴 수 있는 세상적 질서가 정의 수립을 위한 기초적이며 근본적인 조건이 된다. 즉 성원 상호간의 평등한 힘의 관계, 즉 상호존중의 관계가 정의의 가장 기본적이고 기초적인 조건이다. 이러한 기초적(fundamental)이고 최소한(minimal)의 조건이 수립되면, 한 사회나 국가 안의 재화(goods, 여기에는 주권, 자유, 평등 등과 같은 가치와 정치적 참여권, 공공기관의 공직 자리, 부 등 모든 유·무형의 권리와 재화를 포함)를 정당하게 나누는 합의의 방식이 논의될 수 있다. 관계적 정의는 이러한 제 유형의 재화의 배분을 놓고 벌어지는 정당한 논의(혹은 갈등)를 할 수 있게 하는 기초적이고 최소한의 조건이다. 최대한의 정의는 그 시대와 장소에 따라서, 즉 주어진 콘텍스트에 따라서 다르게 나타날 수 있다. 그러나 최소한의 기초적인 정의는 시대를 넘어서는 기본적인 원리라고 보아야 한다. 예수와 수운에게 이러한 기본적인 사회 정치의 구성의 원

---

1 근본적인 최소한의 정의(fundamental, minimal justice)와 최대한의 정의(maximal justice)의 개념은 하바머스의 소통의 이론의 입장에서 정의론을 펼치는 Forst로부터 빌려왔다. Rainer Forst, *Right to Justification*, trans. Jeffrey Flynn (New York: Columbia University Press, 2012), p. 196.

리, 즉 최소한의 정의론이 있는가를 살펴보는 것이 이 논문의 목적이다.

II. 방법론

이 논문은 예수와 수운이 각각 처했던 사회 속에서 무엇을 실현하려고 했었는지를 발견하기 위하여 이 두 분의 이야기를 분석할 것이다. 이두 분의 이야기는 방대하기 때문에 이 연구에서는 예수의 경우는 마가복음서 그리고 수운의 경우에는 용담유사, 그 중에서도 '교훈가'와 '몽중노소문답가'로 그 연구 범위를 제한하려고 한다. 마가복음서는 공관복음서 중에서 가장 처음으로 저작된 것이어서 예수의 이야기 중 대표성을 일정하게 갖고 있고, 용담유사는 동경대전과 함께 수운의 주요 저작이며 그 중 위의 두 편은 수운의 이야기를 풍부하게 전해 주는 대표적걸작품이다.

마가복음서의 예수 이야기는 사실은 마가가 전해 주는 예수의 이야기이고, 용담유사는 해월 최시형이 편집한 것이지만, 수운 자신의 이야기이다. 이렇게 텍스트로 남은 예수, 수운의 이야기를 이 연구자는 이이야기들의 구조 특히 이야기들의 플롯을 중심으로 분석함으로써 그 이야기들의 화자가 말하고자 하는 중심적 주제와 의미는 무엇이었고 공통점과 차이점은 무엇이었나를 살펴볼 것이다.

정치학자 메이어(Mayer)는 이야기는 그것이 널리 여러 사람들에게들려지기 위한 것일수록 공적이고 집단적인 이야기가 된다고 하면서,이러한 이야기는 그 듣는 사람들에게 집단적 정체성, 공유하는 세계관,공통의 기풍(ethos)을 가져온다고 하였다.[2] 그런데 이러한 공통분모를 창출해 주지만 더 나아가서 이야기는 집단적인 재화(collective goods)를 창출해 내는 성격을 갖는다고 하였다. 예를 들어, 래이첼 카슨(Rachel Carson)의 환경 보호를 일깨운 명저『침묵의 봄』(*Silent Spring*, 1962년)의 이야기는 환경 보호에 대해 불감했던 사회 속에서 중요한 집단적인 재화(a collective good)로 만들었다.3 우리는 이것을 예수와 수운의 이야기들에 적용하여, 이 두 이야기가 어떤 집단적이고 공적인 재화 혹은 자산을 형성시켰을까를 물을 수 있다. 모든 이야기들은 정치적인 의미를 가지고 있다.4 특히 마가복음의 예수의 이야기나 용담유사의 수운의 이야기는 지극히 정치적인 것으로서, 사회정치적 관계들이 단어와 상징으로 표현된 이야기적 언어 속에서 표현되고 있다. 연구자는 정치적 갈등과 정치적 관계가 플롯 속에서 표현되면서 일정한 공적인 의미, 즉 정치적인 지혜가 창출된다고 보는데 이와 같은 지혜는 오늘날의 우리의 사회정치 관계에도 적용 가능한 자산이라고 본다. 이러한 이야기는 우리 사회를 위해 집단적인 지혜를 제공해 주고, 그 지혜는 우리들의 집단적 행동을 형성시켜 준다.5 예수와 수운의 이야기도 이러한 기능을 가지고 있다.

---

2 Frederick W. Mayer, *Narrative Politics: Stories and Collective Action* (New York: Oxford University Press, 2014), pp. 105-110.

3 Ibid., p. 122.

4 Richard A. Horsley, *Hearing the Whole Story: the Politics of Plot in Mark's Gospel* (Louisville, Ken: Westminster John Knox Press, 2001), p. 10.

5 Mayer, p. 126.

III. 예수와 수운의 이야기 분석

1. 예수의 이야기 분석

예수의 이야기와 수운의 이야기가 분명히 서로 만나는 지점이 있을 것이라는 전제가 이 논문 밑바탕에 깔려 있다. 우선, 마가복음의 예수 이야기와 수운의 용담유사 이야기는 모두 이야기 구조를 가졌고, 둘 다 인간들 사이의 정의를 추구하는 것에 관심을 두었다고 하는 점에서 이 두 이야기는 만난다는 점을 밝힌다.

필자는 예수의 이야기를 주로 마가복음서에 근거하여 분석하는데, 한 이야기는 일정한 플롯을 가지고 있어서 주요한 사건들이 플롯에 의해서 엮어진다. 마가복음서의 가장 중요한 주제이며 사건은 하나님의 나라에 대한 예수의 선포이다. 따라서 선포를 듣는 사람들은 이에 응답하여야 한다. 그러나 그 응답은 순순한 것이 아니었다. 그것을 적극적으로 수용하는 사람들과 세력이 있었지만, 방해 세력들도 많았던 것이다. 예수의 공적인 삶의 시작을 알리는 텍스트, "요한이 잡힌 뒤에, 예수께서 갈릴리에 오셔서, 하나님의 복음을 선포하셨다. '때가 찼다. 하나님의 나라가 가까이 왔다. 회개하여라. 복음을 믿어라'"(1:14-15)에서 우리는 정치적인 상황을 알 수 있다. 요한이 잡힌 후에, 예수가 하나님의 나라를 선포하는 공적인 삶을 시작했던 것이다. 하나님의 나라가 선포되는 시기는 바로 당시 존경받던 예언자이며 세례자 요한이 체포되는 시점이었다.[6]

---

6 민중신학자 안병무에 의하면, 14절에 나오는 "세례 요한이 잡힌 후에"가 예수가 하나님 나라 도래를 선포한 정치적인 상황을 말한다. 요한이 반로마 선동 정치범으로 처형된 그

필자가 본 마가복음의 특징은 다음과 같다. 첫째, 마가복음서에서 예수의 중심 메시지는 하나님의 나라이다. 전통적으로 마가복음 이야기에서 중심 주제요 중심 사건은 예수의 십자가와 부활이었다. 그러나 예수 이야기의 가장 중심된 주제는 이보다는 하나님의 나라의 도래의 선포였다. 두 번째, 마가복음의 예수 이야기에서 예수가 개인을 향해서 말씀하거나 "개인"을 치유하거나 먹이신 것이 아니라, 여러 사람을 향해서 그리고 그 사람들 사이의 관계에 관심을 가지고 행동하고 말씀하신 것이라는 점이다. 즉, 전통에서는 예수가 사회정치적 관계 속의 인간들이 아니라, 개인들, 특히 홀로 서 있는 개인들을 관심했고 다루었다고 이해하는 경향이 있었다면, 마가복음서의 예수의 이야기에서는 그와 같은 "비정치적인 개인주의적 접근"(depoliticized individualistic approach)이 아니라, 사회, 정치, 경제적인 관계 속에 있는 인간들을 향해서 인간들 사이의 바른 관계에 대해 관심을 갖고 접근하였다고 말해야 한다.[7] 셋째, 인간들, 집단들 사이의 관계의 정의를 예수의 말씀과 행위의 관심이었음은 예수의 적대자들에 대한 예수의 판단에서도 잘 나타나고 있다. 율법학자, 바리세인들이 예수의 적대자였는데, 이들과 대제사장들과 헤롯당들은 이러한 관계의 정의를 무시하고 악화시키는 존재였다. 이것은 Q자료에서도 잘 나타난다(눅 11:42). "바리새파 사람들아, 너희에게 화가 있을 것이다! 너희는 박하와 운향과 온갖 채소의 십일조는 바치면서, 정의와 하나님께 바치는 사랑은 소홀히 한다!" 하나님의 나라는 이웃사랑 즉 관계적 정의에 있다는 것이 마가복음에서 잘 드러나고 있

시점에 예수의 공생애가 시작되었다. 안병무, "마가복음에서 본 역사의 주체," NCC신학연구위원회 편, 『민중과 한국신학』 (서울: 한국신학연구소, 1982), pp. 159-161.
7 Richard Horsely, *Jesus and Empire* (Minneapolis, MN: Fortress, 2003), p. 106.

다(막 12:33-34).

이제 마가복음의 예수 이야기의 플롯을 살펴보자. 필자는 마가복음
의 이야기의 플롯을 다음 두 연구 자료를 살펴봄으로써 조금 단순화시
켜 보려고 한다. 첫째는 Richard Horsley의 *Jesus and Empire*이고 두
번째 자료는 David Rhoads, Joanna Dewey, Donald Michie 공저의
*Mark As Story: An Introduction to the Narrative of a Gospel*이다. 마가
복음의 플롯은 예수의 하나님의 나라의 선포와 예수의 하나님의 나라의
현실화, 예수의 대적자들의 음모와 갈등 그리고 예수의 처형으로 이어
지는 줄거리이다. 마가복음의 예수의 이야기에 인물이나 집단들 사이의
갈등이 나타나고 있다.[8] 이 갈등이 예수의 죽음의 패배로 끝나는 것처럼
보였다가 예수의 부활로 역전하면서 하나님의 나라가 승리할 것이라는
희망을 예견한다. 이 갈등 속에서 일관된 메시지는 하나님의 나라의 도
래이다. 즉 하나님의 통치가 이미 이루어졌다는 것이 예수의 일관된 메
시지였다. 하나님의 나라, 즉 예수에 의해서 정의의 통치가 일어나고 있
기 때문에 이에 호응하는 자들과 반대하는 자가 일어나게 된다. 이 갈등
속에서 나타나는 예수의 관심은 사람들 사이의 관계의 정의의 문제였
다. 마가복음의 예수의 이야기의 핵심은 하나님의 나라의 선포요, 구체
적으로는 인간들 사이의 정치적, 사회적인 관계의 회복을 비롯한 관계
적 정의의 추구였다. 예를 들어, 귀신들린 자가 치유를 받고 나서 다시
사회에 복귀하는 것(5:19), 부자 청년이 가난한 자들과의 관계 회복을

---

8 David Rhoads, Joanna Dewey, Donald Michie, *Mark As Story: An Introduction
to the Narrative of a Gospel* (Minneapolis, MN: Fortress, 2012) Third Edition,
p. 77.

능동적으로 해야 한다는 것(10:17), 하나님의 나라는 결국 이웃 사랑, 즉 관계의 회복과 정의(12:33-34)라는 것 등에서 이를 볼 수 있다.

2. 수운의 이야기 분석

용담유사는 동학의 교조 수운 최제우가 자신의 종교적 경험을 널리 확산하기 위해 한글로 쓴 가사집이다. 2대 교주 최시형이 1881년에 간행하였으며 8편의 가사(歌辭)로 구성되어 있다. 동학 연구가 윤석산에 의하면 이 8편은 모두 1860년과 1863년 사이에 지어졌는데 시차로 본다면, 용담사, 교훈가, 안심가, 도수사가 먼저 지어졌고, 권학가, 도덕가, 흥비가, 몽중노소문답가가 후에 지어졌다고 한다.9

이 논문에서는 교훈가와 몽중노소문답가를 주로 분석할 것이지만, 다른 가사들도 함께 참고하게 될 것이다. 도덕가, 용담사, 안심가, 도수사, 권학가, 흥비가 등 여섯 편은 분량도 상대적으로 짧고 교훈가의 내용과 구조에서 비슷하다. 그리고 교훈가는 8편의 가사 중에서 가장 길고 내용도 풍부하다. 몽중노소문답가를 선택한 이유는 이 글은 용담유사에서 특이하게도 픽션과 같은 이야기이기 때문이다. 수운 선생이 꿈을 꾼 것으로 이야기를 전개하는데, 최고의 풍수지인 금강산에서 태어났고, 총명하게 성장하였지마는 삶의 여건이 절망적인 것을 한탄하고, 나아가 각자위심이 지배하고 있는 세상에 실망하고 있을 때, 이를 구원할 무극대도에 이를 수 있을 것을 꿈에 나타난 신비스러운 우의 도사가 이미 예언하였다고 노래한 가사이다.

---

9 윤석산,『용담유사연구』(서울: 모시는사람들, 2006). 99; 윤석산,『동학교조 수운 최제우』
　(서울: 모시는사람들, 2004), p. 180.

교훈가와 몽중노소문답가는 이야기적인 구조를 가지고 있다. 이야기는 플롯을 통하여 일련의 사건들을 상호 연결시키는데 이 사건들 속에는 다양한 인물들과 집단들 사이의 갈등과 문제가 얽혀 있다. 이야기가 전개되면서 이러한 갈등이 일정하게 풀려가는 구조를 가진다. 이야기에 갈등이나 위기가 없다면 아무런 긴장의 고조가 없는 밋밋한 사건의 연속으로 끝나게 된다. 그리고 그것에 대한 해결이 실마리라도 나타나야 한다. 밋밋한 사건의 연속은 연대기(historiography)가 된다. 따라서 용담유사를 이야기적으로 분석할 때 우리는 갈등, 긴장, 위기 그리고 그 해결에 대해 특별히 초점을 맞추어야 한다.

1) 교훈가

수운이 득도 후 얼마 안 있어 1860년 말에 지었다고 하는 교훈가를 보면, "왈이자질 아이들아"로 시작하면서 젊은이들을 향한 가사인 것을 알 수 있다. 그러나 여기에서 젊은이란 입도하고 수도하는 초심자들을 가리킨다.

교훈가는 수운이 자기의 인생 역정을 이야기체로 담담하게 전개한 글이다. 이 글의 플롯은 어떻게 구성되는가? 수운이 나이 40이 되기까지 세상을 돌아다녀 보았지만 헛수고로 가업은 기울어지고 아무것도 이루지 못한 것을 후회한다. 최후의 수단으로 구미용담에 들어가게 된다 (119, 이하 괄호 안의 숫자는 『천도교 경전』의 쪽수를 가리킴).[10] 세상 풍속과 민심이 피폐해 진 것을 개탄하며 세상 걱정하며 지냈지만 남는 것은 가

---

10 천도교중앙본부. 『천도교 경전』 (서울: 천도교중앙본부출판부, 2014).

난뿐이었다(120). 중한 맹세로 바깥출입을 금하고 수신제가와 도에 전념한다. 그렇게 7-8개월을 지내는데 무극대도를 깨닫는다(123). 어떻게 이 도를 유불도가 얻지 못하고, 또 다른 인물이 얻지 못하고 자신이 얻을 수 있었는가?(124-128) 수운은 이러한 큰 행운을 윤회시운으로 본다(124). 윤회시운은 한울님이 여시는 일이다. 사람들은 그 한울님을 믿고 정심수도 하면 무위이화가 이루어진다(130). 수운의 부인이 수운의 기쁨에 동참하며 그동안의 고생이 오히려 희락이었음을 화답한다(132-133). 여기에 중요한 이야기의 전환이 나타나는데 그것은 다음의 말씀이다. "인물대접 하는거동 세상사람 아닌듯고 처자에게 하는거동 이내진정 지극하니 천은이 있게되면 좋은운수 회복할줄 나도 또한 알았습네"(133-134). 여기에서 수운의 동학 가르침이 가정에 중심을 두는 것을 볼 수 있다. 그러나 사실 가정은 확대된 가정을 의미하기도 한다. 사람은 가족의 일원이다. 동학의 도는 기본적으로 가정을 단위로 해서 실천된다. 그런데 가족이나 집안은 일반적인 작은 단위의 가족을 포함하지만 거기에 머무르지 않고 동학에 입도한 사람들 전체로 확대된다(144. "이내집안" 참조). 그런 면에서 확장된 집안 안에서의 좋은 관계, 평등하고 정의로운 관계는 좋은 운수 즉 윤회시운과 상관적인 관계를 갖는다.

관헌과 문중 그리고 향민들이 수운을 공격하고 탄압하는데(134-137), 수운은 이 탄압을 피해 자리를 옮기면서 포교 활동도 하고 글도 짓는다(138). 아무리 탄압을 해도 이 도는 한울님이 내신 것이므로 스스로 퍼지게 되어 있다(137). 따라서 수운을 믿지 말고 한울님을 믿어야 한다. 그 한울님을 우리 몸에 모셨으니 멀리서 찾지 말고 신을 가까운 데에서 찾아야 한다(네 몸에 모셨으니 사근취원하단말가)(142).

교훈가의 플롯을 살펴봄으로써 얻어지는 중요한 의미는 동학의 무극대도는 한울님으로부터 온 것이고, 그 내용은 새로운 시대, 다시 개벽을 한울님이 여실 것이라는 것과 다시개벽은 확장된 가족 관계 속에서 서로 공경해 주는, 각자위심의 관계를 극복한, 관계적 정의를 근간으로 하여 이루어진다는 것으로 요약할 수 있다.

2) 몽중노소문답가

몽중노소문답가는 수운의 실제의 역사와는 다른 픽션(fiction)적인 가사이지만 수운의 삶을 형상화한 것이다. 이 가사의 흐름을 보자.

늙은 부모가 자식 없어 탄식하다 지성으로 공덕을 드린 후 금강산으로 들어가 아이를 잉태하게 된다. 태어난 아이는 잘 생기고 좋은 풍채를 가졌고, 총명하고 재기가 비범하였다(176-179). 그러나 그가 사는 세상은 인심이 각박하고 각자위심의 세상이었다(180-182). 팔도강산 주유천하 하며 세상을 둘러보니 사람들은 참서와 미신에 마음이 어두워졌고 저마다 자기 살길 찾기에 급급하며, 각자위심하며 흩어져 있음을 보면서 도저히 불가능한 세상이라고 포기하고 고향에 가서 백가시서나 읽으며 소일하자는 생각을 하게 되는데 그 때 그의 나이가 14세(교훈가에서는 이때가 40세)였다. 가슴에 품은 모든 회포를 일시에 타파하고 고향으로 향하는데 금강산 산상봉에서 잠깐 앉아 쉬는데 잠에 빠지게 된다. 꿈에 우의(羽衣) 도사가 나타나 14세의 이 아들(수운)을 설득한다. 우의 도사는 수신제가하고 정진하지 않고 세상을 개탄하여 절망하거나 세상을 비웃어야 무슨 소용이 있느냐고 한다(183). 그리고는 이제 근심하지 말고 윤회시운과 다시 개벽을 보라고 한다(184). 무극대도가 이 세상에 날 것이니 아무리 금수같은 세상 사람들도 이것을 알아볼 것이라고 한다

(185). 여기에서 우의 도사는 한울님을 상징한다. 한울님은 이렇게 꿈속에서 만나고 떠나지만 계속해서 교통할 것을 기약한다(186).

몽유노소문답가는 수운의 인생 역정을 가상적 꿈 얘기로 상징화한 것이다. 수운 선생이 어린 나이인 14세에 주유천하하면서 세상의 효박한 실태를 살피게 되었다는 것은 사실과는 다르다. 그가 어린 시절부터 대단히 총명했고 어려서부터 주유천하했다는 것은 그의 출중함을 강하게 표현한 것으로 보인다. 이 가사의 플롯을 검토하면 수운의 동학사상의 중요한 면모를 발견할 수 있다. 첫째, 그가 본 무극대도는 수운 자신이 창조해 낸 것이 아니라 한울님이 주신 것이라는 것. 둘째, 이 무극대도는 세상에 대해 개탄하고 절망하고 있는 수운에게 처음으로 내려진 것이며, 셋째, 무극대도가 다시개벽의 세상에서 어떻게 펼쳐지는가를 보라는 언급에서 동양적 시운관이 엿보인다. 민중의 깨달음과 참여와 노력과 무관하게 윤회로 시운이 돌아온다고 하는 도교적 무위기화의 사상이 엿보인다. 시천주, 무위기화, 수심정기가 수운의 사상적 골격이라고 한다면 여기에서 우리는 동양적 변혁사상의 특징을 발견할 수 있다. 이것이 유불선적, 동학적 특징이라고 한다면, 이제 서학의 변혁사상인 예수의 사상과 비교해 볼 수 있을 것이다.

IV. 힘들(forces) 사이의 갈등 분석

마가의 예수 이야기와 수운의 용담유사 이야기에서 가장 관심이 가는 부분은 힘들 사이의 갈등 관계가 표현된 두 이야기에서 나타나는 가치관과 신념의 비교이다. 이 비교를 통해 우리는 예수와 수운이 무엇을 추구했는지를 분석할 수 있다. 예수는 당시의 이스라엘 사회에 새로운 바람을 불러 일으켰다. 하나님의 나라의 도래, 즉 하나님의 주권의 회복이라는 화두였다. 이와 비슷하게 수운도 새로운 시대의 도래인 후천개벽을 선포하였다. 이러한 선포와 이에 터한 본격적인 행동의 사건은 이를 찬성하고 받아들이는 세력과 이를 부정하고 방해하는 세력을 낳았다.

두 인물의 이야기에서 각각은 지배 집단과 뭇 민중들과의 갈등뿐 아니라, 초인간적인 힘과의 갈등을 상정하고 있다. 두 이야기는 초자연적, 초인간적인 힘과의 싸움을 밑바닥에 깔고 있다. 예수는 사탄 혹은 귀신을 이야기하고 있고, 수운도 마찬가지로 귀신을 언급하고 있다.

1. 예수의 이야기

1) 사탄과의 싸움

예수는 세례 요한으로부터 세례를 받은 후, 40일간 광야에서 지내는 동안 사탄의 시험을 받았다. 사탄은 세계를 지배하는 악령이다. 예수는 공생애 기간 중에 그 수하의 마귀와 귀신들과 싸워 이긴다. 사탄은 악을 저지르는 세상의 권세를 상징한다. 즉 사랑과 정의가 아니라 자기만의 힘을 추구하는 사람들이나 집단을 사탄의 세력이라고 부른다. 사람들은 사탄의 대행자 노릇을 할 수 있다. 심지어, 예수의 수제자였던 베드로도 사탄의 대행자가 될 수 있었다(막 8:33). 사탄은 사람들 속에 뿌려진 말씀을 빼앗아간다(4:15).[11] 예수는 개별 귀신과의 전투에서 이겼다

---

11 Rhodes, et al., p. 82.

(9:25). 그리고 귀신들과 악마의 왕인 사탄과의 대결에서도 이겼다. 그러나 그 사탄은 물러갔을 뿐 파괴된 것은 아니다. 예수의 이야기에서 세상 권세(로마 제국)에 들어가 있는 사탄의 힘이 가장 무서운 예수의 적대자였다

예수에게 있어서 귀신들림은 곧 로마 제국에 점령 받아 예속되어 있는 상태를 상징하기도 한다. 예를 들어, 민중신학자 안병무의 해석처럼 마가 5:1-13의 군대귀신에 들린 사람의 고통의 이야기는 로마 제국에 점령되어 "고통당하고 자기 분열을 일으킨 현상"이라고 해석하는 것이 타당하다.[12] 그렇다면 악한 영은 로마 권력만을 상징하는가? 월터 윙크는 악한 영은 사탄의 체제라고 부르면서 모든 지배 권력을 가리킨다고 보았다.[13] 예수 시대에 로마 제국을 정점으로 하는 지배 체제의 작동 원리는 폭력에 의한 지배이므로 이것은 약자의 억압과 죽음을 가져오는 악한 영이었다. 이에 대한 대안으로서 하나님의 통치 즉 하나님의 나라를 예수가 제기한 것이다. 그러므로 여기에서 악한 영은 로마 권력만을 상징하지는 않고 모든 불의하고 반생명적인 영적인 힘(유대 지배 질서, 지배 종교 체제, 질병, 귀신 등)을 포함한다.

2) 정치 권력(유대와 로마의 권력)과의 갈등

예수의 공생애 초기부터 예수를 죽이려고 하는 공모자들이 있었다.

---

12 안병무, 『갈릴래아의 예수: 예수의 민중운동』 (천안: 한국신학연구소, 1990), p. 169.
13 월터 윙크/한성수, 『사탄의 체제와 예수의 비폭력』 (한국기독교연구소, 2004), p. 89 이하. Walter Wink, *Engaging the Powers: Discernment and Resistance in a World of Domination* (Minneapolis, MN: Augsburg Fortress, 1992).

예수가 안식일에 손이 말린 환자를 고쳐주는 것을 보고 바리새파 사람들과 헤롯당들과 함께 예수를 없앨 모의를 하였다(막 3:6). 예수도 이에 대해 경계했다. "바리새파 사람의 누룩과 헤롯의 누룩을 조심하여라"(막 8:15).

예수의 적대 세력은 최전선에는 유대의 지도 세력들, 즉 바리새파사람들, 율법학자들, 대제사장들이 있다. 그 뒤에는 로마의 대리자들인 헤롯 왕가와 총독인 빌라도가 있으며, 가장 뒷면에는 로마 제국이 있다. 로마 제국은 이들 유대 지도 세력의 배후로 예수 이야기에서는 예수와의 갈등에서 전면에 나타나지는 않지만, 로마 총독인 빌라도에 의해서 예수가 십자가의 죽음을 맞게 된다는 면에서 로마 제국이 예수와 그의 하나님의 나라에 맞서는 최종적인 힘이라는 것을 부인할 수 없다. 예수를 죽인 세력, 즉 예수가 대변하는 하나님의 통치에 대한 적대 세력은 유대의 지배 세력과 로마 권력이라고 할 수 있다

3) 민중 안에서의 갈등[14]

예루살렘으로부터 온 민중은 예수를 십자가에 못 박으라고 외쳤다(막 15:13-14). 반면, 갈릴리의 다른 민중들과 무리들은 예수를 따랐고 예수를 보호하였다. 제자들의 태도와 생각에 대해서 예수는 못마땅해 할 때도 있었다. 대표적으로는 베드로에게 "사탄아 물러가라"(막 8:33)

---

[14] 민중 안에서의 갈등에 대해서 지금까지 변혁사상이나 민중신학에서 상대적으로 등한시했던 것을 지적하고자 한다. 이 부분에 대한 깊은 천착은 최근 슬라보예 지젝(Slavoj Zizek)이나 알랭 바디우(Alain Badiou) 등 급진적 정치철학자들 사이에서 논의되고 있는 "주체에 대한 관심"과도 일맥상통하는 일이다. 이 부분에 대한 깊이 있는 생각은 민중운동을 이론적으로 새롭게 뒷받침해 줄 수 있을 것이다.

고 한 예수의 발언이다. 이처럼 민중들 안에서, 그리고 예수의 집단 안에서도 긴장 관계가 있었던 것은 왜일까? 일찍이 안병무는 이러한 모순에 대해 주목하였다.[15] 다만 그는 그것을 주요한 모순으로 간주하지 않았었다. 그러나 이러한 모순과 갈등을 다루지 않는다면 예수의 이야기를 표피적으로 다루는 것이 된다. 우리가 억압자와 피억압자 관계만을 문제시할 때 우리는 이분법적인 도식에 빠지고, 전자는 나쁘고 후자는 좋은 것이 되는 도식주의에 빠짐으로써 사안을 현실적으로 접근하지 못하게 된다. 피억압자들을 순수한 피해자로만 보게 되고 피해자들은 단일한 신념과 목적을 가진 균질한 집단이라고 간주한다. 그러나 이것은 피억압자들 사이에 다른 입장이나 일관되지 않은 모습을 있을 수 있다는 점을 간과하게 된다. 이처럼 민중, 피억압자에 대해서 실재적으로 바라보지 못할 수 있다. 1980-90년대 민중교회 목회자들은 민중의 이러한 두 측면, 즉 충실한 저항자의 모습과 그 반대로 기회주의적인 모습을 보여주었음을 확인하였다. 특히 후자의 모습이 많이 나타나고 있는 것에 대해서 주의했다. 민중도 지배자의 가치관과 세계관과 욕망을 자기의 것으로 삼을 수 있음을 발견하게 되었고 이로써 민중에 대한 실재적이고 현실적인 판단을 하게 되었다. 황홍렬은 민중교회 운동의 역사에서 이 점을 다음과 같이 지적하였다.

민중교회 운동 형성기에 목회자들은 민중의 부정적 면에 대해 생각하지 않았다. 그것은 민중이 완전해서가 아니라 사회정치적 억압, 문화적 소외로부터 해방되면 변할 것으로 생각했다. 이런 것이 변화되었다. 한

15 안병무, 전게서, p. 139.

목회자는 민중의 부정적 측면을 받아들이지 않았는데, 지역 철거 과정을 거치면서 지역 주민들의 탐욕, 일치와 연대의 부족 그리고 그들로부터 '작은 테러'를 당한 후에 민중의 부정적 측면을 받아들였다. 그녀는 민중의 '배반'으로부터 자신이 지닌 민중관이 '환상'임을 깨달았다. 그녀는 민중의 관심사가 지역 사회가 아니라 지역을 떠나는 것임을 뒤늦게 알았다. 다른 목회자는 '정신적 타락', 자본주의로부터 주어지는 '물질과 물질적 미끼'를 얻기 위한 민중의 내적 갈등 속에서 그들의 부정적 측면을 보았다.[16]

예수 주변에 민중들이 모여들었고 그의 말씀과 행동에 동조하여 그를 따랐던 민중이 분명 많이 있었다(막 11:8-10). 그러나 무리들인 민중이 권력자들에게 선동되거나 아니면 자발적으로 권력자들을 추종할 수 있다는 것은 예수를 못 박으라고 외친 민중(막 15:13)에게서 발견할 수 있다. 안병무는 민중은 그렇기 때문에 예수를 향한 가능성의 존재일 뿐 필연성의 존재는 아니라고 보았다.[17] 예수의 제자들도 예수의 길로부터 이탈하기도 하였다. 마가복음의 많은 부분에서 예수와 제자들과의 생각과 행위의 차이를 보이는 갈등 국면이 보도되고 있다.

마가복음의 이야기에서, 예수와 제자들, 그리고 예수와 민중 사이의 차이나 갈등은 어디에서 오는가? 그것은 무엇이 선(the good)인가를 둘러싼 차이와 이견에서 비롯된 것이었다. 즉 제자들은 예수가 고난 받고 죽을 것이라고 하는 이야기의 전개를 받아들일 수 없었다. 불의한 지배

16 황홍렬, "민중교회의 선교역사(1983-2005)와 새로운 과제 ④", 〈에큐메니안〉 2015년 1월 28일, http://www.ecumenian.com/news/articleView.html?idxno=11604
17 안병무, "예수와 오클로스," 『민중과 한국신학』 (서울: 한국신학연구소, 1982), p. 89.

질서를 대체할 새로운 지배 질서를 생각했던 그들은 예수가 권력을 획득하는 방식이 아니라, 죽음을 통해서 이루어 놓으려는 하나님의 통치의 질서에 대해서 그리고 그것의 사회정치적 의미가 무엇인지를 이해하지 못하였다. 그리고 예수의 어떤 특정한 실체적인 정치 제도와 구조로 나타날 수 있는 것은 아니었다. 최소한으로 정의한다면, 그것은 관계적 정의가 이루어진 상태를 가리킨다고 하겠다. 예수에게 적대적인 민중의 욕망은 세속적인 권력의 욕망을 자기의 것으로 받아들인 것이며, 예수의 제자들은 현재의 세속적인 권력을 대신할 새로운 세속적인 권력을 욕망하였던 것이다. 그러나 예수는 이러한 욕망을 사탄이라고 보았고, 이와는 완전히 다른 길을 선택했다. 그것은 하나님의 통치와 나라로 표현된 관계적 정의의 추구라고 말할 수 있다.

4) 권력과 관계

권력은 관계를 규정한다. 위에서 살펴본 예수와 갈등 관계를 맺는 사탄, 정치 권력 그리고 일반 대중들이 추구하는 권력은 불평등한 상하 관계를 지향하는 권력이었다. 권력을 독점한 집단도 자기가 추구하는 것을 선이라고 말한다. 이에 대항하여 피억압자들도 자신들의 선을 말할 수 있다. 그렇다면 어떤 선이 더 좋은 선인가? 개인이나 집단들이 서로 다른 선을 선택하여 추구할 수는 있다. 선이 다양할 수 있지만 그 중 좀 더 나은 선은 사회의 구성원 사이에서 올바른 관계 속에서 합의된 선일 것이다. 그렇다면 우리가 더 큰 선을 선택하기 위해서라도 한 사회 안의 구성원들 사이의 관계의 정의가 구현되어야 한다. 구성원들 사이의 평등하고 공정한 관계 속에서 합의된 선이 아닐 경우, 특정 개인이나 집단에만 좋은 선이 될 것이므로 그것은 공공적인 선이 될 수 없다. 그렇다면 예수가 추구한 것은 관계적 정의에 근거하여 도출된 공공적인 선(善, the good)이었다고 말해야 한다.

사실 개인적 집단적 갈등은 두 종류의 권력 간의 갈등으로 요약할 수 있다. 그리고 권력이 관계를 규정하므로, 예수와 세상 권력과의 갈등은 상하 위계적이며 지배적 관계냐, 아니면 평등하고 공정한 관계이냐를 놓고 벌인 갈등이었다. 원래 선은 오직 하나님으로부터 오지만, 그것의 인간적인 표현은 평등하고 공정한 관계 위에서 합의되어 도출된 선이다. 그러므로 선을 찾기 위해서도 바른(right) 관계, 즉 관계적 정의가 필수적으로 요청된다.

예수의 하나님의 나라에 동원되는 대표적인 이야기는 음식 나누기와 치유의 이야기이다. 음식 나누기에서 중요한 것은 먹고 마시는 것보다 바른 관계 안에서 "함께" 먹고 마시는 것이었다. 예수의 하나님의 나라의 비유는 잔치로 잘 표현되었는데, 잔치는 다수가 함께 먹고 마시는 것으로 단순히 음식을 먹는 것이 아니라, 함께 하는 관계의 즐거움을 가리킨다. 오병이어의 기적도 단순히 많은 사람들이 먹었다는 것을 의미하는 것이 아니라, 함께 나누는 관계가 그러한 기적을 만들었음을 가리킨다.

병을 고치는 것도 무상의 병을 고친다는 점이 중요하기는 하지만 그러나 그 병을 고침 받은 후 다시 세상에 복귀하는 것, 즉 관계의 회복이 치유 이야기의 핵심이다. 귀신들린 사람이 예수에게 함께 있게 해달라고 요청했을 때 예수가 이를 허락하지 않고, "네 집으로 가서, 가족에게, 주께서 너에게 큰 은혜를 베푸셔서 너를 불쌍히 여기신 일을 이야기하여라"(막 5:19)고 한 말씀에서 예수는 사람들의 관계의 정의로운 회복에 초점을 맞췄음을 알 수 있다. 회당장의 죽은 딸을 살린 이야기에서도 "이 일을 아무에게도 알리지 말라고 그들에게 엄하게 명하"신 것(막 5:43)도 예수는 치유와 치유를 통한 관계의 회복에 관심을 가졌지 이것을 알리는 것을 중시하지 않았다. 왜냐하면, 이러한 치유와 음식 나눔을 통한 관계의 회복이 바로 하나님의 나라의 의미였기 때문이다.

그런데 크로산은 음식을 먹어야 살 수 있으므로 먹는 것을 관장하면 모든 것을 관장하는 것과 같다고 한다. 그리하여 음식은 분배되고 나뉘어야 한다는 것이다. 예수의 음식의 "나눔-공동체"(*share*-community)는 분봉왕 헤롯 안티파스의 로마적인 "욕심-공동체"(*greed*-community)와 대비된다고 한다.[18] 크로산은 이렇듯 예수의 음식과 재물에 대해서는 배분적 정의(distributive justice), 즉 나눔 그 자체에 중요성을 두었다. 그러나 배분적 정의는 관계의 회복 없이 위로부터 일방적으로 실시될 수 있다. 크로산은 예수의 음식 나눔과 치료는 무상이라는 것에 주목한다.[19] 크로산처럼 하나님의 나라는 음식 나눔과 치료가 무상으로 이루어지는 질서라고만 말한다면, 이것은 인간의 평등한 대우라고 하는 관계적 정의 없이도 가능할 수 있다. 그러므로 가장 기본적인 원리는 관계적 정의이다. 위에서 이미 지적했듯이 예수에게서 음식 나눔과 치료는 필요한 것이었지만 그 자체가 목적적인 것이 아니라 더 광범위한 정치적, 사회적 관계의 회복, 무너진 관계의 회복을 위한 수단적인 것이었음을 지적하였다. 음식 나눔과 치료만으로는 사회적 정치적 관계의 정의를 확보할 수는 없을 것이다. 예수의 하나님의 나라에서 음식 나눔과 치

---

18 John Dominic Crossan, *God and Empire: Jesus Against Rome, Then and Now* (San Francisco, CA: Haper, 2007), p. 118.
19 Crossan, p.118.

료는 그것 자체를 넘어서 모든 사람들이 자기의 말을 할 수 있고, 가치 있는 존재로 인정받는 정의의 관계의 회복을 위한 대표적인 수단이었던 것이다.

2. 수운의 이야기

이제 수운의 이야기를 분석하고자 한다. 이 분석은 위의 예수의 갈등 이야기의 분석과 동일한 순서로 진행된다.

1) 귀신과의 갈등

동학에서 귀신(鬼神)이란 두 가지의 의미가 있다. 한울님 즉 신을 가리키기도 하고(논학문, 28), 다른 한편 잘못되고 악한 결과를 일으키는 힘을 말하기도 한다. 후자의 경우, 귀(鬼)는 낮고 저급한 상태를 말한다. 예를 들어, 잘못된 신념 체계가 이 귀(鬼)에 속한다. 이러한 풍속이나 신념 체계가 초인격적인 힘을 발휘할 때 사람들을 피폐시킨다. 권력 지향적인 인생 태도가 조선 사람들 안에 파고 들어와 있는 것 그리고 하늘의 운수를 바라면서 실질적인 노력을 하지 않는 민심도 여기에 속한다. 지벌과 가세에 따라서 도덕군자로 인정되는 도덕 풍조도 여기에 속한다 (도덕가). 수운은 정감록과 같은 도참사상이나 미신이 난세를 구원할 수 있는 원리로 받아들여지는 세태는 잘못된 것이라고 보았다. "한나라 무고사가 아동방 전해 와서 집집이 위한 것이 명색마다 귀신일세."[20] 수운

---

20 도덕가에 나온 귀신에 관한 언술을 참고하라. "한나라 무고사가 아동방 전해 와서 집집마다 전한 것이 명색마다 귀신일세 이런지각 구경하소 천지역시 귀신이요 귀신역시 음양

은 괴이한 동국참서가 사람들을 혼미에 빠지게 하고 있다고 비판했다
(몽중노소문답가).21

수운은 서학을 믿는 것이나 도참설이나 미신을 믿는 것도 잘못된 일
이라고 보았다. 수운은 서학을 도참설이나 미신과 마찬가지로 수심정기
하거나 실천하지 않고, 오히려 올바른 실천 없이 미신과 허망한 것을 믿
는 종교로 보았다. 동학연구가 윤석산에 의하면, 수운이 서학이나 미신
을 배격하는 가장 근본적인 요인은, "저 혼자만 살겠다고 궁궁촌(弓弓
村)을 찾아 떠나는 사람들과 마찬가지로 서학에 입도하여 혼자만이 천
당에 가겠다고 비는 각자위심(各自爲心)의 조장 때문"이었다.22

2) 세상 권력과의 갈등

세상 권력으로는 서양 권력이 있다. 이들은 앞선 무기를 가지고 중
국을 유린하고 조선을 넘보고 있다, 또 다른 권력은 일본이다. 안심가에
서는 "개같은 왜적놈"이라고 부르면서 이를 하룻밤에 멸하기를 바란다
고 했다(162). 이밖에 조선의 왕조, 귀족, 관헌도 세상 권력이다. 주자학

인줄 이같이 몰랐으니 경전 살펴 무엇하며 도와 덕을 몰랐으니 현인군자 어찌하
리"(217). 여기에서 무고사(巫蠱事)란 무당과 사기꾼의 작폐를 의미. 김용옥,『도올심
득 동경대전 1』(서울: 통나무, 2004), p. 133.

21 윤석산,『용담유사연구』, p. 131. 여기에서 윤석산은 다음과 같이 수운의 몽중노소문답
가의 내용을 해석했다. "매관매직하는 세도가도, 전곡이 쌓인 부첨지도, 유리걸식하는
사람도 모두 궁궁 혹은 궁궁촌이라는 도피처만을 생각하고, 자신의 개인적인 삶만을
도모하는 지극히 타락한 개인주의가 팽배한 당시의 세상 인심을 수운은 비판한다."

22 윤석산, 전게서, 143. 궁궁촌에 대해서는 몽중노소문답가(181-182)에 잘 나온다. "매관
매작 세도자도 일심은 궁궁이오. 전곡쌓인 무첨지도 일심은 궁궁이오. 유리걸식 패가자
도 일심은 궁궁이라. 풍편에 뜨인자도 혹은 궁궁촌 찾아가고 혹은 만첩산중 들어가고
각자위심하는 말이 내 옳고 네 그르지."

자들을 비롯한 유학자, 양반들, 세도가들도 세상 권력에 속한다.

현세의 세상 권력은 지금 시대의 권력이며, 그러나 이러한 시대는 지나가고야 만다는 것이 수운의 역사관이요 운세관이다. 그는 하원갑이라고 하는 지난 시대와 새로운 상원갑의 시대를 말하면서, 윤회시운과 다시개벽을 설파한다(184). 교훈가에서는 "부하고 귀한 사람 이전시절 빈천이오. 빈하고 천한 사람 오는시절 부귀로세 천운이 순환하사 무왕불복 하시나니"(121-122) 하면서 새로운 시대가 오고 있다는 것을 설파했다.

19세기 서양 권력의 서세동점과 일본의 한반도 지배 야욕이 드러나고 있는 상황 그리고 이것에 대해서 대처하지 못하고 여전히 부패하고 무능한 조선의 지배 권력은 모두 지나가야 할 옛 시대의 유물이다. 수운은 이러한 시운을 넘어서는 새로운 시운, 즉 다시 개벽의 시대를 열기 위해 동학을 창도했다. 옛 시대인 하원갑은 조선 민중으로서는 멸망의 시기요, 세상 권력은 흥하는 시기이지만, 수운은 이것을 극복할 새로운 시대, 다시개벽을 여는 시대의 도래를 선포했던 것이다. 그렇다면 수운의 메시지도 예수의 하나님의 나라 선포와 유사한 것이었음을 볼 수 있다. 예수의 경우와 마찬가지로 수운도 기성 세상 권력과 갈등을 빚을 수밖에 없었다. 수운은 동학을 창도한 후 관에 의해 쫓기는 신세가 된다. 용담유사의 많은 글들이 한 곳에 머무르며 저작된 것이 아니라 여러 가지 이유로 다른 장소들에서 지어졌다.

3) 뭇 대중과의 갈등

번복지심 두지 말고, 물욕교폐(物慾交蔽) 하지 말며, 헛말로 유인하지 말며, 안으로 불량하고 겉으로 꾸며내지 말라(도덕가). 다시 말해 역리자, 비루(鄙陋)자, 혹세자, 사천자(欺天者)가 되지 말라는 가르침(도덕가)에서 이러한 사람들이나, 금수 같은 세상 사람(몽중노소문답가), 유학자들, 친족들 그리고 동향인들이 수운에 대적한 뭇 대중이었다. "승기자 싫어할줄 무근설화 지어내어 듣지못한 그말이며 보지못한 그 소리를 어찌그리 자아내서 향안설화 분분한고 슬프다 세상사람 내운수 좋자하니 네운수 가련할줄 네가어찌 알잔말고 가련하다 경주향중 무인지경 분명하다. 어진사람 있게되면 이런말이 왜있으며 향중풍속 다던지고 이내문운 가련하다 알도못한 흉언괴설 남보다가 배나하며"(135). 이렇게 최씨 일가를 비롯한 지역민들로부터 핍박을 받고 유학자들과 관의 주목을 받게 되니 수운은 집을 나와 객지에 머무를 수밖에 없었다(138). 이러한 모습을 보면 예수가 율법학자나 바리새인들 그리고 관헌의 감시와 탄압을 받고 몸을 피했던 형편과 매우 비슷하다.

4) 권력과 관계

권학가에서 수운은 어두운 위기의 조선 말엽의 상황에서 인간들이 어떻게 살고 있는가를 살피고 있다. 그는 강산 구경을 그만두고 인심풍속을 살펴보니 다음과 같은 생각에 이르렀다. 즉, "부자유친 군신유의 부부유별 장유유서 붕우유신 있지마는 인심풍속 괴이하다"(203). "함지사지 출생들아 보국안민(輔國安民) 어찌할꼬"라고 한탄하는 말 속에서 우리는 수운이 공적인 영역에서 대부분의 사람들이 각자위심하여 나라와 사회의 안전 자체가 흔들리고 있음을 걱정하고 있는 것을 볼 수 있다.[23] 여기에서 수운의 사람들 사이의 사회적 관계에 대한 관심을 발견할 수 있다. 사람들 사이에 유대와 정의로운 관계가 존재하지 않고 각자 위심하여 뿔뿔이 흩어져 이기심으로 자기만을 위하는 모습을 발견하게 된 것이다. 엎친데덮친 격으로 천주교가 들어와서 사람들을 이상한 방향으로 몰아가고 있다고 권학가에 길게 기록했다.[24]

도덕가에서도 수운이 살핀 사회적 관계의 모습은 이러하다. 즉, 몹쓸 사람이 부귀해지고 어진사람은 궁해지며, 지벌과 가세로 도덕군자로 추대되는 것이 세상이다. 이러한 사회구조 속에서의 인간들의 관계를 몽중노소문답가는 다음과 같이 자세하게 살피고 비판하고 있다(180-182).

팔도강산 다밟아서

인심풍속 살펴보니

무가내라 할길없네

우습다 세상사람

불고천명 아닐런가

매관매직 세도자도

일심은 궁궁이오

전곡(錢穀)쌓인 부첨지도

일심은 궁궁이오

유리걸식 패가자도

---

23 "함지사지(陷之死地) 출생(出生)들"은 목숨이 위태로운 곳에서 태어나 살고 있는 사람들을 가리킨다.

24 『천도교 경전』, pp. 209-211.

일심은 궁궁이라

풍편(風便)에 뜨인자도
혹은 궁궁촌 찾아가고
혹은 만첩산중들어가고
혹은 서학에 입도해서
각자위심 하는말이
내옳고 네그르지
시시분분 하는말이
일일(日日)시시(時時)
그뿐일네
아셔시라 아셔시라
팔도구경 다던지고
고향에나 돌아가서
백가시서 외워보세
내나이 십사세라
전정이 만리로다
아서라 이세상은 요순지치라도
부족시요
공맹지덕이라도
부족언이라

이처럼 용담유사를 개괄해 보면, 수운이 가장 관심을 가졌던 부분은
조선 사람들 사이의 잘못된 관계, 즉 각자위심의 자기 중심주의와 군불

군 신불신 부불부 자불자(君不君 臣不臣 父不父 子不子)의 불의한 상태에 대한 문제의식이었다(179). 수운은 이것을 극복하기 위해 보국안민의 도를 선포했던 것이며, 이것이 용담유사의 가장 중요한 줄거리이다.

수운이 보국안민의 도를 선포한 것은 세상의 변화를 꾀하기 위함이었다. 세상을 어떻게 변화시키고자 했는가? 다시 개벽, 새로운 시대를 열려고 했는데 이것은 가난하고 눌린 사람들이 인간으로서 공정하게 대접 받고 그리고 그동안 위세를 가졌던 사람들이 낮아져서 평등하게 되는 시대를 의미했다. 이를 위해 수운이 제시한 기초적인 원리는 무엇이었는가? 수운이 생각했던 사회 작동의 기본 원리는 다시개벽에 기초한 변혁 사상과 함께 인간은 원래 누구나 한울님을 모시는 존재라고 하는 평등사상인 시천주(侍天主)에서 발견될 수 있다.[25] 인간은 하늘을 모시는 존재이므로 무궁한 존재이며 최령자(最靈者)이다(도덕가), 수운이 유학의 신분제적인 인의예지를 비판하고 대신할 수 있는 수련법으로 수심정기(守心正氣)를 내세운 것도 인간이 모두 평등하게 성장할 수 있는 가능성이 있음을 보여준 것이었다. 수심정기는 어떤 면에서 조선조의 전통적인 유교 사회로부터 과감한 결별을 선언한 것이기도 하다.[26]

그러나 수운이 영향 받은 도참의 영부 사상이나 도교의 무위이화(無爲而化)와 신선(神仙) 사상 그리고 샤머니즘의 주문(呪文)의 도입은 수

---

25 윤석산은 다음과 같이 시천주를 해석하고 있다. "수운 선생은 이러한 시천주를 통하여 대사회적(對社會的)인 면에서는, 인간은 누구나 본질적으로 평등하다는 인간 평등주의를 암암리에 암시하기도 한다. 즉 당시 사회적으로 신분이 천한 사람이나 존귀한 사람이나, 양반이나 천민이나를 막론하고, 모두 본원적으로 그 안에 한울님이라는 무궁한 존재를 모시고 있으므로 세상의 모든 사람은 평등하다는 것이다. 즉 '시천주'라는 수운 선생의 가르침에는 본원적인 평등 사상이 깃들어 있는 것이다." 윤석산, 『동학교조 수운 최제우』, p. 221.

26 Ibid., p. 239.

운에게 능동적인 개혁보다는 저절로 그렇게 될 것이라고 하는 마술적이고 운명주의적인 측면을 보여주고 있는 점을 지적해야 할 것이다. 수운의 시천주와 수심정기는 매우 진보적이고 개혁적인 측면이 있음에도 불구하고 수운 사상 속에 있는 신선 사상이나 주문 등의 마술적인 부분이 있음도 지적할 수 있다. 무위이화는 수운의 중요한 가르침인데 이에 대해서는 본 연구자가 다음과 같이 분석하고 해석한 적이 있다.

동학의 가르침은 시천주 조화정이라고 하는 주문의 주제어들에 있고 특히 그의 무위이화 사상 속에 있다. 무위이화는 조화(造化)와 상통한다. 무위이화는 인간의 사욕을 극복하여 도달하는 것이며, 조화는 하늘이 행하는 것을 말한다. 우리가 시천주, 수심정기(守心正氣)하여 무위이화를 기하면 조화가 일어난다. 무위이화는 곧 조화이며, 무위는 유위(有爲)의 반대로서 유위는 기존 세계의 기존 질서와 관습에 따르는 행위나 비공공적 이기적 행위를 가리킨다. 무위는 자기 중심과 기존 질서에 대한 강한 비판적 요소를 가지며, 따라서 기존적 자아와 질서에 대한 변혁을 말한다. 그리고 행위, 즉 기존 방식의 행위, 혹은 각자위심(各自爲心)의 행위가 아니라, 천을 모시는 행위, 천에 의해서 기존의 세상과 기존의 내(ego)가 극복되고 초월되는 무위로 행(化)하는 것을 가리킨다.

중국 노자 사상에서 비롯된 무위사상은 세상 질서 속에서의 유위를 가르친 유학에 대한 혁명적이면서 도전적인 사상이었다. 그것을 수운이 받아들였고 이것을 이화(而化)라는 개념과 연결시켜 인간 질서로부터 자연 질서로의 도피가 아닌, 다시 인간 질서 속으로 이 혁명적 전위 개념을 끌고 들어왔다. 최제우에게 각자위심의 행함(有爲)은 당시의 세상에 참여하고 있는 다양한 주체들(조선의 지배계급, 일본 등 제국주의자, 일반 민중)의 행동 양식을 말한다. 그러나 무위는 그 당시의 없이 존재하는 세력의 행동들 특히 각자위심하지 않고 질서 밖에서부터 천주를 모시고 그(하늘)를 따르며, "천도에 일치하는" 사람들이 이루는 움직임, 되어감(化)을 가리킨다.[27]

수운은 시대의 불의, 즉 서양과 일본의 침략 야욕과 조선 사회의 부패와 무능력과 불평등 구조에 대해서 문제를 제기하고 이를 극복할 수 있는 이념을 제시하였다. 다시 개벽, 동귀일체 등의 사상이 그것인데, 그러나 이러한 사상이 갖고 있는 우주적이고 초월적인 의미는 시대의 정치적 사회적인 모순 자체를 넘어서는 데에는 구체성이 덜할 수 있다는 평가를 내린다. 그러나 이 연구의 질문인 정치 사회의 근본적 작동원리로서의 관계적 정의라고 하는 최소한의 정의관이 수운에게서 분명하게 나타나는가에 대해 이 연구자는 수운의 확장된 집안(oikos) 개념을 볼 때 긍정적인 대답을 내린다. 수운은 집안과 가족 개념을 확장된 개념으로 자주 사용한다. 그의 "이 내 집안"(144), "형제 일신(兄弟一身)"(140), "부모의 가르침"(141), "왈이자질 아이들아"(117) 등의 교훈가에 나타난 언어에서 가족애의 모습이 나타난다. 그의 대부분의 가사들에 표현되고 있는바, 노처(老妻)를 대등하게 대우하고, 함께 의논하고 동고동락하는 모습에서 부부의 평등하고 화순한 가족 관계를 볼 수 있다.

---

27 권진관, "동학의 정의 이해: 주체론적 관점에서," 『종교연구』 한국종교학회, 제73집 1호, 2014, pp. 85-86.

V. 결론: 예수와 수운의 정의 사상으로의 합류

지금까지 본 연구자는 예수와 수운의 이야기를 같은 문항으로 분석하여 양자 사이의 접점과 분리되는 점들을 살펴보았다. 위에서도 지적했지만 수운에게서 무위적이고 시운적인 운명주의가 일부 보임에도 불구하고, 수운은 예수와 마찬가지로 새로운 시대를 열고자 하는 기본 원리 즉 인간들 사이의 정의로운 관계, 평등하고 공정한 관계를 지향하고 있다는 것을 확인하였다.

이제 이 연구자는 다음과 같이 두 가지의 중요한 질문을 던지고 그 대답을 시도함으로써 정의의 관점에서 마가복음과 용담유사에 나타난 예수와 수운의 사상을 비교해 보고자 한다.

첫 질문은 예수와 수운에게 있어서, 추구하고 이루어내야 할 사회의 기초 원리, 즉 근본적이고 최소한의 기초적인 정의 사상이 있었는가, 있었다면 무엇이었나?

둘째 질문은 사회의 기초 원리인 최소한의 정의 사상은 이 두 분의 기본 메시지와 어떤 관계가 있는가? 그들의 정의 사상은 그들의 중심 사상에서 비롯되었는가? 아니면 부분적, 주변적인 것에서 비롯되었는가?

위의 첫째 질문에 대한 대답은 "예"이다. 예수와 수운에게 공통적으로 관계적 정의, 즉 사람들 사이의 자유롭고 공평하고 평등한 사랑의 관계의 중시가 나타나 있다는 것이다. 위에서 예수의 하나님의 나라는 관계의 정의가 이루어지는 사회적 구조 속에 존재한다는 점을 보았다. 수운에게 있어서는 다시개벽의 세상은 확장된 가족 안에서의 올바른 관계 속에서 이루어진다는 것도 보았다. 그렇다면 관계적 정의가 최소한의 사회정치적인 구성 원리라고 한다면 이러한 최소한의 정의 즉 관계적 정의가 예수와 수운의 가르침에 있음을 부인할 수 없다.

두 번째의 질문에 대한 대답도 마찬가지로 "예"이다. 비록 예수와 수운 사이에서 언어와 사상에 있어 차이가 있다고 하더라도 대강에 있어서 관계적 정의로서의 최소한의 정의 사상은 예수와 수운의 주요 가르침에서 비롯된 것이라고 말해야 한다. 이미 지적했지만, 예수의 중심 메시지는 하나님의 나라의 도래였다. 그리고 하나님의 나라의 중심에는 성, 계급, 민족, 연령, 죄인/정상인 등과 상관없이 모든 사람들의 관계의 정의로운 회복이 자리잡고 있다. 수운의 중심 메시지는 시천주 사상에 있고, 이것은 모든 사람들이 한울님을 모신다는 점에서 평등하고 귀중한 존재라는 것을 천명하는 것이었다. 이러한 관계적 정의는 수운의 확대된 가족 사상에서 구체화되고 있다. 비록 수운에게 있어서 운명주의적 운세관, 마술적인 주문 등의 요소가 있기는 하지만, 그것은 수운 사상의 중심일 수 없다. 그리고 무위이화와 수심정기가 자칫 잘못 해석하여 이해하면 피동적이고 운명론적인 인간관을 낳을 수 있지만, 그것을 좀 더 변혁적으로 해석한다면 대단한 변혁적인 정의 사상으로 나아갈 수 있다.

이렇게 볼 때 우리는 예수와 수운, 서학과 동학 모두에서 관계적 정의, 즉 공정하고 평등한 사랑의 관계가 인간 세상의 기본 원리가 되어야 한다는 가르침을 공히 발견할 수 있음을 확인할 수 있다. 그것이 비록 동학과 서학의 언어 구조와 문화 구조의 차이에서 다른 개념과 언어로 표현되었다고 하더라도 그 중심에 자리 잡고 있는 지향점은 합류되고 있다는 점을 발견할 수 있었다.

참고문헌

천도교중앙본부.『천도교 경전』. 서울: 천도교중앙본부출판부, 2014.

권진관. "동학의 정의 이해: 주체론적 관점에서,"『종교연구』한국종교학회, 제 73집 1호, 2014.

김용옥.『도올심득 동경대전 1』. 서울: 통나무, 2004.

안병무. "마가복음에서 본 역사의 주체," NCC신학연구위원회 편.『민중과 한국신학』. 서울: 한국신학연구소, 1982.

_____. "예수와 오클로스,"『민중과 한국신학』. 서울: 한국신학연구소, 1982.

_____.『갈릴래아의 예수: 예수의 민중운동』. 천안: 한국신학연구소, 1990.

윤석산.『용담유사연구』. 서울: 모시는사람들, 2006.

_____.『동학교조 수운 최제우』. 서울: 모시는사람들, 2004.

월터 윙크/한성수.『사탄의 체제와 예수의 비폭력』. 한국기독교연구소, 2004.

황홍렬, "민중교회의 선교역사(1983-2005)와 새로운 과제 ④,"〈에큐메니안〉(2015년 1월 28일)

　　　　http://www.ecumenian.com/news/articleView.html?idxno=11604

Crossan, John Dominic. *God and Empire: Jesus Against Rome, Then and Now*. San Francisco, CA: Haper, 2007.

Forst, Rainer. *Right to Justification*. Trans. Jeffrey Flynn. New York: Columbia University Press, 2012.

Horsley, Richard A. *Hearing the Whole Story: the Politics of Plot in Mark's Gospel*. Louisville, Ken: Westminster John Knox Press, 2001.

_____. *Jesus and Empire*. Minneapolis, MN: Fortress, 2003.

Mayer, Frederick W. *Narrative Politics: Stories and Collective Action*. New York: Oxford University Press, 2014.

Rhoads, David, Joanna Dewey, Donald Michie. *Mark As Story: An Introduction to the Narrative of a Gospel*. Minneapolis, MN: Fortress, 2012. Third Edition.

유교 지식인의 '정의'(正義) 관념
— 조선 후기 유학자 정약용(丁若鏞)의 정치 저술을 중심으로

I. 들어가는 말: 유교 지식인이 생각한 정의로움이란?

오늘날 우리 사회에서 정의에 대한 요구가 팽배한 것은 거꾸로 보면 정의롭지 못한 현실에 대한 사회 구성원의 불만과 불신이 그만큼 폭발적으로 증가한 것을 반영하는 현상일 것이다. 공적 질서와 사적 욕망 사이의 갈등과 긴장 문제를 중심으로 수백 년 이상 공사(公私) 논쟁을 벌였던 전통적인 유교 사회 조선의 경우도 사실 예외는 아니었다. 신유학의 이념으로 무장했던 고려 말 조선 초기의 사대부(士大夫) 지식인들은 사회적 공론(公論, public opinion)과 공공성(公共性, publicness)의 근거를 마련하기 위해 천리(天理)와 태극(太極), 이기론(理氣論) 등 주자학의 형이상학적인 철학 개념과 논리를 동원하였다. 이들에게는 주자학이 제공하는 철학 개념과 논리 그 자체가 중요한 것이 아니라, 이기론 등의 논리

유교 지식인의 '정의'(正義) 관념 _백민정 79

에 기반한 인간 사회의 정치 질서 수립과 공적인 사회 운영이 보다 중요한 학문적 과제였다고 볼 수 있다. 유교적 소양을 갖춘 조선의 사대부들은 공적인 정치 질서를, 개인과 개인 사이의 관계 맺음에서 다양한 방식으로 실현되는 윤리적 의미의 공정성(justice) 혹은 정당성(fairness)의 논리와 구조적으로 동일한 것으로 이해했다. 그것은 인간을 독립된 권리와 의무의 주체라는 한 개인으로서가 아니라 다양한 인간관계 속에서 의미를 갖는 관계적인 존재로 이해했기 때문이다. 따라서 유교 사회에서 한 인간의 윤리적 삶의 의미는 가문과 향촌의 마을 공동체, 학교 조직 그리고 광범위한 국가 공동체 내에서 자신이 관계 맺는 수많은 타인들과의 정치적 의미와 동일한 것으로 규정되었다. 이들에게 개인과 국가, 윤리와 정치는 동 근원적인 존재론적 기반을 갖는 것으로 간주되었기 때문이다.

유교 지식인들이 다양한 인간관계 속에서 실현 가능하다고 보았던 정의로움의 의미는 무엇이었을까? 물론 오늘날 우리가 사용하는 한자어 '정의'(正義) 개념에 그대로 상응하는 전통 시대의 정의 개념이 존재했던 것은 아니다. 영어 개념 'justice'에 대응할 말한 유사한 함의의 한자 개념을 꼽으라면 '의로움[義]', '정직함[直]', 올바름[正]', '마땅함[宜]', '때(상황)에 맞음[時中]' 등을 들 수 있다. 가령 조선시대 유학자들이 염두에 두었던 정당하고 공정한 윤리적 가치와 의미, 말하자면 오늘날의 정의로움에 유사하게 해당할 만한 윤리적 가치란, 그때마다 구체적 상황에 알맞아야 하고 그 상황에서 관계 맺고 있는 나와 타인 사이의 인륜 관계에서 마땅히 수행해야만 하는 행위와 관련되어 있어야 하며, 또한 그런 행위를 수행함으로써 결과적으로 자타 간의 바람직한 조화[和]를 산출하도록 돕는 것이어야 했다. 『논어』(論語)「자로」(子路) 편에 나오는 공자의 이야기가 가장 유명한 예시가 될 수 있다. 섭공이 말하길 자기가 다스리는 마을의 매우 정직한 젊은이가 양을 훔친 아버지를 고발했다고 자랑하자 공자는 이렇게 응수했다. "우리 마을에서 정직하다고 말하는 것은 이와 다릅니다. 아버지가 자식을 위하여 숨겨주고 자식이 아버지를 위하여 숨겨주는 것에 정직함이 있습니다."[1] 이 대목에 주석을 달았던 남송시대의 중국 신유학자 주희(朱熹)는 『논어집주』(論語集註)에서 이렇게 부연 설명하고 있다. 아버지와 자식이라는 부모 자식 사이에 서로 보호하고 감춰주려는 것은 세상 사람이라면 누구나 느끼는 자연스런 인간 감정의 발로이며 이것이야말로 모든 보편적 가치의 기반이기 때문에 굳이 정직함 혹은 마땅함을 따로 구하지 않아도 부자지간의 선천적인 감정 속에 그런 윤리적 가치가 놓여 있다고 본 것이다.[2] 맹자와 그의 제자 도응 사이에서 이루어진 가상의 질문에도 유사한 맥락의 주장이 등장한다. 맹자의 제자인 도응이 묻기를, 전설적인 고대의 성왕 순임금이 천자가 되고 고요가 그의 고위관리가 되었을 때 만약 순임금의 아버지가 살인을 저질렀다면 그 아버지를 법대로 처벌할 수 있느냐는 질문이었다.[3] 맹자의 답은 간단명료했다. 순임금은 천자의 지위를 가

---

1 『論語』「子路」. 葉公語孔子曰: 吾黨有直躬者, 其父攘羊, 而子證之. 孔子曰: 吾黨之直者, 異於是. 父爲子隱, 子爲父隱, 直在其中矣.

2 주희의 『論語集註』 같은 조목 설명 참조. 葉公語孔子曰: 吾黨有直躬者, 其父攘羊, 而子證之. 孔子曰: 吾黨之直者, 異於是. 父爲子隱, 子爲父隱, 直在其中矣. ○ 父子相隱, 天理人情之至也. 故不求爲直, 而直在其中. ○ 謝氏曰:「順理爲直. 父不爲子隱, 子不爲父隱, 於理順邪? 瞽瞍殺人, 舜竊負而逃, 遵海濱而處. 當是時, 愛親之心勝, 其於直不直, 何暇計哉?

3 『孟子』「盡心」. 桃應問曰: 舜爲天子, 皋陶爲士, 瞽瞍殺人, 則如之何? 桃應, 孟子弟子也. 其意以爲舜雖愛父, 而不可以私害公; 皋陶雖執法, 而不可以刑天子之父. 故設此問. 以觀聖賢用心之所極, 非以爲眞有此事也. 孟子曰: 執之而已矣.」 言皋陶之心, 知有法而已, 不知有天子之父也. 然則舜不禁與? 孟子曰: 夫舜惡得而禁之? 夫有所受之也. 然則

볍게 버릴 것이고 관리인 고요 또한 그런 순임금의 아버지를 엄격한 법
의 기준대로 처벌할 수 없다는 것이다.[4]

　개인의 사적 욕구와 사회의 공적인 정의 사이에 갈등을 유발시킬 수
있는 이와 같은 문제 상황에서 유학자들은, 정약용 같은 조선후기 인물
을 포함해서, 대부분 부모자식 간에 나타나는 보편적인 인간의 감정[天
理人情]을 거스르지 않을 때라야 오히려 사회적 공의(公義)도 가치를 갖
는다는 일관된 입장을 표명했다.[5] 말하자면 세상에서 가장 보편적이고
강력한 사적 정감[私情]에 위배되는 인간 사회의 인위적인 정의로움 혹
은 정치적 공공성이라는 것은 존재할 수 없고, 또 있다고 해도 다른 측면
에서 보면 그것이야말로 오히려 비현실적인 관념의 소산에 불과하다고
비판적으로 인식했던 것이다. 17세기 초·중반 조선 사회를 크게 격동시
켰던 중국 청나라와의 두 번의 전쟁과 전쟁 이후 벌어진 공사(公私) 논쟁

舜如之何? 孟子曰: 舜視棄天下, 猶棄敝蹝也. 竊負而逃, 遵海濱而處, 終身訢然, 樂而忘
天下.
4 조선후기의 유학자인 정약용도 이와 유사한 입장을 표명한 것은 말할 것도 없다. 다음 본론
　의 내용을 통해 이 쟁점에 대한 다산의 견해를 살펴볼 예정이다. 본론 2-3장 참조.
5 물론 법가 사상가들과 그들에게 영향을 미친 유가사상가 순자의 견해는 이와 달랐다. 다음
　의 순자 및 한비자 설명을 참조하면 부모자식 간의 사적 감정은 국가의 공적 질서 수립에
　가장 큰 장애라고 비판했던 것을 알 수 있다: 『荀子』「性惡」제4조목. 今人之性, 飢而欲
　飽, 寒而欲煖, 勞而欲休, 此人之情性也. 今人飢, 見長而不敢先食者, 將有所讓也, 勞而
　不敢求息者, 將有所代也. 夫子之讓乎父, 弟之讓乎兄, 子之代乎父, 弟之代乎兄, 此二行
　者, 皆反於性而悖於情也. 然而孝子之道, 禮義之文理也. 故順情性則不辭讓矣, 辭讓則
　悖於情性矣. 用此觀之, 然則人之性惡明矣. 『韓非子』「外儲說左上」. 其善者僞也. 人爲
　嬰兒也, 父母養之簡, 子長而怨; 子盛壯成人, 其供養薄, 父母怒而誚之. 子-父, 至親也,
　而或譙或怨者, 皆挾相爲而不周於爲己也. 夫賣庸而播耕者, 主人費家而美食, 調布而求
　易錢者, 非愛庸客也, 曰: 如是, 耕者且深, 耨者熟耘也. 庸客致力而疾耘耕者, 盡巧而正
　畦陌畦畤時者, 非愛主人也, 曰: 如是, 羹且美, 錢布且易云也. 此其養功力, 有父子之澤矣,
　而心調於用者, 皆挾自爲心也. 故人行事施予, 以利之爲心, 則越人易和, 以害之爲心, 則
　父子離且怨.

의 경우도 이 점에서 함께 생각해 볼 필요가 있다. 정묘호란과 병자호란은 조선의 지식인들에게 엄청난 정치적 좌절과 지적인 자괴감을 느끼게 한 계기가 되었다. 자신보다 문명·문화적으로 열등하다고 생각한 이민족의 침략에 조선 지식인들은 속수무책이었기 때문이다. 전쟁이 종식된 뒤에 제국 청나라와 사대의 예를 유지해야 했지만, 복수의 열망과 현실 타협의 복잡한 정치적 정황에서 효종의 사망 이후 현종 연간에 공사(公私) 논쟁의 또 다른 버전이라고 할 수 있는 복수의리 논쟁이 조선 사회에서 전개되었다. 호란 때 부모와 친속을 잃은 자들이 임금의 명령에도 불구하고 청나라와 연계된 어떤 사회적 역할이나 행위에도 가담하지 않으려고 하면서, 군주의 명령에 저항하는 현상이 발생했던 것이다. 말하자면 이것은 친친(親親:가장 가까운 이를 친애하는 태도)에 기반한 자기 부모와의 사적 감정[私情] 혹은 의리가 다른 어떤 사회적 가치보다 우선하는 공적인 의리라고 생각했던 유교 지식인들의 평상시 신념이 극명하게 드러난 사례였다고 볼 수 있다. "사의(私義)가 공의(公義)에 앞선다…", "사의가 위중한 곳에서 공의를 굽히는 일은 가능하지만, 사의가 가벼운 곳에서도 공의의 무거움을 굽히는 것은 형세 상 실천하기 어려울 뿐만 아니라 의리에도 맞지 않는다"[현종실록 5/11/13]. "사람이 벼슬하기 전에는 부모 자식 간의 사은(私恩)이 위주가 되어 공의(公義)는 논할 겨를이 없지만, 이미 벼슬한 뒤에는 공의가 귀중하여 간혹 사은(私恩)을 꺾어버리지 않을 수도 없으니, 이것이 곧 자연의 이치다"[현종실록 5/3/28]. 전쟁 이후에 청나라와의 복잡한 정치적 상황에서 무엇이 정의롭고 윤리적, 정치적으로 정당한 태도인지에 대해 유학자들이 부모 자식 간의 사정과 사회의 공적 의리를 맞세우며 갈등했던 현장을 엿볼 수 있는 대목이다.

위와 같이 유학자 상호 간의 비판적 논쟁도 전개되었지만, 조선시대 유교 지식인들에게 올바른 사회적 정의란 결국 그들이 가장 중요한 가치라고 생각했던 부모형제자(父母兄弟子) 사이의 사적이지만 보편적인 인간의 감정을 충실히 발현하도록 돕는 의미를 반드시 함축해야 하는 것이었다. 만약 이와 같은 사정을 없애버리고 인위적인 공적 의리만을 누군가가 강조한다면 그것이야말로 개인이 만들어낸 사특한 '사(私)의 의미에 불과하다고 신랄하게 비판하기까지 한다.6 공적이며 정의롭다는 것은 사회를 구성하는 개개인의 보편적인 욕망과 욕구를 실현하도록 도와주는 한에서 유의미한 가치라고 생각했던 것을 알 수 있으며, 이 점에서 유학자들은 공(公)과 사(私) 혹은 정(正=義)과 부정(不正=不義)을 대립적인 개념으로 간주한 것이 아니라 상황에 따라 내가 누구와 관계 맺고 있느냐의 맥락을 고려하면서 공사 구분에 대한 상이한 판단을 내

---

6 『淸儒學案』「讓堂學案」에 수록된 정요전(程瑤田)의 '公' 개념에 대한 다음 글 '술공(述公)' 참조:
   "公이란 親한 이를 親하게 여기고[親親] 나서 백성을 仁으로 대하며, 백성을 仁으로 대하고 나서 萬物을 아끼는 것이다. 그래서 자연적 베풂, 자연적 등급, 자연적 한계가 있어 행하지 않을 수 없는 곳에서 행하고 멈추지 않을 수 없는 것에서 멈춘다. 때에 따라 아들이 그 아비를 사사로이 대하고 때에 따라 동생이 그 형을 사사로이 대한다. 남들이 보면 혹 사사로움을 행하는 듯이 보이나 일마다 분별이 있다. 다름 아니라 사랑[仁]에는 차등이 있고, '하나로 보아 동등하게 인으로 대할 수[一視同仁]'는 없기 때문이다. 이것을 公이라고 이르지 '一公無私'를 일컫는 것이 아니다. 의례「喪服」의 傳에 昆弟에 대해 말하면서, 형제 사이에 의리상 구분이 없지만 그런데도 구분하는 것은 자식으로서의 사사로운 情理를 인정하기 때문이라고 했다. 자식이 아비를 사사로이 대하지 않는다면 자식이 될 수 없다고 말한 것이다. 공자가 정직함[直·正]에 대해 말하면서 아들이 아비를 숨겨주고 아비가 아들을 숨겨주는 데 '直'이 있다고 했으니, 모두 私[私恩]로써 公[公義]을 행한 것이다. 이것이 天理와 人情의 지극함이요, 자연적인 베품과 등급과 한계이니, 그 가운데 자기 뜻대로 하고 기필하고 고집하고 마음대로 하는 것은 없다. 만약 私가 없다면 公이란 것은 그 마음의 참됨[眞]에서 나오지 않은 것이 되고, 그래서 참됨이 없다면 결국 그것이 바로 私가 될 뿐이다."

려야 한다고 생각했던 것을 짐작할 수 있다. 말하자면 사회적 정의라는 것이 어떤 명백하고 일관된 기준에 의해 확정될 수 없고, 문제적 상황에 처한 당사자가 자신이 관련 맺고 있는 상대방과의 관계 및 그와 함께 처해 있는 구체적 상황에 맞게[時中] 가장 타당한 윤리적 판단과 행동을 결정하고 수행해야 한다고 보았던 것을 알 수 있다. 어떻게 보면 정의로움의 문제에 대한 다소 주관적이고 자의적인 관점을 견지한 것이 아니냐고 유학자들을 비판할 수도 있을 것이다. 하지만 오히려 이들은 정의로운 상황 혹은 결과라는 것이 정량적으로 일관되게 산출될 수 없다고 보았고, 상황과 조건에 따라 상이한 윤리적 기준이 필요하다고 보는 매우 민감한 감식안 혹은 분별력을 지녔다고도 볼 수 있다. 똑같은 행위를 해도 내가 그것을 부모에게 행한 것인지 아니면 남모르는 타인에게 행한 것인지는 윤리적으로 전혀 다른 결과를 낳을 수밖에 없고, 그 점에서 우리가 무엇이 정의롭다고 평가하는 문제 역시 인간 상호관계와 상황 중심적 맥락을 고려하지 않으면 판단 내릴 수 없는 문제라고 보았던 것이다. 다음 장에서 이 문제에 대한 유교 지식인의 입장을 좀 더 살펴보도록 하자.

II. 관계와 상황에 따른 정의(正義) 판단의 변화

조선 후기의 대표적인 유학자였던 정약용도 자신이 생각했던 정의로움과 공정함의 의미에 대해 여러 대목에서 언급한 적이 있다. 물론 우리가 기대하는 정의 문제에 대한 단독 저술 같은 것이 존재하는 것은 아니다. 이곳에서는 다산의 대표적인 정치사회 저작이라고 볼 수 있는 『경세유표』(經世遺表), 『목민심서』(牧民心書) 그리고 『흠흠신서』(欽欽新書) 등을 통해 정의로움의 주제와 관련된 유학자 다산의 견해를 엿볼 수 있는 여러 대목을 함께 살펴보고자 한다. 유교 지식인들이 우리가 기대하는 법적인 엄밀성과 엄격함을 갖춘 정의의 개념 혹은 기준을 제시하지 않았던 이유는, 그들이 기본적으로 정량적인 법조문, 획일적으로 성문화된 법조문이 인간의 윤리적 판단과 공정한 관계 수립에 도움이 되지 못한다고 생각했기 때문이다. 오히려 법적으로 정량화되고 획일화된 판단 기준과 판단 결과는 인간과 인간 사이의 상이한 관계 맺음의 양상에 대해 공정하지 못하고 타당하지 못한, 다시 말해 부정의한 결과를 도출할 위험이 높다고 경계했던 것이다. 이것은 공자 이래 성문법을 비판했던 유교 지식인들의 일반적인 통념이기도 하다. 가령 『흠흠신서』(欽欽新書)를 통해 법과 형벌에 대한 논의를 집중적으로 전개했던 정약용도 법이 아니라 여전히 법조문 상위의 도덕적 가치들, 즉 효제충신과 인의예지의 덕목 그리고 이러한 윤리적 덕목을 실현하기 위한 사회의 자율적인 교육수단으로서의 의례(儀禮)를 보다 중시했다. 덕과 형벌의 관계에 대한 다산의 설명을 먼저 살펴보자.

"덕(德)이란 인륜을 진실하게 실천하는 것을 말하니 '효제자'가 바로 그것이다… 선왕이 정치한 방식은 왕 자신이 먼저 효도하고 공경하여 천하를 이끌었으니 이것을 일러 '덕으로 지도한다'고 말한다. 덕은 모호하고 흐리멍덩한 것이 아니다. 덕으로 지도함에도 역시 형벌[刑]을 쓴다. 『상서』에는 '백이(伯夷)가 오전(五典)의 가르침을 내려주고 (가르침을 따르지 않는) 백성을 형(刑)으로 단죄했다'고 했으니, 먼저 오전(五典)의 가르침을 베풀고 가르침을 따르지 않는 이에 대해서는 형

(刑)으로 단죄했다. 『주례』(周禮) 「대사도」(大司徒)에 '향팔형(鄕八
刑)으로 만민을 규제한다'고 했는데, 그 해당 죄목은 효도하지 않는 것,
공경하지 않는 것, 화목하지 않는 것, 인척(姻戚)과 잘 지내지 않는 것
등이다. 「강고」(康誥)에서는 효도하지 않고 우애하지 않는 것을 '큰 죄
악'으로 삼아 '형벌로 처단하고 용서하지 않는다'고 했다. 이들 사례들
은 모두 덕으로써 지도하고, 따르지 않는 자들에 대해서는 형벌로 논죄
한 것이다."[7]

인용문을 살펴보면 정약용이 '덕주형보'(德主刑補)의 관점을 피력한
것을 알 수 있다. 다시 말해 인간의 윤리적 덕목의 가치를 우선시하되
만약 여러 번의 교육과 학습을 통해서도 이러한 윤리 덕목이 인간관계
에서 실현되지 않을 때 불가피하게 보완적으로 법과 형률의 강제성에
의존했던 것을 알 수 있다. 『경세유표』 초본에 나오는 서문의 글 '방례초
본인'(邦禮草本引)을 살펴보면[8] 덕을 실현하도록 돕는 중요한 교육 방법
으로서의 예제(禮制) 역시 법보다 중요한 가치를 갖는 것으로 간주된 것
을 알 수 있다. 정약용이 성문화된 명확한 법조문이 아니라 오히려 상황

---

7 『論語古今註』 「爲政」. 子曰, "道之以政, 齊之以刑, 民免而無恥; 道之以德, 齊之以禮, 有
恥且格." 德者, 篤於人倫之名, 孝弟慈是已. 禮卽, '古之欲明明德於天下者, 先治其國',
及至治國平天下章, 乃以孝弟慈爲本, 孝弟慈非明德乎? 「堯典」曰, '克明峻德, 以親九
族', 峻德非孝弟乎? 『孝經』曰, '先王有至德要道, 以順天下', 至德非孝弟乎? 先王之道,
身先孝弟, 以率天下, 此之謂'道之以德', 德非模糊漫漶之物也. 然道之以德亦用刑. 『書』
曰, '伯夷降典, 折民維刑', 謂先敷五典, 而其不率敎者, 折之以刑也. 『周禮』 '大司徒, 以
鄕八刑, 糾萬民', 其目則不孝不弟不睦不婣之類也. 「康誥」以不孝不友, 爲'元惡大憝',
'刑玆無赦', 斯皆道之以德, 不在刑法中論."
8 『經世遺表』 「邦禮草本引」. 先王以禮而爲國, 以禮而道民. 至禮之衰而法之名起焉. 法非
所以爲國, 非所以道民也. 揆諸天理而合, 錯諸人情而協者, 謂之禮, 威之以所恐, 迫之以
所悲, 使斯民兢兢然莫 之敢干者, 謂之法. 先王以禮而爲法, 後王以法而爲法, 斯其所不
同也.

과 조건에 따라 상이한 판단을 내리도록 할 만한 여지를 갖고 있는 윤리적 덕목들에 우선순위를 두었던 점에 주목할 필요가 있다고 본다. 이것은 문제의 정황에 연루된 모든 당사자들의 윤리적 태도를 판단하고 적절한 행위를 조언하는 것이 결국 획일적인 어떤 논리나 기준으로 결정되는 일이 아니라 당사자들의 관계와 상황에 따라 달라질 수밖에 없다고 본 것을 알려준다. 관계와 상황에 따라 무엇이 가장 정의롭고 공정한 태도이며 행위인지의 정의 판단에 대한 기준과 평가가 달라야 한다고 보았던 것이다. 이러한 태도는 정약용 스스로 가장 공정한 판결 내용을 다수 수록했다고 자부했던, 인명사건과 관련된 형사사건 판례집(判例集)으로서의『흠흠신서』를 통해서도 그 내막을 잘 엿볼 수 있다.

정약용은 이 형법 관련 텍스트에서 중국과 조선의 옥송(獄訟)에 관한 판결 선례를 상세히 살펴보았고, 정조 연간의『심리록』(審理錄)과 상당 부분 내용이 겹치는 백여 건 이상의 살옥 사건에 대해서도 별도로 본인의 관점을 뒤에 부기(附記)했다. 따라서 이 저술은 정약용이라는 특정한 유학자뿐만 아니라 당대의 유교 지식인들이 견지한 공정함과 정당함의 윤리적, 정치적 감각을 살펴볼 수 있는 중요한 전거가 된다고 볼 수 있다. 다산이『흠흠신서』가운데 언급한 내용 중 특기할만한 점은 조선시대 후기에 와서 특히 강상윤리(忠-孝-節)와 관련된 부모자식 및 혈연 간의 존속 범죄에 대한 재판과 판결이 보다 엄격해졌다는 점이다. 충효열의 강상 윤리는 비단 부모자식만의 관계가 아니라 군주와 신하 및 남편과 부인 사이의 관계 의리도 중요한 가치로 내세웠던 윤리 덕목이다. 충효열의 윤리적 덕목을 강조하게 되면서, 강상윤리를 지키기 위한 일환으로 파생된 개인 간의 사적 복수를 광범위하게 허용할 수밖에 없었고, 뿐만 아니라 오히려 국가에서 이런 사적인 개인의 복수 행위를 독려

(督勵)하고 그와 같은 행실을 표창(表彰)까지 하는 경우가 발생했다.

물론 동시대 중국에서도 이와 유사한 사례가 많았지만, 조선의 경우가 유독 심했다는 점은 여러 연구자들을 통해서 이미 지적된 바 있다.[9] 조선『경국대전』(經國大典) 형전(刑典)의 근거가 된 중국『대명률』(大明律)과 명률(明律)의 선례인『당률』(唐律)에서도, 부모자식 간에 효제를 지키기 위한 가족 구성원의 사적인 복수를 허용했고, 가족 구성원 내부에서 벌어지는 싸움도 극히 경계했다. 하지만 영조와 정조 시대에 완성된『속대전』(續大典)과『대전통편』(大典通編)에 따르면, 중국의『대명률』 조항에 직접 의존하기보다, 이제 조선 후기에 올수록 구비된 내용이 더욱 풍부해진 조선 국전(國典)의 형법 조항에 근거해서 혈연적 가족 사이의 존속 범죄를 가중 처벌하는 사례가 많아졌다. 직계(直系) 혈족(血族)에 대한 후손의 범죄 행위는 이제 상상할 수 없는 패륜으로 간주되어서, 교수형(絞首刑), 참형(斬刑), 부대시(不待時: 직결) 능지처참형(陵遲處斬刑) 등이 수시로 이루어졌다. 부모의 원수를 갚기 위해서 자식이 원수를 살해하는 살인 행위도 위와 마찬가지의 논리에 의해서 가볍게 정상(情狀) 참작(參酌)되어 대부분 감형(減刑)되거나 혹은 석방되기까지 했다. 이것은 동일한 범죄 행위라도 자기 부모를 비롯한 혈연적 관계에 놓은 상대방에게 피해를 입혔을 경우 보다 더 엄하게 가중 처벌했던 것을 보여준다.

이미『주례』,『예기』,『공양전』(公羊傳) 등 고대의 유교 경전에 부모 원수에 대한 개인의 사적 복수를 허용하는 발언들이 다양한 맥락에서

---

9 이에 대한 자세한 사건 분석과 평가 등은 참고문헌에 수록한 다음의 연구논문들을 참조할 수 있다: 심희기, 심재우, 김호, 박소현, 김봉진, 진희권 등『흠흠신서』및 정약용 형법사상 논문들.

등장하고 있다. 정약용도 『흠흠신서』 첫 편인 『경사요의』(經史要義)에서 형률(刑律) 적용의 대전제가 되는 중요한 유교 경전의 이념과 원칙 13가지를 소개했다. 그 가운데 여섯 번째의 원칙 '구수천살'(仇讐擅殺: 부모의 원수 등을 사적으로 죽일 수 있음), 일곱 번째의 원칙 '의살물수'(義殺 勿讐: 의로운 명분에 따른 살인행위에 대해서는 다시 복수하지 못함) 등을 살펴보면, 효제충신(孝悌忠信)과 같은 의로운 윤리적 명분에 따른 살인 행위는 그 사회에서 범죄로 간주된 것이 아니라, 오히려 국가에서 나서서 표창하고 권장했던 행위였던 것을 알 수 있다. 존속 범죄에 대한 정약용의 평가도 사실 대부분은 이러한 논리와 다를 바가 없다. 그런데 중요한 점은 부모나 친족 어른 등 윗세대에 대한 아랫사람의 효성과 충복만 강조한 것이 아니라, 거꾸로 아랫세대인 자손에 대한 부모의 가혹행위도 『대명률』보다 조선의 『속대전』(續大典)이 훨씬 엄격하게 처벌했다는 점이다. 다시 말해 직계존속의 범죄 행위는 말할 것도 없지만, 직계비속에 대한 부모의 폭력과 살인도 강상윤리를 어기는 큰 범죄로 간주, 엄벌로 처단했었다는 말이다. 이것은 '효제자'(孝弟慈)라는 윤리 덕목이 쌍무호혜적인 원리로서 자식과 부모 모두에 대해 요구되던 가치로 받아들여졌던 것을 보여준다. 나아가 '효제자'를 중심으로 한 직계가족[부모형제자(父母兄弟子)] 구성원 간의 윤리 덕목이 사회정의의 구현에 가장 중요한 기준과 토대가 된다고 생각했던 것을 알 수 있다.

다음에 인용하는 사례처럼 고부지간, 시동생 형수, 시누이 올케, 무복친(無服親)의 친척 등 친소(親疎) 관계가 점점 멀어지는 사건에 대해서는 말할 것도 없지만, 이곳에서 언급하는 부모형제자 간의 폭력 및 살인사건의 경우에서도, 정약용은 부모자식의 관계와 형제 동기 간의 관계 역시 다르다는 점을 중요한 변별점으로 강조했다. 1774년 황해도 신천에서 김몽득이 여동생 김대아를 칼로 찔러 죽인 사건이 있었다. 미혼의 여동생이 김선이와 간통하여 정조를 잃었다고 분개한 오빠가 여동생을 살해했던 것이다.[10] 10년이 지난 1874년 최종 살인죄에 대한 판결권을 갖고 있던 국왕 정조는 고심 끝에 김몽득을 석방하도록 명령했다. 정약용은 집안 처녀의 음행을 미천한 자들 모두 도덕적인 수치로 여기기 때문에 어리석은 백성이 음란한 누이를 마음대로 죽여도 된다고 잘못 알고 있다고 논평했다. 정조가 김몽득을 사면한 것은 여동생의 음행을 미워한 오빠의 공분, 즉 정당한 분노를 감안한 것이라고 보면서도, 다산은 부모조차 함부로 죽일 수 없는 자식을 오빠가 나서서 죽인 것은 매우 성급한 행동이며 음행–불륜 문제에서는 이보다 좀 더 신중히 대처해야 한다고 생각했다. 강상 범죄 항목에 포함된 음행 관련 유사 사건에서도 정약용은 부부와 형제, 시동생형수 간에 (충효) '열'(烈)의 덕목을 달성하려고 하는 도덕 심판자들의 응징 정도가 사건 관련자들의 상호 관계 및 구체적 상황에 따라서 달라야 한다고 생각했던 것이다.

충효열의 강상윤리는 조선시대 가장 강력한 도덕적 동기로 인정된 것이지만, 정약용은 이러한 개인의 내적인 윤리적 감정과 동기가 그 자체로서 선하거나 타당하다고 생각하지 않았다. 어떤 윤리 덕목이 가치 있기 위해서는 당연히 상황에 따른 사건 관련자들의 관계가 먼저 고려되어야 한다고 보았기 때문이다. 다산은 효제자나 충효열 등의 도덕적 동기는 혈연적인 친소존비와 사회적인 상하귀천의 관계에 따라서 서로 다른 방식으로, 말하자면 차등적인 방식으로 구분되어 실현되어야 한다고 보았다. 앞서 말했듯이 부모자식, 형제 동기, 부부, 시동생 형수, 시누

---

10 『欽欽新書』卷八, 祥刑追議十二, 彝倫之殘三. 『역주 흠흠신서』 3, pp. 110-112.

이 올케, 고부지간, 무복친의 동족 등 여러 사회적인 인간관계에 알맞게 도덕을 실현하는 정도와 수위가 다를 수밖에 없는데, 이런 상황을 전혀 고려하지 않고 과격하고 맹목적으로 강상 윤리를 지키기 위해서 과격한 복수를 자행하거나 스스로 자결하는 것은 도덕에 대한 과도한 집착 혹은 강박으로 인해서 야기된 결과적으로는 부도덕한 맹목적 행위라고 비판했다.

1783년 황해도 금천에서 이이복의 아내 임 씨가 다른 남자와 간통하자 시동생 이이춘이 분노해서 형수의 간통남 김영철을 죽인 사건이 벌어졌다.[11] 문제는 남편 이이복이 아니라 시동생 이이춘이 형수의 간부를 살해한 점이다. 『대명률』과 『속대전』에 따르면 아내와 간통한 남자를 남편이 현장에서 죽이거나 출가 전의 딸과 간통한 남자를 아버지가 사적으로 죽이는 행위를 허용했지만, 시동생이 형수의 불륜에 대한 처벌권을 가질 수 있는지에 대해서는 그 당시에도 경전 상의 근거가 미약한 사례였다. 정조는 『속대전』에서 어머니와 간통한 남자를 현장에서 자식이 죽이면 정상을 참작하여 유배 보낸다고 한 조항을 예로 들어, 형수의 간통남에 대한 이이춘의 살인행위에 대해서도 감형, 유배하라고 명령했다. 그러나 다산은 이런 정조의 최종 조치를 강력하게 비판했다. 아내와 간통한 남자를 남편이, 미혼의 딸과 간통한 사내를 아버지가, 어머니와 간통한 남자를 자식이 죽일 수 있다고 해도, 더 나아가 형수와 간통한 사내를 시동생이 죽일 수 있다고까지 허용해서는 절대 안 된다고 본 것이다. 이것은 다산이 '열(烈:지조 · 절개)'의 덕목을 추구하고 관철하고자 하는 도덕적 행위가 사건 당사자들의 친소 관계에 따라서 서로

---

11 『欽欽新書』 卷八, 祥刑追議十一, 情理之恕七. 『역주 흠흠신서』 3, pp. 86-87.

다를 수밖에 없다고 보았기 때문이다.

누구와 관계된 것인가, 어떤 상황에 놓여 있는가에 따라서 정의롭고 공정한 판단 및 내용이 달라질 수밖에 없다고 보았던 유학자 정약용의 관점은 세 가지 정법서(政法書)에 두루 등장하고 있다. 가령『경세유표』에서도 등급을 넘어선 비례적(非禮的) 행위를 통제하기 위해서 금제사(禁制司)를 신설할 것을 강조하는가 하면,12『목민심서』에서는 일반 소민이 중인을, 중인이 양반 사족의 권한을 침범하는 행태를 강하게 비판하고 있다.13 이와 유사한 사례로『흠흠신서』판례에서도 일반 백성이나 천민이 사족을 무시하거나 욕할 때 그들을 죽여 마땅한 자라고 분개하여 단죄하는 대목을 어렵게 않게 찾아볼 수 있다. 당시 전라도 함평에서 상민 박유재가 양반 안승렴에게 맞아 죽은 일이 있었다. 함평 수령은 타살사건으로 보고했고, 정조는 양반이 평민에게 모욕을 받으면 감영에 고소하면 그만인데 양반 안승렴이 박 씨를 구타하고 오물을 강제로 먹이고 나막신으로 후려치는 등 평민을 학대했기 때문에 호강(豪强)한 자를 벌주기 위해서라도 안 씨를 엄중히 처단하라고 명령했다. 하지만 정약용은 이 사건을 단순한 평민 살해사건으로 보지 않았다. 방법이 과도했을 뿐이지 사실 양반 안승렴이 죽어 마땅한 포악한 백성을 벌준 의로운 살인행위[義殺]로 간주했기 때문이다.14 안 씨가 공회에 마을 사람들을 모두 불러 모아서 공공연하게 박유재를 때려 죽였으면 좋았을 텐데 그렇게 하지 못한 것을 안타까워했을 따름이다. 위와 같은 사족 및 사족

---

12 『經世遺表』卷二, 秋官刑曹, 禁制司 참조.
13 『牧民心書』卷八, 禮典六條, 辨等. 近世以來, 爵祿偏枯, 貴族衰替, 而豪吏豪甿, 乘時使氣, 其屋宇鞍馬之侈, 衣服飮食之奢, 咸踰軌度, 上陵下替, 無復等級, 將何以維持聯絡, 以之扶元氣而通血脈乎. 辨等者, 今日之急務也.
14 『欽欽新書』卷七, 祥刑追議九, 豪强之虐二.『역주 흠흠신서』3, pp. 19-22.

아닌 양인(良人) 간의 위계 관계에서 벌어진 문제뿐만 아니라 주인과 노비 간의 살인행위, 즉 죽어 마땅한 노비를 주인이 사적으로 죽인 사례에 대해서도 다산이 비판하기보다 오히려 적극적인 옹호 발언을 내놓은 것을 어렵지 않게 찾아볼 수 있다.[15] 한편으로 보면 이것은 매우 부당하고 정의롭지 못한 불공정한 판결이자 주장이라고 평가할 수도 있을 것이다. 하지만 다산 같은 유학자는 모든 인간이 기본적으로 능력과 성격, 지위와 역할 등에 있어 동일(동등)하지 않다고 생각했고, 따라서 내가 누구와 관계 맺는지에 따라서 나의 공정하고 타당한 윤리적 행위 혹은 바람직한 사회 정치적 행위 역시 달라질 수밖에 없다고 생각했다. 따라서 표면적으로는 동일한 사건이나 행위임에도 불구하고, 어떤 경우는 선하고 정의로운 것으로 판단했고 또한 어떤 경우는 반대로 불선하고 부정의한 것으로 판단했던 것을 알 수 있는데, 이것은 인간관계와 사태의 정황에 따라서 경우마다 상이한 윤리적 판단을 내릴 수밖에 없다고 생각했기 때문이다. 이러한 상이한 정의 판단의 경향은, 유학자들의 평소 신념에서 보았을 때 오히려 자연스러운 결과로 간주되었던 것을 알 수 있다.

III. 윤리적 이념의 속성과 정의 실현의 문제

유학자들은 각종 인위적인 의례와 형법보다는 인간의 선천적인 마음의 경향성에 내재한다고 간주된 윤리 덕목의 실현 가능성에 좀 더 주

---

15 『欽欽新書』卷四, 擬律差例四, 奴婢之擅. 『역주 흠흠신서』 2, p. 83.

목했다. 이것은 자신의 타고난 경향성에 기반해야 비로소 자율적으로 윤리적이고 도덕적인 존재가 될 수 있다고 보았기 때문이다. 어떤 형법에 의한 강제성이라도 결국 이것은 타율적이고 외재적인 방식으로 인간의 정치 공동체를 형성하고 유지하는 것을 전제로 하기 때문에, 사회 구성원을 억압하고 통제하게 된다고 보았던 것이다. 이 점에서 강제적인 법령에 의한 획일적인 사회정의의 구현은 유학자들의 입장에서는 전혀 수긍하기 방법이었다고 볼 수 있다. 유교 지식인들이 가장 중시했던 윤리 덕목의 하나인 효제의 문제를 이 장에서 다시 생각해보자. 효제만큼 막강하고 보편적인 정치 사회적 영향력을 미친 이념도 열거하기가 어려울 것이다. 효제를 실천하는 문제에 있어서는 유교 사회의 구성원 누구라도, 가령 그것이 왕이든 사대부든 일반 평민이든 하천민이든 어떤 예외도 있을 수가 없었다. 그만큼 효제라는 윤리적 이념의 속성은 전통적인 유교 사회에서 가장 보편적인 가치를 갖는 것으로 간주되었고, 사회적 정의가 문제가 되는 한 효제의 이념을 회피하거나 제외하고서는 어떤 사회적 정의로움과 공적 질서에 대해서도 말하기 어려울 정도였다.

효제는 유교 사회가 오랫동안 지향했던 가장 오래된 예치(禮治) 사회의 모델을 명료하게 보여주는 윤리 덕목이라고 할 수 있다. 사실 이 글 후반부에서 강조하는 예(禮)라는 구체적 사회제도와 행위들은 고대 중국 주나라의 민간 풍속과 행정 제도들 가운데 유교적인 이상에 걸맞는 것을 윤리적으로 재구성함으로써 형성된 것이다. 흔히 삼례서(三禮書)라고 불리는 『의례』(儀禮), 『주례』(周禮), 『예기』(禮記) 등이 바로 고대 중국의 풍속과 제도 가운데 유학의 효제 이념에 부합되는 것만을 골라서 집대성한 결과물이라고 할 수 있다.16 잘 알려진 것처럼 이 삼례서들이 전해주는 여러 예제(禮制)의 바탕에 바로 종법제(宗法制)라는 친족 구성의 원리와 제도가 놓여 있다. 종법제란 모계나 방계 등을 철저히 배제하고 오로지 아버지 부계 중심의 가부장적인 가족 질서를 형성해서 이 부계 중심의 가계도를 영구적으로 존속시키려고 했던 동아시아 사회의 대표적인 친족 구성의 원리를 말한다. 종법 제도는 주나라 왕실의 왕위 계승 및 분봉(分封) 제도와 연관해서 동아시아 유교 사회에 정착된 것으로 알려져 있지만, 사실 가부장적인 가족 제도와 그것을 지탱하는 효제의 가치가 중요한 윤리적 이념으로 상정된 사회 어디에서라도 존재했던 제도라고 볼 수 있다. 따라서 이 점에서 보면, 효제의 이념이란 것은 단순히 자기 혈연에 대한 생물학적인 감정이나 선천적 사랑을 말하는 것이 결코 아니라, 유교 사회가 지향한 가부장 중심의 종법제 시스템, 즉 의례(儀禮) 시스템을 사회 전방위적으로, 철저하게 구현하기 위해서 강조된 의도적인 이념이자 윤리적 명분이었던 것을 알 수 있다.

효제의 가치를 윤리적으로 가장 중시했고 이 효제의 이념을 얼마나 잘 구현했는지에 따라서 관계 맺는 인간들 사이의 관계에서 선악의 여부, 정부정(正不正) 여부를 평가할 수 있다고 보았던 점에서 정약용의 입장도 일반적인 유교 지식인들의 입장과 별로 다를 바가 없었다. 『흠흠신서』에 수록된 수백여 가지의 강상 윤리 관련 범죄사건 가운데 다산이 유독 부모자식 간의 범죄행위에 대해 강경하게 대응하면서 비판했던 것을 여러 대목에서 어렵지 않게 확인할 수 있다. 건국 초에도 그랬지만 정약용이 학문적으로 활동했던 18세기 후반 19세기 초에도, 조선에서는 중국의 『대명률』을 기본법으로 따르면서 필요와 상황에 따라 『속대전』과 조선의 풍속 등을 감안하여 형사 사건의 판결 기준과 내용을 변경

---

16 최진덕, 「주자학적 예치의 이념과 그 현실」, 『유교의 예치 이념과 조선』, 청계출판사, pp. 184-185.

했다. 조선의 맥락에 따라 법조문의 해석과 적용이 달라질 수밖에 없었기 때문이다. 특히 조선 후기로 오면『속대전』형전(刑典) 등 국전의 내용과 중국의『대명률』이 충돌할 경우 오히려 국전의 형전 조항을 기준으로 판단하는 사례가 늘었는데, 이것은 조선시대의 사회 풍속과 상황이 이전 시대와 많이 달라졌고 그에 따라 국전의 내용이 상당한 정도로 보충되었기 때문이다.17 정약용은 "국전을 살펴보니 부모를 위해서 상대를 살해한 경우 그에 대한 처벌이 매우 가벼웠는데, 이것은 자제가 부형을 돌보다가 상대를 죽인 경우 도리 상 어쩔 수 없이 금지할 수 없는 것으로 여겼기 때문이다. 따라서 그 정상이 매우 진실한 경우라면 당연히 우리의 국전을 따라야 하고, 정황 상 진정성이 결여된 경우라고 판단된다면 평소처럼『대명률』에 근거해서 엄격하게 판단해야 한다"고 말했다.18 이것은 부모자식 간의 효제를 위한 정당한 복수 행위나 살인행위를 보다 관대하게 처분했던 조선의 형률 조항을 염두에 둔 발언이었다고 볼 수 있다.

1784년 황해도에서 이후상이 공소사를 때려죽인 일이 발생했다. 그런데 공소사와 이후상의 어머니 방소사는 10촌 동서지간이었는데, 나이 어린 공소사가 연장자인 방소사에게 대들면서 머리를 휘어잡고 뺨을 때렸던 것이다. 이처럼 자기 어머니가 나이 어린 공소사에게 맞는 것을 목격한 아들 이후상이 달려가서 공소사를 주먹으로 거듭 치고 발로 걷어차서 결국 다음날 죽게 만들었다. 정조는 이후상에게 사형의 판결 대신에 3년 유배형에 처했으며 도리어 부모를 위한 자식의 도리, 효제를

---

17 심재우(2003), 「조선시대 법전 편찬과 형사정책의 변화」, pp. 254-256 및 심재우 (2009), 『조선후기 국가권력과 범죄 통제』, pp. 265-266 참조.
18 『欽欽新書』卷八, '情理之恕三', 『역주 흠흠신서』 3, p. 77 참조.

널리 표창하도록 했고, 이 사건에 있어서는 정약용도『대명률』대신『속대전』의 정신을 취해서 판결을 내렸던 국왕 정조에게 적극 동의했다.19 효제라는 윤리적 이념의 가치를 무엇보다도 숭상한 나머지 효제를 둘러싼 각종 복수 행위와 극단적 폭력을 용인했던 사례는 이 외에도 열거할 수 없을 정도로 많다.

　　이미 돌아가신 자기 어머니를 음란하다고 비난한 사람을 폭력적으로 살해한 다음의 살인사건에 대해 살펴보자. 1784년 황해도 평산의 정대원과 김광로는 같은 동네에 살면서 오래전부터 친분이 매우 두터웠다. 그런데 어느 날 김광로와 정대원이 싸우던 중 이미 돌아가신 정대원의 어머니가 평상시 음란한 행실이 있던 여자라고 김광로가 대들면서 욕하자 아들 정대원이 이 말을 참지 못하고 분노심에 휩싸여 친구 김광로를 심하게 구타해서 죽여 버렸다. 황해도 감사는 인정 상 정대원의 행동이 어느 정도는 용서해줄 만하지만 현재 국법으로서는 용서하기가 어렵다고 판단했는데, 오히려 국왕 정조는 어미가 누명을 쓴 것을 아들이 참기가 어려운 것은 당연한 일로서 그 인지상정의 정상을 참작하여 국법을 굽힌다고 강조했고, 구타보다는 오히려 어머니가 받은 윤리적 모욕이 더 큰 원한을 사는 일이라고 볼 수 있으므로 이로 인해 살인을 저지른 아들 정대원을 한 번 엄하게 처리한 뒤 결국 도배(徒配: 강제 노역 행위)형에 처하라고 판결했다. 이 사건을 접하고 정약용 역시 정조의 도배 판결에 동의했던 것을『흠흠신서』의 해당 발언을 통해 살펴볼 수 있다. 동의하는 정도에서 나아가 정약용은 오히려 음행했다는 모욕이 여성에게는 구타를 당하는 것보다 더욱 참기가 어려운 일이라고 항변하면서, 부

19『欽欽新書』卷八, '情理之恕二',『역주 흠흠신서』3, pp. 73-74 참조

모가 구타당하는 것을 자식으로서 보호하는 것은 작은 일이지만, 부모의 억울한 누명을 자식이 말끔히 씻어주는 것은 더 큰 일이라고까지 강조하고 있다.[20]

한편 1784년 황해도에서 발생한 박봉손 사건도 유사한 맥락의 의미를 갖고 있다. 박봉손과 배종남은 의붓형제였다. 박봉손의 친아버지 박소상이 배종남에게 곡식을 빌려주지 않자 배종남이 화가 나서 박소상을 때리고 욕했다. 자기 아버지가 맞는 것을 본 박봉손이 의붓동생을 구타해서 사흘 만에 배종남이 죽어버리고 말았다. 정조는 인간의 본성을 가진 자라면 길을 가던 타인도 배종남을 때려서 죽일 것이라고 분노하면서, 박봉손이 배종남을 죽인 것은 너무나 당연한데도 황해도 관찰사가 이 행위가 살인사건으로 성립되지 않는다는 것도 모른 채 박봉손을 용서해달라고 간청한 것을 오히려 문책했을 정도였다. 정약용도 마땅히 죽일 만한 패륜범을 죽인 것이므로 박봉손의 행위는 범죄행위로 성립되지도 않는다고 보았다. 의붓아버지는 상복을 1년간 입는 관계인데, 자식으로서 부모를 때렸으니 죽어 마땅하다고 보았고 남이라도 배종남을 때려 죽였어야 한다고 더욱 강조했던 것이다.[21] 이처럼 다산은 부모에 대한 구타나 음란함의 무고 등에 대해서 자식으로서 분개하여 타인에게 보복하는 차원의 폭력, 이런 종류의 살인행위는 인정과 도리 상 당연히 허용될 수밖에 없다고 보았다. 위의 사례에서 죽일 만한 패륜 행위를 저지하여 징계했던 의붓형 박봉손을 정배하는 대신 석방해서 풀어준 것도, 부모 자식 간의 효제의 이념을 중국의 경우보다 훨씬 더 강조했던 조선 후기 『속대전』의 취지를 잘 발휘한 정당한 판결이라고 보면서 정

---

20 『欽欽新書』 卷八, '情理之恕五', 『역주 흠흠신서』 3, pp. 80-82 참조.
21 『欽欽新書』 卷八, '情理之恕三', 『역주 흠흠신서』 3, pp. 75-77 참조.

조의 윤리적 평가를 비호했던 것이다.

정약용이 그토록 강조했던 '효제자'는 '부모형제자'의 바람직한 관계 원리에 대한 줄임말이다. 그는 특히 직계 부모와 형제 동기의 관계를 넘어서는 여타의 모든 방계적 관계들은 이 '부모형제자'로부터 파생되는 이차적인 관계라고 보았다. 정약용이 곡산의 목민관이 되어 선포한 다음의 글을 보면, 부부관계도 위의 일차적 관계에서 제외된 것을 알 수 있다. 그는 「곡산향교(谷山鄕校)를 효유하여 효(孝)를 권장하는 글」에서 부모에게 효도하지 못하는 원인을 부인과 재산 때문이라고 꼽고, 부인이라는 존재는 부모를 섬기기 위해서 취하는 존재이며, 성인이 제정한 '부모형제자'[五敎]의 관계에 부인이라는 상대는 포함되지 않는다고 지적했다.22 정약용의 발언은 '부모형제자'가 바로 인륜 관계의 기본, 핵심이라고 생각한 것을 보여준다.

그렇다면 조선시대 강조된 여러 가지 윤리적 이념들, 강상 윤리 가운데 유독 '효제'의 이념만이 이토록 강조되었던 것일까? 그렇지 않다는 것을 다음의 사례를 통해 살펴볼 수 있다. 비록 부모 자식 간의 효제가 가장 중요한 것이었지만 이로부터 파생된 이차적 관계로서의 군주와 신하 간의 충성심 그리고 남편과 부인 사이의 순종과 정조의 의리 역시 매우 중요한 강상 윤리로 간주되었다. 결국 '충효열' 모두 중요한 윤리적 이념으로서의 위상을 가졌던 것이다. 정약용이 곡산 부사로 재직하던 1798년 경, 황해도 수안군의 창고지기 최주변이 민성주와 장난치며 놀던 도중 싸움이 벌어졌다. 민성주가 칼로 최주변을 찔렀고, 한 달 뒤 최주변이 사망하는 일이 발생했다.23 최주변의 아내 안 씨가 남편을 죽인

---

22 『다산시문집』 제22권 잡문(雜文), 곡산향교(谷山鄕校)를 효유하여 효(孝)를 권장하는 글.
23 『欽欽新書』 卷十, 剪跋蕪詞一, 遂安郡崔周弁覆檢案跋詞. 『역주 흠흠신서』 3, pp.

민성주에 대한 복수심[烈] 때문에 그를 칼로 죽여 살해했다. 정약용은 당시 유명한 법의학 서적이었던 『무원록』을 동원해서 민성주가 칼로 찌른 행위는 최주변을 죽음에 이르게 한 직접 원인이 아니라는 것을 밝혔다. 그런데 이 때 다산이 법의학서를 활용한 이유는 상처와 구타 정도, 그것이 살인[죽음]에 미친 직·간접적 영향을 과학적으로 구명한 뒤 비로소 남편에게 외상을 입힌 민성주에게 부인 안 씨가 복수할 수 있는지, 아닌지를 구분하기 위해서였다. 원수를 되갚아야 할 정도의 상황이 아닌데도 폭력적으로 복수를 행하고, 강자에게 심각한 타격을 받아 강자의 위핍으로 인해서 약자가 죽을 만한 정도의 정황이 아닌데도 약자 스스로 자기 방어적인 차원에서 복수형 자살행위를 감행하거나, 성적 피해의 정도가 약한데도 절개(지조)의 명분을 내세워서 죽음을 택하는 아녀자들이 늘어나는 등, 다양한 복수 행위들이 폭력적으로 양산되는 것에 대해 정약용은 심각한 우려를 표명했다.24 이 상황에서 다산이 법의학서의 활용을 강조한 것은 사인 자체를 밝히는 것이 목적이 아니라, 살인행위에 수반되는 복수의 의미가 윤리적으로 올바른지, 복수가 지향하는 충효열의 윤리적 이념이 정당한지 아닌지를 판별하는 것이 주요한 목적이었다. 최주변 사건을 총평하면서 정약용은 시골의 어리석은 아녀자인 안 씨가 남편이 죽으면 무조건 부부간의 의리를 위해서 원수를 되갚아야 하는 줄만 알았지, 사실 이 사건이 복수할 만한 일이 아니라는 것을 제대로 알지 못하고 저지른 일이기에 결과적으로 부인 안 씨의 행위는 충효열의 윤리 이념에 어긋나는 부도덕한 행위가 되고 말았다고 평가했다.25

245-251.

24 김호(2011), pp. 692-693; 김호(2012), pp. 30-32; 김호(2013), pp. 567-569 등 참조.

진정한 열부인지 아닌지 여성의 '열'(烈)의 수준을 판단하는 문제와 연관된 다른 사건 하나를 더 살펴보자. 1807년 강진현의 과부 정 씨가 자결하는 일이 발생했다. 45세에 자식이 없던 동네 사람 김상운이 과부 정 씨를 자신의 첩으로 들여서 자식을 낳으려고 했는데 정 씨가 끝까지 이를 거부했다. 마음이 다급해진 김상운이 야밤을 틈타서 겁탈하려고 했지만 이 또한 실패하고 말았다. 마침내 김상운은 관아의 장교 한 사람을 돈으로 매수해서 허위로 정 씨 부인과 그녀의 가족들을 고발하고 체포하도록 협박했다. 전라도 수영 첨사가 군졸을 시켜서 정 씨를 체포하려고 하자 정 씨가 저항하다가 결국 스스로 자결해버렸던 것이다. 이 자살사건에 대해 정약용은 마찬가지로 위에서 언급한 『무원록』을 동원해서 정 씨 부인의 목매단 흔적, 밧줄과 대들보 및 기둥의 상태, 정 씨 시신의 목 주변 상처 등을 엄밀히 조사한 뒤에 이것은 정 씨 부인 스스로 자결한 것이지 김상운이 위핍하여 그녀를 죽게 만든 것이 아니므로, 김상운을 살인죄에 처할 수는 없다고 주장했다.26 더구나 김상운이 단순한 성욕이 아니라 자식을 얻기 위한 일로 정 씨를 후처로서 원했던 것이고, 이미 재취(再娶)의 이야기가 서로에게 오갔으니 과부인 정 씨 부인이 갑자기 놀라서 자결할 만한 상황도 아니었다고 김상운을 계속 두둔했다. 실제의 핍박 원인은 오히려 군졸이 체포하려고 했던 행위라고 보면서, 다산은 이처럼 강간 미수 상태로 불발된 김상운의 행위는 아무리 엄하게 처벌해도 장형, 유배형 정도에 해당되지 사형에 처할 만한 사죄(死罪)는 아니라고 보았던 것이다. 하지만 정약용은 뒷날 검안 보고서를 다시

---

25 『欽欽新書』卷十, 剪跋蕪詞一, 逐安郡崔周弁覆檢案跋詞.『역주 흠흠신서』3, p. 249.
26 『欽欽新書』卷十, 剪跋蕪詞二, 康津縣鄭節婦初檢案跋詞.『역주 흠흠신서』3, pp. 274-275.

검토한 뒤에 이전의 자기 판단이 잘못되었다고 보고, 다시 김상운을 사형해야 한다고 주장했다. 비록 직접 죽음으로 내몰지는 않았지만 계략을 짜서 자객을 보낸 것처럼, 전략을 짜서 고의로 군졸을 보내 부인을 핍박하여 죽게 만든 것이므로 실제로 죄를 범한 것과 같다고 다산 스스로 생각을 바꿨기 때문이었다.

물론 다산이 생각을 바꾸었던 결과는 조선 후기의 풍속대로 '충효열'의 윤리적 이념과 덕목을 보다 강조하게 된 것이었지만, 이러한 고민과 사건 판단의 번복 과정에는 다산의 개인적인 고민과 깊은 우려가 놓여 있었다고 볼 수 있다. 충효열과 같은 윤리적 이념에 대한 인민들의 맹목적 신념이 양산하고 정당화했던, 도덕을 빙자한 각종 폭력 행위들이 조선 후기 사회에 널리 유포되었고 국왕 정조를 비롯한 사회 지도층에서는 오히려 이런 현상을 두둔하는 경향까지 있었기 때문에, 다산은 윤리 덕목에 대한 무반성적인 추종 행위를 경계하지 않을 수 없었다. 당시 백성들은 누구나 할 것 없이 효제충신의 이념 실현에 똑같이 매달렸고 그 결과 지나친 효자, 충신, 열부, 열녀 광풍 현상이 조선 사회에 휘몰아쳤던 것이다.[27] 임금으로부터 천민에 이르기까지 누구에게나 효제를 강조했고 충효열의 실천을 강조하다보니, 이를 명분으로 내세운 폭력적 복수 행위나 자살 행위를 그대로 방조했을 뿐만 아니라 오히려 그런 복수 행위를 양산하고 칭송하는 무서운 결과까지 초래했다.

이런 정황 때문에 정약용은 윤리적 이념을 극단적 방식으로 비판 없이 추구하는 태도가 오히려 사회적으로는 부도덕하고 부정의한 역설적 결과를 초래한다는 점을 비판하고자 한 것이다. 다산의 입장에서는 효

---

27 졸고, 「정약용의 형법사상에 나타난 덕과 예치의 문제의식」, 『한국실학연구』 28(2014) 참조.

제나 충효열을 둘러싼 지나친 자기 신념의 희생자들이 속출하는 것을 막기 위한 고육지책이었을 것이다. 과거 역사적 선례를 통해 반성하면, 종교나 윤리적 이념의 속성 상 이에 대한 절대적 믿음이 강하면 강할수록 어떤 외부의 비판도 전혀 용납하지 않고, 그 결과 이념의 실현을 위한 잔인한 폭력행위조차 용인하는 부도덕한 모순적 상황에 이르게 된 경우가 많다는 것을 알 수 있다. 정약용이 효제자와 같은 윤리적 이념만이 아니라, 다른 한편으로 의례와 문식을 갖춘 예제(禮制)의 엄격한 위계적 시스템을 강조했던 것도 바로 이와 같은 현상 때문이었다고 볼 수 있다. 이어지는 다음 장에서 다산이 생각한 예제의 의미와 역할에 대해 좀 더 살펴보겠다.

IV. 개인과 국가를 잇는 의례(儀禮) 공화국

앞서 인용했듯이 『경세유표』 서문에서 정약은 자신이 추구하는 것은 '법'이 아니라 '예'라고 강조했다[禮主刑補]. 『목민심서』에서도 다산이 정치적으로 '변등'(辨等)의 논리를 매우 강조했던 것을 보면 수많은 의례(儀禮)로 구성된 사회 제도와 시스템에 대한 그의 우선적인 관심을 부정하기는 어려워 보인다. 사실 정약용은 국가례(國家禮=邦國禮), 왕실례(王室禮), 향례(鄕禮), 사가례(士家禮) 등 가족 단위에서 국가 단위에 이르기까지 모든 영역을 총망라하는 거대한 예의 시스템을 구축하려고 시도했던 인물이다.28 우선 정약용은 자신이 앞서 강조한 윤리적 이념으

---

28 다산 정약용 예학 사상에 관한 최근 장동우, 최진덕, 박종천, 전성건 등의 참고문헌 수록 논문 참조.

로서의 효제자 덕목을 통해서 한 가문의 '가정(家政)[家君]'에서부터 국가의 '왕정(王政)[國君]'에 이르기까지 연속적으로 통용되는 통치의 윤리적 원리를 제시하려고 했다. 나아가 타당하고 이상적인 방식으로 이와 같은 윤리적 이념을 실현하게 해주는 중요한 사회제도 혹은 규범을 예(禮)라고 생각했다. 바로 이 후자와 관련해 정약용은 도덕 이념에 대한 섣부른 원리주의적 믿음이나 맹신이 아니라 오히려 단계별 학습과 교육, 그리고 관계 맺는 사람들 간의 인격과 신분, 능력에 따른 차등적 대우와 절차를 세밀하게 제시했던 예(禮)의 시스템에 좀 더 주목했다고도 볼 수 있다. 한편으로는 효제자와 충효열의 윤리 덕목을 매우 강조했지만, 정약용이 몸담은 조선 후기의 사회적 상황은 주자학의 윤리적 이념에 대한 인민 대중의 무분별한 추종 현상과 이로 인해 파생된 예상치 못한 도덕 근본주의적인 폭력 현상—지나친 효자, 열부 광풍 현상—들이 한참 극성을 부리던 때였다. 이런 상황에서 정약용은 인민 대중에게 강요되고 훈련된 보편적 윤리 이념으로서의 효제자 덕목과 인간관계에 따라 차등적으로 적용되던 사회적 규범으로서의 예제 사이에서 양자 간의 긴장과 갈등 현상에 주목했고, 조선후기 사회가 윤리 이념에 지나치게 경도되는 현상을 목도했던 그는 형법서인『흠흠신서』의 엄격한 형벌론을 통해 의례의 정당한 차등적 위계 질서와 논리를 좀 더 부각시키려고 했던 것으로 보인다.

따라서『흠흠신서』에서 다산이 엄격한 법조항의 적용을 강조한 많은 사례들은, 당시의 지나친 도덕주의에의 경도 현상 때문에 벌어진 비례적(非禮的) 상황들, 즉 효제자와 충효열의 윤리적 이념 실천에 대한 백성의 과도한 열망 때문에 인간과 인간 사이의 상하귀천 및 친소존비에 따른 차등적 구분으로서의 의례를 완전히 무시하고 부적절한 방식으로, 과격하고 극단적으로 자신들의 맹목적 감정을 표출한 부도덕한 행위를 처벌하려는 의지를 담은 것이었다. 다산은 앞서 말한 효제자 열풍으로 인해서 누구나 도덕군자, 열부열녀를 자처하던 당시 상황에서 차등적인 의례 시스템을 확산시키고 적용함으로써 인민을 정당한 방식으로 질서지우고 차별화해야 한다고 보았던 것이다. 아무나 손쉽게 도덕의 수호자, 강상윤리의 실행 주체가 될 수 없다고 본 것이다. 그동안 다산의 『흠흠신서』 등 형법 관계 저술을 통해서 유학자 정약용의 형법사상 및 정의관을 분석해온 선행연구에서는 그가 영조와 정조 시대 국왕의 지나친 관형주의(寬刑主義) 및 감형 정책(減刑政策)에 큰 불만을 가졌고, 이들이 인정(人情)을 기준으로 지나치게 정상을 참작하여 감형을 남발한 결과 도리어 사회적 공정성을 잃고 국가 공권력을 위협하게 되는 상황에 이르렀을 뿐만 아니라 인명의 실제 피해자들을 공정하게 배려하는 참된 흠휼(欽恤)[欽欽]의 정신에 위배되는 상황이 초래된 것을 다산이 우려했다고 평가했다.29 예를 들어 부모의 원수를 사적으로 갚는 살인행위에 대한 『대명률』 형률 투구(鬪毆) 및 부조피구(父祖被毆) 조항, 『속대전』 형률의 살옥(殺獄)에 대한 정약용의 해설과 평가를 살펴보면, 당시 강상 윤리를 앞세워서 윤리와 도덕의 이름으로 자행한 물불 가리지 않는 난폭한 살인 행위들, 사적 복수 행위를 정약용이 매우 심각하게 비판했던 것을 알 수 있다.30

　　다산이 그토록 강조했던 예(禮)의 발생과 예치(禮治)의 성격에 대해

---

29 이에 대해서는 앞서 인용한 김호의 정약용 『흠흠신서』 관련 최근 논문들 참조.

30 『欽欽新書』, 卷一, "근세에 이르러 복수 사건은 벌어진 일 자체(本事)를 묻지 않고 오직 절의의 열렬함(節烈)만으로 그 행위를 허용한다. 그래서 이미 사건으로 성립조차 되지 않으니 이는 큰 폐단이다. 심지어 피살인지 아닌지 밝히지 않았음에도 사사로이 원수라고 지목하면서 공공연하게 복수하는 자도 있으니 이것이 어찌 작은 걱정이겠는가!"

서는 이미 고대 중국의 제자백가 사상가인 순자(荀子) 때부터 오랜 논쟁과 변론의 과정이 있었다. 순자에게서 예란 사회 구성원들의 다양한 욕망과 욕구를 적절한 방식을 통해 타당하게 충족시켜주는 방법을 의미했는데, 이 과정에서 '분(分)'과 '변(辨)'의 사회적 구별 기능이 중요하게 부각되었다. 즉 권력, 지위, 역할, 재화 등을 차등적으로 분배하는 기능을 사회규범과 제도로서의 예가 갖고 있다고 보았던 것이다. 순자는 "귀천에 등급이 있고, 장유에 차이가 있고, 빈부경중에 모두 상이한 호칭이 있다(貴賤有等, 長幼有差, 貧富輕重, 皆有稱者也.)"(『荀子』「禮論」)고 말했다. 이 점에서 장유, 귀천, 빈부의 차등적인 위계 질서와 서열을 빼놓고는 예의 의미와 내용을 논하기 어려울 정도다. 각종 의례와 예식에 대한 유학자 정약용의 신념은, 우리가 생각하는 통상적인 서구적 '정의' 관념과는 매우 상이한 '차등성' 혹은 '차별성'을 자연스럽게 수용한다. 말하자면 모든 인간은 서로 다르기 때문에 똑같은 대우와 결과를 유도하는 것이 도리어 부정의하다고 보는 관점이 유학자들에게 전제되어 있었던 셈이다. 정약용이 『흠흠신서』의 첫장인 「경사요의」(經史要義) 처음 대목에서 13가지 형률 적용의 대원칙을 열거할 때 『주례』 '추관사구'(秋官司寇)의 팔의(八議), 즉 여덟 가지 형벌 적용의 예외 사례[의친(議親), 의귀(議貴)등 왕실종친이나 귀족에 대해 형벌을 없애주거나 감형해주던 원리]를 인용하여 '동죄이벌'(同罪異罰)의 차등적 논리를 당연하게 언급한 것도 바로 위와 같은 맥락에서다. 그는 자신이 지향한 의례의 공화국이 종법제(宗法制)를 비롯한 위계적 사회 규범들로 구조화된 수많은 예식들로 구성된 것을 문제 삼지 않았고, 오히려 그런 차등적인 위계질서를 보다 강화하는 방향을 선택했다. 그것은 정당하게 차등적인 방식의 문식과 의례가 인간의 천차만별로 상이한 욕구와 능력, 태도 등에 대한 정당한 대우일 뿐만 아니라, 나아가 반성되지 않은 맹목적 경향의 인간 감정과 윤리적 신념의 무한정한 열정을 통제할 수 있는 실질적인 사회적 기능과 역할을 갖고 있다고 보았기 때문이다.

정약용에게 중요한 사회제도와 규범으로서의 예의 차등성이 얼마나 중요한 의미를 가졌는지 보여주는 단적인 사례가 바로『목민심서』예전(禮典) '변등'(辨等) 조항에 등장한다. 그는 상하 등급의 철저한 구별[分=辨]을 강조하면서, 이러한 차등적 위계를 통해서만 한 나라의 국체(國體)가 유지될 수 있다고 강조했다. 표면적으로 보았을 때 매우 보수적으로 사회적인 위계질서와 서열을 강조하는 듯한 정약용의 다음 발언의 의도가 무엇인지 살펴보자.

"등급을 구분함은 백성을 안정시키고 그 뜻을 정향시키는 요체다. 등급과 위엄이 명확하지 않아서 위계가 문란해지면 백성이 흩어지고 기강이 사라진다… 상하 등급을 명백히 하는 것이 성인이 세상을 통솔하고 백성을 안정시키는 대권이다."[31]

"내가 오랫동안 민간에 살면서 수령에 대한 비방과 칭찬이 모두 변등(辨等)에서 나오는 것을 알았다. 수령으로서 애민(愛民)한다는 이들이 편파적으로 강한 자를 억누르고 약한 자를 도와주는 것을 위주로 삼아 귀족을 예로써 대우하지 않고 오로지 소민(小民)만 두호할 경우 오히려 원망이 비등하고 풍속도 퇴폐해지니 결코 그래서는 안 된다."[32]

---

31 『牧民心書』卷八, 禮典六條, 辨等禮典第五條. 辨等者°安民定志之要義也°等威不明° 位級以亂°則民散而無紀矣…祭祀有等°飮食有等°秩然森列°上下以明°此聖人馭世 安民之大權也.
32 『牧民心書』卷八, 禮典六條, 辨等禮典第五. 余久居民間, 知守令毀譽, 皆出於辨等.

정약용은 당시 지방 수령들이 사회적 약자에 대해서 그들이 강호한 자들로부터 위핍을 받을까봐 억강부약(抑强扶弱)만을 강조하는 것은 상황에 맞지 않는 처신이라고 비판했다. 『대명률』에도 명시된 위핍률과 영조와 정조 시대 조선 국왕의 억강부양책은 강성한 기득권 세력으로부터 국왕의 인민을 보호하려는 정치적 의도로 제시된 것이었다. 군신 간의 정치적 역학관계에서 제시된 위와 같은 소민(小民) 보호 정책에 대해서 다산은 철학적, 윤리적으로 이런 정책이 심각한 역효과를 낳을 수 있다는 점을 지적하려고 했던 것이다. 이어지는 『목민심서』 변등(辨等) 조항에서 다산이 말하는 것처럼, 그는 사람의 부류에 귀천이 있고 귀천 간에는 마땅히 등급을 구별해야 하며, 세력에도 강약이 있기 때문에, 그 실정을 살펴서 한쪽이라도 없앨 수 없다고 강조했다(族有貴賤, 宜辨其等, 勢有强弱, 宜察其情. 二者, 不可以偏廢也). 정약용이 이 대목에서 말한 귀천의 구분 기준이 선천적인 귀속 지위의 세습을 말한 것은 물론 아니었다. 이곳에서 다산이 강조한 사회적 신분 등급의 구별 기준은 다음과 같은 네 가지 항목들, 특히 이 가운데 후자의 세 가지 사회적 존경의 원리가 중요했다고 볼 수 있다.33 '친족을 먼저 친애하는 것[親親]', '존귀한 사람을 존귀하게 대하는 것[尊尊]', '웃어른[연장자]을 어른으로 모시는 것[長長·老老]', '어진 사람을 어질게 대하는 것[賢賢].'

정약용이 사회적 위계질서를 가늠하는 중요한 기준으로서 통상 '나이[年齒]', '덕행[孝悌]', '벼슬[官爵]'이라는 '삼달존(三達尊)'을 강조했던

점을 고려하면, 결국 그가 내세운 차등적인 사회적 등급의 의례 시스템에서는, 사회 구성원 누구라도 접근 가능한 보편적인 윤리적 이념을 위와 같은 상이한 절차와 방식으로 구성된 각종 의례들을 통해서 실현할 수 있도록 인민을 훈련시키는 것이 가장 중요하다고 보았던 것을 알 수 있다. 변등(辨等) 조항의 이어지는 다음 글에서 다산은 군신(君臣)-노주(奴主) 간의 바꿀 수 없는 절대적인 구별을 '명분'(名分)이라고 표현하면서, 자신이 말한 '변등'(辨等)의 기준이라는 것은 이렇게 극단적으로 확정되고 결정된 신분 구별이나 등급을 말하는 것이 아니라고 주장했다.[34] 군주와 신하(신민), 주인과 노비처럼 확고하게 세습되는 신분 등급을 말한 것이 아니라, 자신의 능력과 노력에 따라서 등급의 구분이 달라질 수 있다고 생각했던 것을 알 수 있다.[35] 군신-주노 간의 명분 구별(고착된 신분차별형 특권)을 제외하고, 자신이 말했던 나머지의 관계 원리는 나이, 덕행, 관작의 유무(도덕성, 능력, 지식 등에 따른 정당한 차별)에 따라 유동적으로 변화될 수 있다고 보았기 때문이다.

만약 우리가 정약용이 강조한 '삼달존'의 사회적 등급 구별의 기준으로서의 유의미성을 인정할 수 있다고 해도, 그가 공동체와 조직 운영에서 반드시 일정한 위계와 서열에 따른 신분 등급의 구별을 강조했고 무엇보다도 이러한 차등적 구분이 먼저 선행되어야 한다고 보았던 것은 분명해 보인다. 다산은 윤리에 대한 반성되지 않은 맹목적 신념을 추종하는 것을 우려했지만, 다산의 이와 같은 차등적인 의례 시스템은 또 다

---

34 『牧民心書』卷八, 禮典六條, 辨等第五. 然嚴於辨等者, 俗謂之正名分, 斯則過矣. 君臣奴主, 斯有名分, 截若天地, 不可階升. 若上所論者, 可曰等級, 不可曰名分也.

35 『牧民心書』卷八, 禮典六條, 辨等第五. 古者, 爲天下國家者, 其大義四, 一曰親親, 二曰尊尊, 三曰長長, 卽老老, 四曰賢賢. 親親, 仁也. 尊尊, 義也. 長長, 禮也. 賢賢, 知也. 天屬之外, 以爵與齒德, 爲三達尊, 古今之通義也.

른 맥락의 무반성적인 서열과 차별의 문제를 파생시킬 수 있다는 점을 오늘날 우리 입장에서 다시 비판적으로 검토할 필요가 있을 것이다.

조선시대 사상가로서 정약용에게 주어진 가장 중요한 철학적 과제는 당시 유교 지식인들 모두 보편적이라고 인정했던 도덕적 가치들, 즉 효제자와 충효열의 윤리적 이념을 어떻게 하면 상황에 맞춰 차등적으로, 혹은 다양한 예의 제도와 절차에 맞게 구현할 수 있는가의 문제였다. 정약용은 자신이 구상한 의례의 규칙들을 정상화시킴으로써 사회적 등급 혹은 도덕적 인격 수준에 따라서 상이한 방식으로 유교 사회의 구성원이 윤리 덕목을 실현할 수 있기를 기대했다. 그는 앞서 『목민심서』에서와 같이 '삼달존'의 세 항목을 내세웠지만, 조선 후기 상황을 고려하면 관직 수의 한계로 인해 벼슬의 유무로만 사회 구성원의 등급을 변별하는 것은 점차 어려워졌다. 오히려 덕행, 학행 등 보다 추상적인 도덕 가치로 소민, 토족과 다른 양반 사족층의 정체성을 변별하는 경향이 더 늘었다고 볼 수 있다. 다산 스스로 군자의 자손은 학문을 쌓고 예를 지키면 비록 벼슬이 없더라도 귀족이라고 할 수 있는데 하민과 노비들이 무시하는 것이 당시의 큰 사회적 문제라고 지적하고 있다.[36] 또한 그가 우려했듯이 18세기 영정조 시대의 노비제 개혁을 통해 천민들이 대량으로 속천(贖賤)하면서 세금 부담을 갖는 일반 양인(良人)이 많이 늘었고, 경제적 변화에 따라 소민에서 중인으로, 중인에서 사족을 흉내 내면서 스스로 '양반화'하려는 경향이 사회적으로 증대했다고 볼 수 있다.

정약용은 이와 같은 신분 등급의 와해 현상, 일반 양인조차 자신들의 경제적 처지에 맞지 않는 방식으로 과도하게 의례를 준수하거나 반

---

36 『牧民心書』卷八, 禮典六條, 辨等. 然君子之子孫, 世守其道, 績文秉禮, 雖不入仕, 猶爲貴族, 彼甿隷之子若孫, 敢不祗敬, 此第一等當辨者也.

성 없이 맹목적으로 효제충신의 도덕 이념을 실천하기 위해 자신의 삶을 송두리째 내던지는 무분별한 도덕주의의 횡행 현상을 목도했다. 이 상황에서 타당한 사회제도와 규범으로서의 예의 구별 기능마저 완전히 상실되어 간다고 판단했던 것이다. 이런 판단의 결과 정약용이 엄격하게 사회적 등급의 구별에 따른 상이한 예 실천의 중요성을 부각시킨 것이 아니었나 생각된다.37 「효자론」, 「열부론」에서 다산이 유행처럼 번지는 조선 후기 효자, 열녀의 범람 현상을 강하게 비판했던 것에서도 볼 수 있듯이, 이것은 효제충신과 충효열의 윤리적 이념의 보편성에 대한 인민의 과도한 집착과 경쟁적 몰입이 사회규범과 제도의 차등성을 압도해버린 결과였다고 볼 수 있다. 보편적인 도덕을 중시하면 당연히 상황에 맞지 않는 비례적인 행동과 폭력도 자신들이 신봉하는 윤리적 이념을 구현하기 위한 과정에서 불가피하게 벌어진 일시적 현상으로 간주, 심정적으로 어떠한 폭력 행위도 정당화하게 될 위험이 있고 그 결과 법조문 등으로 명시된 형벌 조항조차 무력화시키는 결과를 낳게 될 것이다. 정약용이 엄격한 형법 해석과 형률의 적용을 강조한 것도, 결과적으로 보면 윤리적 이념에 대한 지나친 맹신과 의례의 차등적인 논리 사이에서 균형을 맞추기 위하여 강제적 수단을 강구했기 때문이 아니었을까 생각해볼 수 있다. 사회 구성원이 의례의 규범과 요구를 지키지 않을 경우 형률의 강제성을 동원할 수밖에 없다고 본 것이다.

---

37 장동우, 「古禮 중심의 禮教 사상과 그 경학적 토대에 관한 연구: 茶山의 『喪儀節要』와 『朱子家禮』의 비교를 중심으로」, 『한국실학연구』 13, 한국실학학회, 2007, p. 114 이하 참조. 『사례가식』에 대한 위의 장동우(2007) 논문과 동일한 주제의 전성건(2011) 논문 참조.

V. 나가는 말: 이념과 제도 사이에서 균형 잡기

조선 후기 사회에서 유교 지식인으로 활동한 다산 정약용은 가족 간에 실현 가능한 효제의 덕목을 사회적으로 확장해 감으로써, 효제의 논리에 바탕한 공적인 사회, 즉 유교적인 도덕 공동체를 수립하고 유지하는 것이 가능하다고 믿었다. 다시 말해 효제자의 윤리 덕목을 부모, 자식, 형제 사이에만 실현 가능한 덕목으로 한정한 것이 아니라 오히려 이것을 넓게 확충함으로써 향촌과 마을 공동체, 학교 조직 및 국가 공동체에서도 적용 가능한 보편적인 윤리 덕목으로 상정했던 것이다.

"부모를 잘 봉양하는 것을 효(孝)라 하고, 형제끼리 우애하는 것을 제(弟)라 하고, 자기 자식을 가르치는 것을 자(慈)라고 하니 이것이 이른바 오교(五敎: 부모형제자)다. 아버지 섬기는 것을 바탕으로 높은 이를 존경함으로써 군도(君道)가 세워지고, 아버지 섬기는 것을 바탕으로 어진 이를 어질게 여김으로써 사도(師道)가 세워진다… 형 섬기는 일을 바탕으로 존장(尊長)을 섬기고 자식 기르는 일을 바탕으로 대중(大衆)을 부린다. 부부(夫婦)란 함께 그 덕을 닦음으로써 안을 다스리는 사이고, 친구란 함께 그 도를 강마(講磨)함으로써 밖을 돕는 사이다. 그런데 자식 사랑만은 힘쓰지 않아도 할 수 있으므로 성인이 입교(立敎)할 때 효제만을 가르쳤다."[38]

---

38 『茶山詩文集』卷十, 原, 原敎. 愛養父母謂之孝, 友於兄弟謂之弟, 敎育其子謂之慈, 此之謂五敎也. 資於事父, 以尊尊而君道立焉, 資於事父, 以賢賢而師道立焉, 玆所謂生三而事一也. 資於事兄以長長, 資於養子以使衆. 夫婦者, 所與共修此德, 而治其內者也, 朋友者, 所與共講此道, 而助其外者也. 然唯慈者, 不勉而能之, 故聖人之立敎也, 唯孝弟是訓.

이 글은 '부모형제자'의 다섯 가지 인간관계의 원리를 해명한 「원교」(原教)라는 글의 일부분이다. 이곳에서 정약용은 부모 자식 간의 효제자로부터 점차 단계적으로 확장해나가 군신 관계, 장유 관계, 부부 관계 등이 형성되는 것을 순차적으로 밝히고 있다. 각 단계마다 관계 맺는 타인에 대한 애정과 존경의 등급에 차이가 없을 수 없을 것이다. 친족을 친애하고 사태를 마땅하게 처리하는 데도 항상 정도의 차이[等殺]가 있을 수밖에 없다고 보고 이것을 제도화한 것이 바로 예(禮)의 기원이기 때문이다.39 하지만 정약용은 가족 간의 효제와 국가에 대한 충성이 상호 위배되거나 어긋나는 것이 아니라 오히려 유기적으로 연결되는 확충관계를 지향했고, 이 점에서 법가가 아닌 분명한 유가적 지향성을 드러냈다. 집에서의 개인 가례(家禮)와 마을 공동체 차원에서의 향례(鄕禮)에서 뿐만 아니라, 나아가 『경세유표』에서 최종 목적으로 제시된 왕정(王政: 가장 이상적인 유교 사회의 정치운영론)의 실현을 위한 각종 국가적 차원의 의례[國家禮]에서도 다산은 동일하게 '부모형제자' 사이의 효제자 윤리 덕목의 적용을 강조했다.40 정약용은 부모자식의 가족 관계와 사회의 공적 관계를 논리적으로 구분하지 않았고, 효제와 충효열의 윤리적 이념이 보편적으로 적용되는 도덕 공동체를 지향했다고 볼 수 있다.

---

39 『禮記』「中庸」 仁者, 人也, 親親爲大. 義者, 宜也, 尊賢爲大. 親親之殺, 尊賢之等, 禮所生也.

40 『經世遺表』卷八, 地官修制, 田制 12, 井田儀 4. "첫달[孟月] 초하루에 마을관리인 이윤(里尹)이 마을 백성들을 모아 효제충신을 가르치는데, 법을 한 차례 읽고 향약(鄕約)도 한 차례 타이르면 듣는 자가 모두 절한다. 과실이 있는 자는 벌하고 행의(行誼)가 있는 자는 상주며, 그 해 마지막에는 가장 착한 한 사람과 가장 허물이 많은 한 사람을 거론해서 현령(縣令)에게 일러 상을 주고 벌을 주도록 한다...생각건대 이미 부유한 다음에는 백성을 가르치는 것이 옛 도였다. 정지(井地:토지제도)를 이미 이룩하였으니, 효제(孝弟)하는 뜻을 가르치는 것이 바로 왕자(王者)의 정치다[王政]."

하지만 유교 사회에서 강조된 효제충신의 윤리적 이념의 속성상 이에 대한 민중의 과도한 집착과 맹신은 수단과 방법을 가리지 않고 자신이 신봉하는 이념의 실현을 위해 폭력적 행위마저 용인하는 예기치 못한 결과를 낳았다. 이것은 조선 후기 사회의 효제자 열풍을 목도했던 정약용 본인의 비판적 소회이기도 하다. 그는 지나친 열부·열녀·효자·충신 경쟁 상황에서 사건 당사자들이 자신들이 맺는 구체적인 인간관계의 조건과 상황의 맥락에 따라서 서로 상이한 방식으로 자신들의 선천적 욕망과 윤리적 경향성을 표출하고, 나아가 바람직한 방향으로 그 감정들을 조율할 필요가 있다고 보았다. 바로 이러한 통제와 조율의 적절한 수단과 방법이 곧 각종 의절과 문식을 통해 구성되었던 조선시대 유교 사회의 예제라고 말할 수 있다. 따라서 다산 같은 유학자의 학문적 과제는 사농공상 모두를 포괄하는 보편적인 도덕적 이념과 이러한 이념을 구현하도록 돕는 사회적 규범 및 제도로서의 의례 사이에서 적절한 균형점을 모색하는 일이었다고 볼 수 있다. 인간의 선천적 경향성에 기반한 맹목적인 감정과 열정을 비판적으로 성찰하고, 다른 한편 전통사회에서 권위적으로 구성되어 오랜 시간 후속 세대로 전수된 사회규범으로서 예제의 차등적 내용과 논리에 대해서도 일정한 거리를 유지하면서, 이 양자 사이의 적절한 매개 지점을 성찰하고 반성하는 것이 유교 지식인 정약용에게는 무엇보다도 중요한 학문적 과제였다고 볼 수 있다. 그들이 생각했던 사회적 정의의 모습도 바로 이 양자 사이의 균형 지점에 있었다고 말할 수 있을 것이다.

참고문헌

『定本與猶堂全書』(新朝鮮社本). 다산학술문화재단, 사암출판사, 2013.

『국역 다산시문집』. 민족문화추진회 編, 솔 출판사, 1996.

丁若鏞. 민족문화추진위원회, 『經世遺表』1-4, 1989.

_____. 다산사상연구회 편역, 『역주 牧民心書』1-6, 창작과비평사, 1981.

_____. 박석무 · 정해렴 역, 『역주 欽欽新書』1-3, 현대실학사, 1999.

_____. 이지형 역, 『역주 茶山孟子要義』. 현대실학사, 1994.

_____. 이지형 역, 『論語古今註』. 1-5, 사암출판사, 2010.

_____. 이지형 역, 『역주 梅氏書平』. 문학과지성사, 2002.

_____. 실시학사 경학연구회 공역, 『역주 詩經講義』. 1-5 사암출판사, 2008.

朱熹 撰. 『四書章句集註』. 中華書局, 1983.

朱熹. 黎靖德 편, 『朱子語類』 전8권, 中華書局, 1983.

『論語』, 『孟子』, 『韓非子』, 『荀子』, 『荀子集解』(東京: 富山房, 1972).

권연웅. 「흠흠신서 연구(1):경사요의의 분석」, 『경북사학』 19, 경북사학회, 1996.

권연웅. 「유가 법사상의 역사적 맥락」, 『한국유학사상대계:법사상편』, 한국국학진흥원, 2008.

김문식. 『조선후기경학사상연구』. 일조각, 1996.

_____. 「다산 정약용의 태학지도」, 『다산학』 8, 다산학술문화재단, 2006.

김봉진. 「정약용의 형법사상에 나타난 공공성:흠흠신서를 중심으로」, '조선왕조 공공성 연구', 한중연 기획 학술대회 제2차 발표문, 한국학중앙연구원, 2013.

김선경. 「다산 정약용의 정치철학:『대학공의』읽기」, 『한국사상사학』 26, 한국사상사학회, 2006.

김호. 「흠흠신서의 일고찰:다산의 과오살 해석을 중심으로」, 『조선시대사학보』 54, 조선시대사학회, 2010.

_____. 「약천 남구만의 형정론에 대한 다산 정약용의 비판」, 『국학연구』 19, 한국국학진흥원, 2011.

_____. 「조선후기 강상의 강조와 다산 정약용의 情, 理, 法: 흠흠신서에 나타난 법과

도덕의 긴장」, 『다산학』 20, 다산학술문화재단, 2012.

_____. 「조선후기 '위핍률'의 적용과 다산 정약용의 대민관」, 『역사와현실』 87, 2013.

_____. 「해제: 신주무원록과 조선 전기의 검시」, 『신주무원록』, 사계절, 2003.

_____. 『정약용, 조선의 정의를 말하다』, 책문, 2014.

박소현. 「법률 속의 이야기, 이야기 속의 법률: 흠흠신서와 중국판례」, 『대동문화연구』 77, 성균관대 대동문화연구원, 2012.

_____. 「18세기 동아시아의 성 정치학: 흠흠신서의 배우자 살해사건을 중심으로」, 『대동문화연구』 82, 성균관대 대동문화연구원, 2013.

박종천. 「『國朝典禮考』에 나타난 茶山 丁若鏞의 禮論」, 『한국사상사학』 16, 한국사상사학회, 2011.

_____. 「다산 예론의 실천적 함의」, 『한국실학연구』 13, 한국실학학회, 2007.

백민정. 「정약용 철학에서 '효제' 관념이 갖는 공적 의미」, 『한국실학연구』 23, 한국실학학회, 2012.

_____. 「정약용의 형법사상에 반영된 덕과 예치의 문제의식,」 『한국실학연구』 28, 한국실학회, 2014.

심희기. 「흠흠신서의 법학사적 해부」, 『사회과학연구』 5, 영남대 사회과학연구소, 1985.

_____. 「18세기 형사사법제도 개혁」, 『한국문화』 20, 서울대 규장각한국문화연구소, 1997.

_____. 「조선시대 지배층의 재판규범과 관습: 흠흠신서와 목민심서를 소재로 한 검증」, 『법조』 61, 법조협회, 2012.

심재우. 「조선시대 법전 편찬과 형사정책의 변화」, 『진단학보』 96, 진단학회, 2003.

_____. 「조선후기 판례집-사례집의 유형과 흠흠신서의 자료 가치」, 『다산학』 20, 다산학술문화재단, 2012.

유권종. 「茶山 禮學 硏究: 喪儀說을 중심으로」, 고려대학교 박사학위논문, 1991.

_____. 「다산 정약용의 『祭禮考定』 연구」, 『공자학』 8, 공자학회, 2001.

이봉규. 「17세기 禮訟에 대한 丁若鏞의 哲學的 分析: 『正體傳重辨』을 중심으로」, 『공자학』 2, 공자학회, 1996.

_____. 「경학적 맥락에서 본 다산의 정치론」, 『다산 정약용 연구』, 사람의 무늬, 2012.

_____. 「인륜: 쟁탈성 해소를 위한 유교적 구성」, 『태동고전연구』31, 한림대 태동고전 연구소, 2014.

이영훈. 「다산 경세론의 경학적 기초」, 『다산학』1, 다산학술문화재단, 2000.

임형택. 「『목민심서』의 이해」, 『한국실학연구』13, 한국실학학회, 2007.

장동우. 「茶山 禮學의 性格과 哲學的 含意: 禮訟에 대한 비판적 재검토를 중심으로」, 『한국사상사학』11, 한국사상사학회, 1998.

_____. 「茶山 禮學에서 '親'과 '尊'의 문제: 議親과 王位繼承에 관련된 두 가지 사례를 중심으로」, 『퇴계학보』112, 퇴계학연구원, 2002.

_____. 「古禮 중심의 禮教 사상과 그 경학적 토대에 관한 연구: 茶山의 『喪儀節要』와 『朱子家禮』의 비교를 중심으로」, 『한국실학연구』13, 한국실학학회, 2007.

전성건. 「『四禮家式』 연구」, 『다산학』19, 다산학술문화재단, 2011.

_____. 「성호학파의 예학과 다산 예학의 정위」, 『한국실학연구』24, 한국실학학회, 2012.

정일균. 「茶山 丁若鏞의 經學과 '荀子' 思想 간의 관계에 대한 一考」, 『퇴계학보』137, 퇴계학연구원, 2015.

진희권. 「정다산 법사상의 현대적 의의:흠흠신서를 중심으로」, 『한국학논집』47, 2012

정긍식. 「법서의 출판과 보급으로 본 조선사회의 법적 성격」, 『법학』48, 2007.

조윤선. 「조선후기 유가 법사상」, 『한국유학사상대계:법사상편』. 한국국학진흥원, 2008.

최진덕. 「茶山 實學의 構造와 그의 喪服制度論」, 『茶山의 사상과 그 현대적 의미』. 한 국학중앙연구원, 1998.

_____. 「주자학적 예치의 이념과 그 현실」, 『유교의 예치 이념과 조선』. 청계, 2007.

불교의 통전적(統全的) 정의론 모색
— 법륜의 생태적 정의관을 중심으로

I. 들어가는 말

21세기처럼 지구의 환경 문제를 우려하는 목소리가 높았던 때는 지구 역사상 없었던 것 같다. 법륜 스님은 "굶어죽는 사람도 있고 병들어 죽는 사람도 있다. 또한 세계적인 문제로 핵 문제나 식량 문제, 에너지 고갈 문제들이 있지만, 이 문제를 포괄하는 것으로써 지구적으로 가장 큰 문제가 환경 문제"라고 토로한다. 이것은 인간만이 아니라 지구 전체의 생명이 존립 위기를 맞고 있기 때문이다.[1]

생물 종의 멸종이나 기상이변, 식품 오염 등의 환경 파괴는 자연의 죽음에서 끝나는 것이 아니다. 이것은 인류의 죽음과 맞물려 있다. 불교의 연기적 세계관에 따르면, 지구의 모든 존재―인간, 동물, 식물, 무생

---

[1] 법륜 스님, 『불교와 환경』(정토출판, 1998), p. 21.

물 등—는 '하나이면서 전체', '전체이면서 하나'인 상호 의존 구조 속에서 상생(相生)하며 존재한다. 아이러니하게도 인간들이 보다 더 행복한 삶을 위해 이룩한 과학 기술 문명과 소비 자본주의 사회는 인류를 죽음의 골짜기로 몰아넣고 있다. 환경 파괴와 불평등·부정의한 사회의 구조적 폭력은 우주의 생태 원리가 개별 존재가 아닌 '전체/온 존재'에 의해 작동된다는 것을 깨닫지 못한 인간의 무지에서 기인한다. 인간의 행복은 더 이상 인간의 자유와 평등의 확보를 통해서만 주어지지 않는다. 동물과 식물, 환경 등 온 존재를 존중하는 마음과 실천을 통해서만이 인간의 행복이 보장될 수 있다.

서구의 많은 학자들이 인류의 행복을 지키기 위해 다양한 정의론을 제시하였다. 제1세대의 정의론자들에게는 인간의 자유가, 제2세대의 정의론자들에게는 인간의 평등이 주요 관심사였다. 제3세대 정의론자들은 인류애와 환경권을 중심으로 하는 '생태 정의'를 발전시켰다. 하지만 3세대에 걸친 정의론은 여전히 인간 중심주의에서 벗어나지 못하고 있다. 그래서 본 논문에서는 제4세대가 추구해야 할 '통전적 정의론'을 모색하려고 한다.

불교의 무아와 연기론을 토대로 형성된 '생태적 정의'는 인간뿐 아니라 동물, 식물, 무생물에 이르기까지 온 존재의 존중을 목표로 삼는다. 연기의 세계관에 입각해 모든 존재가 중심이 되고 주체가 되는, 동시에 대상이 되는 불이적 정의론으로서 불교의 생태적 정의관은 21세기 지구가 필요로 하는 '통전적 정의관'이다.

본 논문에서는 불교의 무아·연기·생태적 정의론이 서양 정의론의 한계를 어떻게 극복하면서 '통전적 정의론'으로 확장될 수 있는지 고찰한다.

먼저, 제4세대의 통전적 정의론이 왜 필요한지를 밝힌다. 둘째, 한국 불교의 인권론 저자인 안옥선의『불교와 인권』을 중심으로 불교의 통전적 정의론을 모색한다. 특히, '자리이타행'을 강조하는 '무아의 정의'와 '다름과 온 존재 존중'을 중심 원리로 삼는 '연기의 정의'를 통해 통전적 정의론을 탐구한다. 셋째, 오늘날 대중적 정의운동을 벌이고 있는 법륜 스님의 생태적 정의관을 중심으로 '통전적 정의'가 무엇인지 밝힌다.

II. 제4세대 통전적 정의론을 향하여

현대 서양 학자들에 의해 전개된 정의는 3세대에 걸쳐 변화해왔다. 제1세대의 정의 이념은 17, 18세기 미국, 영국, 프랑스 혁명 및 자본주의의 등장과 관련해 '자유'였으며, 시민권과 정치권(자유권과 참정권)이 추구되었다. 19세기 이후부터는 '평등'이라는 제2세대의 정의 이념이 등장하였다. 이때 추구되는 권리는 경제적, 사회적, 문화적 권리(사회권)다. 이후에 등장한 제3세대 정의는 연대와 인류애를 이념으로 한다. 제3세대 정의는 집단적으로 실현되는 권리로서 지역 사회, 전체 국민, 사회, 혹은 국가에 적용되는 권리다. 이러한 제3세대 정의는 개인주의적, 자유주의적 관점에서 전개된 제1세대 정의에 대한 비판적 관점으로부터 발전하였으며 특히 식민주의적·환경오염적 개발에 반대한다. 제3세대의 정의론은 조화로운 사회에서 살 권리와 오염되지 않은 공기에서 숨 쉴 권리, 깨끗한 물을 마실 권리, '자연'을 경험할 권리와 환경권이 포함된다.[2] 이것을 위해 집단 간, 국가 간, 범세계적 연대가 필요하다. 제3세대의 정의론이 추구하는 환경권의 중심에는 인간이 주체가 되고 있다. 인간을 위한 환경권이자 연대다. 이것은 모든 존재가 중심이 되는 불교의 '생태적 정의'와는 다르다.3 불교는 3세대에 걸친 서양의 정의론을 넘어 제4세대의 '통전적 정의론'을 제시한다.

'통전적 정의'란 인간을 포함하여 지구에 존재하는 모든 존재에게 부여되는 생명 보전 및 생명 유지의 권리를 말한다. 21세기 정의의 화두는 더 이상 인간에게만 한정되지 않는다. 동물, 식물, 무생물 등 '온 존재'4를 살리고 보존하는 것을 목표로 정의가 담론화되고 실천된다. 정의가 인권에만 국한되지 않고 동물권, 식물권, 존재권 등으로 확장·해석된다. 즉 온 존재가 다 자유와 평등, 인류애 및 자비를 누릴 권리가 있다는 것이다. 서구의 개별적이고 분리된 정의론과는 달리, 모든 생명체가 누려야 하는 자유, 평등, 자비(인류애)의 권리를 뜻한다. 그리고 제4세대의 통전적 정의에서는 인간만이 주체가 아닌 동물과 식물, 온 존재가 동등하게 주체가 된다.

서구의 전통문화에 뿌리를 두고 발전한 근대이후 서양의 정의 이론들은 모두 '개인주의' 혹은 '인간중심주의'를 기반으로 하고 있다. 이 이

---

2 안옥선, 『불교와 인권』(불교시대사, 2008), pp. 19-23 참조. 이것을 실천하고 있는 공동체가 법륜 스님이 설립해 운영하는 정토회다.

3 안옥선은 저서 『불교와 인권』에서 제3세대의 인권이 불교의 연기설을 잘 반영하고 있다고 설명한다. 인류애라는 이념뿐만 아니라 사회권 및 단체적 권리가 불교의 자비와 연기를 보다 직접적으로 반영하고 있다는 것이다(안옥선, p. 43). 그는 집단적, 연대적, 단체적으로 추구되고 있는 제3세대 인권은 상호의존성을 핵심으로 하는 불교의 연기적 사유방식과 상통한다고 밝힌다. 그러나 불교의 연기적 정의론은 인간중심의 사유를 떠나 온 존재가 중심이 되는 사유방식으로서 제4세대의 통전적 정의론에 해당된다고 할 수 있다.

4 어원적으로 'sabbe dhamma'나 '諸法'을 뜻하는 '온 존재'는 본래 자연적인 존재뿐만 아니라 인공적 존재, 혹은 관념뿐만 아니라 물질적 존재 등 모든 존재를 뜻한다. 하지만 '통전적 정의론'과 관련해서는 '자연적 존재'에 국한해 사용한다. 본 논문은 '온 존재'를 인간, 동물, 생물, 지수화풍을 지칭하는 총괄적 개념으로 사용하기로 한다(안옥선, p. 58 참조).

론들은 자본주의와 경제 이론의 틀 안에서 발전하면서, 개개인을 자유와 평등 아래 합법화하고 정당화한다. 서구의 정의론은 다양한 방향에서 연구되었다. 롤즈(J. Rawls)의 공정으로서의 정의론5, 노직(R. Nozick)의 자격권리론6, 왈쩌(M. Walzer)의 복합평등론7, 영(I. M. Young)의 차이정치론8, 사두르스키(W. Sadurski)의 공과론9, 드워킨(R. Dworkin)의 자원평등론10, 마르크스주의 전통의 필요 이론(need) 등이 있다. 그 외에 오늘날 자유주의 정치 철학 분야에서도 평등의 문제를 둘러싼 정의론이 활발히 논의되고 있다.11 특히 드워킨은 롤즈의 정치적 자유주의를 비판하면서 '동등한 배려의 윤리 원칙'을 토대로 '여건에 둔감하고, 선택에 민감한 분배 원리'의 정의론을 모색한다.12 이들 다양한 서구학자들이 제시하는 정의론의 주체는 오직 '인간'이다.13 이러한 서

---

5 존 롤즈, 『정의론』 (A Theory of Justice), 황경식 옮김(이학사, 2012).

6 Nozick, Robert, Anarchy, State, and Utopia (New York: Basic Books, 1974).

7 Walzer, Michael, Spheres of Justice: A Defense of Pluralism and Equality (New York: Basic Books, 1983).

8 Young, Iris Marion, Justice and the Politics of Difference (Princeton: Princeton University Press, 1990).

9 Sadurski, Wojciech, Giving Desert Its Due: Social Justice and Legal Theory (Netherlands: Springer Science & Business Media, 1985).

10 Daworkin, Ronald, Sovereign Virtue: The Theory and Practice of Equality (Cambridge, MA: Harvard University Press, 2002(2000)).

11 Wolff, Jonathan, "Equality: The Recent History of an Idea," Journal of Moral Philosophy, 4(1), 2007, pp. 125-136; 윌 킴리카(Will Kymlicka), 『현대정치철학의 이해: 자유주의, 마르크스주의, 공동체주의, 시민권이론, 다문화주의, 페미니즘』, 장동진 외(역)(동명사, 2006); Scheffler, Samuel, "What is egalitarianism?" Philosophy and Public Affairs, 31(1), 2003, pp. 5-39.

12 Daworkin, Ronald, Taking Rights Seriously (Cambridge: Harvard University Press, 1978); Sovereign Virtue (Cambridge, MA: Harvard University Press, 2002).

13 정의개념과 마찬가지로 융거(Junger)에 따르면 서구의 인권 개념도 불교에서는 찾아볼 수 없다고 주장한다. 그것은 서구의 인권은 오직 인간에 국한되며, 인간이 아닌 피조물은 제외되거나 최소한 지엽적이고 2차적인 것으로 간주되기 때문이다. 다시 말해 서구

구의 인간 중심적 정의론은 인간뿐 아니라 동물, 식물, 환경 등 지구의 모든 생명이 주체가 되는 불교의 통전적 정의론과 다른 점이다.

이와 같이 자유, 평등, 인류애가 상호보완적, 종합적으로 추구·실현 되는 서양의 정의론은 불교의 정의론에 입각해서 보았을 때 온전하지 못하다. 1, 2, 3 세대에 의해 발전한 서양의 정의론은 '모두' 그리고 '철저히' 인간 중심적 관점을 전제하고 있으며 자연을 오로지 대상화하고 있다는 데 한계를 보인다. 서양의 정의론은 인간 중심의 정의론인데 반해 연기론과 무아론에 근거한 불교의 정의론은 인간만이 주체가 되는 것이 아닌, 동물과 식물, 자연 환경을 포함한 온 존재가 주체가 되고 존중되는 '통전적 정의론'이다. 이것은 온 존재의 생태권의 보전과 안녕을 고려하는 생태적 정의론을 의미한다. 불교의 정의론은 인권, 동물권, 환경권 모두를 아우르는, 그리고 모두가 주체가 되는 불이적(不二的)·통전적 (統全的) 정의로서의 생태적 정의론이다. '생태적 정의론'은 인간, 동물, 식물, 무생물에 이르기까지 '온 존재의 존중'을 의미하는 것으로서 서구의 '자유'와 '평등'의 정의개념을 포함한 광범위한 '통전적 정의론'을 일컫는다. 통전적 정의로서 '생태적 정의'는 환경에 국한에 논의되는 환경권과는 다르다. 환경권/환경 정의는 좁은 의미의 생태적 정의로서 '생태 정의'로 구별해 표기한다.

연기론과 무아론에 근거해 펼쳐지는 불교의 통전적 정의론을 법륜의 '생태적 정의관'을 통해 구축하고자 한다. 먼저 불교의 일반적 인권·정의 담론을 통해 '통전적 정의론'을 모색한 후, 법륜의 인권·환경권의

의 인권개념은 오직 인간에게만 적용되고 인간중심적 관점에서 이해되지만, 불교에서 인간은 인간 중심적 관점이 아니라 초인간 중심적이고 우주적 관점에서 파악된다(안옥선, p. 103).

정의론을 통해 '통전적 정의'로서의 '생태적 정의관과 그 실천'에 대해 고찰하기로 한다.

III. 불교의 통전적 정의론

'정의'(正義)란 용어는 주로 서양 철학과 그리스도교 전통에서 사용되었다. 아시아의 종교 전통 속에서는 '정의'란 용어 대신 각각의 종교의 '특수 용어'로 표현되어 적용되었다. 자유와 평등, 정치와 경제를 토대로 하는 서양의 '정의'와 달리 아시아, 특히 불교 전통에서는 인간의 공동선을 위해 자비나 중도(中道)/공(空), 무아(無我)와 연기(緣起)란 불교의 언어로 '정의'를 설파하였다. 서양의 정의가 삶의 외적 조건(정치, 경제)에 주력하였다면 불교의 정의는 인간의 내적인 전환을 통해 실현된다. 불교의 정의는 개인의 내적 전환을 출발점으로 하여 외적 전환까지 목표한다.

현대 서양의 정의론을 대표하는 롤즈는 사상 체계의 제1 덕목을 진리라고 한다면, 정의(正義)는 사회 제도의 제1 덕목이라고 규정한다.[14] 그래서 롤즈의 '정의론'을 '사회정의론'이라고도 부른다. 사회정의란, 사회의 주요 제도가 권리와 의무를 배분하고 사회 협동체로부터 생긴 이익의 분배를 정하는 방식이다. 여기서 주요 제도란 정치의 기본법이나 기본적인 경제적·사회적 체제를 말한다. 이 주요 제도는 인간들의 권리와 의무를 규정하고 그들의 인생 전망에도 영향을 미침으로써, 무엇이

---

14 존 롤즈, p. 36.

될 것인가에 대한 기대와 어떻게 살 것인가에 대한 소망까지 정해주게된다. 그런데 여러 가지 사회적 지위 때문에 인간들은 정치 체제뿐만 아니라 경제적·사회적 여건들에 의해서 서로 상이한 기대를 갖게 된다. 이런 사회 제도로 인해서 어떤 출발점에는 다른 출발점보다 유리한 조건이 부여되고, 이로부터 '불평등'이 발생한다. 사회정의의 원칙들은 이런 사회 구조 속에 있는 불평등을 해소하는데 집중한다. 그런 원칙들은 정치 조직의 선택과 경제적·사회적 중요 요인들을 규제하게 된다. 따라서 롤즈는 "한 사회 체제의 정의 여부는 본질적으로 권리와 의무가 할당되는 방식에 달려 있으며 사회의 여러 방면에 있어서 경제적 기회와 사회적 조건에 달려 있다"고 주장한다.15 불평등을 사회 구조 안에서 해결하려는 사회정의의 원칙들이 그의 정의론에 핵심이다. 이 원칙들이란, "자신의 이익 증진에 관심을 가진 자유롭고 합리적인 사람들이 평등한 최초의 입장에서 그들 조직체의 기본 조건을 규정하는 것으로 채택하게 될 원칙들"이다. 이러한 정의의 원칙들을 보는 방식을 롤즈는 '공정성으로서의 정의'라고 부른다.16 그는 저서『정의론』에서 사회정의를 '공정으로서의 정의'로 설명한다. 반면에 불교에서는 불평등한 사회의 부정의를 '차이의 존중'이라는 연기적 정의를 통해 변혁하려 한다.

한편 롤즈는 인간의 외적 전환을 통해 인간의 내적 전환이 이루어진다고 주장한다. '선에 대한 정의의 우위 논증'이 롤즈의『정의론』의 핵심 논증인데, 그는 개인의 선보다 정의가 우선한다고 역설한다.17 롤즈에 따르면, 정의감이 인간의 존중이나 내재적 가치 개념에 우선한다. 즉 인

---

15 존 롤즈, pp. 40-41.
16 존 롤즈, p. 45.
17 존 롤즈, pp. 512-582; pp. 658-750 참조.

간의 존엄과 존중이라는 관념이 의미를 갖기 위해서는 '정의관'이 먼저 확립되어야 한다는 것이다. 롤즈는 인간들에 대한 존중은 그들이 정당하다는 것을 알 수 있는 방식으로 그들을 대우함으로써 나타나게 된다고 말한다.18 인간을 존중한다는 것은 그가 전체로서의 사회의 복지에 의해서도 침해될 수 없는 정의에 입각한 불가침성을 갖고 있다는 점을 인정하는 것이라고 한다. 그것은 어떤 이들의 자유의 상실이 타인들이 누리게 될 보다 큰 복지에 의해 정당화되지 않는다는 것을 의미한다. 그렇기 때문에 롤즈는 "정의의 축자적 우선성은 모든 가격을 초월하는 인간의 가치를 나타낸다"고 주장한다.19 이렇듯 정의관에 의해서만 확립되는 롤즈의 '인간 존중'은 '온 존재의 존중'으로부터 출발하는 불교의 생태적 · 통전적 정의와 비교할 만하다.

　　롤즈의 정의론은 정치와 경제, 자유와 평등에 기반한 이론으로 개인보다는 공동체 협동 체제를 강조하고 있으며, 종교나 철학이 제공하는 포괄적이고 형이상학적인 정의론은 받아들이지 않고 있다. 따라서 오늘날 다문화 사회를 자유와 평등의 조화로운 공동체로 만들기 위해선 롤즈의 사회적 정의론만으로는 한계가 있음을 보게 된다. 다문화 · 다종교 사회의 다양한 가치관들을 연결해줄 포괄적 정의론이 요구된다. 개인의 가치관이 존중됨 없이 공동선은 이뤄낼 수 없기 때문이다. 롤즈의 정의론이 구조적 평화를 지향하는 구조적 정의론이라면, 종교의 정의는 직접적, 구조적 평화 구축의 토대가 되는 문화적 정의론이라고 할 수 있다. 자유와 평등, 인류애 그리고 생태적 정의를 구현하기 위한 인류의 노력에 가치와 의미를 부여하는 종교적 · 형이상학적 정의론이 필요하다. 불

---

18 존 롤즈, pp. 747-748.
19 존 롤즈, p. 748.

교의 연기적 세계관 위에 구축된 통전적 정의론이야 말로 20세기 서양의 '공정성으로서의 정의론'이 갖고 있는 한계점을 극복하여 정의론의 변증법적인 발전을 꾀할 수 있는 정의론이라고 할 수 있다.

다음은 불교의 무아(無我)와 연기(緣起)의 정의(正義)를 통해 온 존재가 '주체'이자 '대상'이 되는 '불이론적·통전적 정의론'에 대해 안옥선의『불교와 인권』을 중심으로 논하도록 하겠다. 안옥선은 현대 한국 불교에서 '인권'에 대해 본격적인 연구서를 낸 유일한 학자다. 그는『불교와 인권』에서 서구의 인권론자들과는 달리 인간뿐 아니라 동물과 식물, 무생물, 환경까지 모두 아우르는 '온 존재의 인권'을 제시하고 있다. 안옥선은 이러한 온 존재의 인권을 가리켜 제4세대가 추구해야 할 '생태적 인권'이라고 정의한다. 하지만 '인권'이라는 언어적 제한 때문에 '온 존재의 인권' 또한 여전히 인간 중심적 정의 개념에서 벗어나지 못하는 한계를 갖는다. 안옥선이 제기하는 제4세대의 '생태적 인권'이 불평등한 세계로부터 벗어나 온 존재가 존중 받는 '평등한 세계'의 확립을 목표한다는 점에서 '생태적 정의'와 일치한다. 따라서 본 논문에서는 연기의 세계에서 온 존재가 존중받는 '평등'의 원리로서 '인권' 보다는 '정의'의 개념을 사용하도록 하겠다. 그리고 인간·동물·식물·환경 등 온 존재가 중심과 주체가 되면서도, 동시에 서로의 다양성/다름이 존중되는 불교의 생태적·통전적 정의론을 모색하고자 한다.

불교의 통전적 정의론은 크게 두 개의 정의를 기반으로 성립된다. 무아(無我)의 정의와 연기(緣起)의 정의다. 자리이타행(自利利他行)으로서 '무아의 정의'는 개인의 내면의 정의 구현에, '다름의 존중'으로서 '연기의 정의'는 공동체의 연대 책임적 정의 구현에 집중한다. 연기의 정의는 인간, 동물, 식물, 무생물 등 온 존재의 존중을 목표로 하는 '생태적 정의'의 다른 표현이다. 이것은 21세기 인류가 추구해야 할 제4세대의 '통전적 정의'이기도 하다.

다음은 무아와 연기의 정의를 먼저 고찰한 후 통전적 정의론의 의미를 밝히도록 하겠다.

1. 무아(無我)의 정의(正義): 자리이타행

불교의 통전적 정의론을 가능하게 하는 첫 번째 원리는 '무아의 정의'다. 온 존재를 존중한다는 것은 온 존재에게 자비를 베푼다는 것이다. 한 마디로 온 존재에 대한 이타행(利他行)이다. 인간과 동물, 자연을 존중하는 이타행은 탐진치의 근원이 되는 '나'(我)로부터 해방될 때만 가능하다. 그래서 불교에서는 온 존재가 '무아'(無我)라고 선언한다.

불교는 인간을 자기 변혁의 주체적, 자율적, 능동적 존재로 본다. 때문에 정치적·사회적 정의도 '자기'(自利行)로부터 출발하여 이타행(利他行)으로 발전한다. 자기 존재의 무아성을 깨달음으로써(自利行), 타존재에 대한 자비행이 구현될 수 있다(利他行). 초기 불교 경전(담마파다)에서는 자리이타의 자비가 탐(탐욕), 진(성냄/미워함), 치(어리석음) 지멸의 삶을 통해 달성된다고 말한다. 또한 경계를 만드는 것이 탐진치인데, 탐진치 지멸은 '경계 만들기의 버림' 혹은 '무경계적 태도의 습득'이라고 덧붙인다.[20] 무경계의 세계는 곧 평등의 세계로서 온 존재가 존중받는 '정의'가 실현되는 곳이기도 하다. 이것은 '무아'의 바탕에서만 가능하다.

탐진치에서 해방된 자아는 자유롭다. 그러므로 무아의 정의에서 자

---

20 안옥선, P. 295. "탐욕이 경계를 만드는 것이며, 성냄/미워함이 경계를 만드는 것이며, 어리석음이 경계를 만드는 것이다."(Majjhima-nikāya I, p. 298).

유란, 말과 쟁론, 상이나 경계, 염오와 삼계에 집착하지 않는 마음의 자유로서 '마음이 (어디에도) 머무름이 없는' 심무유주(心無有住)의 자유다. 이 자유는 외재적 속박으로부터의 자유가 아닌, 마음이 아무 것에도 집착함이 없이 자유롭다는 것이다.[21] 이것은 탐진치가 지멸된 상태, 즉 탐진치의 욕망으로부터 자유한 상태를 의미한다. 불교가 궁극적으로 지향하는 자유는 정서적 (마음의) 자유와 내적 삶의 자유다.[22]

무아의 온 존재는 '자리이타'(自利利他)라는 방식으로 자신을 드러낸다. '자리이타'의 자비는 자기 보존, 자기 존중, 자기애 등의 자연적 욕구에 근거하여 자신을 보살피는 마음을 타인에게 확대하는 방식으로 전개된다. 즉, 타인의 상황에 자신을 이입시켜서 타인의 상태를 똑같이 느끼는 동정심을 매개로 자신과 타자를 동일시한다. 무아(無我)이기 때문에 타아(他我)에 대한 존중이 가능하다. 자비의 이와 같은 전개 방식은 자비가 자기희생적 이타주의와 타인 배타적 이기주의를 모두 거부하고 동등 배려적 자리이타의 방식으로 나타나 사회의 정의를 실현하게 된다. 이때 '무아'는 이기주의적이고 집착하는 '나의 없음'(無我)을 의미한다. '아'(我)가 아닌 '무아'가 이타행의 '주체'이자 '중심'이다. 그러므로 '무아의 정의'란 '자리이타행'을 뜻한다. 이타행을 통한 자리행의 완성이다. 이처럼 무아의 정의는 개인의 내면의 정의로서 이타행의 생태적 정의의 기반이 된다.

무아에 근거한 소유는 이기적 소유를 거부하는 소유로서 '자리이타적 소유'를 의미한다. '자리이타적 소유'란 근면한 노동과 법(dhamma)에 따라 적법하게/도덕적으로 얻은 부를 자리이타적으로 사용함으로써 사

---

21 안옥선, p. 352.
22 안옥선, p. 354.

회정의가 실현되는 것이다.23 무아적 태도는 모든 현상에 대해서 집착적이거나 소유적인 태도를 버리게 된다. 무아로부터 무소유가 가능하고, 무소유로부터 이타행이 구현된다. 그래서 법륜은 무소유의 정의에 입각해 '빈곤의 평등'을 주장한다.24 서구의 정의론이 '소유'를 통한 '평등'을 추구한다면, 불교는 '무소유'를 통한 이타행의 '평등'을 지향한다. 무아와 무소유의 정의를 통해 '참된 나'(=無我)와 '참된 소유'(=無所有)의 행복을 누리게 된다. 즉 '무'(無)를 통한 '진유'(眞有)의 실현이다.

2. 연기(緣起)의 정의(正義): 다름과 온 존재 존중

불교의 통전적 정의론의 두 번째 원리는 '다름의 존중'을 평등의 원리로 삼는 '연기의 정의'다. 연기의 세계에서는 하나가 전체 안에 있을 때만 존재의 의미가 부여된다. 그러므로 연기의 정의에서는 인간뿐 아니라 동물, 식물, 무생물에 이르기까지 모두가 존중되는 통전적 정의의 특성을 나타낸다. 비록 존재의 형태는 다양하지만 어느 하나만 중심이 되어 존중받는 것이 아닌, 모두가 중심이 되어 존중받는 '생태적 정의'다. '연기'(緣起)에 의해 온 존재가 상호의존적으로 존중되기에 '불이(不二)의 정의'라고도 한다. 공동체의 정의이자 통전적 정의인 연기의 정의는 온 존재들의 다양성을 존중하는 것이며, 나아가 다름의 존중을 통해 평등의 정의를 실현하는 것이다.

고정적 불변의 속성 없음을 의미하는 공(空), 불변의 연속적 실체 없음을 의미하는 무아(無我)의 한 표현이기도 한 '연기'는 온 존재를 상호

---

23 안옥선, p. 196.
24 법륜스님, 『세상 속 행복찾기』(정토출판, 1999), p. 71 참조.

의존적인 관계 속에서 생멸(生滅)하게 한다. 연기의 세계에서는 관계망을 벗어난 개체는 물론 고정적인 불변의 실체도 인정되지 않는다. 즉 모든 존재는 일체적으로 존재하여 한 생명의 구조 속에 있다.[25] 이것은 인드라 그물의 비유를 통해 설명될 수 있다.

인드라 그물에는 경계가 없이 전체가 하나로 연결되어 있다. 인드라 그물에서 각 접합점(교차점) 마다에는 보석이 있고 이 각각의 보석은 다른 모든 보석을 빠짐없이 반영한다. 각각의 부분은 자신 이외의 모든 전체를 반영한다. 부분이 곧 전체이고 전체가 곧 부분이 된다. 개체는 전체와 상호연관 되어 있고 전체와 상호의존하고 있다.[26]

다시 말해, 이 비유는 '한 존재 안에 모든 존재가 포함'되어 있고, '하나가 곧 전체'라는 것을 설명하고 있다. 따라서 인간 하나만 자유와 평등을 누릴 가치가 있는 것이 아니다. 인간과 동일하게 연기의 망을 형성하는 동물, 식물, 무생물, 자연 모두가 '하나이면서 전체'로서 존중 받을 의무와 권리가 있다. 그물의 한 매듭만 독립적으로 떼어낼 수 없듯이 온 존재가 인드라망의 매듭이다. 하나의 매듭(존재)만이 중심이 아닌 모든 매듭이 동등하게 중심이 된다. 이 동등성이 평등성이다. 즉 온 존재가 중심으로서 동등하게 존중 된다는 것이 '평등하다'는 것이고, '정의롭다'는 것이다. 연기적 관점에서 '존중'은 '다름/차이'를 인정한 '평등'이다. 이것은 온 존재의 서로 다름을 인정, 고려하면서 자신을 대하는 것과 같은 태도로 대해 주는 것을 의미한다. 어떠한 개체도 다른 개체와 동일할

---

25 안옥선, p. 189.
26 안옥선, pp. 285-286.

수는 없다. 이러한 차이에 대한 인정을 전제로 평등하게 대해 주는 것이 존중이다.[27] 이것이 다름/차이의 존중을 통한 연기의 정의다.

밀러(D. Miller)는 사회적 평등을 불교의 다름을 존중하는 평등의 관점과 동일하게 설명한다. 그는 사회적 평등은 권력이나 부가 평등해야 한다거나 체력이나 지력이 똑같아야 한다는 의미의 평등이 아니라, 이러한 다름을 사회적 위계 구축으로 연결시키지 않는 평등이라고 주장한다. 그래서 사회적 평등에서는 '어떻게 서로를 존중하고 어떻게 사회적 관계를 하느냐'를 문제 삼는다고 한다. 이러한 사회적 평등 개념의 핵심은 생물학적 다름이나 사회적 다름을 인정하면서 '서로를 존중'하는 것이다.[28] 이와 같이 '다름의 존중'은 인간뿐 아니라 동물과 식물, 무생물의 세계에도 동일하게 적용되는 정의(正義)의 원리다.

'평등'을 의미하는 팔리어 'samānatta'는 '나와 똑같이 대한다'는 뜻을 담고 있다. 이 말은 온 존재를 대함에 있어서 내가 나를 대하는 것과 '같은' 태도로 공평하게 대한다는 것이다. 여기에서 '같은'의 의미는 대하는 '방식'이 아니라, 대하는 '태도'가 '똑같다'라는 것이다. 요컨대 평등에 있어서의 '같음'은 상대의 다름을 인식하고 상대에 맞는 방법으로 대하되, 내가 나를 대하듯 '존중'하는 태도로 대하는 것이다.[29] 그러므로 타인(인간)뿐 아니라 동물과 식물, 모든 자연에 대해서도 나를 대하는 것과 똑같은 존중의 마음으로 대해야 한다. 인간과 동물, 인간과 식물, 인간과 자연 사이의 불평등과 부조화가 사라진다. 온 존재가 무경계의 불이적

---

27 안옥선, p. 316.
28 Miller, David, "Equality and Justice," R. Chardwick & D. Schroeder ed., *Applied Ethics: Critical Concepts in Philosophy VI* (New York: Routledge, 2002), p. 238 (안옥선, p. 327 재인용).
29 안옥선, pp. 328-329.

(不二的) 관계 안에서 조화롭게 살아간다.

안옥선은 온 존재의 무경계성의 특징으로 "그것이 한 존재와 한 존재 간 무경계를 의미한다기보다는 한 존재와 모든 존재와의 무경계를 의미한다"고 밝힌다.[30] 즉 온 존재의 연기적 관계는 '일대일'(一對一)의 관계라기보다는 '일대다'(一對多)의 관계라는 것이다. 그것은 셀 수 없을 만큼 한량없는 중첩적 관계 방식에 의한 무경계한 것이다. 그러하기에 서구의 정의론과 같이 '인간 중심'의 정의담론은 무의미하다. 인간 존재의 유무(有無)가 다른 존재들과의 상호의존성·상호연관성 속에서 발생하기 때문이다. 이런 연유로 불교의 '연기의 정의', 곧 온 존재를 위한 '통전적 정의'가 요청되는 것이다.

안옥선은 "무경계성의 특징으로서 더욱 중요한 것은 온 존재 각각이 자신 이외의 온 존재를 자신 속에 반영하는 관계를 이루고 있으면서도, 각각이 고유한 위치와 역할을 인정받고 있다는 것"이라고 역설한다.[31] 다시 말해 개별 존재의 고유성(一)이 그대로 존중(卽)되면서, 전체(多) 안에서 조화롭게 작용한다는 것이다. 비록 그 어떤 존재도 다른 존재와 동일한 위치나 동일한 역할을 갖지 않음에도 불구하고, 이 '다름'은 전체 안에서 조화(調和)를 이룬다. 원효는 화쟁론을 통해 다름과 같음이 상의상통(相依相通)하다고 논한다. 이러한 다름과 같음의 공존 혹은 화쟁이 연기정의론의 핵심 원리다. 종은 종대로 개체는 개체대로 모두 자신의 고유한 위치와 역할을 담당하면서 연기의 세계를 지탱해 나간다. 다름에 대한 '동등'한 존중이 연기의 정의에서 의미하는 '평등'이다. 온 존재가 '동일하게' 상대에 대하여 상대의 존재를 가능케 한다는 의미에서의

---

30 안옥선, p. 288.
31 안옥선, p. 288.

'평등'이다.

결론적으로 연기의 정의는 '다름 속에서 온 존재의 존중(평등)'을 구현하는 통전적 정의라고 할 수 있다. 연기의 정의·통전적 정의로서 주창되는 '생태적 정의'에 대해서는 법륜의 '생태적 정의론'을 중심으로 고찰하도록 하겠다.

IV. 법륜의 생태적 정의관을 통해본 '통전적 정의'

법륜 스님(法輪, 1953-)은 사회운동가, 구호운동가, 환경운동가로 잘 알려져 있다. 그는 1988년에 수행 공동체인 정토회를 설립해 수행 지도와 사회 활동에 직접 참여하고 있으며, 사람의 목숨을 살리고 생명을 보호하는 일이 정파적인 이해나 이념적인 견해에 우선적이라는 것을 현실에서 직접 몸으로 보여주며 실천하는 정의 운동가다. 뿐만 아니라 법륜은 '인류의 생명 살리기 운동'의 일환으로 북한 동포 돕기와 대북 지원 및 탈북자 돕기 활동도 적극적으로 전개하고 있다. 그는 만해상 포교상(2000년)을 비롯해 막사이사이상(2002년), 민족화해상(2007년), 포스코 청암상 청암봉사상(2011년) 등 사회 평화 및 봉사와 관련한 다양한 상들을 받기도 하였다.

법륜 스님이 추진하고 있는 다양한 사회 구호 활동과 인권 운동, 그리고 환경 운동은 '생태적 정의 구현'을 위한 실천적 노력들이라고 할 수 있다. 이러한 그의 생태적 정의 운동은 연기의 세계관에 입각해 인간뿐 아니라 동물, 식물, 무생물, 자연에 이르기까지 '온 존재 살리기'를 목표로 하는 '통전적 정의 운동'이라고 규정할 수 있다. 더욱이 생태적 정의

사상이 담겨있는 법륜의 많은 책들은 종교나 종파를 초월해 대한민국의 '베스트셀러'가 되고 있다.[32] 법륜의 이러한 대중적 인기는 불교의 정의가 담론에만 머무는 것이 아닌, 삶의 현장에 적용되어 하나의 실천 운동이 되고 있다는 데 있다. 그의 생태적 정의담론이 논의의 가치가 있는 이유다.

따라서 다음은 법륜의 통전적 정의관을 세 가지 방향에서 고찰하고자 한다. 먼저 '연기의 정의' 그리고 '생태적 정의', 마지막으로 '수행으로서 정의 운동'을 분석함으로써 그의 정의담론이 어떻게 통전적 정의가 될 수 있는지 탐구한다.

1. 연기의 정의: 온 존재 살리기

법륜은 연기의 세계관에 입각해 정의론을 다음과 같이 전개한다:
불교의 연기(緣起)란 별개로 독립되어 있는 것이 아니라 서로 연결되어 있는 것으로서 세계가 연기에 의해 '하나'가 된다.[33] 이때 '하나'는 다름을 인정한 하나이고, '다름'은 하나임을 자각한 다름이다. '우리 모

---

32 법륜의 『스님의 주례사』(2010), 『엄마수업』(2011), 『인생수업』(2013), 『지금 여기 깨어 있기』(2014) 등 다수의 저서들이 베스트셀러 1위를 차지하기도 했다. 그 외에 생태적 정의담론이 녹아있는 『불교와 환경』(1998), 『세상 속 행복 찾기. 희망의 문명을 향하여』(1999), 『마음의 평화, 자비의 사회화』(2002), 『깨달음』(2012) 등의 저서들도 많은 사람들에게 주목 받았다. 뿐만 아니라 인간의 실존 문제와 삶의 정의담론을 통해 인간의 존엄성을 어떻게 지킬 수 있는지를 밝히고 있는 법륜의 「즉문즉설」(則問則說) 유튜브 동영상은 현재 1000회 이상 제작·보급되고 있으며, 조회 수도 한 회당 수만에서 수십만의 기록을 수립하고 있다. 이처럼 법륜은 대중과 함께 실천하는 수행자로서 '생태적 정의론'을 삶의 현장에서 구현(具現)하고 있다. 법륜을 '대중운동가'로 부르는 이유가 바로 여기에 있다.
33 법륜스님(1998), p. 107.

두가 연관된 하나다' 라는 말은 곧 서로의 다름을 인정한 바탕 위에 성립하는 상생적 '하나'를 뜻한다. 그래서 연기의 세계에서 '존재'는 '불일불이'(不一不二)하다. 즉 같은 것도 아니고, 다른 것도 아니다. 바로 이 속에 평화 · 공존 · 화합의 원리가 들어 있다.[34]

법륜에게 있어서 '정의'(正義)란 온 존재가 상생(相生)할 수 있는 '연기' 즉 '불일불이'의 원리가 작동되고 실현되는 것이다. 법륜은 불일불이의 세계관을 이해하고 몸으로 실천할 때 온 존재는 진정으로 하나가 되는 삶을 살 수 있다고 역설한다.[35] '평등'으로서 '하나'는 '다름'과 '차이'를 품은 전체로서의 '하나'다. 앞서 살펴본 불교의 정의론 대로라면 '온 존재 존중'을 통한 '하나'다.

> 서로가 다름을 인정하고 상대를 존중하면서 서로가 하나임을 자각할 때 가장 위대한 평화, 가장 아름다운 평화가 이루어진다. 이것이 바로 불교적인 관점에서 말하는 평화이다.[36]

법륜의 이 말은 진정한 평화는 조화와 균형의 평등 관계를 통해 이루어진다는 뜻이다. 연기적 세계관에 입각해 온 존재가 차별을 없애고 주종 관계에서 평등 관계로, 상대를 인정하지 않는 관계에서 인정하는 관계로 전환하면 서로 돕는 관계, 좋은 벗들의 관계로 나아갈 수 있다는 것이다. 이것이 바로 차이의 존중을 통한 평화다. 이 평화의 세계는 연기의 정의가 구축된 곳이다. 인간과 자연, 인간과 인간 사이의 '존중'의 평

---

34 법륜, 『마음의 평화, 자비의 사회화』(정토출판, 2002), p. 23.
35 법륜(2002), p. 26.
36 법륜(2002), p. 26.

화는 연기의 정의에 의해서만 가능하다. 연기의 정의란 온 존재가 상호 연관성 속에서 서로 존중하는 것을 의미한다. 법륜은 연기의 정의가 만물의 존재 원리라고 밝힌다.[37]

법륜은 불교의 연기의 정의관으로 세계 '살리기'를 할 수 있다고 역설한다. 인간성 상실이나 공동체 붕괴, 자연 환경 파괴 등과 같은 인류가 처한 문제들을 연기의 정의로 극복할 수 있다는 것이다. 연기적 세계관에 따르면 세계는 독립적 개체의 집합이 아닌, 그물처럼 서로 연결되어 있는 '전체로서의 하나', '하나로서의 전체'의 구조를 갖는다.

하나 속에 일체가, 일체 속에 하나가 중중첩첩이 되어 있어서 분리할 수 있는 것이 아니다. 마치 손가락 다섯 개가 한 손에 연관되어 있고 손과 발이 한 몸뚱이에 연관되어 있듯이 모든 존재는 서로 연관되어진 존재다.[38]

때문에 법륜은 연기의 세계관으로 세계가 조화를 이룰 수 있고, 세계 '살리기'를 할 수 있다고 확신한다. '살아남기'를 하는 것이 아니라 '살리기'를 한다는 것이다. 살리기를 함으로써 내가 살게 된다. 법륜은 불교의 가치관은 살려내기와 자기 살기, 곧 '남을 살려냄으로써 자기도 사는 것'이라고 말한다.[39] 이러한 관점대로라면, 이타행이 곧 자리행인 것이다. 이것은 연기와 무아의 정의를 통해서만 가능하다. '내가 생존한다는 것은 네가 있기 때문에 가능'한 것인데, 부분을 짧게 보지 않고 전체를

---

37 법륜(2002,) p. 36.
38 법륜스님(1999), p. 47.
39 법륜스님(1999), p. 47.

길게 보는 이러한 세계관을 법륜은 '총체적 세계관'이라고 부른다.[40] 그는 이 총체적 세계관이 곧 '무아'라고 한다. '무아'란 나라고 하는 독립된 존재를 놓아버리는 것이다. 그때 이타행이 작동된다. 이러한 이타행의 무아의 정의로부터 연기의 정의가 출발한다. 무아와 연기의 정의는 세상을 대립·투쟁·정복이 아닌, 연관·조화·일치로 인도한다. 그래서 사람과 자연, 사람과 사람의 관계가 서로 돕는 관계가 된다.[41] 이처럼 법륜에게 있어서 연기의 정의는 '온 존재의 존중을 통한 살리기'를 뜻한다.

연기의 정의가 지배하는 곳에서는 인간과 인간, 인간과 자연이 서로 베풀고 사랑하고 이해하고 감싸고 돌봐줌으로써 진정한 행복이 창출된다.[42] 무언가를 얻으려는 것이 아니라 놓아버림으로써 저절로 자유로워지고 행복해진다. 서구의 행복이 소유를 통해 주어진다면, 불교의 행복은 무소유를 통해 획득된다. 서구의 정의가 '나'(我)의 정치적 자유와 경제적 평등이 확립되는 것이라면, 불교의 정의는 무아(無我)의 자유와 무소유의 평등이 구현되는 것이다. 무아의 자유와 무소유의 평등이란, '나'의 자유와 평등이 아닌 이기적이고 집착하는 '나'의 포기를 통해 얻어지는 '우리'의 자유와 평등을 의미한다. 서구 산업 문명에서의 인간관이 개체적 존재, 곧 개아(個我)라고 한다면, 불교의 인간관은 일체적 존재로서의 무아(無我)다. 그래서 불교에서는 '온 존재'의 행복을 궁극 목표로 삼는다. '나'는 '우리/온 존재' 속에 포함될 때만 의미가 있기 때문이다.

하지만 주지해야 할 것은, 사회는 개인의 집합이 아니고 전체는 개

---

40 법륜스님(1999), p. 48.
41 법륜스님(1999), p. 47.
42 법륜스님(1999), p. 49.

체의 단순한 집합이 아니라는 사실이다. 즉 사회는 유기적 결합이고 유기적 연관이다. 이것을 불교에서는 '연기'라고 한다. 연기의 세계관에 따라 개인은 전체의 일부분으로서 하나다. 그래서 법륜은 사회를 상호 유기적인 결합으로 보아야 한다고 강조한다. 이때 개인은 단순한 하나의 개체가 아니라 전체의 부분으로서 개체다. 하나가 없으면 전체가 못쓰게 되고 전체가 없으면 하나가 존재하지 않는 조화로운 관계를 통해 사회가 형성된다.[43] '전체'로서 조화로운 관계는 인간과 인간의 관계에서뿐 아니라, 인간과 자연과의 관계에서도 동일하게 적용된다. 이처럼 연기적 관계는 온 존재의 정의 구현에 토대가 된다.

법륜은 유기적으로 결합된 연기(緣起)의 사회에서는 정의를 실천하는 주체가 '대중'이 되어야 한다고 강조한다. 일예로 대중이 주체가 되지 않으면 공해 추방 운동이 자칫 부유한 이들에게만 봉사하는 운동이 될 수 있다는 것이다. 그는 조그마한 힘들을 합해 대중 운동을 펼친다면 하나의 시민운동이 되어 사회의 정의를 실현할 수 있다고 전망한다.[44]

대중이 주체가 되는 연기의 정의에 입각해 법륜은 '빈곤의 평등'을 실현하자고 역설한다. 이것은 서구에서 추구하는 '부(富)의 평등'과는 상반된 평등이다. 그는 사회정의운동은 힘 있는 자가 하는 게 아니고, '힘없는 사람', '별 볼일 없는 사람들'이 모여 운동을 전개할 때 역사가 진보한다고 주장한다. 법륜은 녹색당 운동가들의 사례를 들어 '빈곤의 평등'이 무엇인지 제시한다. 즉 녹색당 운동하던 사람들이 훗날 국회의원이 되었을 때 국회의원이 되기 전 소시민으로서 받은 생활비 50만원만 자기가 갖고 국회의원의 300만원 월급 중 나머지 250만원은 사회에

---

43 법륜스님(1999), p. 211.
44 법륜스님(1999), pp. 73-74.

환원하는 것이라고 설명한다. 법륜은 이렇듯 가장 낮은 수준에서 평등
하자고 제안한다. 정의 운동은 바로 '빈곤의 평등' 실현으로부터 출발한
다는 것이다. 그는 이 운동이 대중 중심으로 진행될 때만 진정한 의미가
있다고 강조한다.[45] 법륜의 '빈곤의 평등'은 '무소유의 평등'과 맥을 같이
하며 무아와 연기의 정의를 기반으로 한다.

요약하면, 법륜에게 연기의 정의란 '온 존재 살리기'와 '다름의 존중',
그리고 '빈곤의 평등'을 실현하는 것이다. 이것은 불교의 무아와 연기의
세계관을 통해서만 가능하다. 다음은 무아와 연기의 토대 위에 전개되
는 법륜의 생태적 정의관에 대해 살펴보도록 하겠다. 특히 생태적 정의
가 어떻게 통전적 정의가 될 수 있는지 탐색한다.

2. 생태적 정의: 온 존재 존중

법륜은 환경 보존과 평화는 밀접하게 연결되어 있다고 역설한다. 그
는 평화는 사람들 사이에서 생기는 대립과 갈등을 없애는 것이지만, 환
경 문제는 민족 갈등이나 계급 갈등에서 빚어지는 것보다 더 깊이 인간
의 생존을 위협하는 문제라고 토로한다. 법륜은 세계에서 발생하는 계
급·민족·인종·성(性)·자연과의 갈등을 없애기 위해 우선 환경 문제를
해결할 것을 주장한다.[46] 즉 세계의 부정의(不正義) 척결에 있어서 전제
가 되는 것이 '환경문제'라는 것이다. 그는 환경 문제는 인류의 욕망에서
비롯된 문제의 총체적 결과라고 하면서, 정치·경제·사회 등 모든 면이
고려되어야 해결될 수 있는 것이라고 선언한다.[47] 그러므로 법륜이 추

---

45 법륜스님(1999), pp. 71-73.
46 법륜스님(1999), pp. 53-54.

진하는 환경 운동은 인간뿐 아니라, 동물·식물 등 온 존재를 살리기 위한 생태적 정의 운동이라고 할 수 있다.

법륜은 자본주의 사회에서는 돈이 되는 것, 곧 이윤이 남는 것을 중심으로 모든 것을 평가한다고 지적한다. 그래서 일예로 사람들은 정화비를 아끼고자 폐수를 강에 마구 버리는데, 이것은 국가 차원에서 볼 때 엄청난 손실이라는 것이다. 오염을 정화시키기 위해 국가가 막대한 예산을 투입해야 하기 때문이다. 법륜은 당장 눈앞에 보이는 작은 이익 때문에 앞뒤 가리지 않고 망가뜨려 오히려 큰 피해를 입는다고 질타한다. 이런 분별없는 이윤 추구, 개인의 욕심이 공해의 가장 근본적인 원인이라는 것이다. '무아'의 세계관에서는 발생할 수 없는 일들이다. 법륜은 한정 없이 자원을 낭비하고 환경을 망가뜨리는 오늘날 산업 구조야말로 우리를 괴롭히는 공해 발생의 원흉이라고 성토한다.[48]

법륜은 환경 문제는 차이를 뛰어넘어 함께 단결할 때만 가능하다고 말한다. 연기적 세계관이야 말로 이것을 해결하기 위한 최고의 수단이다. 불교의 '연기적 세계관'은 인간과 사회, 인간과 자연 그리고 계급, 계층, 인종 등 모든 것들이 상호 연관된 존재임을 보는 것이다. 온 존재가 하나의 큰 세계를 이룬다. 연기의 세계에서 중요한 것은 '차이의 존중'이다. 그래서 법륜은 "차이는 하나의 차이일 뿐이므로 조화를 이루면서 전체 이익을 위해 통일"되어야 한다고 강조한다.[49]

생태적 정의에서 '평등'이란 '차이의 존중'을 통한 평등을 의미한다. '인간과 동물이 평등하다'라는 말은, 개체의 차이를 무시한 채 두 존재가

---

47 법륜스님(1998), p. 115.
48 법륜스님(1999), p. 59.
49 법륜스님(1999), p. 65.

동일한 모습, 동일한 역할, 동일한 가치를 갖는다는 것이 아니다. 이때 '평등'은 인간과 동물이 별개의 존재가 아니라 '서로 연관되어 존재 한다'는 뜻이다. 그래서 법륜은 '평등'을 "인간과 동물은 같은 것도 아니고 다른 것도 아니다. 인간과 동물은 같은 것도 있고 다른 것도 있다"는 의미로 풀이한다. 나아가 그는 '인간이 더 소중하다' 또는 '아니다', '인간은 동물과 평등하다'는 것 모두가 인간의 생각이며 관점이라고 주장한다. 인간의 생각을 떠나면 무엇이 더 소중하다고도 할 수 없고 평등하다고도 할 수 없다고 한다.[50] 이런 관점에서 볼 때 세상의 모든 존재는 서로 연관되어 있는데, 개발이라는 미명으로 연관된 것들을 파괴하고, 그래서 우리는 고통을 받게 되었다는 것이다. 그가 환경 윤리를 중요하게 여기는 것은 인간을 위해서라고 한다. 그렇기 때문에 법륜은 그의 생태적 정의관에 따라 인간과 환경/자연 '살리기' 운동을 동시에 추진한다.

법륜은 서구적 개념은 개별 생명의 입장에서 사물을 바라보고, 생존을 위해 투쟁하며 경쟁하는 것을 자연계의 보편적 이치로 규정하는데, 이것은 다윈이즘의 영향 때문이라고 믿는다. 그래서 그는 '약육강식, 자연도태, 적자생존이 자연계의 법칙'이라는 다윈의 주장 때문에 산업사회가 약육강식의 논리로 보편화된 것이라고 비판한다. 하지만 불교의 연기적 세계관에 의하면, 생태계 전체가 상호의존·공생·상호 연관과 보완의 작용에 의해 보존되고 유지됨으로 경쟁·갈등·억압·착취·불평등이 존재할 수 없다.[51] 이러한 상즉상입(相卽相入)의 생태적 정의관은 인간과 인간, 인간과 자연이 상생(相生)할 수 있는 정의의 근본 원리가 된다.

---

50 법륜스님(1998), p. 85.
51 법륜스님(1998), p. 45.

한편 법륜은 모든 분쟁과 갈등의 주원인이 개체주의 때문이라고 지적한다. 이 개체주의도 서구의 영향이 크다. 오늘날 사회적 갈등과 분쟁, 환경 파괴 등 모든 문제는 자기 자신, 자기 가족, 자기 민족, 인류만 생각하는 개체 중심의 사고에서 비롯된다.[52] 특히 인간과 자연은 긴밀한 연관 속에 존재하므로 그 연관을 끊으면 고통이 유발됨에도 불구하고 사람들은 환경 문제에 대해 절박감을 느끼지 못한다는 것이다.[53] 이런 잘못된 인식은 '인간중심적 사고'에서 기인한다고 지적한다. 인간만이 유일하다고 하는 생각은 환경 파괴뿐 아니라 자기 종교, 자기 나라, 자기 민족, 자기 가족만이 최고라는 배타적 사고를 낳게 된다는 것이다. 이러한 개체주의의 결과는 온 존재가 중심이 되는 생태적 정의관과는 배치(背馳)된다.

법륜에게 환경 문제는 환경 자체만을 위한 것이 아니다. 이것은 존재의 본질과 삶의 바른 가치에 기반 한 것으로 온 존재의 존중과 연관된다. 그래서 법륜이 추구하는 '자연 살리기'의 생태 운동은 '온 존재 존중'을 위한 생태적 정의 구현과 상통한다. 즉 그의 환경 운동은 생태적 정의 운동의 연장이라고 할 수 있다.

다음은 법륜이 생태적 정의관을 삶의 현장에 어떻게 적용·실천하는지 정토회 활동을 중심으로 살펴보도록 하겠다.

3. 수행으로서 정의 운동: 생태적 공동체 운동

불교에 대한 비판 중에서 "불교가 비록 인간 평등의 기치를 내걸고

---

52 법륜스님(1998), p. 47.
53 법륜스님(1998), p. 48.

는 있지만, 불교는 그 이념을 현실 속에서 구체적으로 실현시켜 본 역사도 없으며 대사회적 평등 운동으로 전개해 본 역사도 없다"는 비판이 있다.54 또한 불교는 역사 속에서도 현실의 차별적인 불평등을 철폐하지 못했을 뿐만 아니라 자체적으로도 완전히 평등한 공동체를 실현하지 못했다는 지적도 있다. 사회의 불평등에 항거하지 못했을 뿐만 아니라 오히려 사회의 불평등에 동참했다는 것이다.55 그러나 인간 평등이라는 불교의 이념이 대사회적인 운동으로 전개되지 못했을지라도, 일제 치하에서의 만해의 독립운동과 법정의 참여불교 활동, 신라 시대의 원효의 신분 차별 제도에 대한 저항 운동, 신돈의 노비의 자유민 신분 회복 등은 역사 속에 있었던 평등 운동이라고 할 수 있다.56

1990년대 대한민국에 불교의 정의를 운동으로 발전시킨 사람이 있는데 바로 법륜 스님이다. 법륜은 우리 모두가 편하게 살려 하고 자기 중심적으로 생활하려고 한다면서, 이제는 어렵고 힘들더라도 모두 전 인류를 위해 자기를 이겨내고 이기심을 버리는 운동을 벌여야 한다고 역설한다.57 법륜에게 '운동'이란 '수행'을 의미한다. 개인 수행은 사회 변혁과 상호 밀접한 관계를 갖기 때문에 생태적 정의 구현을 위해 필수적이다.

법륜은 문제의 해결은 결국 문제를 느끼는 개인으로부터 출발할 수밖에 없다고 말한다. 그러면서 자기의 시야만큼 세계는 보이는 것이고

---

54 안옥선, p. 51.
55 사찰이 노비를 소유하고 부린 역사도 있다. 불교가 발생했던 인도에서조차도 인간 불평등의 악습인 카스트제도와 과부순장제가 오랫동안 존속했다. 불교 또한 오랜 역사를 통하여 사회적 악습으로서의 불평등을 거부하지 않고 동참 내지 방조해 왔다(안옥선, p. 52).
56 안옥선, p. 55.
57 법륜스님(1999), p. 70.

자기의 결의만큼 일할 수 있고, 자기가 변한 만큼 주변을 변화시킨다고 한다.[58] 그래서 법륜에게 있어서 사회 변혁은 개인 수행을 기반으로 한다.

세계를 있는 그대로 보고 자신을 내려놓으며 탐욕을 내려놓고 소박하고 가난한 삶 속에 행복이 있음을 깨닫는 것, 그것이 바로 수행이다. 수행은 현실을 바르게 인식하는 것이며 나와 세상을 함께 이롭게 하기 위한 것이다.[59]

법륜은 수행과 사회변혁은 이분법적으로 혹은 대립적으로 나뉘어 존재할 수 없다고 확신한다.[60] 그는 사회 활동을 할 때도 수행이 기초가 되어야 한다고 주장한다.[61] 한 마디로 법륜에게 '수행'이란, 자리(自利)의 명상적 수행을 넘어 삶의 현장에서 생태적 정의(利他)를 실천하는 '운동'으로서의 수행이다. 법륜은 인간과 인간 간의 갈등을 극복할 뿐 아니라, 자연을 보호하고 자연과 조화를 이루기 위해서 '수행'이 필요하다고 강조한다. '수행'이란 '자율적인 절제'와 '주체적인 가난'을 의미한다. 그러므로 수행자들이 가난하게 사는 것은 스스로 선택했기 때문에 주체적 가난에 속한다는 것이다. 법륜은 자율적인 절제 또한 우리 스스로 행동해야 될 문제라고 말한다.[62] 그는 이러한 원리들이 작동될 때 정의로운 공동체가 유지될 수 있다고 믿는다. 법륜에게 있어서 수행은 정의 공동체 형성을 위한 생태적 정의의 실천 운동이다.

---

58 법륜스님(1998), p. 38.
59 법륜스님(1998), p. 38.
60 법륜(2002), p. 202.
61 법륜(2002), p. 203.
62 법륜스님(1999), p. 185.

법륜 자신도 사상가이자 수행자로 살아간다. 참여 운동가로서 그의 수행은 '정토회'를 통해 구체화된다. 법륜은 괴로움이 없고 자유로운 사람, 이웃과 세상에 보탬이 되는 보살의 삶을 서원으로 하는 정토회를 설립하여 배고픔이 없는 세상, 모든 질병의 고통에서 자유로운 세상, 배우지 못한 고통이 없는 세상을 실현하려 한다. 그는 정토회를 통해 모두가 함께 행복해지는 맑은 마음, 좋은 벗, 깨끗한 땅을 일구는 생명 운동과 문명의 전환 운동을 펼친다. 일과 수행이 하나 된 삶을 사는 사람들로 구성된 정토회는 현재 국내 45개 지역과 해외 18개 지역에서 운영되고 있다. 또한 생태 공동체와 흙과 생명을 살리는 유기농으로 자급자족하는 생산 공동체도 조성되고 있다. 법륜의 생태적 정의 운동은 국제 구호 활동과 북한 동포 돕기, 북한 난민 지원, 북한 인권 개선 등을 통해 실천되고 있다.63 법륜이 서구의 정의론자들과 다른 점이 있다면, 그에게 정의는 담론이 아닌 '수행'이라는 '운동'으로 실천되고 있다는 것이다.

더욱이 법륜은 '동양적 공동체'로의 회귀를 제안한다. 그는 문명의 근원적인 탈출구는 동양 사상에서 찾아야 한다고 주장한다. 그 중에서도 불교에서 대안이 나와야 한다고 강조한다. 법륜은 일예로, 서양에서는 '쓰레기 분리 수거, 우유팩 모으기, 쓰레기 안 버리기, 한번 썼던 물건 재활용하기'와 같은 미봉책에 불과한 운동만을 벌이지만, 불교에서는 식사 조절과 호흡법만으로도 식량을 다섯 배나 줄일 수 있는 근본적 해결책을 제시한다는 것이다. 그는 불교의 생태관이 지구를 살리는 대안이 될 수 있다고 확신한다.64 그래서 그는 불교의 생태적 정의가 구현되는 공동체가 인류가 추구하는 '동양적 공동체'라고 주장한다.

---

63 정토회 홈페이지 참조(http://www.jungto.org/).
64 법륜스님(1999), p. 184.

법륜은 공동체 생활을 위해서는 '이기심'이 없어야 한다고 설파한다. 공동체 생활은 남의 희생 위에 서 있는 삶을 찾는 것이 아니라, '네가 있음으로 해서 내가 있다', '네가 이익을 봐야 나도 이익을 본다'는 철저한 연기적 관점에 의해서만 가능하다. 즉 하나하나를 개별로 보는 게 아니라, 전체와 연계해 보는 연기적 가치관 위에서 공동체가 성립되어야 한다는 것이다. 법륜은 이 연기적 공동체야 말로 인류에게 남아 있는 마지막 본보기라고 강조한다. 이 공동체는 "이론으로도 완벽해서 모순이 없을 뿐더러 우리가 말하는 이상과도 맞아 떨어진다"고 극찬한다.[65] 이를 위해 법륜은 먼저 '작은 공동체'를 제안한다. 그 다음에 모든 작은 공동체는 '인류 공동체'라는 큰 공동체와 연결되어야 한다고 말한다. 그는 집단이기주의에서 벗어나 전 인류가 다 이로울 수 있는 '총체적 공리성'에 뿌리를 둔 공동체가 형성되어야 할 것을 주장한다.[66] '총체적 공리성'이란 '온 존재의 존중'이 보장되는 것을 의미한다. 온 존재가 '다름'에도 불구하고 동등하게 '존중' 받는 공동체를 법륜은 인류의 이상적 공동체로 제안한다. 그에게 작은 첫 공동체가 '정토회'다.

이상에서 법륜의 정의론과 정의 운동을 살펴보았다. 그의 정의론이 통전적 정의론이 될 수 있는 것은 '연기의 정의'와 '생태적 정의'에서 본 바 정의(正義)—'존중'과 '살리기'—의 주체이자 대상이 '온 존재'라는 것이다. 이 '온 존재'에는 인간을 비롯해 동물·식물·자연 환경 등 모두가 포함된다. 그리고 이 모든 존재가 정의 운동의 '중심'이 된다. 특히 그의 생태/환경 운동은 통전적 정의 운동의 출발점이 되고 있다. 인간을 연기의 세계인 '전체' 안에서 보려는 그의 생태적 정의관은 인권—인간 존재

---

65 법륜스님(1999), p. 197.
66 법륜스님(1999), p. 198.

살리기—을 동물·식물·환경권과의 연계성 속에서만 가능하게 만든다.

V. 나가는 말

통전적 정의론 모색을 위해 먼저 안옥선의 저서인 『불교와 인권』을 중심으로 불교의 통전적 정의론에 대해서 살펴보았다. 통전적 정의론의 토대원리로서 첫째, 자리이타행으로서 '무아의 정의'를 고찰하였다. '나의 포기'(무아)를 통해 '타자'에게로 들어 갈 수 있는 정의가 통찰되었다. 무아의 정의는 이타행을 통한 자리행의 완성을 추구한다. 모든 집착으로부터 해방된 '나'(무아)는 마음의 진정한 자유를 누리는 '무소유의 나'다. 무아의 정의는 개인의 내면의 정의 구현에 집중한다. 둘째, 연기의 정의를 통해서 '다름의 존중'이 '온 존재의 존중'의 출발점이 된다는 것을 밝혔다. '존중'이란 곧 '평등'을 의미한다. 연기의 정의에서 중요한 것은 인간만이 아닌 모든 생태계의 존재들이 '동등하게' 존중받아야 한다는 것이다. 그러므로 인권뿐 아니라 동물권, 식물권, 환경권이 총망라되는 '통전적 정의'로서 '연기의 정의'가 주목되었다. 이 정의는 공동체의 연대 책임적 정의 구현을 목표로 삼는다. 그러므로 '온 존재의 존중'을 추구하는 무아와 연기의 정의를 '통전적 정의'라고 규정하였다.

이어서 본 논문은 앞서 규명한 불교의 통전적 정의론을 법륜의 생태적 정의론을 통해 재조명하였다. 첫째, 법륜에게 있어서 '연기의 정의'가 '온 존재 살리기'라는 것을 고찰하였다. 연기를 만물의 존재 원리로 본 법륜은 연기의 정의관을 통해 '세계 살리기', 곧 '온 존재의 존중을 통한 살리기'를 해야 한다고 주장하였다. 둘째, 법륜은 생태적 정의를 통해 다시 한 번 온 존재가 존중되어야 함을 역설하였다. 그에게 '평등'은 인간과 동물이 별개가 아닌, 서로 연관된 존재라는 것이다. 특히 그는 현대의 인류가 자연과 환경을 인간이 다스려야 할 '대상'으로 여겨 폭력과 파괴를 일삼는 것에 대해 심각하게 고발하고 있다. 그래서 그의 생태 운동(환경 운동)은 인권 운동과 동일한 가치를 갖는다. 그에게 생태 운동은 곧 인권 운동이고, '온 존재의 존중'을 표방하는 '생태적 정의 운동'이다. 이런 의미에서 법륜의 생태적 정의론이 통전적 정의론과 동일하다고 할 수 있다. 셋째, 법륜이 직접 참여하기도 한 수행으로서의 정의 운동을 살펴보았다. 법륜에게 수행은 생태적 정의를 실천하는 '정의 운동'이다. 법륜의 정의론은 이론과 실제가 일치하는 '참여 정의론'이라고 할 수 있다.

다음은 앞서의 분석들을 통해 얻어 낸 불교의 '통전적 정의론'의 특징들이다.

1. 온 존재 존중의 정의

통전적 정의론의 첫 번째 특징은 '온 존재 존중'의 정의론이라는 점이다. 불교의 무아와 연기론을 토대로 하는 통전적 정의론에서는 인간, 동물, 식물, 무생물, 자연 모두가 존중의 주체이자 대상이다. 모든 존재는 '무아'(無我)이기 때문에 상호의존적인 '관계망'(緣起) 속에서만 존재의 가치를 지닌다. 서구의 정의론이 '인간 중심주의'를 표방한다면, 불교의 정의론은 '모두가 중심'이 되는 온 존재 존중의 통전적 정의론이다. 인간만이 주체가 되는 정의론에서는 동물과 식물, 환경은 인간이 다스려야할 '대상'이 된다. 인간의 행복을 위해서라면 '대상'은 파괴될 수도

있다. 반면에 온 존재가 중심이 되는 통전적 정의론에서는 모두가 '주체/
중심'이자 '대상'이다. 이러한 불일불이(不—不二)의 구조에서는 어느 하
나가 다른 하나를 억압하거나 착취할 수 없다. 타자의 억압이 곧 나의
억압이 되고, 타자의 착취가 곧 나의 착취가 되기 때문이다. 그러므로
모두가 이타행(利他行)의 정의를 실천할 수밖에 없다. 이타행이 곧 자리
행(自利行)이기 때문이다. 고로, 온 존재 존중의 정의론에서는 공동체의
연대 책임의 정의가 강조된다.

2. 다름의 존중을 통한 정의

통전적 정의론의 두 번째 특징은 온 존재의 존중은 '다름의 존중'을
통해서 성립된다는 것이다. 연기의 세계는 무수히 많은 존재들이 상호
관계망을 형성하며 살아간다. 그 존재들은 서로 상이한 모습과 형태를
하고 있다. 예로, 70억 인구 중에 같은 사람은 전혀 없다. 또한 인간과
동물이 다르고, 인간과 식물이 서로 다른 모습을 지닌다. 이렇듯 우주는
다양한 존재들의 관계망으로 형성된다. 비록 나와 '다른' 모습을 하고 있
는 존재들이지만 서로 '존중'해야 할 태도는 동일하다. 이 존중의 태도의
동일함이 평등이다. '다름'이 있어야 연기의 세계의 존립이 가능하다. 인
간만 있어서도, 동물만 있어서도, 식물만 있어서도 세상은 존속할 수 없
다. 인간이 있기 위해서는 동물, 식물, 공기, 햇빛, 바람, 비, 물, 불 등의
'다른' 존재들이 있어야 한다. 마찬가지로 동물의 존재가 가능하려면 나
머지 다른 것들이 존재해야 한다. 즉 '하나의 종'(種)만 있어서는 '전체'의
세계/생태계가 존재할 수 없다. 따라서 존재들 간의 '다름'이 존중되어야
한다. 이때 '평등'이라는 것은 '다름'에 대해서 '나를 대하는 것'과 동등(=

평등)하게 대해야 한다는 것이다. 이 '평등한 대함'이 '다름의 존중'이다. 그래서 나와 타자 간의 존중뿐 아니라 인간과 동물, 인간과 식물, 인간과 환경 간의 '존중'이 평등하게 일어날 수 있어야 한다. 이 '다름의 존중'은 통전적 정의론의 중요한 원리다.

3. 부정(否定)의 정의(正義)

불교의 통전적 정의론의 세 번째 특징은 '부정(否定)의 정의(正義)'다. '나'의 부정(=無我)을 통해 이타행의 정의가 구현된다. 서구의 정의론에 따르면, 정의의 중심에는 '내'(我)가 있다. '나'의 자유와 평등으로부터 출발하는 것이 서구의 정의론이다. 하지만 '나'라는 주체 의식은 자칫 이기주의적인 정의론을 낳게 된다. 예로, 한 계급의 사람들을 위한 정의론 이든지, 한 국가의 정의론 이든지, 인간에 국한된 정의론 만을 내세우게 된다. 반면에 '내'가 부정되는 불교의 무아의 정의는 연기의 정의로 이어지게 되고, 결국 생태적 정의로 확대되어 온 존재의 존중을 표방하는 통전적 정의에까지 이르게 된다.

무아의 정의론에서는 탐진치의 '내'(我)가 부정됨으로써 모든 집착과 고통으로부터 '자유'하게 된다는 인간 내면의 자유에 대해 강조하고 있다. 더욱이 무아의 정의는 무소유의 정의와도 관계한다. 소유할 '내'가 없기 때문에 모든 소유욕으로부터 자유하게 된다. 서양의 정의론이 소유를 통한 평등을 제시하고 있다면, 불교의 정의론에서는 무소유를 통한 평등을 제안한다. 법륜 스님은 무소유의 평등을 '빈곤의 평등'이라고 지칭한다.

한 마디로, 서양의 정의가 '있음'(나/소유)의 정의론을 강조한다면,

불교의 정의는 '없음'(무아/무소유)의 정의론을 강조한다.

4. 다문화 · 다종교 사회의 정의론

서구 자본주의 국가의 정의론과는 달리 불교의 통전적 정의론은 다문화 · 다종교 사회의 정의론이 될 수 있다. 서구의 정의론은 정치적 자유와 경제적 평등을 중심으로 자본주의 시대의 불평등의 문제를 해결하려는 정의론이다. 그래서 롤즈는 정치와 경제의 자유 및 평등의 정의가 먼저 정립될 때 인간의 내적 전환이 이루어질 수 있다고 주장한다. 즉 인간의 외적 전환이 우선되어야 인간의 내적 전환도 가능하다는 것이다. 그래서 롤즈와 다른 서구의 학자들은 정치와 경제의 구조적 변화를 통해인간의 정의를 확보하려 하였다. 불교의 통전적 정의론은 역으로 인간의 내적 변화를 전제로 외적 변화가 가능하다고 주장한다. 통전적 정의론에 있어서는 먼저 무아나 연기의 진리에 대한 깨달음이 중요하다. 개인의 자각 이후에 온 존재에 대한 존중의 실천이 따르게 된다. 통전적정의론이야 말로 다문화 · 다종교 사회의 다양한 가치관들을 통해 내적변화를 체험하고 그 위에 외적 변화를 추구할 수 있는 포괄적 정의론이라고 할 수 있다.

5. 대중적 정의 운동

통전적 정의론의 마지막 특징은 대중적 정의 운동으로 실천될 수 있다는 것이다. 서구의 정의론은 인간의 자유와 평등을 정치와 경제를 통해 실현하려고 하기 때문에 정의 실천이 대중운동으로 발전하기가 힘들다. 그러나 불교의 통전적 정의론은 인간뿐 아니라 동물, 식물, 환경 등 온 존재에 대한 '존중'을 목표로 하기 때문에 누구나 참여할 수 있는 대중운동이 될 수 있다. 뿐만 아니라 연기의 정의론에 따르면, 정의 운동의 주체가 '대중'이기 때문에 '모두'가 정의를 실천해야 한다. 통치자나 정치가, 상류층이나 부자에 의해서가 아닌, 대중 모두가 참여하는 정의 운동이다. 특히 환경 정의/생태 정의 운동의 경우 시민운동으로 확산될 수 있다. 생태적 정의를 대중운동으로 승화시킨 사람이 법륜이다. 그는 '정토회'를 통해 다방면으로 생태적 정의를 실천하는 일에 힘을 쏟는다.

우리 모두 서있는 자리에서 온 존재 존중의 '생태적 정의'를 실천할 수 있다. 예로, 쓰레기 줄이기, 동물 학대 금지, 대중교통 이용하기, 인종 차별 금지, 이웃 민족·이웃 종교인 존중하기 등 무수히 많은 것들을 실천할 수 있다. 법륜은 '정의 운동'이 곧 '수행'이라고 한다. 우리 모두 매일의 삶 속에서 온 존재를 존중하는 정의 운동/수행에 참여한다면, 21세기 도처에 산재한 불평등, 환경 파괴, 인권 유린 등의 부정의한 문제들로부터 위기의 지구를 구할 수 있을 것이다.

참고문헌

고영섭,『연기와 자비의 생태학』, 연기사, 2001.

박정순,「자유주의 정의론의 철학적 오디세이: 롤즈 정의론의 변모와 그 해석 논쟁」, 황경식, 박정순 외,『롤즈의 정의론과 그 이후』, 철학과 현실사, 2009, 45-76.

법륜,『깨달음』, 정토출판, 2012.

법륜,『마음의 평화, 자비의 사회화』, 정토출판, 2002.

법륜스님,『불교와 환경』, 정토출판, 1998.

법륜스님,『세상속 행복찾기. 희망의 문명을 향하여』, 정토출판, 1999.

안옥선,『불교와 인권』, 불교시대사, 2008.

윌 킴리카(Will Kymlicka),『현대정치철학의 이해: 자유주의, 마르크스주의, 공동체주의, 시민권이론, 다문화주의, 페미니즘』, 장동진 외(역). 동명사, 2006.

이중표,「대승불교의 생명관」,『불교학연구』6, 2003.

정원규,「롤즈 정의론의 형이상학적 문제들」, 황경식, 박정순 외,『롤즈의 정의론과 그 이후』, 철학과 현실사, 2009, 187-199.

존 롤즈,『정의론』(A Theory of Justice), 황경식 옮김, 이학사, 2012.

황경식, 박정순 외,『롤즈의 정의론과 그 이후』, 철학과 현실사, 2009.

Daworkin, Ronald, *Sovereign Virtue: The Theory and Practice of Equality*, Cambridge, MA: Harvard University Press, 2002(2000).

Daworkin, Ronald, *Taking Rights Seriously*, Cambridge, MA: Harvard University Press, 1978.

Miller, David, "Equality and Justice", R. Chardwick & D. Schroeder ed., *Applied Ethics: Critical Concepts in Philosophy VI*, New York: Routledge, 2002.

Nozick, Robert, *Anarchy, State, and Utopia*, New York: Basic Books, 1974.

Sadurski, Wojciech, *Giving Desert Its Due: Social Justice and Legal Theory*, Netherlands: Springer Science & Business Media, 1985.

Scheffler, Samuel, "What is egalitarianism?" *Philosophy and Public Affairs*, 31(1),

2003, pp. 5-39.

Young, Iris Marion, *Justice and the Politics of Difference*, Princeton: Princeton University Press, 1990.

Walzer, Michael, *Spheres of Justice: A Defense of Pluralism and Equality*, New York: Basic Books, 1983.

Wolff, Jonathan, "Equality: The Recent History of an Idea." *Journal of Moral Philosophy*, 4(1), 2007, pp. 125-136.

불교의 정의관 고찰
― 초기 불교와 비판불교운동을 중심으로

I. 들어가는 말

오늘날 세상은 정의로운가? 최근에 우리나라에서 마이클 샌델의
『정의란 무엇인가』라는 책이 베스트셀러로 판매되고 있다는 사실은 우
리나라 사람들이 정의로움에 대하여 목말라하고 있다는 사실과 더불어
역설적으로 세상이 정의롭지 못하다는 것을 반증하고 있다고 할 수도
있을 것이다.[1] 그렇다면 불교에서는 정의에 대하여 어떠한 입장을 취하
고 있는가? 정의가 불교에서 주된 관심일 수 있는가?

불교의 역사를 돌이켜볼 때 불교가 과연 정의에 대하여 얼마나 관심
을 가져 왔는가에 대해서는 회의적이 될 수밖에 없다.[2] 불교를 연구하는

---

[1] 마이클 샌델 저/ 김명철 역,『정의란 무엇인가』, (서울: 와지즈베리, 2014).
[2] 우리나라에서 주목되는 기존의 관련 연구서로는 다음의 책이 있다. 안옥선,『불교와 인권』,

불교의 정의관 고찰 _류제동 157

학자들도 불교가 정의의 문제에 대하여 유대교나 그리스도교만큼 관심을 가져왔다고는 할 수 없다는 것을 인정하는 학자들이 적지 않다. 불교에서 정의에 대한 관심은 불교와 서구 세계가 만나면서 본격적으로 일어나기 시작했다고 해도 과언이 아니라고 할 것이다. 오늘날 서구와 불교가 만나면서 불교사는 소승과 대승에 이어서 참여승이라는 세 번째 단계에 접어들었다고 평하기도 한다.

그러나 역으로 생각할 때 정의에 대하여 상대적으로 큰 관심을 가져왔다고 이야기되는 서구는 정의 실현에 있어서 얼마나 성공을 거두어 왔는가에 대하여 질문을 던진다고 할 때 이 질문에 대해서도 쉽게 긍정적 대답을 내놓기는 어려울 것이다. 유대교와 그리스도교의 예언자적 전통과 희랍의 민주주의 전통은 근대 서구에 이르러 여러 차례의 혁명적 변화 과정을 거치면서 인류사에 커다란 변화를 가져왔다고 하는 데에는 이의가 없겠지만, 미국이나 영국이나 프랑스나 독일 같은 서구 선진 국가들을 살펴볼 때 이러한 나라들이 과연 정의로운 국가들인가에 대해서는 마냥 긍정적인 답변을 하기는 어려운 것이다.

사실 서구적인 그리고 현대적인 기준에서 바라볼 때 여타의 사회가 정의와 관련하여 많은 문제를 안고 있다고 할 수밖에 없겠지만, 각각의 사회는 자기 정당화의 이념 체계를 구축해오면서 전개되어 왔다고 할 수도 있을 것이다. 가령 고려시대나 조선시대는 오늘날의 기준에서 부정의한 사회였다고 할 수 있을지라도 그 시대는 그 시대의 관점에서 정당함이 있었다고 할 수 있는 것이다. 다만 그렇다고 하더라도 역사의 연구라는 것은 현재와 과거의 부단한 대화라고 할 때 오늘날의 기준을 무

(서울: 불교시대사, 2008).

시하고 과거를 과거의 관점에서만 바라볼 수는 없을 것이고, 과거의 역사에 대한 연구가 단순히 고고학적 연구에 그치는 것이 아니라 오늘날 살아 있는 의미를 주려면 그리고 과거의 문제가 오늘날에도 지속되지 않게 하려면 비판적인 관점에서의 연구도 필수적이라고 할 수 있다.

II. 정의에 대한 초기 불교의 관심

앞에서 언급했듯이 초기 불교에서 정의에 대하여 얼마나 주된 관심을 가졌는가에 대해서는 다양한 견해가 있을 수 있다. 오늘날에 있어서도 불교가 정의에 대하여 얼마나 관심을 가져야 하는가에 대해 다양한 관점이 있을 수 있지만, 사회 속에서 살아가는 존재로서 인간이 피할 수 없는 문제라는 차원에서 정의의 문제는 결코 간과될 수는 없다. 본 절에서는 메이비스 펜(Mavis Fenn)이 『종교와 사회정의 개관』(*The Wiley-Blackwell Companion to Religion and Social Justice*)에 첫 장으로 집필한 내용을 중심으로 논의를 해 나가겠다.

메이비스 펜은 불교의 사회정의에 대한 역사적 배경을 서술하는 데 있어서 다음과 같은 내용으로 글을 시작하고 있다.

새로운 종교 운동은 진공 상태에서 창조되는 것이 아니다. 새로운 종교 운동은 구체적이고 역사적인 상황에서 발생하는 개인적이고 사회적인 양 차원 모두에서의 염려에 대한 응답을 대변한다. 뿌리를 내릴 수 있는가 여부의 능력은 보다 폭넓은 인구의 중요한 부분에 호소하는 방식으로 이러한 염려에 접근할 수 있는 능력에 달려 있다. 새로운 구성원을 매료시키는 어떤 운동의 역량에 있어서 중심적인 것은 다른 견해를 지니고 있는 기성 종단이나 여타의 새로운 그룹들과 당대의 이슈들을 논쟁할 수 있는 역량이다. 기원전 7세기에서 6세기에 인도의 갠지스 평야에서는 중대한 변화가 있었다. 이러한 변화 및 그 변화 가운데에서 일정한 지식의 가능성 그리고 고통이 있는 까닭과 그에 대한 우리의 대응은 무엇이어야 하는가에 대한 논쟁이 3개의 주요 종교 곧 힌두교, 자이나교, 불교를 산출시켰는데, 본 논문에서 우리의 관심은 불교에 있다.3

불교가 인도에서 발흥하는 데에는 그 시대의 문제에 대한 적절한 대응이 필수적이었다는 것을 잘 지적하고 있다. 그는 이러한 전제에서 또한 불교가 당시 인도의 기존 개념들에 대한 심층적 성찰과 더불어 대조적 대안을 제시하게 된다는 것을 다음과 같이 이야기한다.

우리의 정체성 의식 및 우리가 스스로의 믿음과 관행을 자명한 것으로 수용하는 데 있어서의 편안함은, 다르게 믿고 실천하는 사람들을 우리가 직면하기 전까지는 면밀한 검토의 대상이 되는 경우가 드물다. 타자와의 조우는 우리로 하여금 우리가 누구이고 우리가 믿고 있는 것이 무엇이며 우리가 그렇게 실천하는 까닭은 무엇인지에 대하여 심사숙고하도록 자극한다. 이러한 명료화에 대한 필요와 타자로부터의 구분에 대한 필요는 교차 문화적으로 여행할 수 있는 개인들에게만 국한되지 않고, 더 큰 규모에서도 발생한다. 실로 많은 불교적 개념들이 베다의 사

---

3 Mavis Fenn, "Buddhism: Historical Setting," *The Wiley-Blackwell Companion to Religion and Social Justice*, (West Sussex: 2012), p. 17.

상과 의식적으로 대조되면서 상정되었다.[4]

이러한 사상사적 맥락에서 그가 주목하는 것은 업(業) 관념이다. 그는 업 관념에 있어서 불교가 가져온 변화를 다음과 같이 이야기한다.

불교에서 중심적인 것은 "행위"를 뜻하는 업(業)에 대한 관념이다. 베다의 맥락에서 업은 사제의 제사 행위를 지칭했다. 이 행위들은 그 사제들이 희구하는 혜택을 산출하는 데 있어서 효과적인 행위들이었다. 시간이 경과되고 비 베다적인 종교 표현들의 영향을 받으면서, 이 용어는 "도덕적 행위"라는 함의를 갖게 되었다. 불교에서 우리의 도덕적 행위는 그 속성에 따르는 결과를 산출하고, 이 결과는 현재의 생애가 아니라면 추후의 생애에서라도 겪을 수밖에 없다. 우리는 도덕적 우주에서 살고 있으며, 업은 그 법칙의 하나이다. 행위 자체는 행위의 의도, 실행하고자 하는 의지, 실행, 그리고 그 행위의 결과 등 여러 구성 요소로 이루어진다. 행위의 구성은 복잡한 문제이고, 오직 붓다만이 그 복잡함을 깊이 있게 알 수 있다. 다만 우선적으로 중요한 것은 행위의 의도이다.[5]

인도 사상사에서 업 관념에 관하여 불교가 행위에서의 의도를 강조하는 변화를 가져왔다는 것은 불교학자들 사이에서는 널리 인정되는 바이기는 하지만, 업 관념이 불교에서 얼마나 중심적이냐 하는 데 있어서는 다양한 견해가 있다. 특히 오늘날 업 관념이, 윤회 관념과 더불어, 과

---

4 Ibid., p. 19.
5 Ibid., p. 19.

학적으로 얼마나 타당한 것이냐는 논란과 더불어, 본고의 주제인 정의의 문제에 관련하여 그 관념이 얼마나 긍정적으로 기여할 수 있을 것인가에 대해서 회의적인 시각이 적지 않다는 점에서 업 관념이 불교에서 얼마나 중심적인가 내지 얼마나 중심적이어야 하느냐의 문제는 매우 복잡한 논의의 대상이 될 수 있다. 그렇다고 하더라도, 그 중심성을 제쳐놓고 이야기한다면, 불교에서 업의 관념이 힌두교의 전통적 업 관념에 비해서는 사회정의적 함의에 있어서 훨씬 더 진보적 이념을 제시하고 있다는 것은 분명하다고 할 수 있을 것이다.

그리고 "오직 붓다만이 그 복잡함을 깊이 있게 알 수 있다"는 언급에서 드러나듯이, 업에 관련하여 언급할 때에는 매우 신중할 필요가 있다고 할 수 있을 것이겠지만, "우리는 도덕적 우주에서 살고 있으며, 업은 그 법칙의 하나이다."라는 언급은 매우 중요한 함의를 갖는다고 하겠다.[6] 앞에서 언급했듯이 어느 시대나 그 시대 나름대로 그 사회 체계에 대한 정당화를 모색한다고 할 수 있겠지만, 우리가 "도덕적 우주"에서 살고 있다는 것은 현대의 세속적 우주관에 현격하게 대조되는 것이다. 우리가 살고 있는 우주가 과연 도덕적 우주인가 하는 문제는 우리가 살고 있는 사회가 정의로워야 하는가 하는 질문과 직결되어 있다. 정글의 법칙에서와 같이 약육강식의 질서가 인간 사회에서도 이상한 것이 아니라는 주장과 달리. 인간 사회는 정글과는 달라야 하고 정의로워야 한다는 주장은 가치의 문제가 개입하기 어려운 세속적 우주관에서는 성립하기 어려운 것이다.[7]

---

6 사회정의와 관련하여, 특히 여성의 입장에서 업 관념에 대해서는 다음의 논문을 참조할 필요가 있다. 조승미, 「여성주의적 관점에서 본 佛教修行論 연구: 한국 여성불자의 경험을 중심으로」, (동국대학교 대학원 박사논문, 2005).

불교에서 이러한 업 관념의 변화는 제사에 대한 관념의 변화와도 직결되어 있다. 사실 업 관념은 인도에서 초기에는 제사 행위에 적용되던 관념이었다. 그러한 관념이 불교에서 보편적 행위 관념으로서 의도를 중심으로 논의되기 시작한 것이다. 메이비스 펜은 불교의 사회정의적 차원과 관련하여 다음과 같은 중요한 언급을 한다.

> 중심적 종교 행위로서 제사의 관념도 변화되었다. … 제사에 돈을 제공하는 대신 우리는 금욕수행자들에게 보시해야 하는 것이다. [8]

이러한 관찰이 중요한 것은, 출가자와 재가자 사이의 관계가 상호적 관계로 정립되는 단서가 제사 관념의 이러한 변화에 있기 때문이다. 재가자는 이러한 맥락에서 승가 계율을 엄수하도록 지키는 자가 되었다. 철저한 금욕수행자는 재가자들에게 복을 쌓게 하는 기반 곧 복전(福田)으로서 도움을 줄 수 있다는 이념에 따라서, 다음과 같은 메이비스 펜의 언급은 한층 더 중요해진다.

> 한 일화에서 한 매우 청정한 고승이 신들로부터의 저녁 식사 초대를 거절하는데, 그 까닭은 가난한 사람들과 함께 식사함으로써 그 가난한 사람들이 공덕을 쌓을 수 있기를 바랐기 때문이었다.[9]

---

7 Wilfred Cantwell Smith는 이러한 차원에서 불교를 단순히 무신론적 종교로 바라보는 것의 문제점을 지적하고 있기도 하다. 필자의 저서 『하느님과 일심』 (한국학술정보, 2007) 참조.

8 Mavis Fenn, op. cit., p. 20.

9 Mavis Fenn, op. cit., p. 20.

철저한 출가 수행자의 빈자에 대한 이러한 선호는 사회정의 실천에 중요한 단서가 될 수 있을 것이다. 구약 성서에서 사회적 약자들에 관심을 두는 예언자들의 외침이 여기에서도 다소나마 들린다고 할 수 있을 것이다. 이러한 관심은, 불교가 비록 전통적인 계급 체제를 와해시키는 데에는 이르지 못하였다고 하더라도 그 이념적 근거를 박탈하는 데 기여하게 한다. 오늘날 민주화된 인도에서도 여전히 카스트 제도가 문제가 되고 있다는 점에서, 불교에 대한 메이비스 펜의 다음과 같은 언급은 주목된다.

> 왕권 체제의 정부에서 이상적인 왕 곧 전륜성왕(轉輪聖王)은 영토를 지킬 뿐만 아니라 공무원들에게 공정하게 임금을 지급하고 가난한 사람들이 없도록 배려해야 한다. 제사가 아니라 이러한 실천이 사회적이고 우주적인 안정을 보장한다. 사제 계급이 본질적으로 다른 계급보다 더 도덕적이며 특정 계급에 태어난 것은 자신의 도덕적 행위 덕분이라는 관념 또한 도전받았다. 모든 사회 계급 내에는 윤리적이거나 윤리적이지 않은 개인들이 모두 있는 것이다. 불교는 계급 체제를 그 자체로 거부하지는 않았지만, 거기에 도덕적 근거가 있다는 관념은 배격했다.[10]

곧 불교가 왕권 체제가 계급 체제를 정면으로 부정하지는 못했지만, 불교는 사회적 약자에 대한 배려를 의식하고 있었을 뿐만 아니라, 계급 체제의 정당성 자체를 의문시하고 있는 것이다. 불교에서는 특정 계급

---

10 Mavis Fenn, op. cit., pp. 20-21.

이 더 도덕적으로 우월하다는 관념은 신화에 불과하다는 것을 적시하고 있는 것이다.

메이비스 펜은 위와 같은 개괄적 서술에서 더 나아가 구체적으로 초기 불교의 경전들에 실려 있는 이야기들에 주목한다. 여기에서 일반화시키기에는 다소 논란의 여지가 있기는 하지만 다음과 같이 자신이 문헌에 주목하는 맥락을 서술하면서, 근대 불교에서 재가자의 적극적 참여에 대해서도 서구의 영향이 있었음을 이야기한다.

> 불교에서 문헌적 권위에 대한 강조가 두어지게 된 것은 근대에 있어서 그리스도교 선교사들의 성서 강조에 영향 받은 바가 크다. 식민주의의 영향은 근대 불교 운동을 야기하였고, 재가자들이 승단 문제에 더 적극적이 되고, 명상 등 전통적으로 승려들의 활동이었던 것에도 적극적으로 참여하게 되었다.[11]

서구 식민주의의 영향에 대해서 이렇게 긍정적으로 이야기하는 것이 과연 얼마나 타당한가에 대해서 이론의 여지가 있을 수 있겠지만, 식민주의의 부수적 작용으로나마 이러한 영향이 있었다는 것을 부정하기도 어려울 것이다. 메이비스 펜은 이러한 자신의 설명과 함께, 불교에서 계급과 왕권의 발생에 대하여 사회계약적 설명이 등장하는 것에 주목하고, 더불어 세상의 범죄와 혼란이 개인의 악업이라기보다는 통치의 잘못에서 유래한다는 서사에 주목한다.

---

11 Mavis Fenn, op. cit., p. 21.

가난 때문에 도둑질이 있게 되고, 도둑질에서 무기가 있게 되고, 무기로 인해서 살인이 발생한다. 이러한 도덕적 타락은 모두 왕이 무산자들에게 재산을 주지 못했다는 사실에 기인한다. 가난의 완화는 개인적 자선의 문제가 아니라 사회 정의의 문제인 것이다.[12]

동양 종교, 특히 불교는 개인의 수행에만 관심을 두지 사회 정의에는 관심을 두지 않는다는 비판이 없지 않은데, 위와 같은 메이비스 펜의 주목은 그러한 비판이 무조건 옳지는 않다는 것을 보여준다. 그는 다음과 같이 이러한 서사의 사회정의적 차원을 치밀하게 언급한다.

여기에서 흥미로운 것은 업에 대한 언급이 없다는 것이다. 가난은 업으로 인해서가 아니라 정치적 실패로부터 발생한다. 가난이 업의 차원에서 비생산적인 행위들을 자극하는 것은 사실이다. 그런데 흥미롭게도, 이러한 행위들의 결과는 전체 사람들이 공유하게 된다. 공업(共業)의 관념이 있는 것인가? 아간나 숫타에서와 마찬가지로 인간의 부도덕의 결과로 음식의 질 그리고 새들, 식물들과 동물들의 수가 감소한다. 그 절정에서 사람들은 서로를 동물로 보고 유혈 사태가 이어진다. 다만 몇몇 개인들은 숲속으로 숨었다가 살육의 상황이 끝났을 때 나온다.
이 이야기에서 정의로운 통치자는 정의로운 인민의 산물인 것으로 나타나고, 그 통치자의 책무는 그 도덕적 공동체를 보호하고 보전하는 것이다. 안정되고 도덕적인 정치적 구조가 없이는 개인적인 도덕적 행위는 위험에 처하게 된다. 인간의 도덕적 행위의 결과는 자연계의 질서에

---

12 Mavis Fenn, op. cit., pp. 22-23.

서도 나타나는 것이다.[13]

실제 불교의 역사에서 업 관념을 악용하여 계급 질서를 정당화하고 사회적 약자를 차별하여 온 사실이 있다는 것을 부정하기는 어려울 것이다. 심지어는 장애를 가지고 태어난 사람들에 대하여 전생의 악업 때문이라고 하여 설상가상으로 사회적 차별이 가해진 적도 있었다. 그러나 앞에서도 언급했듯이, 업에 대해서는 오직 붓다만이 그 깊이를 알 수 있는 것이고, 업 관념을 가지고 자신들의 차별적 태도를 정당화하는 것은 불교 본연의 자세와는 거리가 멀다고 할 수 있을 것이다. 메이비스 펜은 이러한 관점에서 초기 불교에 대하여 다음과 같이 균형 잡힌 서술을 한다.

이 문헌들에서 이상적 사회에 대한 비전은 질서의 보전과 생산성을 위한 장애 제거에 관심을 갖는 강력한 중앙집권 정부의 맥락 내에서 구성되는 개인주의적이고 상업적인 사회에 대한 비전이다. 이 사회에서 우선적인 장애는 가난이다. 자원의 평등한 배분을 이야기하지는 않지만, 각자가 스스로를 돌보고 공동체에 기여하기에 충분한 자원을 가져야 한다고 주장한다. 그렇게 하지 못하게 될 때 전체 공동체 내에 비인간화가 일어난다. 개인은 스스로를 돌보면서 전체에 기여해야 한다. 여기에서는, 개인과 사회의 상호관계뿐만 아니라, 도덕과 번영 사이의 관계가 있다. 옹호되는 가치는 상업적 사회의 가치 곧 부지런한 노동,

---

13 Mavis Fenn, op. cit., p. 23. 이러한 문제는 다음의 논문에서도 주목된다. David R. Loy, "Healing Justice: A Buddhist Perspective," (http://www.zen-occidental.net/articles1/loy2.html에서 2015년 8월 2일 검색).

근검, 그리고 도박이나 음주와 같은 재산 탕진을 삼가는 것을 통한 수익의 보전이다. 불교에 대한 지원이 신흥 상인 계층에서 왔다는 것을 감안할 때 놀라운 일은 아니다.14

위에서 언급되는 "자원의 평등한 배분을 이야기하지는 않지만, 각자가 스스로를 돌보고 공동체에 기여하기에 충분한 자원을 가져야 한다"는 주장은 오늘날에도 여전히 실현되어야 할 이상에 머무르고 있다는 점에서, 초기 불교의 정신이 오늘날에도 여전히 설득력을 갖는다고 이야기할 수 있을 것이다.

III. 동아시아 불교의 정의관에 대한 비판불교운동의 비판적 접근

안타깝게도 초기 불교의 위와 같은 업 관념과 연계된 정의 관념은 면면히 계승되거나 발전되지 못하였으며, 특히 동아시아 불교에서는 상당히 관심 밖의 관념으로 되어 왔다. 오늘날에 들어와서 초기 불교의 정의 관념이 새삼 주목되게 되는 것은 특히 일본에서 전개되기 시작한 비판불교운동에서이다. 비판불교운동은 구체적으로는 1979년 일본에서 전일본불교회(全日本仏教会) 이사장이었던 마치다 무네오(町田 宗夫)의 망언에 대한 반성과 의구심에서 비롯되었다.

---

14 Mavis Fenn, op. cit., p. 25.

조동종(曹洞宗) 계통의 선불교 내에서 불교 사상들에 대하여 비판적 관점을 자극하게 된 아마도 가장 명백한 요인은, 1979년 세계종교평화회의(World Conference on Religion and Peace)에서 비롯된 이른바 "마치다 사건"(町田事件)의 충격이었다. 당시 일본 조동종(曹洞宗) 종무총장(宗務総長)이자 전일본불교회(全日本仏教会) 이사장이었던 마치다 무네오(町田 宗夫)는 일본에는 어떠한 형태의 사회적 차별도 존재하지 않는다고 주장하였다. 그는 뒤(1984년)에 이 발언을 취소했으며, 조동종은 그 종파의 오랜 역사를 통하여 사회적 차별을 지속해왔음을 인정하고 여러 위원회를 설립하여 그러한 상황을 연구하고 고쳐나가기 시작했다. 나아가 그 사건에 관련되었던 많은 사람들이 이 문제를 더 심각하게 바라보면서, 그러한 관행이 조동종의 그 오랜 역사 동안 아무런 의문 없이 지속될 수 있었던 데에 어떤 시스템적인 이유가 있는지 궁금해 하기 시작했다.[15]

이러한 계기에서 하카마야 노리아키와 마츠모토 시로에 의하여 촉발된 비판불교운동에서 집중적으로 비판받고 있는 것은 본각(本覺) 사상이다. 그들은 일본에서 사회적 차별의 기반으로 작용해온 불교사상으로서 본각 사상을 지목하고 본격적 비판에 나선다. 곧, 그들은 우리 안에 본래 깨달음이 있다는 본각 사상이 역설적으로 우리들 사이의 차별을 조장하는 사상으로 작용해 왔다고 비판한다.

그러나 비판불교 주창자들은 '근본주의'라고 불릴 정도로 초기 불교 전통의 원초적인 진면목에 대해서는 강한 신뢰를 갖고 있다. 그 원초적

---

15 제이미 허바드-폴 스완슨 편저/류제동 역, 『보리수 가지치기』, (서울: 씨아이알, 2015), p. viii.

인 진면목에서 불교가 보다 정의로운 세계 구현에 보다 적극적으로 참여하자는 주장을 중심으로 한다고 보면서, 비판불교 주창자들은 불교 전통의 인류사회에 대한 긍정적 기여에 대해서는 추호도 의심하지 않는다.

비판불교 주창자들 가운데 한 명인 하카마야 노리아키는 이러한 맥락에서 불교인 것과 아닌 것을 재단하는 기준으로서 불교의 세 가지 결정적 특징을 제시한다. 우선 첫째 특징을 보자.

> 1. 붓다의 기본적 가르침은 연기(緣起, *pratītya-samutpāda*)의 법칙이며, 이것은 인도철학의 실체적 아트만에 대한 대응으로서 정식화된 것이다. 기저의 실체('topos'; 場所)를 함의하거나 수용하는 사상이나 철학은 무엇이든 기체설(基體說)이라고 불린다. 기체설의 예를 들자면, 인도에서의 아트만 개념, 중국철학에서의 '자연'(自然) 사상, 그리고 일본에서의 '본각'(本覺) 사상을 이야기할 수 있다. 이러한 사상은 불교의 기본적인 연기 사상에 상반된다.[16]

여기에서 바로 드러나는 것은, 붓다의 가르침으로서 연기(緣起) 사상이 인도철학의 아트만 개념과 대조되며, 그러한 대조의 연장선상에서 본각 사상과도 대조된다는 점이다. 이러한 연기 사상에 대한 주목은 앞 절에서 초기불교가 업 관념을 중심으로 참신한 정의관을 도출하는 것과 같은 맥락이라고 하겠다. 존재자들 사이의 인과적 연계를 설하는 연기 사상은 불교의 업 사상의 근간인 것이다. 이러한 초점은 다음과 언급에서 뚜렷이 드러난다.

---

16 앞의 책, p. 58.

시간을 떠나서는 종교도 없다. 연기에 대한 올바른 이해는 이론적이거나 공간적이거나 상호 포괄적인 인과가 아니라, 원인에 따르는 결과의 시간적 인과에 대한 이해이다. 십이지연기는 사물들 간의 관계가 아니라 원인에서 결과로의 시간적 진행을 가리킨다.[17]

본각 사상도 존재자들 사이의 인과적 연계를 넘어서 현상의 기저에 어떤 실체로서의 기체(基體)를 상정하는 기체설(基體說)이라는 틀 안에서 아트만 사상과 함께 이야기되면서 배격된다. "상반된다"는 표현은 이점을 더욱 명료하게 한다.

더 나아가서, 중국철학에서의 "자연"(自然) 사상까지 기체설의 범주에 넣었다는 사실은 하카마야를 위시한 비판불교운동의 주창자들이 단순히 불교 내에서의 논쟁에 몰두하고 있는 것이 아님을 선명하게 드러낸다. 비판불교운동의 주창자들은 단순히 주관적이고 상대적인 믿음으로서의 종교의 범위 내에서 본각 사상을 비판하는 것이 아니라, 연기 사상이 보편적 규범성을 지닌다는 차원에서 불교 내의 사상만이 아니라 인류사상사에서 전개되어 온 다른 사상들에 대해서도 날카로운 비판의 메스를 들이대는 것이다. 그들은 이렇게 본각 사상을 기체설의 범주에서 비판하면서 단순히 불교 내의 불교학자로 머무는 것에 만족하지 않는다. 그들에게 연기 사상은 주관적 믿음의 대상으로 머무는 것이 아니라 보편적 규범성을 지니며 여타의 사상들을 재단하는 엄정한 기준으로서 확고한 위치를 차지한다. 그들에게 힌두교의 아트만 사상은 그저 이웃종교의 사상이 아니라 인류의 진보를 위하여 배격되어야 할 문제성

---

17 앞의 책, p. 10.

있는 사상으로 다가온다.

그들은 본각 사상을 단순히 그 작용적 역할의 차원에서 비판하는 것이 아니라, 본질적으로 문제가 있는 기체설 사상의 일종으로서 비판한다. 기체설 사상은 연기적 주체들 사이의 정의 구현을 가로막는 방해물로서 작용하기에 본질적으로 비판되어야 하고, 따라서 본각 사상 또한 본질적으로 비판되어야 정의 구현의 가능성이 열리는 것이다.

필자는 종교학의 위치에서 불교를 대하는 연구자로서 종교 연구를 그저 객관적으로 하는 풍토에 다소 젖어 있기도 하다. 그러한 풍토에서 이러한 비판불교 주창자들의 태도는 상당히 거북할 수밖에 없다. 종교적 믿음을 상대화하는 종교다원주의를 심정적으로 수긍하면서 종교 연구에 종사하고 있는 사람이라면 더욱 부담스러워질 수 있을 것이다. 단순히 특정 종파에 속한 일반 신자가 이런 주장을 한다면 그냥 넘길 수도 있고, 더 나아가서 성직자가 그렇게 이야기한다고 해도 학적 마인드가 없으니 저러겠지 할 수도 있을 터인데, 하카마야 노리아키는 일본 불교학계의 대표적 학자 중 한 명이다.

물론 학자가 학자로서 발언하는 경우와 사적인 개인으로서 발언하는 경우가 구분될 수 있다고 할 수 있고, 일급의 학자라고 하더라도 사적으로는 그러한 신념을 지닐 수 있다고도 할 수 있을 것이다. 그러나 하카마야 노리아키는 이러한 주장을 함에 있어서 학자이기를 포기하지 않는다. 오히려 그는 한 발 더 나아가서 가치판단에서 한 발 물러서는 객관적 학문이라는 것의 문제를 다음과 같이 신랄하게 지적한다.

나는 대학이 막스 베버가 "직업으로서의 학문"에서 기술하는 부류의 가
치판단 배제의 사상에 이끌려서 조각 지식들을 판매하는 데서 만족을

취하는 사이비 객관주의에 의해 압도되고 있다는 생각을 떨칠 수가 없다. 그 증거로, 우리는 다만 —원래 일종의 영적 기회주의를 기술하는 경멸적 용어로 사용된— 혼합주의가 종교학, 문화인류학 그리고 민속학에서 갑자기 시민권을 얻어서, 어떠한 뒤죽박죽의 종교도 가치중립적으로 다른 여느 종교와 마찬가지로 정당한 종교로 바라보도록 하게 된 과정을 훑어보기만 하면 된다.

나의 입장에서, 종교의 최소한의 요건은 자신의 신념을 말로 표현하고 그 말의 진위를 확인하고자 모색하는 것이다. 따라서 나는 나 자신에게 내가 대학에 고용된 상태에서 스스로 부여하는 최소한의 조건으로서, 베버의 이상에 정면으로 배치되는 "비판으로서의 학문"이라는 이상을 설정하고자 한다.18

종교학 분야에 속한 사람에게는, 아니 불교학이라고 하더라도 객관적인 불교학을 고수하고자 하는 사람에게는 다소 아니 상당히 부담스러워지는 주장이라고 하지 않을 수 없다. 상대적 주관주의가 문제되는 것과 꼭 마찬가지로 상대적 객관주의도 문제되는 것이다.

오늘날의 대학이 위기를 맞고 있다거나 특히 인문학이 위기를 맞고 있다거나 하는 말은 어제 오늘 들리는 말이 아니다. 하카마야와 같이 자극적이고 직설적으로 이야기하지는 않았다고 하더라도 20세기의 대표적 종교학자 중 한 사람이었다고 할 수 있는 윌프레드 캔트웰 스미스(Wilfred Cantwell Smith)도 『비교적 조망에서의 현대 문화』(*Modern Culture from a Comparative Perspective*)를 비롯한 자신의 여러 저술들에서

---

18 앞의 책, pp. 227-228.

현대 학문의 이른바 객관성이 지니는 문제점을 통렬히 비판한다.[19]

그러나 하카마야는 캔트웰 스미스보다 훨씬 더 나아가서, 명시적으로 객관성이니 가치중립성이니 하는 관념들이 기회주의에 불과하다는 점을 지적한다. 하카마야의 이러한 주장을 객관적 학문을 고수해온 사람들은 어떻게 대해야 할 것인가? 각자 나름대로 다른 태도를 보일 수 있겠지만, 그 기회주의적 가능성을 다소라도 수긍한다면 적어도 하카마야의 입장에 대하여 다소 주목해 보는 것은 바람직하다고 할 것이다.

더 나아가, 학문에 대해서만이 아니라 종교에 대해서도, 종교라는 이름으로 불린다고 해서 다 종교가 아니라, "종교의 최소한의 요건은 자신의 신념을 말로 표현하고 그 말의 진위를 확인하고자 모색하는 것이다."라는 기준에 부합해야 종교라고 할 수 있다는 그의 주장은 종교인들에게 용감하게 사회적 정의 문제에 대하여 정의롭게 발언할 책임을 시사한다. 이러한 그의 입장이 일차적으로 우선 불교에 직접 조준되고 있다는 것은 두말할 필요도 없다.

불교가 종교라고 불릴 수 있으려면 "자신의 신념을 말로 표현하고 그 말의 진위를 확인하고자 모색"하여야 하는 것이다. 특히 종교학에서는 "종교현상학"이라는 이름 하에서 종교의 진위에 대한 확인은 괄호에 쳐 두자는 태도가 오늘날에도 여전히 유행하는 면이 있다는 점에서, "진위를 확인"하자고 하는 태도는 종교 간의 대화 내지 종교에 대한 학문적 연구를 매우 긴장되게 한다. 이러한 하카마야의 태도를 단순히 무시해도 좋을까?

이어서 그가 다음과 같이 비판불교에 대하여 두 번째로 제기하는 주

---

19 Wilfred Cantwell Smith, *Modern Culture from a Comparative Perspective*, (New York: State Univ of New York Press, 1997).

장은 이른바 악평등(惡平等)의 문제점이 종교학의 "사이비 객관주의"와 불교의 일부에 공통되고 있다는 점을 시사한다.

2. 불교의 도덕적 요청은 다른 존재들을 이롭게 하기 위하여 무아(無我, anātman)로 행동하라는 것이다. 자아를 애호하여 다른 존재들을 소홀히 하는 종교는 어떤 종교든 불교적 이상에 위배된다. "산이나 강이나 풀이나 나무나 다 성불하였다."(山川草木, 悉皆成仏)라거나 "의식이 있는 존재나 그렇지 않은 존재나 다 성불의 도를 갖추고 있다."(有情非情, 皆倶成佛道)(또는 하카마야의 표현대로 하자면, "붓다의 실체에 포함되어" 있다)라고 하는 본각사상의 아이디어는 이러한 도덕적 요청을 위한 여지를 전혀 남겨놓지 않는다.[20]

여기에서 하카마야는 불교의 무아(無我) 사상이 단순히 사실에 대한 기술적 진리가 아니라, 불자들에게 도덕적 요청을 하고 있다고 주장한다. 이타(利他)적 삶에 직결되지 않는 무아(無我)는 의미가 없다는 것이다. 불교적 기준을 강요한다고도 할 수 있겠지만, 이러한 기준에서 자아 애호와 더불어 타자를 소홀히 하는 종교는 당연히 배격해야 한다는 것이 하카마야의 입장이다. 그러한 차원에서 인도에서의 아트만 개념이나 중국철학에서의 "자연"(自然) 사상이 배격된다.

이러한 비판불교의 태도는 상당히 호전적 태도라고도 할 수 있는데, 특히 현실에서 타종교의 근본적인 사상에 대해서까지 비판하는 것이 과연 바람직할 것인가에 대해서는 논의가 복잡하게 전개될 수 있을 것이

---

20 제이미 허바드, 앞의 책, p. 58.

다. 대개 쉽게 주장될 수 있는 것은, 그 근본적 진리는 바람직한데, 그 진리를 응용하여 실천하는 사람들이 문제라고 하는 것인데, 하카마야는 과감하게 힌두교와 도교의 핵심 진리 주장들을 일거에 배격한다.

그리고 물론 이러한 태도에서 불교 내에서의 주요 주장들도 배격된다. "불교 내"라고 하는 표현 자체가 어폐가 있다고도 할 수 있는데, 하카마야에 의하면 "불교"라는 이름을 달고 행세하지만 그러한 주장들은 진정한 의미에서는 불교라고 할 수 없는 주장들이기 때문이다. "산이나 강이나 풀이나 나무나 다 성불하였다"(山川草木, 悉皆成仏)라거나 "의식이 있는 존재나 그렇지 않은 존재나 다 성불의 도를 갖추고 있다"(有情非情, 皆俱成佛道)라는 표현들을 멋들어진 표현들로만 알고 있는 사람이라면, 이런 표현이야말로 불교의 적이라고 이야기하는 하카마야가 야속함을 넘어서 미워질 수 있겠다.

혹자는 "산이나 강이나 풀이나 나무나 다 성불하였다"(山川草木, 悉皆成仏)라거나 "의식이 있는 존재나 그렇지 않은 존재나 다 성불의 도를 갖추고 있다"(有情非情, 皆俱成佛道)라는 표현이 왜 문제가 되는지 의아해 할 수 있을 것이다. 산천초목에 대하여 다 성불하였다고 인정하고 의식이 없는 사물에 대해서도 성불의 도를 갖추고 있다고 인정해주는 것이 왜 문제가 되는가? 오늘날 대두하고 있는 생태학의 관점에서는 오히려 시대를 앞서가는 주장이라고 할 수 있는 것이 아닌가? 그러나 비판불교의 입장에서 이러한 긍정은 표면적인 긍정 이면에 차별적 현실에 대한 저항을 포기하고 기존 질서를 있는 그대로 수용하는 대세 추종적 순응주의 태도를 내재하고 있는 것으로 비판된다. 이러한 태도를 순수하게 받아들이는 것은 순수하기보다는 순진한 어리석음이나 간교한 기지의 발로일 뿐이라는 것이다.

그리고 이러한 비판은 오늘날 생태학의 관점에서도 오히려 주목할 필요가 있다고 할 수도 있다. 오늘날 생태학에서 인간 위주의 자연관이 동식물의 생태계에 인위적 개입을 통하여 심대한 피해를 입혀 왔다는 것에 대하여 심각한 반성을 하고 있는 것은 바람직하다고 할 수 있으나, 지나치게 인간의 개입이 없는 자연 그 자체를 이상화하는 태도 또한 냉정한 비개입주의라는 비판에 봉착할 수도 있다. 국가 간에도 타국의 파행적 상태에 대하여 개입하여 그 상태를 정상화하는 데 일조하는 것이 진정한 도움을 주는 것인가 여부가 논란의 대상이 되듯이 자연의 동식물에 대해서도 단순히 인간의 개입을 포기하는 것이 최선책이라고 할 수 있을지 의문인 것이다.

모든 존재를 긍정하는 절대 긍정의 표현이라고 할 수 있는 이 표현들이 왜 이렇게 신랄한 공격을 받아야 하는가라는 의문에 대하여, 하카마야는 이 표현들이 도덕적 요청을 위한 여지를 박탈하기 때문이라고 답한다. 지금까지의 논의에서, 바로 이러한 태도가 사이비 객관주의이고 혼합주의이고 영적 기회주의라고 하겠다. 이러한 문제 인식은 예컨대 우리나라를 대표하는 불교학자의 한 사람이라고 할 수 있는 길희성 교수의 선불교 연구에서도 드러난다. 선불교에서는 선택적 긍정을 할 여지가 없다는 것이 현실에서의 윤리적 실천을 위한 여지를 박탈한다는 것이다.

위와 같은 문제 인식에서 하카마야는 세 번째 주장으로서, 신앙, 언어, 그리고 지성을 진정한 불교의 특징으로서 강조한다.

3. 불교는 연기의 진리를 선택하기 위한 신앙, 언어, 그리고 지성(지혜; 般若, *prajñā*)의 사용을 요구한다. 언어 사용에 대한 선불교의 알레르

기적 반응은 불교적이라기보다는 오히려 중국의 토착적인 것이며, 본
각사상에서 주장되는 "진여"(眞如)의 언표 불가능성은 언어나 신앙을
위한 여지를 전혀 남겨놓지 않는다.[21]

여기에서 선택으로서의 신앙, 언어, 그리고 지성이 강조된다. 곧, 비
판불교운동에서 신앙과 언어와 지성이 강조되는 것은 정의를 위한 선택
을 지향하는 데 이 삼자가 결정적 중요성을 지니기 때문이다. 여기에서
'신앙'은 그냥 무언가를 믿는다는 태도가 아니다. 비판불교운동에서 '신
앙'은 기체설에서 강조하는 '화(和)'에 뚜렷하게 대조되는 것으로서 차별
과 부정의를 유지하는 아이디어들에 대한 확실한 배격을 요구한다.[22]
폴 스완슨은 이러한 맥락에서 '신앙' 곧 '믿음'과 '화'의 대조를 다음과 같
이 명료하게 정리한다.

쇼토쿠 태자와 그의 유명한 17조 헌법의 시대로부터 고무되어온 화
(和)는 불교적 덕목이 아니다. 화는 불교의 적이며 진정한 평화의 적이
다. 불자들은 모든 것을 "똑같다"고 하면서 무비판적으로 수용하는 굴
종적이고 감상적인 "관용"에 굴복해서는 안 된다.
화의 이상과 똑같은 문제를 안고 있는 것이 본각사상의 종교적 기풍이
다. 양자 모두 무비판적인 관용의 태도를 지지하는데, 하카마야는 이를
된장과 똥을 구분 못하는 태도와 같은 것이라고 한다. 양자 모두 옳고

---

21 앞의 책, pp. 58-59.
22 종교 일반에서 이러한 맥락 내에서의 '신앙'을 중심으로 다루고 있는 책으로는 다음의
책을 들 수 있다. 류제동, 『하느님과 일심』, (파주: 한국학술정보, 2007). Wilfred
Cantwell Smith, *Faith and Belief*, (Princeton: Princeton University Press, 1979).

그름의 차이나 좋고 나쁨의 차이를 무시하는 피상적 혼합주의를 지지하고, 그리하여 역설적으로 차별과 부정의를 유지하고 권력과 권위를 차지하고 있는 자들의 변덕을 지탱하는 역할을 하게 된다.

불자들은 화보다는 오히려 믿음을 강조해야 한다. 화는 유교든 도교든 일본의 토착적인 애니미즘이든 비불교적인 기체설의 사조든 어떤 교설이나 아이디어든 수용하는 것을 권장한다. "믿음"은 일정한 불교적 진리에 대한 확고한 신념과 더불어 이러한 진리에 상반되는 아이디어들을 배격하는 것을 요구한다. 곧 불교의 믿음(信, śraddhā)은, 믿음으로써 어떤 아이디어가 옳은지 옳지 않은지 여부를 판단할 수 있게 된다는 의미에서, 라틴어의 크레도(credo)와 똑같다. 이것이 『법화경』에서 가르치는 "믿음"이다.23

이러한 비판불교운동에서의 '믿음'은 『보성론』이나 『대승기신론』과 같은 여래장계 문헌들에서 가르치는 "믿음"과 극명하게 대조된다.24

『보성론』이나 『대승기신론』과 같은 여래장계 문헌들에서 가르치는 "믿음"은 이와는 대조적으로 믿는 자와 믿는 대상의 일치, 자기 자신의 불성 또는 붓다가 될 가능성에 대한 확신을 강조한다. 반면에 『법화경』의 믿음은 붓다의 언설에 대한 믿음 그리고 자신의 지성(般若, prajñā)으로 옳은 것과 옳지 않은 것을 구별하고 옳지 않은 것을 언설로 비판하

---

23 제이미 허바드, 앞의 책, pp. 24-25. 袴谷 憲昭, 『批判仏教』, (東京: 大蔵出版, 1990), pp. 275-304.

24 비판불교운동에서의 입장과 별개로, 『대승기신론』 자체에서의 '믿음' 개념을 보다 긍정적으로 볼 필요에 관하여서는 다음의 책들을 참조할 필요가 있다. 류제동, 『하느님과 일심』, (파주: 한국학술정보, 2007). 鎌田 茂雄, 『大乘起信論物語-中國佛教の實踐者たち』, 東京: 大法輪閣, 1987.

는 것을 의미한다.

하카마야의 주장에 따르면, 화의 기풍은 전쟁 시기 일본의 국민들로 하여금 전쟁을 위한 노력에 무비판적으로 자신들을 희생시키고 침묵을 유지하도록 하였다. 불교의 믿음은 잘못된 관념과 활동에 대하여 언어와 행동으로 비판적 대응을 할 것을 요구한다. 이것이 불교의 "비폭력적" 입장이다. 화를 반대하는 것이야말로 참으로 비폭력적인 것이며 전쟁을 반대하는 것이다.25

곧 비판불교운동에서의 '믿음'은 정의와 부정의를 선택해야 하는 긴박한 상황에서 우리의 지성을 혼란스럽게 하고 무디게 하는 대세 추종적인 나약한 '믿음'이 아니라, "자신의 지성 성(般若, prajñā)으로 옳은 것과 옳지 않은 것을 구별하고 옳지 않은 것을 언설로 비판하는 것"을 의미하기에 결코 반지성주의적 믿음과 혼동되어서는 안 된다.

그리고 비판불교운동에서는 이러한 선택에서 언어 사용에 대하여 알레르기적 반응을 보이는 선불교에 대하여 불교적이라기보다는 '중국의 토착적인 것'이라는 평가를 내린다. '중국의 토착적인 것'이라는 표현에 대하여 중국에 대한 애국적 입장을 지니고 있는 사람들은 거북해할 수 있을 것이다. 그러나 비판불교학자들이 일본 사람들이면서도 "불자는 일본을 사랑해서는 안 된다"라고까지 이야기하고 있다는 사실을 의식한다면, 그들이 단순히 중국에 대한 혐오를 드러내고 있는 것이 아니라는 점을 인식할 수 있을 것이다.26 여기에서 초점은 '중국'이 아니라 '토착적인 것'에 두어져 있다. '토착적인 것'이 비판불교에서 비판의 대상

---

25 제이미 허바드, 앞의 책, p. 25.
26 제이미 허바드, 앞의 책, p. 548.

이 되는 까닭은 지연(地緣) 등 자신의 특수한 인연에 따라 인간의 언어와 지성을 무디게 만드는 판단을 하도록 만들기 때문이다.

현실에서 구체적 실천을 위해서는 언어를 강조해야 한다고 보는 것이 하카마야의 입장이다. 이러한 하카마야의 입장에서 "침묵은 금이다"라는 속언은 빛을 잃는다. 발언해야 할 상황에서 "침묵은 금이다"라고 하면서 물러서는 것은 학자의 태도도 아니요 종교인의 태도도 아니라고 하는 것이 하카마야의 일관된 입장이다. 이러한 하카마야의 입장은 제이미 허바드(Jamie Hubbard)의 다음과 같은 서술에서도 선명하게 드러난다.

> 그들이 비판하는 것은 불교전통만이 아니다. 노자나 장자의 도(道), 니시다 기타로의 장소(場所), 학계 전반에서의 객관적이고 가치중립적인 학문관에 관한 위선, 모든 것이 동등하게 타당하다는 나태하고 반동적이며 포스트모던적인 긍정 등도 장소철학의 사례들로서 거론된다. 이들은 모두 불교의 비판정신에 정반대되는 것들인데도 불구하고 나약한 정신의 소유자들은 흔히 이들을 불교와 융합시키곤 하는 것이다.[27]

"나약한 정신의 소유자"라는 말은 일부 종교 연구자 내지 불자들을 낯 뜨겁게 할 수도 있을 것이다. 필자 자신도 비판불교에 대해서 접하면 접할수록, 스스로 "나약한 정신의 소유자"라는 생각을 떨치기 어렵다. 이러한 필자의 고백에 대하여서도 독자들마다 다른 판단을 내릴 수 있을 것이다. 그러나 비판불교 주창자들을 따라 진정한 학자, 진정한 불자,

---

27 제이미 허바드, 앞의 책, p. iv.

진정한 종교인이 되려면 그 나약함을 떨쳐 버리고, 마땅히 준엄한 비판의 태도를 갖추어야 한다.

IV. 나가는 말

오늘날 정의는 의식 있는 모든 사람들의 화두가 되고 있다. 사람들은 사람들 사이의 정의에 대하여 이야기할 뿐만 아니라 동물에 대한 정의, 식물에 대한 정의, 심지어는 지구 자체에 대한 정의까지 이야기한다. 이러한 담론의 구성은 인간이 그만큼 타자에 대한 배려를 깊이 의식화하고 있다는 면에서 긍정적으로 평가해야 할 것이다. 그리고 이러한 면에서 모든 존재자들의 상호의존성을 강조하는 불교가 주목받고 있는 것 또한 고무적임을 넘어서서 당연한 일이라고 하겠다. 또한 서구의 인간중심주의를 넘어서서 모든 존재자들의 평등성과 상호 배려를 강조하고 있다는 점에서 불교의 연기 사상은 오늘날 매우 시의적절한 사상이라고 할 것이다. 그러나 불교의 연기 사상의 외연이 지나치게 확장되어 자연계의 질서를 있는 그대로 긍정하는 입장으로 이해될 때에는 비판불교에서 배격하는 기체설(基體說)의 위험성을 끌어들일 수밖에 없다고 하겠다.

불교는 축의 시대를 여는 시기에 남아시아에서 정의에 대한 인류의 의식을 한층 제고시키는 역할을 충실히 하였다고 할 수 있으나, 이후의 역사적 전개 과정에서 부정의한 현실과 타협하면서 그 본래의 지향성을 몰각하고 오히려 부정의한 기득권 세력의 옹호자를 자처하는 역할에 나선 사례도 적지 않았다. 이러한 비판 정신의 쇠락은 부정의한 현실이 심화되고 악화되는 것을 조장할 뿐만 아니라 종국적으로는 해당 공동체 전체의 공멸을 초래하는 결과를 빚고 만다고 할 수 있다.

비판불교운동의 주장이 불교계 내의 자정(自淨)을 넘어서 이웃 종교에까지 비판의 칼날을 겨누는 것은 종교 간의 불화를 야기할 소지가 있다고 할 수도 있으나, 다른 한편에서는 종교간 토론에서의 이러한 긴장이 종교 간의 형식적 대화를 넘어서 상호 발전을 실질적으로 도모하는 계기가 될 수도 있다.[28] 존재하는 갈등을 무시하거나 간과하기보다는 갈등을 직시하고 적극적 토론을 통하여 실질적 해결을 도모하는 것이 바람직하다고 할 수 있는 것이다. 바로 그러한 태도가 비판불교에서 정의를 구현하는 길이라고 하겠다. 침묵을 강요하는 권위주의 문화에서는 그 권위가 유지되는 차원에서 갈등이 드러나지 않고 부정의한 현실이 은닉된 채로 현실이 진행될 수도 있겠지만, 그러한 사회는 장기적으로는 파국을 맞을 수밖에 없다는 것을 세계사는 보여주고 있다. 형식적 소통이 아니라 다소 긴장되더라도 적극적 소통이 필요한 시대를 우리는 맞고 있다.

---

28 제이미 허바드, 앞의 책, pp. 218-219.

참고문헌

류제동. 『하느님과 일심』. 파주: 한국학술정보, 2007.

마이클 샌델 저/ 김명철 역. 『정의란 무엇인가』. 서울: 와지즈베리, 2014.

안옥선. 『불교와 인권』. 서울: 불교시대사, 2008.

제이미 허바드-폴 스완슨 편저/류제동 역. 『보리수 가지치기: 비판불교를 둘러싼 폭풍』. 서울: 씨아이알, 2015.

조승미. 「여성주의적 관점에서 본 佛教修行論 연구: 한국 여성불자의 경험을 중심으로」, 동국대학교 대학원 박사논문, 2005.

鎌田 茂雄. 『大乘起信論物語-中國佛教の實踐者たち』. 東京: 大法輪閣, 1987.

袴谷 憲昭. 『批判仏教』. 東京: 大蔵出版, 1990.

Camilleri, Joseph. "Human Rights, Cultural Diversity and Conflict Resolution", *Pacifica Review*, Vol. 6 no. 2. (1994).

Chakravarti, Uma. *The Social Dimensions of Early Buddhism*, Delhi: Oxford University Press, 1987.

Cordella, J. Peter. "Reconciliation and the Mutualist Model of Community", in Harold Pepinsky and Richard Quinney, *Criminology as Peacemaking*. Bloomington: Indiana University Press, 1991.

Fenn, Mavis. "Buddhism: Historical Setting," in Michael D. Palmer and Stanley M. Burgess eds., *The Wiley-Blackwell Companion to Religion and Social Justice*. West Sussex: Blackwell Publishing, 2012.

French, Rebecca Redwood. *The Golden Yoke: The Legal Cosmology of Buddhist Tibet*. Ithaca, NY: Cornell University Press, 1995.

Golash, Deirdre. "Punishment: an insitutition in search of a moral grounding", in Christine Sistare, ed., *Punishment: Social Control and Coercion* (Center for Semiotic Research, 1994), pp. 11 - 28.

Gombrich, Richard. *Theravada Buddhism*. London: Routledge, 1988.

Karma Lekshe Tsomo. *Buddhist Women and Social Justice: Ideals, Challenges, and Achievements*. New York: State University of New York Press, 2004.

Loy, David R. Healing Justice: A Buddhist Perspective. (http://www.zen-occidental.net/articles1/loy2.html에서 2015년 8월 2일 검색).

_____. The Karma of Women, in Judith Plaskow and Marvin Ellison eds., *The Religious Roots of Violence Against Women*. Cleveland, Ohio: Pilgrim Press, 2007.

Park, Sung Bae. *Buddhist Faith and Sudden Enlightenment*. Albany: State University of New York Press, 1983.

Pepinsky, Harold. "Peacemaking in Criminology and Criminal Justice", in Harold Pepinsky and Richard Quinney, *Criminology as Peacemaking*. Bloomington: Indiana University Press, 1991.

Ratnapala, Nandasena. *Crime and Punishment in the Buddhist Tradition*. New Delhi: Mittal Publications, 1993.

Senauke, Alan. "We're all in it together", Book review on *Rethinking Karma: The Dharma of Social Justice* (Edited by Jonathan S. Watts, University of Washington Press, 2010), The Buddhadharma: The Practitioner's Quarterly, Fall 2010.

Smith, Wilfred Cantwell. *Faith and Belief*. Princeton: Princeton University Press, 1979.

_____. *Modern Culture from a Comparative Perspective*. New York: State Univ of New York Press, 1997.

The Long Discourses of the Buddha: A Translation of the Digha Nikaya. trans. Maurice Walshe. Boston: Wisdom Publications, 1995.

The Middle Length Discourses of the Buddha. trans. Nanamoli and Bhikkhu Bodhi. Boston: Wisdom, 1995.

Van Ness, Daniel, and Karen H. Strong. *Restoring Justice*. Cincinnati: Anderson Publishing Company, 1997.

Wright, Martin. *Justice for Victims and Offenders*. Milton Keynes, Open University
Press, 1991.

Zehr, Howard. *Changing Lenses: a new focus for crime and justice*. Scottsdale,
Penn: Herald Press, 1996.

2부

서양 종교에서의 정의

참여로서의 정의
: 예수의 정의관의 한 연구

권진관 ― 성공회대학교

I. 문제의식

이 연구는 예수의 정의의 타입 혹은 모델을 연구하는 것을 목적으로
한다. 지금까지 정의를 다양하게 정의해 왔다. 그중 대표적인 것을 꼽으
라면, 덕으로서의 정의(justice as virtue), 사회적 합의로서의 정의
(justice as contract), 공정으로서의 정의(justice as fairness), 돌봄으로
서의 정의(justice as care) 등이 있다. 이러한 다양한 정의관 사이에 가장
상반되는 두 가지의 정의관이 있는데, 그것은 "사회적 합의로서의 정의"
와 "돌봄으로서의 정의"라고 하겠다. 공정은 사회적 합의 속에 포함되
며, 덕은 개인의 좋은 품성에서 자연스럽게 나오는 행동이라고 한다면,
돌봄은 이러한 덕스러운 행동 유형 중 하나로 볼 수 있다. 덕으로서의
정의 대신 돌봄으로서의 정의를 택한 이유는 후자가 예수의 행동에 관

참여로서의 정의 _권진관 189

련되어 있기 때문이다. 이 연구에서는 예수의 정의관이 합리적 원칙에 기초한 보편적 사회적 합의로서의 정의이냐 아니면, 사랑의 감정에 기초한 가까운 사람들에게 우선적으로 행하는 돌봄으로서의 정의이냐, 아니면 이 두 유형 사이에 다른 유형이 예수의 정의관에 더 적합한 것인가를 논의하려고 한다.

이 연구자는 예수의 정의의 유형을 주체 참여적 정의이라고 주장하고자 한다. 참여적 정의는 위의 두 유형의 정의관의 약점을 넘어서면서 양쪽의 좋은 점을 수용할 수 있는 유형이라고 보기 때문이다. 우선 간단하게 비교한다면, 돌봄으로서의 정의는 개인적인 정의(individual justice) 유형에 속한다. 이것은 타자를 돌보고자 하는 개인의 감정에 의존하는 정의관이다. 이것은 사회적 정의(social justice)의 측면이 부족하다는 비판에 취약하다는 문제점이 있다. 돌봄으로서의 정의는 하나님의 아가페적인 사랑, 무조건의 사랑을 가장 아이디얼한 것으로 받아들인다. 그러므로 이것은 일정한 원칙들을 매개로 하지 않는다. 이에 반해서 사회적 합의로서의 정의는 사회적 합의에 의한 원칙들을 형성하고 이를 매개로 하여 실현하는 정의이다. 전통적인 신학에서 예수는 무조건의 사랑을 실천하되, 하나님의 아가페적인 사랑을 실천한 분으로 인식되어 왔다. 전통에서는 개인적인 사랑에 기초한 개인적인 정의로 예수의 정의를 이해하는 경향이 컸다. 그렇다면 예수에게는 사회적 정의는 없었는가는 질문이 제기되어 질 수 있다. 물론 예수에게 사회정의가 없었던 것은 아니다. 그렇다면 더 나아가서 예수는 정의를 일정한 원칙 위에 이루어진 사회적 합의로서의 정의 사상을 가졌는가? 예수에게는 일반적 합의에 의한 원칙을 형성하지는 않았지만, 예수의 행태에서 우리는 일정한 원칙들을 발견할 수는 있다. 예수에게 사회적 합의에 의한 정의로운 사회 개념이 분명하게 나타나지 않지만, 그의 사상 안에는 하나님의 나라라고 하는 현실 사회가 지향해야 할 종말적인 희망의 지표가 있다. 그러므로 예수는 이 두 유형의 정의관과는 다른 정의관을 품었었다고 생각할 수 있다.

예수는 "때가 찼다. 하나님의 나라가 가까이 왔다. 회개하고 복음을 믿어라"(마가 1:15)고 선포하는 것으로 그의 공생애를 시작하였다. 그는 회개를 통한 개인의 내적인 변화를 요구하였다. 이것으로 출발하여 유대 땅에 하나님의 나라를 이루고자 하였다. 그는 하나님의 나라를 개인의 변화로부터 출발하여 제자 집단과 따르는 무리들과 함께 하나님의 나라 운동을 전개하였다. 이러한 예수의 행태에서 우리는 그의 참여적 정의관을 엿볼 수 있다.

II. 정의 개념의 역사적 상황 관련성(relevance)

예수의 가르침과 행위들을 정의의 관점에서 고찰하는 것이 이 논문의 주된 목적이라고 한다면 먼저 그가 처했던 상황을 객관적으로 살피고, 그가 이 상황을 어떻게 대면했는가를 살피는 것이 중요하다. 왜냐하면 정의 이해는 역사적 상황과 관련되어 있기 때문이다. 극단적으로 말하면 제국 안에서의 정의 이해와 제국 밖의 피지배 민족에서의 정의 이해는 다를 수밖에 없다. 하버드 대학교 교수였던 존 롤스(John Rawls)의 정의는 미국이라고 하는 제국 안에서의 정의였다. 논자가 처해 있는 상황에 따라서 정의를 구성하는 요소들이 다르게 된다. 롤스의 정의 구성요소 중 가장 중요한 것은 공정(fairness)이다. 정의의 이해는 시대적 상황적인 배경으로부터 오는 "관련성의 지형"(a matrix of relevance)에 의존한다.[1] 이러한 관련성의 지형은 특정한 상황 속에서 정의가 요구될 때 작동한다. 예를 들어, 일제강점기에 우리나라에게 있어 정의는 무엇보다도 나라의 독립이었다. 일제에 의한 합방이라고 하는 비상 상황 속에서 정의는 국가들, 국민민족들 사이의 정의여야 하는 것은 당연하다. 독립을 뒤로 하고 국민과 민족 내부에서의 정의를 말할 수 없기 때문이다.

그렇지만 정의에 보편적인 요소가 없을 수 없다. 예를 들어, 생명에 대한 존중, 분배의 평등 추구, 상호적인 사랑, 평화, 인권, 자유 등 보편적 가치들은 정의를 구성하는 보편적이고 필수적인 요소들일 것이다. 보편적인 내용을 구하기 위해서 많은 학자들이 노력하여 왔다. 예를 들어, 롤스는 정의를 "절차적인 정의 개념"(the procedural notion of justice)으로서의 공정으로 설명한다.[2] 그는 모든 사람들에게 적용될 수 있는 보편적 원칙을 구하기 위해서 모든 사람들이 서로의 다름도 모르고, 이해관계의 차이도 모르고, 서로의 가치관의 차이도 모른 채 모두 눈을 가리고 서로를 보지 않은 상태(이것을 "무지의 베일"veil of ignorance의 상태라고 함)에서 최대한의 합리성을 가지고 합의할 수 있는 원칙들이 정의를 구성할 수 있다고 주장한다.[3]

---

1 예를 들면, 공산주의 체제를 경험한 동구라파의 여성해방의 개념은 서구의 여성해방개념과 차이가 있다. 왜냐하면 역사적 경험으로부터 오는 관련성의 지형이 다르기 때문이다. 동구에서는 여성들이 노동에 참가하는 것이 의무화되어 있기 때문에 여성이 노동시장에 참여하지 않을 수 있는 "집에 머무를 수 있는 권리"가 오히려 여성 해방적인 의미를 가지게 되었다. 이것은 서구의 여성 노동 참여 가치와 배치될 수 있는 것이다. Albena Azmanova, *The Scandal of Reason: A Critical Theory of Political Judgment* (New York, N.Y.: Columbia University Press, 2012), p. 169.

2 John Rawls, *A Theory of Justice* (Cambridge, Mass.: Harvard Univ. Press, 1971), 3쪽 이하. Peter Hallward, *Badiou: A Subject to Truth* (Minneapolis, MN: University of Minnesota Press, 2003), p. 224.

그러나 이러한 보편적인 요소들 중에서도 역사적 상황과의 상관성에서 그 적용의 순서에 차이가 있을 것이다. 시대적, 장소적 상황과의 상관성 때문에 어떤 특정한 원칙들이 그 중요성이 더욱 부각된다. 이 연구자는 이 상관성 속에서 판단되는 상대적으로 더 긴급하고 중요한 원칙들을 정의를 이해하기 위한 구성요소들로 설정하여 이것들의 관점에서 예수의 정의관을 논의해 나갈 것이다.

III. 정의를 구성하는 요소들

정의와 같은 객관적 대상이 아닌 주관적이며 개념적인 대상(conceptual object)을 인식하기 위해 접근할 수 있는 직접적인 방법은 없으므로, 우리는 그것에 접근할 수 있도록 도움을 주는 매개적 개념들을 설정하지 않을 수 없다. 그리고 이러한 매개적 개념들을 통하여 우리는 정의의 내용을 구성하는 것들이 무엇인지를 발견할 수 있다. 논자마다 이러한 매개적 개념들을 의식적으로나 무의식적으로 다르게 가지고 있어서 다른 정의관에 이르게 된다.

마르크스적 관점에서의 정의는 다음의 범주적 개념들을 가지고 접근한다: 재산(property), 계급, 지배, 착취, 소외, 자유.[4] 이것 외에 정의란 자유일 뿐 아니라, 평등인데 이것은 칸트의 보편적 평등개념이 아니

---

3 Ibid., pp. 136-142.

4 Carol C. Gould, *Marx's Social Ontology, Individuality and Community in Marx's Theory of Social Reality* (Cambridge, Mass: The MIT Press, 1978), 130. 5장 "The Ontology of Justice: Social Interaction, Alienation and the Ideal of Reciprocity" pp. 129-178 참조.

라, 실질적인 사회적 경제적인 관계 속에서의 평등, 특히 생산수단에의 평등한 접근권을 가리킨다.5 이밖에 정의를 덕목(virtue), 품성(disposition)이라고 하는 범주적 개념을 사용하여 접근할 수도 있다.6 어떤 이는 평형(equlibrium)과 신중이라는 개념을 중요하게 활용하여 논의한다.7 공리 혹은 실용(utility, Jeremy Bentham)을 정의의 기본 개념으로 보거나, 인간의 자유를 위한 도덕적 원칙을 만들 수 있는 보편적인 이성 (칸트), 분배, 공정 (John Rawls) 등을 기본적 범주로 활용하여 정의를 구상할 수도 있을 것이다.8 아리스토텔레스는 정의(díkη)를 균형잡힌 질서와 연결시켜 보고 있다. 그 질서는 각자 자기가 받을 바의 것을 받는 질서이다. 각 사람이 받을 바(due)는 그의 공적(merit)과 덕(virtue)에 의해 결정된다. 이러한 공적과 덕에 의해 받을 바의 보상(due)이 이루어지는 질서를 정의로운 질서라고 한다면, 정의는 힘과 능력에 의해 결정되어 질 수 있는 잘못된 것일 수 있다. 예수는 새로운 때와 가치를 선포함으로써 이러한 질서를 무너뜨렸다. 이렇게 질서가 새롭게 조정되면 이전의 정의는 반정의(injustice, A-dikia)가 된다.9

정의는 진정한 정의를 수립하기 위해 기존의 정의 질서를 무너뜨리는 반정의(질서적 정의를 반대)를 감행해야 한다. 역사는 한 시대에서의

---

5 *Ibid.*, p. 174.

6 Jiwe Ci, *The Two Faces of Justice* (Cambridge, Mass: Harvard Univ. Press, 2006).

7 Norman Daniels, *Justice and Justification: Reflective Equilibrium in Theory and Practice* (Cambridge, UK: Cambridge Univ. Press, 1996).

8 정의를 위한 다양한 범주적 개념들은 다음 책에 잘 나와 있다. David Johnston, *A Brief History of Justice* (Chichester, UK: Wiley-Blackwell, 2011), pp. 50-55.

9 Louis E. Wolcher, "Thought's Prison: An Image of Images," *Imaginary Boundaries of Justice: Social and Legal Justice across Disciplines, ed. by Ronnie Lippens* (Oxford and Portland, Oregon: Hart Publishing, 2004), p. 26.

정의의 수립이 그 다음 시대에서 반정의로 전락하여 새로운 정의가 수립되어가는 과정이라고도 말할 수 있다. 예수는 당시의 정의 시스템에 대해서 문제제기하면서 새로운 정의 개념을 제시했다. 이 연구에서 예수의 정의관을 위해 다음과 같은 요소들을 선택하였다. 그것은 자유, 평등, 힘 등 세 개의 요소들(elements)이다. 이것은 예수가 있었던 시대적 상황에 보다 관련성(relevance)의 면에서 긴급하고 적합한 것이었으며, 정의의 내용을 기술할 때 필요한 보편적인 요소들이라고 판단된다.

이 세 개의 요소들을 선택하기 위해서 예수의 행적을 고려하였고, 그의 시대적 상황과 민중의 상황을 고려하였다. 이 세 개의 요소들을 가지고 예수의 정의관을 거의 완전하게 드러낼 수 있다고 장담할 수는 없어도 주요한 부분들을 드러낼 수 있다고 생각한다. 위의 요소들을 선택한 이유는 이러한 개념들이 정의의 내용을 드러내는 데에 도움을 주기 때문이다. 선택된 요소들 혹은 범주들의 적합성과 유용성은 이들을 논의에 적용해 보고 나타나는 결과로 판단되어야 한다.

여기에서 정의의 주체는 누구인가? 개인인가 아니면 집단인가? 필자는 정의의 주체는 개인이기도 하지만, 그것이 정치적인 힘의 관계와 연관되어 있으므로, 집단적 주체이기도 해야 한다고 생각한다. 종교적인 관점에서 정의의 주체를 개인에게 두지 않을 수 없다. 말씀을 듣는 사람은 개인이므로 정의를 행하는 자도 개인들이다. 그러나 정의는 사회적 집단이나 제도의 정의를 포함해야 한다. 예수의 정의를 개인적인 정의, 개인적인 사랑의 실천만으로 이해한다면 잘못이다. 예수가 죄인들과 병자들에게 보살핌과 도움을 베풀고 강도 만난 자의 이웃이 되라고 가르친 것 그리고 안식일에 병을 고친 것 등은 개인적 정의 뿐 아니라, 사회적 정의를 실행했음을 보여준 것이다. 그는 개인의 정의에만 머무르지 않았다. 그는 사회적인 관계의 잘못, 특히 배제의 구조를 심화시킨 당시의 구조에 대해서 비판하였다. 예수의 정의를 위한 활동에 집단적인 움직임이 있었음을 성서에서 감지할 수 있다. 적어도 제자들이 함께 했고, 예수 주위에 많은 무리들이 함께 있었다. 그들은 예수의 정의를 함께 집단적으로 추구했었다고 볼 수 있다. 따라서 예수의 활동은 개인적 차원의 것만이 아니라, 사회적 집단적 차원을 갖고 있었다. 필자는 정의를 논의함에 있어서, 정의와 유기적인 관련을 가진 몇 가지의 개념들(자유, 평등, 힘)을 논의함으로써 정의를 구성해 낼 수 있다고 주장한다.[10] 이렇게 진행한 신학자들 중 몇 사람을 살피면 다음과 같다.

신학자 폴 틸리히는 정의의 원리는 사랑이라고 했다.[11] 그에게 사랑(개인)과 정의(사회)는 근본적으로 공히 "존재 자체"(being itself)에 근거한다. 틸리히는 또한 정의를 힘과 관련시켜 논의하였다. 이 연구에서 정의의 요소에 힘(power)을 넣은 것은 틸리히의 사상에 기인한 바가 크다. 존 도미닉 크로산도 사랑과 정의의 유기적 통일성을 다음과 같이 설파했다. 즉, 사랑과 정의가 분리되면 각각은 "도덕적인 시체"가 된다. "사랑 없는 정의는 잔인(brutality)이며, 정의 없는 사랑은 진부함(banality)이다."[12] 그러나 일부 신학자들은 자주 사랑과 정의를 구분한다. 라인홀드 니버에 의하면, 사랑이 사회 속의 집단들 간의 개인적인 사랑의 이념을 실현하려고 할 때 그것은 더 이상 사랑이 아니라, 정의가 된다. 사랑

---

10 정치철학자 이종은은 사회정의의 기초개념으로 평등, 자유, 권리를 들고 있다. 이종은, 『평등, 자유, 권리: 사회정의의 기초를 묻다』(서울: 책세상, 2011).

11 Paul Tillich, *Power, and Justice* (London, Oxford, New York: Oxford Univ. Press, 1960), p. 71.

12 John Dominic Crossan, *God and Empire* (SanFrancisco, CA: Harper, 2007), p. 190.

은 개인적인 관계에 기반하기 때문에 강제력 즉 힘의 요소를 배제할수록 진정한 사랑이 된다.[13] 그러나 이러한 사랑을 배제한 정의 개념은 예수의 정의 사상에 위배한다.

정의는 개인들, 집단들 간의 바른 관계를 가져오는 힘을 말한다. 히브리 성서에 자주 나오는 정의를 뜻하는 두 개의 단어들이 있다. 그것은 mishpat(미쉬팟)과 tzedakah(체다카)이다. 전자는 주로 잘잘못을 가리는 정의라고 한다면, 후자인 체다카는 바른 관계(right relationships)를 가리킨다. 체다카가 정의를 위한 기본 개념이라고 한다면, 전자 즉 미쉬팟은 보완적인 개념이라고 할 수 있다. 예수는 바른 관계의 최고점을 하나님의 나라로 보았다. 그리고 그가 직접 남긴 "뜻이 하늘에서 이루어진 것같이 땅에서도 이루어지이다"는 기도문은 이러한 올바른 관계를 지향하는 것이라고 하겠다. 기회와 권리의 평등과 사회적 성과물(재화, 명예, 권력)의 균등한 분배를 보장하는 관계를 오늘날 분배적 정의라고 하는데, 예수는 이러한 분배의 정의를 포함한 사회정의를 지향했다고 판단된다. 이와같은 사회정의를 구축하기 위해서는 사회적 집단적 주체들이 등장해야 한다. 예수를 따르던 무리들과 제자들은 이러한 정의를 구축할 참여적 주체들이었다고 본다. 그런데 예수에게 미쉬팟의 심판적인 정의관도 있음을 볼 수 있다. 예를 들어, 마태복음 25:31-46의 최후의 심판의 비유를 들 수 있다.

정의는 한 나라 안에 있는 사회적 구조만이 아니라 국제적인 관계로 확장되어야 한다. 특히 이 연구의 대상으로 삼고 있는 예수의 시대에 풍

---

13 사랑과 정의의 이러한 관계에 대해 깊은 통찰을 제공한 자료는 Reinhold Niebuhr, *Reinhold Niebuhr: Theologian of Public Life*, ed. Larry Rasmussen, (London, UK: Collins, 1989), pp. 174-193.

미했던 제국주의의 상황 속에서 정의는 식민국과 피식민국가 사이에서의 정의의 문제가 결정적인 주제로 떠오른다. 식민-피식민 관계에서의 정의는 필연적으로 힘의 관계를 가진다. 이처럼 현상학적으로 볼 때 정의 자체가 힘을 요소로 내포하고 있음을 볼 수 있다. 그리고 정의가 힘을 한 요소로 갖고 있다고 하는 점에서 정의란 그 정의를 실행하는 주체를 필수적인 요소로 만든다.

정의의 주요한 요소로서의 자유(Freedom)도 힘(Power)과 마찬가지로 정의를 설명하는 중요한 요소이며 범주이다. 우선 사유의 전통에서 자유와 정의가 서로 대립 모순될 수 있다는 지적이 있어왔음을 지적해야 한다. 그런데 왜 자유라는 개념을 정의의 주요요소로 보았는가? 그 이유는 정의와 주체가 서로 뗄 수 없는 유기적 관계에 있으며 주체의 행위는 자유의 행위여야 주체로서의 위상을 가질 수 있기 때문이다. 가톨릭 신학자 칼 라너는 자유를 주체 안에 선험적인 것으로 참여하고 있다고 보았다.[14] 그는 모든 인간은 주체이기 때문에 자유할 수 있는 능력을 가지고 있다고 하였고, 그렇기 때문에 모든 인간은 비록 시간적, 장소적 상황에 묶여 있지만 자유한 존재라고 하였다. 자유는 무엇보다도 기존의 것을 따르지 않고 선이라고 생각하는 것을 선택하고 행동할 수 있는 가능성을 말한다. 그러므로 자유는 주체의 당연한 구성요소이며, 자신이 선이라고 믿는 정의를 위해 행동할 수 있는 가능성을 가리킨다.

자유(freedom)라는 범주를 주제적으로 이해하기 위해서 몇 가지의 매개적 개념을 설정해야 한다. 자유는 인격(Person) 혹은 주체(Subject)

---

14 가톨릭 신학자 칼 라너는 자유가 주체와 마찬가지로 선험적이고 초월론적인 요소로서 인간존재의 선험적 구성요소로 보고 있다. 칼 라너/이봉우 옮김, 『그리스도교 신앙입문』(왜관, 경북: 분도출판사, 2006), pp. 45-61.

와 연관된 개념이다. 또 자유란 개인의 자율성(autonomy), 독자성(independence), 평등(equality)과 관련되어 있다. 그러나 무엇보다 정의의 주제에 관련해서 자유는 한편으로는 억압적 체제나 불의한 규범으로부터의 자유를 말한다. 이것을 부정적인(negative) 자유라고 부른다, 다른 한편으로는, 자기를 구현하는 적극적인(positive) 자유를 가리킨다.15 이처럼 자유는 적어도 두 가지의 의미를 가진다. 제국주의적 지배에 대해서 '아니오' 할 수 있는 것이 자유이며, 그것의 억압은 곧 자유와 정의의 억압이다. 현재의 규범이 질곡으로 작용하면 '아니오'라고 하고, 그것을 개인적으로 집단적으로 표현하고, 바꿀 수 있는 상태를 자유라고 생각한다. 동시에 자유는 기존에 주어진 모든 가능성을 확장하고 사용할 수 있는 자유를 가리킨다. 이것은 적극적인 자유인데 자기에게 부여된 모든 조건들을 활용하여 자기 자신을 실현해 내는 적극적인 자유이다. 적극적인 자유는 거리를 활보할 수 있는 자유, 투표할 수 있는 자유, 집회와 결사를 할 수 있는 자유, 언론의 자유, 사상의 자유, 학문할 수 있는 자유, 자기 삶을 구현할 수 있는 자유, 거주 이전의 자유 등을 가리킨다.

평등이란, 두 가지 의미를 가진다. 태어날 때부터 생긴 생득적인 평등(초월론적 평등)과 권리와 의무의 분배에서의 평등(결과적 평등)이다.16 결과적 평등이 초월론적 평등에 걸맞도록 조정하는 것이 정의(주체)가

---

15 Ronald Dworkin, *Justice for Hedgehogs* (Cambridge, Mass: Belknap Press, 2011), p. 5.
16 남경희, 『이성과 정치존재론』 (서울: 문학과 지성사, 1997), pp. 365-398. 이 책은 이 연구에 전반적으로 도움을 주고 있다. 정의, 자유, 권리를 존재론적으로 접근하고 있는 이 책에서 그는 개인의 경제적 활동의 자유(R. Nozick)로부터 출발하는 관점과 사회적 제도의 공동체적 접근(J. Rawls)을 비교하면서 자유와 평등이라고 하는 반대적 방향의 접근법을 소개하고 있다.

행해야 할 과제가 된다. 그러므로 생득적 평등이 현실 사회 속에서 이루어질 수 있도록 최선을 선택하는 것이 정의론의 과제가 된다. 제국주의적 불평등 시대에 평등은 정의의 기본요소이면서 정의를 설명하는 훌륭한 범주적 개념이 된다.

자유와 평등은 서로 상관관계를 맺는다. 표면적으로 볼 때 이 둘은 서로 대립적으로 보인다. 모든 개인들의 자유와 권리를 보호하다 보면 결과적으로 불평등이 생기게 되기 때문이다. 그러나 이 둘은 현실 세계 속에서 서로 상반되어서는 안 된다. 평등을 외친 공산권에 자유가 없었던 것은 인류의 역사적 경험이다. 그러나 그러한 공산권은 오래 가지 못했다. 자유만 있고 평등이 없는 나라들도 건강한 것이 못된다. 거기에는 빈익빈 부익부, 독재가 창궐할 뿐이다. 자유와 평등은 서로를 배척해서는 안 되며, 서로를 완성시켜 주는 방향으로 협력하여야 한다. 정의는 자유와 평등 모두를 요구한다. 평등 없는 자유는 방종이 되기 쉽고, 자유 없는 평등은 비인간적이 될 수 있다. 예수의 "하나님의 나라"는 평등과 자유 이 둘을 모두 포용한다.

다음의 한 쌍은 힘과 질서이다. 정의는 주체들이 가지고 있는 힘에 의해서 성립되고 유지된다. 힘이 어떤 성격이냐에 따라서 그 질서의 형태가 결정된다. 정의의 결과는 한 나라와 사회를 규율하는 질서로 나타난다. 한 나라와 사회에서 행사되는 힘의 성격에 의해서 그 나라와 사회의 질이 결정된다.

IV. 주체에 대하여

정의, 평등, 자유는 정치적 동물(*zoon politikon*)로서의 주체들이 가지고 있는 초월론적인 요소이다. 즉, 정의, 평등, 자유에 대한 지향은 모든 주체들이 공히 가지고 있는 생득적인 요소라고 하겠다. 그리고 이것들은 주관적-주체적인(subjective) 개념이며, 이것이 그러할진대 사회적-정치적으로 객관화/외화되어야 하는 개념이다. 달리 말하면, 모든 주체들은 이러한 개념들에 대해서 초월론적 이해 지평을 가지고 있다. 그런데 우리는 다양한 주체들이 이러한 정의, 평등, 자유 그리고 힘(정의, 평등, 자유는 주체적 힘의 요소를 가지고 있으므로)에 대해 일정한 입장을 선험적으로 가지고 있으므로 그 주체들의 선험적인 요소들, 즉 초월론적 지평을 살펴보아야 한다. 각 주체의 정의, 평등, 자유, 힘에 관한 생각이나 행동은 자기 자신의 초월론적 지평에 의해서 다르게 결정된다. 예수 시대의 주체들은 예수를 비롯하여 대제사장, 헤롯당, 바리새파 등 율법학자, 로마제국, 그리고 일반적인 민중(오클로스, 여기에는 죄인, 세리, 여성들, 가난한 자들이 포함한다)이 등장하고 있다. 이들은 그 시대의 주요한 주체로 활동하고 있었고, 각각 자기의 "세계"(초월론적 지평)를 가지고 다른 주체들과의 갈등적 관계 혹은 연대적 관계 속으로 참여한다. 이러한 주체들의 참여를 통해서 그리고 주체들 간의 힘의 부딪침 속에서 정의가 구현되기도 하고, 부정되기도 한다. 주체들의 참여 행위는 각 주체가 지향하고 있는 목적을 이루기 위한 주체들의 실천적 표현이다.[17] 이 중

---

17 이 연구자는 이러한 분석을 위해 알랑 바디우의 다음의 책으로부터 도움을 받았다. Alain Badiou, *Logics of Worlds* (London, UK; New York, NY: Continuum, 2009), pp. 102-144. 특히 144쪽에서 바디우는 우리의 사고는 다음의 세 가지의 국면을 거치게

에서 우리는 예수 시대적 상황 속에서의 예수의 정의(자유, 평등, 힘을 포함한 정의)에 관심하는 것이다.

정의는 무엇보다 정치적인 개념이며, 정치는 그 핵심에서 집단적인 진리, 모든 사람들에게 확장되어야 할 진리를 위한 열린 사고와 행동이라고 하겠다. 아래에서 예수를 따르는 집단들을 신실한 주체(faithful subjects)라고 부를 예정이며, 이들을 이렇게 부름으로써 하나의 집단으로 간주하고자 한다. 이들의 생각과 행동은 넓은 의미에서 정치적인 것이었다. 그러나 이러한 신실한 주체의 자기 확장적 움직임은 반대하는 주체들에 의해서 제약받았다. 이 연구에서의 주체의 유형에 대한 분류는 알랭 바디우의 세 가지의 주체 모델을 활용한다.[18]

(1) 신실한 주체(faithful subjects)

이는 일정한 집단이 새로운 가능성을 여는 사건에 자신을 투신할 때 나타난다. 신실한 주체는 새로움을 내포한 진리의 사건에 충실한 자들을 가리킨다. 이때 주체는 원 진리 사건에 충실하므로 그 진리를 역사 속에서 형성해 나간다. 그렇기 때문에 신실한 주체는 진리의 담지자이며 진리의 역사적 나타남을 대변하는 존재이다. 예수의 운동이 그러했다. 예수운동의 주체들의 움직임은 그 당시의 상황에서 구현되어야 할 역사적 진리를 추구한 것이었다. 그들의 활동은 역사적으로 숭고한 것

된다고 말한다. 즉 다수를 생각하는 단계, 즉 수학적 존재론을 생각하는 국면, 이 존재들의 세상 속에 나타남을 생각하는 국면 즉, 세상의 논리를 분석하는 국면, 마지막으로 주체들에 의한 "사건 경험 이후의" 진리를 생각하고 행하는 국면을 말한다. 이 연구자는 주로 두 번째의 단계에 분석할 것이지만, 그러나 그것은 세 번째의 단계를 지향하는 것이 될 것이다.

18 Alain Badiou, 위의 책, pp. 50-61. 바디우의 주체 모델은 신실한 주체, 반동적 주체, 애매한 주체이다.

이었고, 영구한 의미를 가진 것이었다. 비록 그들의 숭고한 싸움이 승리의 결실을 맺지 못했지만 그들의 정신은 지금까지 그리고 역사가 있는 한 이어질 것이다. 이러한 주체들은 당시에는 "없는" 아무것도 아닌 주체였지만,19 예수의 사건을 통해서 새로운 가능성을 역사 안으로 끌어들여 새로운 역사를 시작한 사람들이었다.

(2) 반동적 주체(reactive subjects)

이 형태의 주체는 새로운 현실을 현재화하는 "신실한 주체"를 부정하고 새로운 시대의 도래를 부인한다. 이들은 새로운 현실이 결코 새로운 현실이 아니라고 본다. 이들은 예수가 가져 온 새로운 시대와 현실을 새로운 가치로 받아들이지 않고 이전의 상태에 머무르려고 하며 예수를 배척한 주체들을 말한다. 이들은 새로운 현실을 현재화하려고 일어난 예수의 제자들과 크리스천들을 반대한다. 이들은 유대적 세계관과 로마적 세계관에 순응하고 있던 많은 민중들이다. 제사장들과 율법학자들에 의해서 동원된 사람들이다. 이들은 로마 총독 빌라도가 예수를 재판하면서 예수를 어떻게 했으면 좋겠냐고 물었을 때 "십자가에 못박으시오"(마가 15:13-15)라고 대답한 무리들이다. 성서는 민중과 무리들이 예수의 사건을 받아들이는 신실한 주체가 안 될 수도 있다는 것을 암시해 주고 있다. 이들은 다음의 애매한 주체들에 의해서 선동되고 설득되는 반동적 주체이다.

---

19 고린도 전서 1:28의 "하나님께서는 세상의 비천한 것과 멸시받는 것을 택하셨으니, 곧 잘 났다고 하는 것들을 없애시려고, 아무것도 아닌 것들을 택하셨습니다."에서 '아무것도 아닌 것들'(*ta onta katargese*)은 예수 시대의 '죄인, 창기, 세리', 조선시대의 농민, 천민들, 오늘날의 민중, subaltern, 불가촉천민 등, '없이 존재하는 이들'을 가리킨다고 하겠다.

(3) 애매한 주체(obscure subjects)

바디우가 왜 이러한 유형의 주체에게 애매한(obscure)이라는 단어를 썼는가를 생각해 보면, 자신의 주의 주장을 잘 위장하여 숨어 있는 지배적 욕망을 숨기고 정당한 것으로 만들기 때문이라고 판단된다. 지배자들은 항상 그럴듯한 명분을 내세운다. 예를 들어, 팍스 로마나는 겉으로 보기에는 평화(팍스)를 말하지만, 폭력에 의한 지배가 실상이었다. 이러한 주체 유형은 자신의 본질을 숨기면서 자기의 의지를 관철하는 다양한 주체들을 가리키는데, 이들에게 있어서 하나의 공통점은 신실한 주체들을 모든 수단을 동원하여 억압하고 제거하려고 한다는 것이다. 여기에는 로마제국주의자, 대제사장, 헤롯당, 지배질서를 유지 강화하려고 하는 일부 지식인들과 엘리트 계급들(율법학자, 바리새인)이 포함된다. 이들은 반동적 주체들을 자기들의 목표를 달성하기 위해 동원한다.

이들의 가장 큰 목표는 어떤 수단을 쓰더라도 현재의 지배질서에 변화를 가져오는 변혁과 혁명을 막는 일이며, 그것을 호도하기 위해서 혁명 이념을 대체할 수 있는 유토피아적 이념을 제시한다. 예수 시대에는 팍스 로마나가 그러한 이념이었다. 팍스 로마나는 신실한 주체들이 표현하고 있는 평화, 정의, 자유 등의 이념들을 기존의 불의한 질서를 옹호하기 위해 애매한 이념들로 개조하여, 이것들을 자신들의 목적을 위해, 즉 다른 주체들을 자기편으로 끌어들이기 위해 사용한다. 이들의 애매함은 그럴듯하게 보였다. 그러나 실은 정반대의 내용을 가지고 있었다. 로마의 평화(*Pax Romana*)는 내용적으로는 힘에 의한 평화, 강자의 안전, 그리고 약자와 신실한 주체에게는 폭력과 죽음이었다.

V. 예수의 정의를 구성하는 요소들

예수는 새로운 종교를 창시하지 않았다. 그는 예언자의 전통에 섰었고, 유대의 모세의 오경과 예언서들을 새롭게 해석하였고, 새로운 신체험에 입각한 하나님의 나라, 즉 보다 가까이에 와 계신 신에 근거한 신의 나라의 도래를 선포하였다는 점에서 거의 새로운 종교를 창시한 것처럼 보일 수도 있지만 그의 목적은 종교가 아니라, 이 땅위의 하나님의 나라, 즉 새로운 사회적 관계, 의로운 나라였다. 예수의 하나님의 나라는 팍스 로마나와 대조하여 이해해야 한다. 하나님의 나라는 팍스 로마나라고 하는 제국적인 질서를 대신하는 치유와 나눔의 사랑의 나라였다. 하나님의 나라는 기존의 질서, 특히 제국과 그 하위 권력의 질서(헤롯 왕국과 유대 성전 종교 세력)에 대항하여 새로운 질서를 제시하는 정치적-사회적 상징이었다.

예수는 33세경에 정치범으로 십자가형으로 죽임을 당하였다. 그는 죽기 전 3년 동안 자신의 복음을 가르쳐 많은 제자들을 얻었다. 예수는 제국의 시대에 활동하였다. 예수의 생애는 로마제국의 황금기였던 팍스 로마나의 시기였다. 그가 태어났을 때는 아우구스투스 황제에 의해서 호구조사가 시행되던 시기였다. 예수는 평화주의적이며 비폭력적인 태도를 보였고, 가난한 자, 약자의 편에 서서 평등, 자유, 평화, 정의를 외쳤다. 예수는 약자, 병든 자, 핍박받는 자를 우선시했고, 이들과 연대했다. 이러한 약자에 대한 배려를 통한 사회개혁 그리고 평등의 공동체를 위해 나섰다. 예수는 역동적인 역사관, 특히 새로운 시대가 열릴 것을 대망하는 종말론적인 역사관을 가졌다. 예수는 하나님 나라의 도래를 역설했고, 종말적인 새로운 시대를 추구했다. 이러한 예수의 삶 속에서 우리는 자유, 평등, 힘에 관련한 예수의 정의관을 발견해 낼 수 있다.

1. 예수에 있어서의 자유

예수는 하나님의 사랑에 기초한 정의를 가르쳤다. 사랑의 사회적 실현이 곧 정의라고 할 수 있다. 그런데 예수는 사랑을 아가페적인 사랑, 즉 완전한 하나님이 부족한 존재인 인간과 피조물에게 주는 사랑으로 보았다. 예수에게 있어서 정의는 부족하고 힘없는 자들을 돌보는 사랑이라고 생각했던 것이다. 그리고 그것을 사회적으로 확대하고자 했다. 예수가 아가페적인 사랑을 말하면서 동시에 하나님의 나라를 말한 것, 그리고 "뜻이 하늘에서 이루어진 것 것과 같이 땅에서도 이루어지"리라는 기도를 가르쳤던 것도 사랑의 사회적인 확대를 추구했던 것으로 보인다.

이러한 사회적 사랑에 기초하여 예수는 모세의 전통을 해석했었다. 예수는 모세의 이집트로부터의 해방 전통에 충실했다. 예수는 나아가서 모세의 해방 전통을 더욱 해방적으로 해석하고 권위 있는 자로서 선포하였다. 예수는 '옛 사람은 이렇게 생각했지만, 나는 이렇게 말한다'는 방식으로 모세 해방 전통을 사랑과 정의의 관점에서 더욱 심화시켰다.[20] 모세의 해방 전통의 핵심은 이집트의 억압으로부터의 자유를 가져다 준 야훼 유일신에 대한 신앙이었다. 여기에서 자유는 억압과 불평등으로부

---

20 "옛 사람들에게 말하기를 '너는 거짓 맹세를 하지 말아야 하고, 네가 맹세한 것은 그대로 주님께 지켜야 한다' 한 것을 너희는 또한 들었다. 그러나 나는 너희에게 말한다. 아예 맹세하지 말아라. 하늘을 두고도 맹세하지 말아라. 그것은 하나님의 보좌이기 때문이다"(마태 5:33-34).

터의 자유(freedom from)를 가리키고 새로운 삶과 새로운 사회/세계를 향해 나아가는 자유(freedom for or toward)이다.

예수는 기존의 질서를 대체하는 새로운 질서인 하나님의 나라를 선포하였고 그것을 구체화하는 행동을 했다. 이것을 위해서 예수는 당시 민중들을 얽어매어 놓았던 정결법 등 율법의 족쇄로부터 인간을 자유하게 만드는 일에 관심을 가졌다. 특히 죄인을 만드는 구조인 율법 구조에 대해 도전하면서, 율법의 근본 목적은 인간을 자유하게 하고 해방하게 하는 것임을 설교하였다. "인간이 안식일의 주인"(막 2:28)이라는 말씀은 자유와 인권의 대헌장이다. 안식일 법을 지키지 않으면 죄인으로 취급되던 유대의 사회에서 예수가 인간이 안식일의 주인이라고 선포한 것은 억압의 사슬이 된 안식일 율법으로부터 자유하게 하는 사건이었다. 출애굽으로부터 예수를 거쳐 바울 사도에 이르기까지의 중심 가르침은 자유였다고 해도 과언이 아니다.[21] 바울의 중심 메시지 중 하나가 율법으로부터의 자유였고, 여기에서의 율법은 유대의 율법체계를 가리킬 뿐 아니라, 로마의 지배질서의 체계도 의미하며, 인간세계 속에 있을 수 있는 온갖 자유를 억압하는 요소들(육과 죄의 요소들)을 가리킨다.[22] 예수의 하나님의 나라는 율법/성전이 지배하는 나라(바리새인, 제사장)나 힘의 나라(로마제국, 헤롯당)가 아니라, 자유의 나라였다. 이 자유는 정의를 포용하는 자유였다. 하나님의 나라는 이미 도래해 있는 나라이며, 그것은 정의와 자유가 실현되는 나라였다(눅 4:18).

---

21 바울 사도의 메시지에도 자유가 중요한 자리를 차지한다. 예를 들면, "주님은 영이십니다. 주님의 영이 계신 곳에는, 자유함이 있습니다"(고린도후서 3:17).

22 Jacob Taubes, *Political Theology of Paul* (Stanford, Calif.: Stanford University Press, 2004) 참조.

예수가 자유와 관련하여 관심하였던 것은 유대주의적 율법에 의한 억압적이며 수탈적인 종교 지배 구조(성전세, 번제물 판매를 통한 수탈 등)만이 아니었다. 그의 하나님 나라를 향한 자유의 행진에는 로마 제국의 법제도 등 지배 구조가 가로막고 있었다. 그의 로마 권력에 의한 십자가의 죽음은 그의 자유의 관심이 당시의 팍스 로마나의 지배 구조에 있었다는 것을 간접적으로 보여준다. 로마 제국은 유대의 성전적/율법적 지배질서를 보장하여 주고 있었고, 그것을 통하여 로마의 지배질서를 유지하였다. 그렇기 때문에 유대의 지배 구조에 저항하는 것은 곧 로마 제국을 향한 저항으로 지목되었다. 로마의 유대총독 본디오 빌라도는 대제사장이 제기하는 소송을 받아들여 예수를 십자가형에 처하였다.

유대의 율법/성전과 로마 제국의 질서는 예수 당시 인간을 족쇄로 묶는 역할을 하였고, 예수는 이러한 족쇄를 푸는 일을 감행했다. 그리고 당시의 제자들과 따르는 사람들(오클로스)과 함께 자유의 행진을 나섰던 것이다. 성전 정화 운동, 무상의 치료, 모든 사람들의 밥상 공동체를 형성하는 일련의 움직임들은 이러한 자유의 행동의 실제적인 표현이었다. 그러나 예수의 운동의 이러한 자유를 향한 행동은 그리스도를 믿는 신자들로 구성된 교회의 시대로 이어졌다. 예수의 운동은 바울 등 사도들의 교회로 이어지고, 초기의 교회들은 로마 제국 하에서 자유를 향한 비폭력적 운동을 이어갔다. 서구 그리스도교의 자유를 향한 행진은 비록 제도적 교회와 국가로부터 자주 막혔지만, 계속 살아남아서 세속적 자유의 운동의 밑거름이 되었다.

2. 예수에 있어서의 평등

예수의 비유적 이야기들 중 평등이라는 주제와 관련된, 누구에게나 열려있는 공동 식사(마태 22:1-13; 눅 14:15-24), 특히 늦게 일하러 온 사람도 기초 생활에 필요한 품삯을 받는 노동(마태 20:9, 포도원의 품꾼들 비유) 등은 모든 인간의 존엄성과 평등을 보여준다. 후자의 경우에서 우리는 모든 사람들에게 주는 "기회의 평등"을 넘어서서 "사회적 최소 보장"(social minimum), 나아가서는 적어도 기초 생활을 위한 "배분의 평등"의 원칙을 엿볼 수 있다. 즉 평등이란 모든 사람이 같은 선상에서 출발한다는 점에서만이 아니라, 종점 즉 결과에서도 같아야 한다. 적어도 기초적인 생활을 위해서는 그렇다.

바리새인들이나 제사장들은 평등주의자들이었나? 이들은 유대민족의 율법을 지키고 유대 율법 체계에 편입되어 있는 사람들에게는 평등을 부여했다. 그러나 약자(죄인)들에게는 불평등을 적용하였다. 이에 대해 예수는 이 약자들에게 평등을 부여했다. 로마 제국은 이방인들, 특히 약소국에 불평등 구조를 적용했다. 헤롯당은 로마 제국과 거의 같은 부류라고 생각할 수 있다. 이에 비해, 예수는 누구든지 하나님의 뜻을 행하는 사람이면 모두 "내 형제 자매요 어머니"가 된다는 선언(마 12:50), 남성 우위의 사회에서 여성의 인권을 보호하기 위한 이혼 금지의 명령(막 10:6-9), 어린이들을 소외시키지 않고 영접한 것(9:37), 이방사마리아 여인과의 대화(요한 4:7 이하), 죄인과 병자들, 세리들과의 친교 등은 예수의 평등적인 태도를 보여준다.

그의 메시지는 평등과 정의의 메시지였다. 그것은 소위 나자렛 매니페스토(Nazareth Manifesto, 나사렛 선언)라고도 불리는 눅 4:18에 잘 나타나 있다. 가난한 자에게 기쁜 소식을 전하고, 포로된 자, 눈먼 자, 눌린 자를 해방하여 주의 은혜의 해를 선포하는 것이 그의 공생애의 목표였다. 사회적으로 약한 자들에게 특별한 배려와 선호가 가해지는 새로운 질서를 선포한 것이다. 그의 하나님의 나라 선포도 같은 맥락에서 평등하고 정의로운 나라를 상정한다. 하나님의 나라에서는 지배하는 계층이 없다. 누구든지 지배하려면 먼저 섬겨야 한다. 하나님의 나라에서는 일자리 없이 거리에서 헤매던 사람들이 생계에 필요한 사회적 임금을 받는 나라이다. 따라서 약자들에게 하나님의 나라는 기쁨이 되는데, 그 나라는 약자들을 평등한 존재로 보증하는 나라이기 때문이다.

예수는 평범한 가정의 출신이었다. 예수는 팔레스타인의 가난한 농부 혹은 목수였고 정규적인 교육을 받지 않은 것으로 보인다.23 그의 낮은 출생 성분이 그를 더욱 평등주의자로 만들어 놓았다고 생각된다. 로마와 로마의 대행자들 즉 헤롯당, 대제사장들은 이러한 예수의 급진적 평등주의와 대조되는 위계적 불평등한 사회 관계를 조성하였다.

3. 예수에 있어서의 힘

힘에는 폭력을 의미하는 violence가 있을 수 있고 이에 반대되는 비폭력 즉 non-violence가 있으며, 강제력을 나타내는 coercive force 그리고 일반적 힘을 가리키는 power가 있다. 우리는 여기에서 예수가

---

23 예수가 정규적 교육을 받지는 않았을지라도 그가 히브리 성서를 읽은 것으로 보아 부모로부터 혹은 마을의 어른들로부터 글읽기를 배웠고, 책도 읽을 수 있었을 것이라고 생각한다. 마치 수운 최제우가 아버지 최옥으로부터 글과 학문을 배웠던 것과 비슷하게 예수도 그와 같았을 것이라고 추측한다.

어떤 힘을 사용했는지 살펴야 한다.

예수를 중심으로 생각할 때, 예수 시대에 등장하는 주요한 주체들은 예수를 따르던 사람들, 로마 제국, 헤롯당, 바리새인들, 제사장들 등이다. 그런데 예수 시대 이전에는 소위 민중의 메시아들과 예언자들이 나타나서 제국의 지배로부터 이스라엘을 구하기 위한 저항 운동을 주도했다. 민중들은 아마도 예수를 그러한 메시아나 예언자들 중의 한 사람으로 생각했을지도 모른다. 그러나 예수는 폭력적 저항을 불사했던 이들과는 다르게 철저히 비폭력적 운동을 전개하였던 것이다.[24] 민중들로부터 나타난 저항적 메시아들이 일으킨 민란들은 예수운동의 배경이 되었지만, 예수운동의 비폭력성이 이것을 다른 것들로부터 분리시켰다.

예수의 운동은 당시 로마에 대한 폭력적 저항세력이었던 시카릿의 그것과 그 방식과 목표에서 달랐다. 시카릿은 모세 율법에 의해서 순수하게 지배되는 율법적인 질서를 추구하였다. 예수가 폭력마저 불사했던 민중반란자들이나 시카릿과 다르게 비폭력적이었던 이유는 어디에 있을까? 예수는 유대와 갈릴래아의 약자들이 폭력적인 봉기를 하면 결국 남는 것은 처참한 죽음뿐이라는 것을 잘 알고 있었던 것 같다. 지배자의 폭력적인 힘 앞에서 약자들이 취할 수 있는 저항 방식은 비폭력적 저항 방식이다. 그러나 미국의 신학자 월터 윙크(Walter Wink)는 예수가 비폭력적 적극 저항 방식을 택하였다고 하였고, 이러한 비폭력은 결코 약자의 비굴함에서 비롯된 것이 아니라, 약자이지만 약자가 가지고 있는 힘으로 싸울 수 있는 가장 훌륭한 방법이라고 주장한다.[25] 그러나 필자는

---

24 월터 윙크/한성수 옮김, 『사탄의 체제와 예수의 비폭력: 지배체제 속의 악력들에 대한 분별과 저항』(고양시: 한국기독교연구소, 2004).
25 월터 윙크/김준우 역, 『예수와 비폭력 저항: 제3의 길』(서울: 한국기독교연구소, 2003),

윙크의 이러한 주장에 더해서 예수가 비폭력적 저항을 한 것은 민중의 삶을 보호하기 위한 것이었다고 생각한다. 예수는 권세자들을 비판하였지만 그의 우선적인 관심은 민중을 위한 밥상 나눔과 무상 치유를 통한 민중의 삶을 보호하는 것이었다. 예를 들어, 그의 잔치 초대의 비유(누가 14:16-24)와 포도원 일꾼의 비유(마태 20:1-6)가 있는데, 이 두 비유에서 생활이 불가능한 가난한 민중에게 먹을 것을 주고 일자리를 주고자 하는 예수의 생각에서 생명을 살리는 정의로운 분배를 우선으로 하는 태도를 볼 수 있다.

예수의 비폭력적 평화 지향성은 그가 직접 말했을 것이라고 추정되는 산상수훈에서 잘 나타나고 있다. 원수를 사랑하기, 평화 세우기, 악한 자에 대적하지 말기(오른뺨 때리면 왼뺨마저 대주기, 속옷을 달라면 겉옷마저 주기, 오리를 가자고 하면 십리를 같이 가주기 등, 마태 5:38-41) 등이 그것이다. 이러한 비폭력의 평화의 힘(power)은 민중의 생명을 보호하면서, 동시에 로마 제국의 폭력에 맞설 수 있었고 결국 그것을 넘어설 수 있게 했다.

VI. 결론: 주체적 참여적 정의관을 위하여

전통적으로 예수의 정의관, 윤리관을 개인적인 관점에서 이해해 왔다. 예수께서 이웃에 대한 개인의 헌신적 사랑을 가르쳤다고 전통적 교회에서 가르쳐왔다. 그러나 지금까지 살펴본 바에 의하면 예수는 원칙

---

pp. 44-45.

을 뛰어넘는 무조건의 사랑만을 가르쳤다기보다 정의로운 배분과 모든 사람들의 자유가 보장되는 새로운 사회적 질서를 함께 지향했다고 보는 것이 더 적합하다는 것을 알 수 있다. 예수는 약자에 대한 무조건적인 사랑도 가르쳤지만, 동시에 새로운 질서인 하나님의 나라를 이루는 일에 앞장섰다. 그는 개인적인 사랑의 감정만 가지고는 정의로운 질서인 하나님의 나라를 이룰 수 없음을 알고 있었다. 그럼에도 모든 사회적 정의의 질서는 하나님의 무한한 사랑에 기반해야 한다고 보았다. 사랑은 정의의 기초였음을 예수는 보였다. 그리고 그는 하나님의 나라는 일정한 삶의 원칙들이 공동체 속에서 실현될 때 그 안에 이미 이루어진 것이라고 보았다.

그 원칙은 첫째, 불의에 대한 회개와 회개에 합당한 행동을 보이는 것(세리 삭개오, 누가 19:2-10)과 둘째, 약자들을 자기의 몸처럼 보호하고 해방하라는 것(눅 4:18)과 셋째, 모든 사람들이 생활을 할 수 있을 정도의 보상이 이루어져야 한다는 것, 넷째, 원수를 사랑할 정도로 평화적이어야 하며, 다섯째, 모든 사람들이 하나님의 자녀로서 자기를 실현할 수 있는 자유인이라는 것이었다. 이러한 원칙들의 기반에는 사랑이 있다. 그리고 이러한 예수의 정의관은 오늘날에도 적용되어야 할 높은 가치를 가지고 있다고 하겠다. 이러한 원칙은 오늘날 세속적 철학적 정의론의 대표적인 학자인 존 롤스(John Rawls)의 원칙 즉, 자유의 원칙(liberty principle)과 평등의 원칙(equality principle)과 비교해 보아도 풍부한 내용을 가지고 있어서 예수의 참여의 정의론은 앞으로 더욱 자세하고 심층적으로 연구되어야 한다고 본다.26 이 연구는 그러한 연구를 위한 시

---

26 Rawls, 60.

론으로서의 역할을 담당하기를 바란다.

예수는 자신이 생각한 정의를 실현할 주체들을 모았고, 그 주체들의 적극적인 참여에 의해서 정의가 이루어질 수 있다는 것을 보여주었다, 예수 시대에는 다양한 주체들이 있었고, 그들은 예수의 정의 사건에 대해 다양한 태도를 보였다. 복음서에 나오는 예수의 이야기 속에서 우리는 서로 다른 집단들 사이에 역학관계가 일어나고 있는 것을 볼 수 있다. 이러한 역동적이고 갈등적인 팍스로마나의 상황 속에서 합리주의적 정의론자들이 이야기하는 사회적 합의로서의 정의는 통하지 않았다. 또한 이러한 세상 속에서 개인의 사랑의 감정에서 비롯된 개인적인 정의인 보살핌의 정의만 가지고는 효과적으로 대처할 수 없었다. 시대적 상황 속에서의 예수의 정의는 하나님의 나라를 향한 주체들의 적극적인 역사 참여에 의한 정의였으며, 이것은 힘의 불균형 속에서 갈등이 존재하는 오늘날의 상황에 잘 적용될 수 있는 실천적 정의라고 말할 수 있겠다.

참고문헌

김경재. "죽재의 민중신학과 동학사상,"『전환기의 민중신학: 죽재 서남동의 신학사상을 중심으로』. 천안: 한국신학연구소, 1992. 231-250.

남경희.『이성과 정치존재론』. 서울: 문학과 지성사, 1997.

리처드 호슬리/김준우 옮김.『예수와 제국』. 서울: 한국기독교연구소, 2004.

안병무.『갈릴래아의 예수: 예수의 민중운동』. 천안: 한국신학연구소, 1990.

이종은.『평등, 자유, 권리: 사회정의의 기초를 묻다』. 서울: 책세상, 2011.

월터 윙크/한성수 옮김.『사탄의 체제와 예수의 비폭력: 지배체제 속의 악력들에 대한 분별과 저항』. 고양시: 한국기독교연구소, 2004.

칼 라너/이봉우 옮김.『그리스도교 신앙입문』. 왜관, 경북: 분도출판사, 2006.

KNCC 신학연구위원회편.『민중과 한국신학』. 서울: 한국신학연구소, 1985.

Azmanova, Albena. *The Scandal of Reason: A Critical Theory of Political Judgment.* New York, N.Y.: Columbia University Press, 2012.

Badiou, Alain. *Logics of Worlds.* London, UK; New York, NY: Continuum, 2009.

Christman, John. *The Politics of Persons.* Cambridge, UK: Cambridge University Press, 2009.

Ci, Jiwe. *The Two Faces of Justice.* Cambridge, Mass: Harvard Univ. Press, 2006.

Daniels, Norman Daniels. *Justice and Justification: Reflective Equilibrium in Theory and Practice.* Cambridge, UK: Cambridge Univ. Press, 1996.

Gould, Carol C. *Marx's Social Ontology, Individuality and Community in Marx's Theory of Social Reality.* Cambridge, Mass: The MIT Press, 1978.

Johnston, David. *A Brief History of Justice.* Chichester, UK: Wiley-Blackwell, 2011.

Niebuhr, Reinhold. *Reinhold Niebuhr: Theologian of Public Life.* Ed. Larry

Rasmussen. London, UK: Collins, 1989.

Rawls, John. *A Theory of Justice.* Cambridge, Mass.: Harvard Univ. Press, 1971.

Tillich, Paul. *Love, Power, and Justice.* New York: Oxford Univ. Press, 1954.

Wolcher, Louis E. "Thought's Prison: An Image of Images," *Imaginary Boundaries of Justice: Social and Legal Justice across Disciplines.* Ed. Ronnie Lippens. Oxford and Portland, Oregon: Hart Publishing, 2004.

세계화 시대의 정의: 공동선*
— 20세기 정의 사상과 가톨릭 사회정의를 비교하며

김혜경 ─ 대구가톨릭대학교

I. 들어가는 말

가톨릭교회에서 말하는 정의의 기준은 무엇인가? 교회의 가르침을 통하여 복음의 사회적 중요성을 드러냄으로써 사회·문화적 실재를 쇄신하고 건강한 인간 공동체 건설에 이바지해야 하는 교회의 입장에서 우리 사회의 엄청난 부정을 개탄하고 울분만 토로할 것인가, 그런 병폐에 대한 차분한 진단과 개선을 위해 구체적인 방안을 모색하고 행동으로 옮길 것인가?

* 이 논문은 2012년 정부(교육부)의 재원으로 한국연구재단의 지원을 받아 수행된 연구임 (NRF-2012S1A5A2A03034101): 김혜경, "세계화 시대의 정의: 공동선 - 20세기 정의 사상과 가톨릭 사회정의를 비교하며",『신학전망』제184호, 광주가톨릭대학교신학연구소, 2014(봄), pp. 146-182에 게재.

그리스도교의 본질적인 사명은 선교, 곧 복음화이다. 교회의 본성인 이 사명은 시대가 아무리 바뀌어도 불변하는 중대 원칙이기도 하다. 특히 오늘날과 같은 세계화의 맥락에서 복음화는 "교회가 선포하는 메시지의 신적 능력으로 모든 개인과 집단의 양심, 그들이 관계하고 있는 활동, 그들의 생활과 구체적인 환경을 변혁시키는 노력"[1]으로 대두된다. 다시 말해서, 인간을 둘러싼 상황의 발전과 증진에 관한 모든 것을 포괄하며, 이는 세계화의 궁극적 목적이 온 인류가 공동선을 추구하는 가운데 보편적 가치를 실현하는데 있음을 의미한다. 오늘날 그리스도교가 실현해야 하는 '사랑의 차원'이기도 하다. 왜냐하면 "그리스도인의 사랑은 고발하고 제안하며 문화적 사회적 계획에 투신하도록 이끌고, 또한 긍정적인 활동을 고무함으로써 선의의 모든 사람이 진심으로 나름의 기여를 할 수 있게 하는"[2] 것이기 때문이다. 사랑의 차원이 정의에 입각하여 완성되어져야 한다고 보는 것이다.

20세기 이후 계몽주의 사상가들에 의한 '정의'의 논의는 벤담(J. Bentham, 1748-1832), 흄(David Hume, 1711-1776), 스미스(Adam Smith, 1723-1790), 밀(John Stuart Mill, 1806-1873) 등과 같은 공리주의자들을 중심으로 전개되었다. 그러나 곧 공리주의가 갖는 한계[3]에 부딪

---

1 교황 바오로 6세, 『현대의 복음 선교』(Evangelii nuntiandi), 1975, 18항.
2 천주교서울대교구사회사목부, 『가톨릭 사회교리』1, 가톨릭출판사, 1995, 27쪽.
3 공리주의는 효용과 최대 행복원리(greatest happiness principle)를 도덕의 기초로 삼는 이론이다. 공리주의자들은 어떤 행동이든 행복을 증진시킬수록 옳은 것이고, 행복과 반대되는 것일수록 옳지 못한 것이라고 주장한다. 여기에서 '행복'이란 삶의 고통으로부터 자유와 쾌락의 상태이고, 이를 통해 행복을 증진시키고 쾌락을 늘려주거나 고통을 줄여주면 정당한 것(right)이 되고, 그 반대가 되면 나쁜 것(wrong)이 된다. 이것이 공리주의의 핵심 명제다. 대표적인 인물로 밀(John Stuart Mill, 1806-1873)을 들 수 있는데, 그는 행복의 증진에 도움이 되는 것을 효용이라고 부르며 그 기준에 따라서 도덕률을 확립하고자 하였다. John Stuart Mill, 『공리주의』, 서병훈 역, 책세상, 2010, pp. 6-9.

치면서 새로운 공적인 이론들이 대두되기 시작하였다. 루소는 국가의 합리적인 기초를 탐구함에 있어 국가란 개인들의 단순한 집합체가 아니라 공동선(common good)을 중심으로 한 정치적 공동체일 경우에만 그 권위를 인정받을 수 있다며 그것을 식별하게 하는 것으로서 공동체의 '일반 의지'4에 대해 언급했고, 칸트(Immanuel Kant, 1724-1804)는 루소(Jean-Jacques Rousseau, 1712-1778)의 일반 의지로부터 정언명법을 도출하여, 이를 도덕과 합법성의 최고 기준으로 삼아 실천 법칙을 제시하였으며,5 이 두 사람의 사회 윤리학을 토대로 롤즈(John Rawls, 1921-2002)는 새로운 윤리관을 제시했는데, 그것이 그의 '정의론'의 핵심이다.

한편, 공리주의의 한계는 공리주의자들이 가장 회피하던, 인간 본성에 대한 문제를 회피하는데 있다고 할 수 있다. 공리주의에서 주장한 '최대 다수의 최대 행복'은 현실적으로 지향할 바지만, 이 목적을 달성하기 위해 법과 제도만을 최우선으로 꼽는 환상은 깨져야 하기 때문이다. 공리(公利)가 법과 제도로 실용화되면 될수록, 인간적인 삶, 행복한 삶에 대해 공리주의가 할 수 있는 영역이 사라지기 때문이다. 그러면 "최대 다수의 최대 행복의 원리"(the greatest happiness for the greatest number)도 모순을 드러낼 수밖에 없다. 공동체 전체의 이익을 나누었을 때, 그것이 공동체 구성원 모두에게 똑같이 돌아갈 수 없고, 도덕적인 차원에서 소수자가 소외될 수 있기 때문이다. 실제로 '최대 다수'(greatest number)의 원리와 '최대 행복'(greatest happiness)의 원리가 항상 조화를 이루지는 못했고, 다수의 행복을 위해 소수의 행복이 희생되곤 했다. 동시에 다수자가 얻게 되는 이득이 사소하고, 그것을 위해 소수의 엄청난 희생이 강요되어도 그것을 아무렇지 않게 생각할 수 있는 소지가 있다는 점에서 공리주의의 최대 모순이 있는 것이다. William S. Sahakian, Ethics, New York, Barnes & Noble Books, 1974, p. 31: 황경식, 『사회정의의 철학적 기초-J. 롤즈의 정의론을 중심으로』, 철학과 현실사, 2013, p. 162에서 인용.

4 루소는 일반의지와 개별의지, 그리고 개별의지의 집합으로서 전체의지(total will)를 구분하였다. 일반의지는 공동의 이익을 추구하지만 전체의지는 사적인 이익을 추구하는 개인적 욕구의 총체에 불과하다고 규정한 것이다. J. J. Rousseau, The Social Contract, bk. 2, ch. 3, Maurice Canston(trans.), Baltimore, Penguin Books, 1968, p. 72: 황경식, 앞의 책, p. 239에서 인용.

5 Harry Prosch, The Genesis of Twentieth Century Philosophy, New York, Doubleday & Company, Inc., 1964, p. 230: 황경식, 같은 책, p. 230에서 인용.

롤즈의 정의론의 핵심은 자연적이건 신적인건 인간과 무관한 선행적이고 독립적인 질서에 의해 고정된 도덕적 진리가 아니라, 인간과 인간의 포부에 대한 깊은 이해를 바탕으로 모든 인간이 다함께 잘살 수 있는 바람직한 사회의 기본 헌장을 모색하는 데 있다. 정의를 보다 실천적이고 사회적인 문제로 바라보면서 '한 사람에게 옳은 것은 유사한 처지에 있는 다른 사람에게도 옳다'는 형평의 원리(principle of equity)로 받아들이면서도, 그것이 도덕의 충분한 기초가 될 수는 없다고 보았다. 롤즈에 의하면 도덕 체계는 공지적(public)⁶이어야 하기 때문이다. 공공 도덕으로서 사회적 기능을 다하기 위해서는 사회 구성원들이 공감대를 형성하고 받아들일 수 있어야 하는 것이다.

본고는 칸트, 롤즈 그리고 샌델(Michael J. Sandel, 1953-)로 이어지는 20세기 정의 사상가들의 견해를 보면서, 오늘날 가톨릭교회의 사회 교리에서 가르치고 있는 바가 단순히 그리스도교의 교의에 입각한 것이 아니라, 그래서 관습적이고 종교적인 범주에서 일방적인 주장이 아니라, 보편적이고 합리적인 인간의 도덕 본성을 토대로 하고 있음을 강조하는 한편 거기에서 진일보한 가톨릭 사회정의의 특성에 조명하여 연구

---

6 마키아벨리의 『군주론』에서 나타나는 공공선(公共善) 개념을 통해 공(公/ public)과 공(共/ common)에 대한 명확한 이해가 도출된다. public은 공적 질서와 같은 개인이나 부분과는 다른 전체의 이익을 말한다면, common은 사회구성원들 간의 합의나 동의 등에 바탕을 둔 공동의 이익을 언급한다. Waldemar Hanasz, "The Common Good in Machiavelli", *History of Political Thought*, Vol.31, No. 1(2010), p. 68: 김경희, 「국가와 공공선/공동선: 절대선과 개별선 사이의 마키아벨리」, 『정치사상연구』제18집 1호(2012), pp. 34-35에서 인용; 한 마디로 公이 전체를 강조하는 상위의 의미가 큰 반면에, 共은 구성원들 각자의 개별성과 그들이 함께 나누는 공동성(共同成)이 강조되는 개념이다. 여기에 대한 의미 있는 논문은 장현근, "公(public) · 共(common) 개념과 중국 泰 · 漢 정부의 재발견 - 禮 · 法의 분화와 결합", 『정치사상연구』제16집 1호(2010), pp. 31-55 참조.

를 개진한다. 이를 통해 냉전시대의 종식과 함께 대두된 세계화의 과정에서 정의란 무엇이며, 가톨릭교회의 사회 교리가 최종 목적으로 삼는 공동선이 궁극적으로 지향하는 바가 무엇인지에 대해서 살펴보고자 한다.

II. 가톨릭 사회 교리의 기본 노선: 선(善)의 규정

흔히 '공동선'에 대해서 말을 하게 되면, '선'에 대한 규정을 어떻게 하느냐는 문제가 대두된다. 성경에서 선(善, Bonum, Good)에 해당되는 히브리어 형용사는 '토브'(בוֹט)인데 '쾌적한·즐거운·기쁜·만족스런·마음에 드는·눈에 드는·호의적인·쓸모 있는·유익한·올바른·착한·아름다운' 등의 다양한 의미를 지닌다. 히브리어 '토브'에서 파생된 그리스어는 '아가토스'(ἀγαθός)와 '칼로스'(καλός) 그리고 '크레스토스'(χρησός) 등이 있다. 아가토스는 '아가마이'(ἀγαμαι, 깜짝 놀라다)나 '아간'(ἄγαν, 매우 많은)과 같은 어원을 가진 단어로서 '놀랄 만한', '경탄할 만한', '훌륭한'을 뜻한다. 이 단어는 '아름다운', '좋은', '올바른'을 뜻하는 형용사 '칼로스'와 함께 결합되어 사용되기도 한다. 이 형용사 아가토스와 칼로스가 명사로 사용될 경우 '선', '좋은 것'이 되고, 라틴어 '보누스'(bonus), '보눔'(bonum)으로 표현된다.7

'아가토스'는 "모든 것이 함께 작용하여 선을 이룬다"(로마 8,28)는 바오로 사도의 말씀처럼 하느님께서 주시는 은사들의 선함을 통해 공동선을 지향하는 인간의 선한 의지와 노력을 포괄하는 도덕적으로 선한 것

---

7 한정현, "선(善)," 『한국 가톨릭 대사전』, 7권, 한국교회사연구소, 1999, pp. 4393-4394 참조.

을 의미하고, 칼로스는 예수님께서 베타니아에 있는 나병 환자 시몬의 집에 계실 때 어떤 여자가 들어와 값비싼 나르드 향유가 든 옥합을 가지고 와서 그것을 깨뜨려 예수님의 머리에 부은 행위에 대해 예수님께서 이르신 "이 여자를 가만두어라. 왜 괴롭히느냐? 이 여자는 나에게 '좋은' 일을 하였다"(마르 14,3-9 참조)에서 드러나듯이 도덕적으로도 선하고 외형적으로도 아름다운 것을 의미한다. 그리고 "'선'(호의)을 베푸는 이가 없다. 하나도 없다"(로마 3,12)에서 쓰인 '크레스토스'는 도덕적으로 완전함을 의미하는 것으로서 사람은 결코 완전한 선일 수가 없음을 의미한다. 오직 하느님만이 착하고 도리에 맞는 분으로 가치가 있다고 평가되는 모든 것의 행위와 의지를 규정하는 근거가 된다는 뜻이다.

그러므로 성경에서 말하는 '선'은 근본적으로 하느님의 속성을 가리키며, 구약에서는 하느님의 구원 행위를 그분의 선을 드러내는 표징으로 보았고, 신약에서는 그 구원 행위가 그리스도를 통해 이루어진다는 것을 의미하였다. 나아가 '선한 일'이란 하느님 나라의 시민에게 적합한 행위로 간주되기도 하였다(마르 12,34; 마태 5,16; 25,34 이하). 그리고 그 근거를 "하느님께서 창조하신 것은 다 좋은 것"(1디모 4,4)에 두고 "모든 것이 함께 작용하여 선을 이루도록"(로마 8,28) 노력할 것을 촉구하였다. 결국 선은 '옳다', '착하다'를 의미하는 단순한 용어가 아니라, 하느님의 속성에서 출발하여 그분께서 주시는 은사의 선함과 가르침의 선익을 포함하며 그분의 뜻에 부합되는 모든 행위를 의미한다고 할 수 있다.

한편 20세기 사상가들에 의한 선(善, 좋음, the good)은 의(義, 옳음, the right)와 함께 무엇이 우선이냐에 대한 논의에서부터 출발하였다. 칸트는 정언명법에 따라 선과 의를 대비시켰고, 롤즈 역시 일반 의지에 따라 선과 의를 대비적 관계에 놓음으로써 선에 대한 의(옳음)의 우선성을 강조한 반면에, 샌델은 선과 의를 상보적 관계에 두고 둘의 조화 안에서 선의 우선성을 강조하였다. 샌델의 견해는 가톨릭 사회윤리에서 선과 의의 관계와 같은 맥락에 있는 것으로서, '좋은 것'에 대한 개념을 정치, 도덕, 종교적인 가치들과 인간의 삶을 분리하여 생각할 수 없기에 목적으로서 선과 의무로서 의를 동시에 강조하는 한편, 그 안에서 정의는 옳은 것(dikaion)을 바라고, 그것을 실현시키려는 주체적인 가능태가 된다고 가르친다. 선을 전제하지 않고는 의마저 확신하거나 정당화할 수 없다는 것이다. 이것은 개인과 공동체의 주장이 서로 다르고, 사회의 기본구조를 규제하는 정의의 원칙이 서로 대립할 경우에 더욱 설득력을 얻는다. 결국 선과 의는 인간의 실제 삶에서 어느 하나를 따로 떼어 무엇이 우선이라고 주장할 수 없을 만큼 밀접하게 연관되어 있는 것이다.

그렇다면 '좋다'는 것은 무엇인가? '좋은 사람'이란 어떤 사람인가? 흔히 호의적인 사람, 신뢰할 만한 사람, 정직한 사람, 의로운 사람, 자신의 이익보다는 타인의 어려움을 먼저 생각하는 사람 등을 꼽는다. 핵심은 의로운 사람이면서 특별히 중요하다고 생각되는 역할을 잘 수행하는 사람이라고 할 수 있다. 사회의 구성원들이 합의하여 정한 정의의 원칙에 맞고, 그에 따라 역할이 합리적으로 발휘되는 것을 말할 것이다. 여기에서 '좋은 것'은 '옳은 것'을 포괄하고, 존재 자체만이 아니라 존재가 발휘하는 능력까지 포괄하는 것이다. 이와 관련하여 하나의 모델로 제시할 수 있는 인물로 성 요셉을 들 수 있다. 그는 예수를 잉태한 마리아의 정배로서 정직한 사람, 의인으로 대표되며, 그에게 맡겨진 하느님의 과제는 인간으로서뿐 아니라 당시 사회의 통념상 받아들일 수 없는 것이었다. 그럼에도 불구하고 인류구원이라는 커다란 '선'을 위해 사회 통념적이고 개인적인 '의'를 접고 자신의 온 존재로서, 일생에 걸친 과제를 수행함으로써 인류의 선익을 위한 거름이 되는 동시에 엄청난 민족적인 정의를 실현하였다.

여기에서 교회가 말하는 선의 추구는 결코 생각에만 그치는 것이 아니라, 실천을 통해 존재와 능력이 일치하는 가운데 가정과 사회에서 공동의 선을 구현하는 것(행동)까지 포괄하는 개념이라는 것을 알 수 있다. 공동선은 사회생활의 의미를 이루는 요소이고 사회 자체가 존재하는 참된 이유라면 그것을 행동을 통해 실현하는 것이야말로 선과 의가 일치하는 지점이라고 하겠다.[8]

가톨릭 사회 교리의 기본 노선은 시대, 지역, 사회, 문화의 특수성과 다양성을 고려하는 가운데 통합적이고 연대적인 인도주의를 모든 사람에게 제시하는데 있다. 개인과 공동체가 스스로 윤리적·사회적 덕목을 기르고 이를 사회에 전파함으로써 인도주의를 실현할 수 있다고 믿는 것처럼,[9] 목적으로서 선과 의무로서 의를 구성하는 도덕이 인간의 행위를 통제하여 실제 현실을 통해 얻은 경험이나 판단을 통해 보편성을 확보하게 된다고 보는 것이다. 이것을 상식적인 판단(common-sense judgements)에 입각한 도덕 원칙이라고 하겠다.

토마스 아퀴나스는『대이교도대전』에서 "움직여지는 모든 것은 움직이는 것 또는 행동하는 것에 의해서 움직임의 종점에로 이끌려진다. 움직여지는 것은 가능태에 있으면서 현실태를, 따라서 완전한 것과 좋은 것을 추구하고 있다. 그러므로 운동하는 것과 행위 하는 것은 운동과 행위를 통해서 언제나 하나의 선을 추구한다."(3권 3장)[10]고 함으로써 모

---

8 교황청 정의평화평의회,『간추린 사회교리』, 한국천주교중앙협의회, 2005, 150항, 165항 참조.
9 천주교서울대교구사회사목부,『가톨릭 사회교리』1, 가톨릭출판사, 1995, p. 36 참조.

든 행위자는 하나의 선을 위해 작용한다고 하였다.[11] 그리스도교에서는 완전한 존재를 '선'이라고 부르고, 그 완전한 존재를 하느님으로, 선 자체로 인식하였다. 행동하는 모든 것은 그것이 현실적으로 존재하는 한 행동한다. 행동하는 것은 행동할 때 자신과 유사한 것을 추구하기에 실재하는 모든 것은 근본적으로 선을 추구하고, 나쁜 것은 가능태로만 존

10 Cfr. S. Tommaso D'Aquino, *La Somma contro i Gentili*, vol 2, Edizioni Studio Domenicano, 2001, pp. 16-19; 『대이교도대전』(해제), 서울대학교 철학사상연구소, 2006; 선에 대한 정의를 내리고자 했던 철학자들도 '모든 것은 하나의 선을 위해 행동한다'는 전제 하에서 "선은 모든 것이 추구하는 것이다"(아리스토텔레스, 『니코마코스 윤리학』1권, 1장; 1094 a 3)고 함으로써 선이란 한 존재의 존재 목적 달성에 이로운 것을 말한다고 했고, 디오니시우스도 자신의 『신명론』4장, §7에서 "모든 것은 좋은 것과 최고의 것을 추구한다"고 하였다. 또 칸트는 『실천이성 비판』에서 '도덕은 선(善)의 표상'이라고 하면서 "이 세상에서 또는 도대체가 이 세계 밖에서까지라도 아무런 제한 없이 선하다고 생각될 수 있는 것은 오로지 선의지뿐이다."고 하였다. 여기에서 말하는 '선의지'는 옳은 행위를 단지 그것이 옳다는 이유에서 선택하는 의지를 말한다. 그것은 행위를 결과를 고려해서, 혹은 마음이 옳은 행위를 지향해서가 아니라, 그 행위가 옳다는 직관에 따라 그 행위를 선택하는 것이다. 여기에는 무엇이 '옳다'와 무엇이 '선하다'는 판단이 전제되어야 하는데, '옳음'과 '선함'은 순수 이성의 영역이지 경험으로부터 얻어지는 것이 아니기에 그것은 이성적 존재만이 가질 수 있는 의지라는 것이다. 그리고 이성적 존재로서 인간은 자연적으로 선하게 만들어져야 하는데 그렇게 되기 위해서는 초자연적 자기 작용이 필요하다고 하였다. 그러므로 칸트는 인간이 선행을 하는 것은 이타(利他)나 대의(大義) 혹은 공존공영을 '위해서' 하는 행위라기보다는 어떤 행위를 그렇게 하는 것이 옳기 때문에, 오로지 그 이유 때문에 하는 행위라고 하였다. 윤리도덕은 '모두에게 혹은 다수의 사람들에게 이(利)롭기 때문에 가치가 있는 것이 아니라, 그 자체가 가치 있기 때문에 가치 있는 것'이라는 말이다. '선'은 감성적 욕구를 충족시켜 주기 때문에 좋은 것이 아니라, 그 자체가 좋은 것이기에 좋은 것이다. I. Kant, 『실천이성비판』, 백종현 역, 아카넷, 2010(개정판), pp. 368-374 참조.

11 토마스 아퀴나스는 선을 세 가지로 분류하였다. 형이상학적 선(善)으로서 진리, 윤리적 선으로서 도덕적으로 착한 선(善), 심미적 선으로서 아름다움(美)이 그것이다. 이 세 가지 선은 존재 안에 포함되어 있기 때문에 드러나기 마련이다. 선은 바람직하고 좋은 것이다. 그것이 있어야 좋은 것이지, 그것이 없으면 좋음 자체도 없는 것이다. 참된 것, 아름다운 것, 착한 것은 인간이 추구하는 선임을 강조하였다. 『신학대전』1, 정의채 역, 제5문제, 제6문제, 성 바오로출판사, 1985 참조; *Summa Theologiae*, Prima Pars, I, 5 참조.

재한다. 그러므로 모든 행위는 하나의 선 때문에 존재하는 것이다.

여기에 대한 신학적 관점은 "인간은 하나요 삼위이신 하느님의 모상이며, 이것으로부터 출발해서 인간 역시 인격체이고, 예수 그리스도의 형제이며, 그와 함께 그를 통해 영원한 생명의 상속자이다. 이것이 바로 인간의 진정한 존엄성이다"[12]는 데서 출발한다. 인간은 '신의 모상'이라는 내적인 가치와 양심적 판단과 결정, 신적인 신분에서 유래하는 '선(善)의 건설 욕구'를 통해 인간의 향상과 개인의 발전과 건강한 공동체들의 공동체 건설을 지향하는 것이다.

'사회'로 통용되기도 하는 '공동체'는 인간을 위해 봉사하고, 모든 사회성의 최종적인 의미를 인격 완성에 두며, 그것은 곧 완전한 선, 충만한 선, 선 자체이신 하느님을 닮으려는 인간의 공통된 모습이라고 본다. 따라서 사회가 개인의 인격을 침해하고 구성원들의 인격 완성을 방해한다면 사회는 자신의 최종적 의미를 스스로 파괴하게 되는 것이다. 왜냐하면 "사회는 인간이 그것을 자기의 목적달성을 위해서 사용할 수 있고 또 사용해야 하는 하나의 자연적 수단이다. 사회가 인간을 위하여 존재하지 인간이 사회를 위하여 존재하는 것은 아니기 때문이다."[13]

그러므로 가톨릭 사회 교리에서 드러나는 선의 개념은 오늘날 현대적인 문제들을 이해하고 해결하는데 중요한 변수가 될 수 있다.[14] 특히

---

12 국제신학위원회, 『보편적 윤리에 있어 자연법에 관한 새로운 시각』(Commissione Teologica Internazionale, Alla ricerca di un'etica universale: Nuovo sguardo sulla legge naturale), Libreria editrice vaticana, 2009, 9항 참조; Pio XII, Esortazione Apostolica *Conflictatio Bonorum*, A tutti gli arcivescovi, vescovi e agli altri ordinari locali che hanno pace e comunione con la sede apostolica, 1949. 2. 11. 참조.
13 『하느님이신 구세주』 29항 참조(교황 비오 11세, 무신론적 공산주의에 관한 회칙 『하느님이신 구세주』(Divini Redemptoris), 1937).

세계의 경제 위기, 인간과 자연을 둘러싼 개발 문제, 전쟁 반대와 세계 도처에서 일고 있는 영토 분쟁 등 '선(善)의 건설'과는 상반된, 하느님의 법에 반대되는 사회적 상황이나 제도들 혹은 개인들이 지은 죄의 표현이자 결과로서 '죄의 구조'를 연상케 하는 상황에서는 더욱 그렇다. 인간이 경제에 우선하고 정신과 도덕이 물질에 우선하도록 하며, 현대의 자본주의 사회에서 인간성과 도덕성 회복을 촉구하는 단초가 되기 때문이다. 이유는 간단하다. 죄의 구조 속에 있는 인간의 모습이 '좋지 않기' 때문이다. '선'을 향한 노력이 교회의 사회교리의 목적인 까닭이 바로 여기에 있다.

III. 공평성(impartiality)의 확보: 도덕의 사회적 문제

현대에 올수록 많은 도덕철학자들은 도덕의 본성을 공적이고 사회적인 측면에서 보고자 하였다. 고티에는 "도덕적인 문제란 결코 단순히 그것을 당면한 행위자의 관심사일 수만은 없고 반드시 타인의 이해관계를 내포하게 된다."[15]고 했고, 라파엘은 "의무적인 행위를 이야기할 경우, 그 내용이 언제나 타인의 이해와 관련되어 있다"[16]고 하였다. 인간에게 사회란 외부적인 것이 아니라, 오직 타인들과의 관계 안에서 성장할

---

14 『백주년』, 55항 참조(교황 요한 바오로 2세, 회칙 [새로운 사태] 반포 100주년을 맞이하여, 『백주년』(Centesimus Annus), 1991).

15 David P. Gauthier, *Pratical Reasoning*, Oxford University Press, 1963, p. 147: 황경식, 앞의책, p. 46 인용.

16 D. D. Raphael, *Moral Judgement*, London, Allen & Unwin, 1955, p. 117: 황경식, 같은책, p. 46 인용.

수 있고 사명을 실현할 수 있는 곳이기 때문이다. 여기에서 사회의 도덕성이 제기되고, 그 안에서 고려해야 할 점이 드러난다. 한 개인의 도덕적 행위가 선을 행함으로써 성취되는 것처럼, 한 사회의 행위도 공동선을 이루는 것일 때, 완전한 수준에 도달하는 것이다. 공동선은 도덕적 선의 사회적이고 공동체적인 차원이라고 할 수 있다.[17]

교회는 다수의 큰 선을 위한다는 명목으로 소수의 자유를 빼앗아서는 안 되고, 다수의 큰 이득을 위한다며 소수에게 희생을 강요해서도 안 된다는 것을 언제나 강조해 왔다. 정의로운 사회에서 평등한 시민적 자유란 법으로 보장된 권리가 어떠한 정치적 거래나 사회적 이윤에 따라서도 흔들려서는 안 된다고 천명해 왔다. 그러나 실제로 법이나 기존 도덕에 나타난 집단의 의사는 대개 그 사회에서 우세한 계층에 의해 결정되고 그 계층의 이익에 따라 좌우되는 경우가 많았다. 지배계층이 변하면 그에 따라 법과 제도도 바뀌어 왔다. 법과 제도에 반영된 그들의 의사는 합당한 근거도 없는 특수 이기집단의 선호에 불과한 경우가 많았다.

이런 점에서 정의는 도덕과 관련된 어떤 것으로 간주되기 보다는 도덕의 조건으로 간주되어야 하는 것이다. 공리주의의 전통적인 명제 "최대 다수의 최대 행복의 원리"도 도덕적인 관점에서 볼 때, 그래서 많은 문제를 안고 있는 것이다. '최대 다수'를 위해 소수자가 소외될 수도 있고, 다수의 횡포에 소수의 인권이 유린될 수도 있다.[18] '최대 행복'도 다수의 행복을 위해 소수의 희생을 강요할 공산이 크고, 소수는 항상 '을'의

---

17 『간추린 사회교리』 164항. 이와 관련하여 신학의 사회적 책임과 그 역할에 대해서도 생각해 볼 수 있다. 인간의 존재론적 차원과 관련하여 도덕, 선, 신앙을 별개로 볼 수 없기 때문이다. 그 점에서 정희완, 「신학의 사회적 책임과 역할에 대한 성찰: 한국적 사회참여 신학을 위하여」, 『신학전망』 제177호, 2012, pp. 146-195을 참고하면 좋겠다.
18 John Stuart Mill, 『공리주의』, 서병훈 역, 책세상, 2010, p. 41 참조.

존재로만 남을 수밖에 없다. 또 '최대 행복의 원리'는 모든 사람을 개별 인격체로 간주하는 것이 아니라 평등주의를 주장하는 것 같지만, 목적한 바가 실현되고 나면 소수는 고려 대상에서 제외되고 만다. 자유에 대한 소수자의 권리, 남자와 동등한 기회를 제공받고자 하는 여성의 권리처럼 구체적인 문제에 있어 인간의 지위가 문제가 되는 것이다. 이것은 '모든 인간, 심지어 지각을 가진 모든 존재에 대한 동정심을 품을 수 있어야 제대로 된 인간'이라는 공리주의의 대표자 밀도 주장한 바[19], 도덕은 개인의 자연적 본능에 부과되는 외적, 관습적 규범이 아니라, 인간의 고유한 행위를 통해 내적인 이상과 가치가 표현된 것이라는 점에서 도덕의 사회적 효용이 드러난다.

롤즈는『정의론』에서 도덕의 사회적 문제와 관련하여 '공정'에 대해서 자신의 정의관을 피력한 바 있다. 그에게 있어 공정으로서의 정의관은 인간적인 정의론이다. 그 속에는 인간과 자연의 지위에 대한 기본적인 입장이 들어 있다.[20] 여기에서 롤즈는 '일반적 정의관'과 '특수한 정의관'이라는 두 가지 원칙을 제시했는데, 그것은 "모든 사회적 기본 가치들 ―자유와 기회, 소득과 부, 그리고 자존감 등과 같은―은 이러한 가치들의 일부 혹은 전부의 불평등한 분배가 최소 수혜자에게 이득을 주지 않는 한 평등하게 분배되어야 한다."는 일반적 정의관과 여기에서 한계에 봉착한 사회적 기본 가치들 간의 우선적인 문제에 주목하여 그것을 처리할 수 있는 원칙으로서, 곧 '일반적 정의관'을 극복할 수 있는 대안으로서 '특수한 정의관'을 제시하였다.[21] 특수한 정의관에 속하는 두 가지 원칙

---

19 John Stuart Mill, 같은책, p. 143.
20 황경식, 앞의책, p. 274.
21 이 둘을 롤즈는 정의 원칙의 일반적 모형이라고 하였다. '일반적 정의관'은 J. Rawls,『정

으로서 '평등한 자유의 원칙'[22]과 '차등의 원칙'을 구체적으로 명시하기도 하였다. 이 두 원칙에 담긴 공정한 기회 균등의 원칙은 효율성이나 공리(utility)의 원칙보다 우선적으로 적용되어야 하는 것이고, 단순히 직업이나 직책의 기회만이 아니라 삶의 기회들까지 평등화하자는 원리다. 유사한 능력과 기능을 가진 사람이라면 누구나 그들이 태어난 사회적 지위와 무관하게 유사한 삶의 기회를 보장 받아야 한다는 것이다.[23] 롤즈는 이것으로 사회정의의 두 가지 특징인 판단에 대한 성찰과 보편적 도덕에 포함시킨 약자들의 타고난 재능과 같이 도덕적 가치를 발휘하지 못하고 공동의 자산으로 간주되고 마는 자연적 불평등을 수정하고자 하였다. 공리의 원칙이 모든 사회적 형태에 있어서나 개인의 행위에 있어서나 선의의 가치를 똑같이 적용하는 것이라고 했을 때, 그것이 과연 공평한지에 대한 새로운 평가가 있어야 한다고 본 것이다. 실제로 법에서 말하는 평등도 많은 경우에 추상적일 때가 많았다. 현실적으로 권리상(de jure) 모든 인간은 평등하다고 하지만, 사실상(de facto) 이런 이론적인 평등이 얼마나 큰 불평등과 예속과 양립불가능성을 드러내고 있는지가 여실히 드러났기 때문이다.[24]

그러므로 약자를 우선적으로 배려하는 사목을 지속적으로 해 오고

의론』, 황경식 역, 이학사, 2003, p. 756에서 자세히 언급하고 있다.

22 평등한 자유의 원칙은 사상, 양심, 언론, 집회의 자유, 보통 선거의 자유, 공직 및 개인 재산을 소지할 자유 등 자유주의가 내세우는 가장 기본적인 자유들을 보장하는데 우선권을 둔다. 그러나 여기에서 제외되는 것은 자본주의적 시장의 자유다. 생산재의 사유 및 생산물의 점유, 소유물의 상속 및 증여의 자유가 포함된다. 이것은 롤즈 정의론의 핵심적 주장의 하나라고 할 수 있는 분배 정의의 원칙들을 담고 있다. J. Rawls, 같은책, pp. 755-756 참조.

23 이 두 원칙에 대해서는 롤즈의 『정의론』 제2장 12-14절에서 자세히 설명하고 있다. John Rawls, 같은책, p. 756 참조. 황경식, 앞의책, pp. 288-301 참조.

24 황경식, 앞의책, p. 248 참조.

있는 교회의 입장에서 '사회정의'는 '각자에게 같은 것'을 의미할 수가 없는 것이다. 생활 형편, 사회적 분배 과정 및 그 결과에 대해서 완벽한 평등(equality)[25]보다는 보다 공평함(impartiality)을 주장해 온 이유이다. 실제로 평등을 내용적으로 정의하려던 시도는 인간의 다양한 조건으로 인해 실패했고, 그런 평등을 불러오려던 방법조차 발견되지 않았다.[26] 예수 그리스도를 통해 시작된 '구원의 때'(Kairos)는 개인주의적인 개념에서가 아니라 분명한 사회적 개념에서 '자유', '평화', '화해'로 표현되어 인간의 공동생활에서 요구되는 관계를 새롭게 형성할 것을 요구한다.

개인의 부와 가난의 격차가 갈수록 심화되어 가고 있는 현대 사회에서 그리스도교의 형제적 관계와 하느님 앞에서의 평등의 정신에 입각한 '공평성'은 권력자들과 부자들에게 약자와 가난한 이들에 대한 '사랑'의 의무를 더 많이 부과하고 있다. 부자에게 세금을 더 받고 가난한 이들에게 사회적 혜택이 고루 돌아갈 수 있도록 하며, 인간의 존재 조건과 삶의 조건에 따라 사회의 구조적인 배려가 강화되어야 한다고 주장한다. 그리고 그 기준을 '정의'에 두었다. 공평성의 기준으로서, 정의를 말하고 있는 것이다. 정의는 만인에게 가장 적합하고 동등한 삶의 기회를 제공하고, 사회의 계층화 속에서 신분에 따라 차지하는 지위에 '상응하게' 사회적 책임을 부과함으로써(Noblesse oblige), 사회 구조의 영역에서 이웃 사랑[27]의 의미를 극대화 시켜 왔다. 교회가 위기의 상황에서 혹은 사

---

25 이와 관련하여, 교회는 지나친 평등 주장은 "각자가 공동선에 대한 책임을 망각하고 자신의 권리만을 주장하는 개인주의에 떨어지기 쉽다."(팔십주년 23항)고 되풀이하여 말하고 있다. 『간추린 사회 교리』 158항.

26 발터 케르버 외, 『현대 사회의 그리스도교 신앙』, 박종대 역, 서강대학교 출판부, 2013, p. 65.

27 베네딕토 16세 교황의 사회 회칙 『진리안의 사랑』은 '사랑'이 '공동선'을 이루는 방법으로 정치적, 제도적으로 실천되어야 한다는 점을 강조하고 있다.: 한국천주교중앙협의회,

회의 구조적인 불의 속에서 부자와 가난한 이들을 똑같이 선택하는 것이 아니라, 가난한 이들을 '우선적'으로 선택하는 이유가 바로 여기에 있는 것이다.

IV. 사회정의: 보다 완전한 그리스도교적 삶의 함양

성경을 통해 드러나는 그리스도교의 가르침은 사회적으로나 노동 조건으로나 불리한 처지에 있는 사람들의 보호를 '우선적'으로 삼아야 한다고 천명하고 있다. 만약에 그렇게 하지 않으면 공동체 생활에 참여할 충분한 수단조차 없는 사회적 약자들에게 '정의'를 외치며 하는 교회의 일이 경우에 따라서 그들에게는 '불리한 선택'이 될 수도 있기 때문이다.

구약성경에서 드러나는 것은 하느님의 뜻(계약)에 따라 조직된 사회질서가 있었다는 것과 그런 사회질서에서 벗어나는 것에 대해 예언자들은 하나같이 엄중히 경고했다는 것(아모 3,10이하), 권력자들이 악행을 멈추고 진정으로 정의를 실천할 때라야 하느님이 그들과 함께 하리라는 것(아모 5,15), 힘 있는 자들이 가난한 사람과 불쌍한 사람들의 권리를 두둔할 줄 알아야 비로소 하느님을 '안다'고 말할 수 있다(예레 22,16)고 목소리를 높여왔다. 이런 가르침은 신약으로 이어져 그리스도의 사명으로 "억눌린 자들에게 복음을 전하라. 찢긴 마음을 싸매주고, 사로잡힌 자들에게 해방을 알리며, 옥에 갇힌 자들에게 자유를 선포하라"(이사, 61,1; 루카 4,18)는 것으로 장엄하게 선포되었다.

2009, 7항 참조.

교회의 사명은 복음화를 통한 인간 구원에 있다. 여기에서 말하는 구원은 인간의 영혼만 구원하는 것이 아니라, 영혼과 육신으로 이루어진 종합적인 인간 구원, 곧 전인격적인 인간의 구원을 의미한다. 교회는 이런 종합적인 인간의 구원을 위해 복음을 선포하는 것이다. 전인격적인 인간은 추상적인 존재가 아니라 구체적인 시공 안에서 다른 사람들과 관계를 맺고 살아가고 있는 사회적이고 문화적인 존재로서의 인간이다. 그래서 모든 사회생활은 그 명백한 주인공인 인간의 표현이다. 인간이 사회의 주체이고 토대이고 목적이며, 사회의 모든 표현이 인간을 지향해야 하는 것이다.[28] 교회가 사회 복음화를 지향하고 사회 교리를 제시하는 것은 바로 이 때문이다. "가난한 사람[29]이 일군 밭에서 소출이 많이 나도 정의가 사라지면 남아나지 않는다."(잠언 12,23)는 것과 "사회적 문제들과 복음은 분리될 수 없습니다. 우리가 사람들에게 단지 지식과 능력과 기술 소양과 도구만을 전달한다면 너무 부족한 것입니다."[30]는 말이 결코 별개의 이야기가 아니다. 사회정의를 근간으로, 인간으로서 최소한의 삶의 보장과 현대 세계에서 교회가 걸어가야 할 복음 선포의 방식인 것이다.

사회 복음화에서 말하는 사회는 체제와 조직을 갖춘 범주 안에 속한 모든 분야를 일컫는다. 여기에는 정치, 경제는 물론 과학과 기술, 가정, 문화, 예술 분야를 포괄하고 여러 지배 이데올로기와 사이버 세계까지

---

28 『간추린 사회 교리』 106항.

29 구약성경에서 말하는 '가난한 사람'에 대한 정의를 신약성경의 말을 빌리자면, 궁핍한 자, 짓밟힌 자, 쫓겨난 자, '범죄자' 등 넓은 의미로 확대하여 바라볼 수 있다. H. 헨드릭스, 『성서와 사회정의』, 정한교 역, 분도소책 22, 분도출판사, 1984, p. 124 참조.

30 교황청 신앙교리성, 〈복음화의 일부 측면에 관한 교리 공지〉(2007.12.03.) 2항: 2006년 9월 10일 뮌헨의 노이에 메세(국제 박람회장)의 야외 고아장에서 베네딕토 16세 교황이 거행한 미사 중 한 강론.

아우르는 새로운 형태의 사회 개념까지 포괄한다. 교회는 이들 분야의 전문가는 아니지만 인간에 대한 전문가로서 이들 분야의 문제가 인간의 삶에 얼마나 많은 영향을 미치고 있는지를 잘 알기에 결코 간과할 수가 없는 것이다. 교회가 인간 발전에 도움이 되고 복음화에 기여하도록 이 분야들이 지켜야 할 기본 원칙과 실천 지침들을 복음의 빛에 비추어 제시해 온 이유다. 교회의 가르침이 시대와 상황에 맞게 적용되고 실천되는 가운데 인간을 둘러싼 모든 삶의 현장 속으로 복음이 스며들 수 있도록 하는 활동이 사회 복음화이다. 이런 차원에서 교회는 사회정의를 구현하고 정치 개혁, 노동자의 인권, 가난의 문제 등에 관심을 가지는 것이다. 특히 오늘날과 같은 도덕적 자유 방임주의가 우리를 몰고 가는 파국적인 상황에서 오늘의 세계를 구하는 길은 계급투쟁도 공포 정치도 아니요, 국가 권력의 독재적 행사도 아니요, 다만 사회 경제 질서에 사회정의를 주입하고 그리스도교적 사랑을 정착시키는 것[31]임을 교회는 오래전부터 호소해 오고 있다.

이런 노력을 통해 교회가 사회정의에 관해 깨달은 바는 현대 세계의 사회적 문제를 규정하기 위해서는 기존의 '정의' 개념으로는 충분하지 않다는 사실이다. 핵심은 정의가 누군가에 의해 실현되어야 하는 것이 아니라, 특정한 '사회적 상태'를 의미하는 것이기 때문이다. 이런 상태를 실현하기 위해서는 사회의 모든 구성원이 각자 나름의 방식으로 기여해야 하는데, 그 속에서 그들을 공통적으로 묶어 주는 것이 '사회적 의식의 변화'이다. 사회적 의식의 변화는 교회가 정치와 사회에 가하는 특별한 행위를 통해서가 아니라 인간의 양심에 영향을 미침으로써 사회적 삶을

---

31 비오 11세, 회칙 『하느님이신 구세주』 32항.

새롭게 설계하고 형성하도록 한다.32 그래야 정의가 인간 상호간의 태도뿐 아니라 인간이 살아가는 모든 범주에서 도덕적인 기본 자세를 갖추는, 근본적인 측면을 쇄신할 수가 있기 때문이다. 사회정의를 사회적인 전제 하에서 신학적인 측면을 강조하는 이유기도 하다. 이것은 구약성경에서 드러나는 하느님의 정의의 개념과도 일치한다. 하느님이 명한 규범을 지키는 '의로움'으로 표상되는 개인적인 도덕적 태도를 규정하는 동시에 사회적이고 정치적인 공동생활에서 불의가 하느님의 이름으로 폭로되고, 그 불의에 반대하는 하느님의 개입이 선언되는 예언자적 고발까지 포괄하는 개념이다.

그러나 이런 사회적 의식의 변화도 막상 공동체 안에서는 그것으로 인해 충돌이 일어날 수가 있는데, 그것을 조정하는 것이 정의의 원칙이다. 여기에 대해 롤즈는 도덕의 사회적 기능을 중시하고 사회 윤리적인 측면을 강조하는 가운데 사회는 구성원들의 상호 이익을 위한 협동체(co-operation)로서 사람들 간의 이해관계의 일치와 상충이라는 양면을 갖게 된다고 하였다. 사회 구성원들이 상호 협동을 통해 이익을 얻으며 이해의 일치를 얻기도 하지만 협력하여 생긴 소득의 분배 방식을 두고는 충돌하게 된다는 것이다. 그리고 이런 충돌을 조정해 줄 규제 원칙을 정의의 원칙으로 보고 도덕의 가장 기본적인 주제로 삼았다. '정의의 원칙'을 사회의 기본이자 구성원들의 협동을 가능하게 하는 동시에 필요하게 만드는 조건이라고 본 것이다.33 즉, 사회의 기본 구조(basic structure of society)에 있어 정의는 개인이나 집단의 행위가 일어나는 배경 조건이고, 일차적인 주체가 되는 것이다. 제도적 장치를 통해 사회적인

---

32 발터 케르버 외, 앞의책, p. 79 참조.
33 황경식, 앞의책, p. 266.

불평등을 교정해야 하는 당위성은 바로 여기에서 비롯된다고 하겠다.[34] 여기에 대해 비오 11세 교황도 일찍이 "창조된 재화의 분배는 공동선과 사회정의의 요청에 합치되어야 한다."고 하면서 충돌의 해결책과 함께 그로인한 문제가 현대 사회에서 얼마나 큰지에 대해 경고한 바 있다. "지나친 부를 소유한 소수와 궁핍한 다수 사이의 큰 차이가 현대 사회에서 심각한 해악으로 대두되고 있다"[35]고 한 것이다.

그러므로 교회에서 말하는 보다 완전한 그리스도교적 삶의 함양으로서 사회정의에는 한 사람도 소외되지 않도록 하는 것, 지금까지 소외되어 온 사람들이 공동체에서 제자리를 찾도록 하는 것[36]을 포괄하는 내용의 공동선이 있다. 그 특징들을 살펴보면 다음과 같다.

1) 공동선은 개인선에 우선한다. 사회를 떠나서 살아갈 수 없는 인간이 사회생활의 모든 분야에서 타당하고 합리적으로 권리를 행사하고 의무를 이행하기 위해서는 개인선 보다는 공동선을 먼저 생각해야 한다. 사회가 개인선만을 강조하게 되면 사회질서는 무너지고 유기체로서 사회는 올바른 역할을 할 수 없게 된다. 국가와 사회의 공동선을 추구해야 하는 공권력이 개인이나 일부 사회단체의 권리에 치중하여 그들에게만 편의를 제공해서는 안 된다. 여기에 대해 레오 13세 교황은 "국가 권력은 모든 이들의 공동선을 위하여 수립되어 있으므로 어떠한 형식으로도 한 개인이나 소수의 편익을 도모해서는 안 된다"[37]고 천명하였다. 공

---

34 황경식, 앞의책, pp. 208-215 참조.
35 『사십주년』, 28항(교황 비오 11세, 사회 질서의 재건에 관하여, 『사십주년』 (Quadragesimo Anno), 1931):『간추린 사회 교리』, 167항에서 인용.
36 『공동선과 가톨릭교회의 사회 교리』, 잉글랜드 웨일즈 가톨릭 주교회의 성명서, 한국천주교중앙협의회, 1997, 74-75항 참조;『간추린 사회 교리』, 167항 참조.

동선은 특정인의 이익에 종속되는 환원주의를 용납하지 않으며, 타인의 선익을 자신의 것처럼 추구하는 꾸준한 노력과 능력을 필요로 한다.[38]

2) 정의를 내세워 공동체를 훼손하지도 공동체를 위해 개인을 희생시키지도 않는다. 교회는 공동체를 매우 중요하게 생각하지만, 그것을 위해 개인의 희생을 요구하지도 저평가하지도 않는다. 개인이 모여 공동체를 이루고 있기에 공동선의 실현은 곧 개인선의 실현과 같은 의미를 지닌다. 그런 점에서 공동선은 인간의 궁극적인 목적을 달성하고 피조물 전체의 보편적 공동선을 실현하는 것을 포함한다. 여기에는 하느님께서 당신 피조물의 궁극적 목적이시라는 공동선의 초월적 차원이 내포되어 있다. 공동선의 역사적, 유물론적 시각에서 보는 단순한 사회 경제적 행복만이 아니라, 가장 본질적인 존재 이유에 대한 성찰이 있는 것이다.[39]

3) 어떠한 정의의 기준도 '인간' 그 자체를 넘어설 수는 없다. 공동선의 원리는 모든 인간의 존엄성, 일치, 평등에서 나오는 것으로서 "집단이든 개인이든 더욱 충만하고 더욱 용이하게 자기완성을 추구하도록 하는 사회생활 조건의 총화"[40]이다. 공동선은 인간의 권리를 인정하고, 존

---

37 『사회정의-가톨릭의 입장』, 가톨릭출판사, 1976, 231항.
38 『간추린 사회 교리』 167항 참조.
39 『간추린 사회 교리』, 170항 참조.
40 「사목 헌장」 26항(제2차 바티칸공의회 문헌, 현대 세계의 교회에 관한 사목 헌장 「기쁨과 희망」(Gaudium Et Spes)); 『가톨릭교회 교리서』, 1905-1912항(Catechismo della Chiesa Cattolica, 주교회의 교리교육위원회 번역, 한국천주교중앙협의회, 2008.); 『어머니요 스승』, AAS 53(1961) 417-421쪽(교황 요한 23세, 그리스도의 계명에 부합하여야 할 현대의 사회 발전에 관하여 『어머니요 스승』(Mater et Magistra, 1961);

중하고, 보호하고, 발전시키는 것을 기본 목적으로 삼아야 한다. 모든 인간과 전(全) 인간의 선을 으뜸 목표로 삼아 인간이 다른 인간과 '더불어' 다른 인간을 '위하여' 존재하도록 한다.[41] 이것은 교회가 항상 변함없이 선택해야 하고, 따라 걸어야 하는 제일원칙인 '인간의 길'이기도 하다. 정의를 내세워 다수건 소수건 인간의 절대 가치인 존엄성을 침해할 수는 없는 것이다. "인간의 실존과 인간 존재, 또 인간 공동체와 사회적 존재로서의 인간에 대한 충만한 진리"[42] 안에서 인간에 접근해야 하기 때문이다.

4) '상황에 따라 최선의 방법이 무엇인가'를 찾아내는데 골몰한다. 공동선은 건전한 사회 다원주의에 의존한다. 인간의 사회적 본성이 단일 형태가 아니라 다양한 방식으로 표현되기에, 사회를 형성하는 여러 요소들이 각자 나름의 특성과 자율성을 유지하는 가운데 하나의 조화로운 전체를 이루는 것이다.[43] 여기에는 사회는 많은 문제에 직면하여 그것을 푸는 방식이 지나치게 단정적이고 원론적일 때가 많다는 점도 고려 대상이다. 문제의 해결을 이미 만들어진 공식에 따라서 해결하려고 하다 보니 문제와 답이 어긋나는 경우도 생기기 때문이다.[44] 다양한 현

『지상의 평화』, AAS 55(1963), pp. 272-273(교황 요한 23세, 진리, 정의, 사랑, 자유를 토대로 하는 모든 민족들의 평화에 대하여, 『지상의 평화』(Pacem in terris), 1963); 『팔십주년』 46항(교황 바오로 6세, '새로운 사태' 반포 80주년을 맞이하여 『팔십주년』(Octogesima adveniens), 1971); 교황청 정의평화평의회, 『간추린 사회 교리』, 한국천주교중앙협의회, 2005, 164항.

41 『가톨릭교회 교리서』, 1912항 참조: 『간추린 사회 교리』, 165항.
42 『인간의 구원자』 14항(교황 요한 바오로 2세, 『인간의 구원자』(Redemptor Hominis), 1979).
43 『간추린 사회 교리』 151항.
44 폴 우드러프, 『아이아스 딜레마』, 이은진 역, 원더박스, 2013, 11쪽 참조.

실에 따라 그 해결책이 다양하게 나올 수 있어야 하는데 말이다. 여기에서 공동선의 목표가 문제를 해결하는 데만 있는 것이 아니라, 수시로 변하는 상황 속에서 가장 좋은 방법을 찾아내는 데도 있다는 것이 부각된다. 정의에 대한 사고의 넓이와 깊이를 갖추어야 하는 것이다.

5) 공동선은 정치권력의 존재 이유이다.[45] 정치 공동체의 위정자들은 시민들이 사회생활의 모든 분야에서 용이하게 권리를 행사하고 의무를 수행하도록 촉진하라고 공권력을 부여받았다. 공권력의 존재 이유는 공동선을 확보하고, 자유의 정당한 한계를 인정하며, 시민들의 권리를 완전하게 보호하는 데 있는 것이다.[46] 도덕적인 질서가 인간 사회에 공동선을 촉진하기 위해 공권력을 요청한 것처럼, 바로 그 권력이 이제는 공동선을 실현해야 하는 것이다. 각 분야마다 다른 이익들을 정의와 조화시켜야 하는 각별한 의무가 있는 것이다. 정치는 공동선을 위해서 존재하고 공동선을 통해 당위성을 발견하고 의미를 증대시키며, 비로소 고유한 권리를 얻게 된다.

6) 상호간에 도움의 원리인 보조성이 존재한다. 이것은 모든 상위 조직이 하위 조직을 향해 내미는 지원과 증진과 발전의 자세를 의미하며, 하위단체를 향한 경제적, 제도적, 사법적 지원을 말하기도 한다. 따라서 보조성의 원리는 특정 형태의 중앙 집권화와 관료화 및 그런 형태의 복지 지원을 반대하고, 공적 기능에 국가의 부당하고 과도한 개입을 반대한다. 다원화 되어가는 사회적 변화를 인정하고, 인권과 소수의 권

---

45 『가톨릭교회 교리서』, 1910항 참조: 『간추린 사회 교리』, 168항.
46 『지상의 평화』, 68항: 『사회정의-가톨릭의 입장』, 239항.

리를 수호하며, 관료와 행정의 집중화를 피하고 영적 영역과 사적 영역 사이에서 균형을 모색한다. 그러므로 모든 경우에, 올바른 의미의 공동 선은 언제나 보조성의 원리를 적용하는 결정적인 기준이 되며, 인간의 탁월함에 대한 수호와 증진 그리고 그것의 사회적 표출 방식 역시 공동 선에 대한 요구에 조금도 어긋나지 않아야 한다.[47]

7) 정의의 기준이 명확하지 않을 때 자비를 선택한다. 교회의 사회 교리는 인간의 중요하고 필수 불가결한 차원을 강조하고, 인간 신비의 여러 차원을 지적하며, 그의 실존과 존재, 공동체와 사회적 존재에 접근 한다. 사회 교리는 인간의 행동에 지표가 되는 것에 목적을 두고 어떤 형태로든 구원의 여정에 있는 인간을 돕고자 한다. 따라서 두 개의 정의 가 충돌할 때, 교회는 궁지에 몰린 사람에 대한 예수의 선택을 상기하며, 자비를 그 척도로 삼는다. 힘든 선택의 상황에서 예수는 율법주의를 선 택하기보다는 인간을 선택함으로써 당신의 자비를 드러냈다. 인간관계 는 정의의 척도로만 다스려질 수 있는 것이 아니라는 점을 시사하기도 한다. 역사적으로 '최고의 정의는 최고의 불의다'(summum ius, summa iniuria)라는 격언이 말해 주듯이 정의라는 것이 정의 자체를 부정하고 파괴하는 결과도 낳을 수 있기 때문이다.[48] 따라서 모든 인간관계에서 는 정의가 사랑(자비)을 통해 상당한 정도로 '교정'되지 않으면 안 되는

---

47 『간추린 사회 교리』, 185-188항 참조; 특별히 사회 문제에 있어 정치권력의 간섭 목적은 사회단체 구성원들을 돕는 데 있지 파괴하거나 흡수해 버리는 데 있는 것이 아니다. 『사 회정의-가톨릭의 입장』, 248항. 여기에는 집단과 구성원들의 명예도 고려 대상에 속한 다. 주는 쪽의 명예를 드높여서도 안 되고 받는 쪽에 모욕감을 주어서도 안 된다는 이 원리는 '오른 손이 하는 일을 왼 손이 모르게 하라'는 명령에 정확하게 일치한다.
48 『자비로우신 하느님』 12항(교황 요한 바오로 2세, 『자비로우신 하느님』(*Dives in Misericordia*), 1980).

것이다.[49]

　　8) 공동선은 국가 차원에서 국제 차원으로, 피조물 전체에 대한 세심한 배려로 확대된다. 여기에서 연대성은 불가피하게 세계적인 차원의 것이 되고, 정의의 영역 안에서 근본적인 사회적 덕목 가운데 하나가 된다. 이것이야말로 공동선을 지향하는 덕목이고, "타인을 착취하는 대신에 이웃의 선익에 투신하고 복음의 뜻 그대로 남을 위하여 '자기를 잃을' 각오로 임하는 것이다. 자기 이익을 위하여 남을 억압하는 대신에 '그를 섬기는' 것이다."[50] 온 인류가 깨끗한 물, 식량, 주거지, 보건, 교육, 생계 수단 등 기본적인 요구를 누릴 수 없거나 인권과 존엄성이 존중받지 못하면 세계의 공동선은 침해받는다. 환경의 차원에서도 마찬가지다. 환경 차원의 공동선은 국경과 세대를 초월하여 영향을 미치는 환경 파괴에 대해 국제적인 차원에서 기구를 만들고 생태 보존을 고민하고 있다. 지구 환경에 대한 새로운 의식과 생태 정의는 피조물의 공생적 차원에서 빠질 수 없는 중요한 요소가 되고 있는 것이다.[51]

　　현대 세계가 직면한 가장 큰 문제는 경제적인 것들에서 출발하여 삶의 모든 분야로 그 여파가 미치는 바, 인류의 양심에 대한 특별한 도전으

---

49 『간추린 사회 교리』 206항

50 『사회적 관심』 38항(교황 요한 바오로 2세, 『사회적 관심』(Sollicitudo rei socialis), 1987), 『노동하는 인간』 8항(교황 요한 바오로 2세, 회칙 '새로운 사태' 반포 90주년을 맞이하여, 인간 노동에 관한 회칙 『노동하는 인간』(Laborem Exercens) 1981), 『백주년』 57항: 『간추린 사회 교리』 193항에서 인용.

51 『공동선과 가톨릭교회의 사회 교리』, 앞의책, 102-108항 참조; J. Rawls, 앞의책, 2003, pp. 762-764 참조. 이 부분에 관해서는 특별히 베네딕토 16세 교황의 회칙 『진리안의 사랑』에서 방대하게 다루고 있고, 관련 논문도 있다. 심현주, 「'진리안의 사랑'과 가톨릭 사회론」, 『신학전망』 제168호, 광주가톨릭대학교, 2010.

로 간주된다. 그래서 사회정의는 경제적 불평등과 가난의 극복뿐만 아니라 모든 영역에서 모든 인간의 동등한 존엄성을 포괄적이고 효과적으로 인정하는 것을 의미한다.[52]

그러므로 생존과 건강과 활동을 위해 행복(쾌락)을 추구하는 것이 필수적인 것이라고 했을 때, 사회정의는 인간의 자유의지가 저급한 쾌락보다는 고차원적인 불편을 선택하게 함으로써 진정한 쾌락을 확보하고, 보다 충만한 그리스도교적 삶을 구현하도록 하는 것이다.

V. 20세기 정의 사상과 가톨릭교회의 공동선

20세기의 정의사상은 앞에서 간략하게 살펴본 바, 재차 언급하자면, 공리주의가 대두되고 그 한계가 뚜렷이 드러나면서부터 본격적인 논의가 시작되었고, 두 번에 걸친 세계대전과 냉전 시대 이데올로기의 대립을 맞아 국가와 개인, 개인과 공동체 간의 긴장 관계 속에서 중요한 하나의 쟁점이 되었다.

칸트는 보편적이고 객관적인 행위 법칙을 '선(善) 의지' 내지는 정언명법(定言命法, categorical imperative)이라고 하면서, 정언적 실천 원리로서 '보편적 원리에 따라서만 행위하라'고 주장하였다. "당신의 행위 준칙(maxim)이 모든 합리적 존재의 보편적 법칙이 될 수 있도록 행위 하라!"[53]는 정언명령을 통해 "모든 합리적 존재를 그 자체로서 목적으로 대우하며, 결코 수단으로 대우하지 말라."[54]고 하였다. 이런 칸트의 정

---

52 발터 케르버 외, 앞의책, p. 86.
53 I. Kant, 『실천이성 비판』, 백종현 역, 아카넷, 2010(개정판), p. 387.

언명법은 루소의 '일반의지'와 함께 개인의 자유와 공동의 선을 조화롭게 바라볼 수 있는 도덕적 관점을 제시하였다. 한편, 롤즈는 칸트의 정언명법은 일상에서 진지하고 양심적인 개인의 사적 행동과 관련된 것으로, 그 행동을 진단하는 과정에서 목적이 무엇이냐에 따라 사회적 결과까지 평가하게 된다고 보았다. 그가 지켜본 20세기는 국가가 공권력을 이용하여 개인의 권리와 자유를 침해하고 폭력을 쉽게 행사하던 시기였다. 롤즈는 여기에 격분하며 국가가 진정으로 권위를 인정받으려면 개인의 자유와 권리를 존중해야 하고, 개인 역시 시민으로서 합법적인 기준과 원칙을 존중해야 한다는 것을 강조하였다. 그는 옳음(정의)과 권리를 공동선에 우선하는 독립적인 가치로 두면서 개인의 자유와 권리와 선의 추구에 대해 국가의 중립을 요구하며, 개인의 권리를 집단이나 공동체의 선으로부터 독립적인 가치를 갖는 것으로 규정하였다.[55] 그의 선에 대한 '정의의 우선성'은 개인의 인격을 존중하고 사회의 다원성에 바탕을 두고 있다. 전체의 행복을 위해 정의를 희생한다는 것은 불가침을 침해하는 것이자 다양한 욕구들을 단일 욕구 체계로 융합하는 것이며, 개인의 격차를 신중히 다루지 않는다는 것을 의미하는 것이다.

"개인은 물론 사회 전체의 복지도 유린할 수 없는 정의에 입각한 불가침성을 갖는다. 이러한 이유로 해서 정의는 몇 사람의 자유의 상실이

---

54 I. Kant, 같은책, p. 378.

55 이것이 롤즈의 '질서정연한 사회'(a well-ordered society)의 개념이다. '질서정연한 사회'란 구성원의 선을 증진하기 위해 세워지고 공적인 정의관에 의해 규제되는 사회이다. John Rawls, 『정의론』, 황경식 역, 이학사, 2003, p. 584; 맹주만, 「롤즈와 샌델, 공동선과 정의감」, 『철학탐구』 제32집, 2012, 319쪽. 샌델은 롤즈의 이 '질서정연한 사회'의 개념을 비현실적인 것으로 보고 좋음(善)의 우선성에 대한 자신의 주장을 펼쳐 나갔다.

타인이 공유할 더 큰 선(善)에 의해 정당화됨을 거부한다. 그것은 많은 사람들이 누리게 될 더 큰 이득의 총량을 위해 소수에게 강요되는 희생을 허용하지 않는다. 따라서 정의로운 사회에서는 평등한 시민의 자유가 확보된 것으로 간주된다. 정의에 의해 보장된 권리는 정치적 흥정이나 사회적 이익의 계산거리가 될 수 없다."[56]

그러므로 롤즈의 정의론은 최소 수혜자를 가장 우선적으로 고려하는 가운데 자유주의 원칙에 충실하며, 사회주의적 비판이 함축하고 있는 도덕적 의미를 충분히 참작하여 나왔다고 할 수 있다.[57] 개인의 행복과 욕구가 아무리 커도 의(정의)의 원칙에 따라 어떤 만족이 가치 있는 것인가가 결정된다고 하였다. 이것은 정의를 거슬러 얻은 이득은 아무런 가치가 없다는 뜻이다. 따라서 자유롭고 평등한 합리적 존재로서 인간 본성을 나타내고자 하는 욕구는 일차적으로 우선성을 갖는 의(義)와 정의의 원칙에 따라 행위 할 경우에만 달성된다. 그러나 의(義)의 원칙을 세우기 위해서는 선(善)에 기댈 필요가 있다는 숙제가 남는다. 롤즈의 개인적 욕구에 대한 이러한 자유주의적 관용은 개인으로 하여금 자신의 이익만 추구하고 이기적인 집합체를 만들며 고립주의를 야기하는 계기가 되었다는 비판 속에 샌델의 공동체 윤리가 주목 받기에 이르렀다. 샌델은 개인 선택의 자유를 강조하는 롤즈식의 자유주의는 종국에는 개인을 공동체로부터 분리시켜 고립된 존재로 전락시키고 말 것이라고 비판하며 공동체주의를 주장하고 나선 것이다.

---

56 J. Rawls, *A Theory of Justice*, Cambridge, Harvard University Press, 1971, pp. 3-4; 황경식, 앞의책, p. 202에서 인용.
57 황경식 · 박정순 외, 『롤즈의 정의론과 그 이후』, 철학과 현실사, 2009, p. 24.

샌델은 좋은 공동체를 건설하는 것은 선의 개념과 분리하여 생각할 수 없고, 구성원들이 공동선을 향한 공동의 목표를 지닌 조직으로서 공동체가 되어야 한다고 강조하였다.[58] 모든 공동체는 그 구성원인 인간의 행복을 위해 존재하기에 인간이 공동체의 목적이다. 사회적 주체로서 인간이 모든 인간의 선익을 우선으로 할 때, 사회의 의는 자동적으로 이룩될 수가 있다. 도덕적인 정당성에 따라 행동하는 것이 진정으로 자유롭고 좋은 삶을 추구하는 것임을, 올바르게 사는 것이 개인의 차원에서나 공동체의 차원에서나 좋은 삶을 사는 길이라는 것을 강조하였다.[59] 샌델의 이러한 주장은 공동의 선익을 우선으로 할 때 개인의 선익도 실현되고, 아울러 균형과 질서 있는 사회건설을 통한 의도 실현된다는 요한 바오로 2세의 공동선에 대한 가르침 안에서 재발견된다. "만인의 선익과 각 개인의 선익"[60]이 공동선이요, "개인적 이익들의 합계가 아니라, 결국 균형 잡힌 가치 질서에 바탕을 두고 인간의 존엄성과 인권에 대한 정확한 이해를 바탕으로 한 개인들의 성숙한 평가와 조화를 포함하는 것"[61]이 공동선이라고 천명한 것이다.

그러나 교회는 여기에 머무르지 않고, 초월적인 범주에 이르는 공동선의 원칙을 제시함으로써 20세기 사상가들의 정의론을 포괄하는 한편 몇 가지 점에서 비교할 수 없는 특징적인 요소를 드러내고 있다. 이로써

---

58 그러나 황경식 교수는 샌델은 공동체주의적 비전으로 자유주의를 지나치게 비판하고 있다며, 이는 한국사회의 공동체주의적 폐해가 심각하고 자유주의적 훈련이 부족한 점을 잊고 있다고 하였다. 이에 샌델은 주어진 상황과 환경에 따라 다양한 처방이 있어야 한다는 점을 강조하였다. 황경식, 『사회정의의 철학적 기초 - J. 롤즈의 정의론을 중심으로』, 철학과 현실사, 2013, pp. 5-6.
59 Michel J. Sandel, 『공동체주의와 공공성』, 김선욱 외 역, 철학과 현실사, 2008, p. 8.
60 『사회적 관심』, 38항.
61 『백주년』, 47항.

지난 1세기 동안 논의해 왔던 정의가 오늘날과 같이 모든 국면이 세계화된 시대에는 공동선으로 드러나며, 사회적 가치질서의 척도가 되는 법적 규범을 능가하는 것임을 분명히 하였다.

그것을 정리하면, 첫째, 그리스도교에서 말하는 정의는 사랑과 결코 무관할 수 없다는 점이다. 이는 성경이 하느님의 사랑을 말하기도 하지만 하느님의 정의를 말하기도 하는데서 찾아볼 수 있다. "정의에 굶주린 자가 축복을 받고"(마태 5,10), "너희들의 정의가 율법학자와 바리사이 사람들의 정의보다 낫지 않으면 너희는 결코 하늘나라에 들어가지 못할 것"(마태 5,20)이라고 한 것이다. 정의와 사랑을 동일하게 취급하지 않으면서도 두 가지를 긴장된 구도 속에 놓고 긴밀한 관계를 유지하도록 하고 있는 것이다. 그리하여 정의는 언제나 사랑의 선결 조건이 되고, 사랑은 정의를 외면하거나 무시해서는 안 된다. 사랑은 정의가 요구하는 것 이상을 행할 수는 있으나 더 적게 행할 수는 없다. 이런 점에서 정의는 사랑의 최소척도이며, 사랑은 정의가 충만한 상태라고 할 수 있다. 사랑은 정의를 현실에 구현하는데 있어 빠져서는 안 되는 중대한 실천적인 요소이며, 정의는 "행동으로 진리 안에서"(1요한 3,18)하는 사랑의 필수적인 부분이라고 하겠다.[62] 이것은 과거의 어떤 사상보다도 초월적인 범주에 속하는 것으로서, 가령 아리스토텔레스의 『니코마코스 윤리학』에서 언급하듯이 "사랑받을 가치가 있는 것만이 사랑의 목적이 될 수 있다"는 것과 전통적인 그리스의 에로스적 사랑에 입각한 "각자에게 능력과 공적에 따라 그의 몫을"이라는 원칙에 따라 뛰어난 혼에 대한 탁월성을 사랑하는 것과는 달리, 그리스도교의 가르침은 '사랑은 사람을 가리

---

62 『진리안의 사랑』 6항(교황 베네딕토 16세, 『진리안의 사랑』(Caritas in Veritate), 2009).

지 않는다'는 원칙이 있다. "너희가 사랑하는 사람만 사랑한다면 자랑할 것이 무엇이냐"(마태 5,46)에서 드러나듯이 그리스도교의 사랑의 계명은 '~이기 때문에' 사랑하는 것이 아니라 '~에도 불구하고' 사랑하는 것이다. 가치를 '판단하는 것'이 아니라 가치를 '주는 것'이 사랑임을 분명히 하는 것이다. 그리스도교의 아가페적 사랑이 약자와 죄인을 향해 있는 이유이다. 보답을 바라지 않고 보상을 기대하지 않는 사랑을 말한다. 성경에서 "하느님의 형상대로 창조"(창세 1,2) 되었다는 것은 모든 인간이 각자 나름의 차이와 특성에도 불구하고 기본권에 있어 똑같이 취급되어야 한다는 사회사상적 함의를 담고 있음을 의미한다. 그리스도교의 평등이 지니는 혁명적인 의미로서, 사랑은 만인에게 똑같이 적용되지만 정의는 만민을 구별하고, 사랑은 주인과 종, 남녀노소를 구별하지 않으나 정의는 각자에게 저마다의 몫을 돌린다(1코린 7,3; 로마 13,7)는 점을 의미한다. 다시 말해서, 절대 가치의 평등과 사회적 신분에 따른 다양한 정명(定命) 실천의 요강 원칙으로 정의가 적용되는 것이다. 사랑의 계명은 동등하게 주어지지만 시민적 질서에 따른 의무는 각자가 처한 사회적 지위에 따라 배분되어야 한다. 이것은 또한 인권과 같은 기본권에서는 평등해야 하고 어려운 처지에 놓인 이웃에게 자선을 하는 것은 모든 인간의 의무지만 소질과 능력에 따라서, 사회적 신분이 갖는 힘의 정도에 따라서 그것을 실천할 수 있는 범주는 달라야 한다는 뜻이기도 하다. 이것이 그리스도교적 사랑이고 정의다. 그러므로 사회 안에서 그리스도교적 사랑을 실천하는 것은 진리를 선포하는 것을 넘어서 정의를 실현하고 완성하는 것까지를 포괄하는 것이다.

둘째, 무상성이라는 것이 존재한다는 점이다. 구약성경의 희년 선포는 완전한 자유의 선포, 해방의 선언을 통해 새 출발할 수 있는 기회가 주어졌다는 것을 의미했다. 사람은 물론 토지와 노예의 쉼(휴식)에서부터 시작하여 사회구조나 제도, 혹은 능력에 의해 불평등해진 사람들에게 새 출발을 위한 동등한 기회를 제공함으로써 불평등한 사회를 개혁하였다. 사회적 갈등과 다툼을 최소화하고 신분과 재산, 능력의 차이를 극복할 수 있도록 하였다. 바로 여기에 그리스도교에서 말하는 '정의'의 원칙이 담겨있다. 하느님의 무상 현존과 그분의 구원의지와 은총의 무상 행위는63 인간의 행실이나 공로에 따라 베풀어주시는 것이 아니라 아무런 조건 없이 무조건 공짜로 주어진다는 것이다. 그러면서도 공평성에 입각한, 조건과 상황에 따른 차등적인 무상의 원칙이 존재한다는 것이다. 다시 말해서 가진 자가 가지지 못한 자에게, 갑이 을에게, 권력자가 피권력자에게 하는 무상이고 무조건적인 요청이지, 그 반대는 아니라는 것이다. 그 반대의 경우가 되면 그것은 강자의 약자에 대한 착취이고 횡포이고 남용이다. 사회원조 정책과 복지정책을 개선하고, 인류 가족의 공동선을 의식하는 가운데 요한 바오로 2세에 의해 촉발된 희년 정신의 실현과 세계 차원에서의 정의 회복을 위해 가난한 나라들의 외채 탕감이나 실질적인 감면은 이런 맥락에서 진행된 것이었다.64 그리고 계속해서 교회는 글로벌 경제 주체들에게 도덕적 양심, 개인적이고

---

63 하느님의 무상 현존과 무상 행위에 대해서는 『간추린 사회 교리』 20-27항을 참조하라.

64 요한 바오로 2세, 『제삼천년기』 12항 참조, 51항(교황 요한 바오로 2세, 2000년 희년 준비에 관한 회칙 『제삼천년기』(Tertio Millennio Adveniente), 1994): 외채탕감 운동은 이후 종교계와 시민단체들이 주축이 되어 "주빌리 2000 운동"으로 이어졌다. 이것은 2000년 대희년을 계기로 극빈국들의 외채 탕감을 위해 보통사람들이 세계의 부유한 국가들과 다국적 금융기구들의 정책 변화를 이끌어낸 성공한 자발적인 운동으로 평가받았다. 이후 이 운동은 외채를 경감 받은 나라들이 그 돈을 의료, 보건, 교육, 빈곤퇴치 등에 쓰도록 하고, 정책 결정 과정에서도 투명성을 확립하도록 감시하며, 2001년 7월에는, 서방 선진 7개국들에게 극빈국들의 추가적인 부채 탕감을 위한 압력을 행사하기도 했다.

사회적인 책임을 상기 시키며 상거래 관계에서 형제애의 표현인 무상성의 원칙과 은총(증여)의 논리가 통상적인 경제 활동에 자리할 수 있고, 또 그래야 한다고 강조하였다. 이것은 현대인의 요구일 뿐만 아니라 경제 논리의 요구이며, 사랑과 진리 둘 다의 요구이기도 하기 때문이다. 경제 활동의 모든 측면에서 정의, 특별히 교환 정의를 요구하고 나선 것이다.[65] 무상성과 형제애의 경제는 올바른 재분배를 위해 정치적인 논리나 조건을 배제한 증여의 정신을 토대로 아무런 조건 없이 구원과 은총을 베푸시는 하느님 사랑의 무상성을 따르는 것으로서 초월성에 열려 있는 고차원적인 활동이다.

셋째, 완전한 인간 발전을 추구한다는 것이다. 교회가 제시하는 발전에 관한 명확한 시각은 무엇보다도 기아와 빈곤과 전염병과 문맹으로부터 민족들을 구제하는 목적을 가리키는 것이지, 그것을 위해 무분별한 개발로 인권을 유린하고 생태계를 파괴하는 것까지 묵인한다는 것이 결코 아니다.[66] 정의로운 발전은 인류와 관련하여 "더욱 가치 있게 되고 자신을 완성하려는"[67] 의식에서부터 출발한다. 따라서 발전은 그 기원

---

[65] 『진리안의 사랑』 36-37항 참조; 여기에서 말하는 '교환 정의'란 어떤 재화를 교환함에 있어서 서로 교환되는 재화의 가치가 동등할 것을 요구하는 정의이다. 교환 정의는 다른 사람의 권리에 대한 침해를 금하며 경제외적 강제를 동원하여 부등가교환(不等價交換)을 강요하는 행위도 죄악임을 선언한다. 교환 정의는 소유권의 보호와 채무의 변제, 자유로이 계약한 의무의 이행 등을 엄격히 요구한다. 교환 정의가 없이는 다른 어떤 형태의 정의도 불가능하기 때문이다. 『가톨릭교회의 교리서』 2411-2412항 참조.

[66] 바오로 6세 교황은 문헌 『민족들의 발전』을 통해 '발전'을 '평화의 새 이름'이라고 천명하면서 그에 대한 교회의 시각을 분명히 하였다. 예컨대, 경제적 관점에서 발전은 민족들이 평등하게 세계 경제 과정에 적극적으로 참여하는 것을 의미하고, 사회적 관점에서 발전은 민족들이 연대 의식을 지닌 교화된 사회로 진화하는 것을 의미하며, 정치적 관점에서 발전을 자유와 평화를 보장하는 민주주의 체제의 강화를 의미한다는 것이다. 14항, 76-84항 참조: 『진리안의 사랑』 21항에서 인용.

[67] 『민족들의 발전』 15항.

과 본질에서 하나의 소명인 것이다. "하느님의 계획대로 인간은 누구나 자신을 발전시키도록 태어났습니다. 인간은 하느님께서 정해 주신 어떤 소명을 지니고 있기 때문입니다."[68] 다시 말해서 발전은 하느님으로부터 오는 초월적인 부르심이나 '소명'이 갖는 본래의 의미처럼 자발적이고 책임 있는 응답이 요구된다는 것이다. 온전한 인간 발전은 개인과 민족의 책임 있는 자유를 전제로 한다. 어떠한 조직도 인간의 책임을 뛰어넘는 발전을 보장할 수가 없다. 책임 있는 자유의 상황에서만 만족스러운 발전이 이루어질 수가 있는 것이다.[69] 오늘날 복음화의 사명이 인간의 전인적 해방을 위한 것이지 부분적인 교회의 확장이 아니며, 하느님의 신성에 기원을 둔 참된 휴머니즘을 인식하는 가운데 인간화에 관심을 기울이고 복음화의 다양한 측면에 투신함으로써 온갖 빈곤과 부조리에 맞서 싸우고 인간의 물질적 행복과 정신적·윤리적 발전을 도모하는 것은 바로 이러한 전인적인 해방을 통한 인류의 공동선을 증진하기 위함이다.

넷째, 생명에 대한 무조건적인 개방성이 있다는 점이다. 그리스도교에서 생명의 근원은 빛이신 하느님으로부터 온다. 그래서 모든 생명에는 하느님의 숨(혹은 손길)이 깃들어 있다. 이것을 극명하게 보여주는 것이 말씀이 육체가 되신 그리스도 안에 있는 '생명'이다. "나는 부활이요 생명이다"(요한 11,25), "나는 길이요, 진리요 생명이다"(요한 14,6), "나는 양들이 생명을 얻고 또 얻어 넘치게 하려고 왔다."(요한 10,10), "아드님을 모시고 있는 사람은 그 생명을 지니고 있고, 하느님의 아드님을 모시고 있지 않는 사람은 그 생명을 지니고 있지 않습니다."(1요한 5,12),

---

68 『민족들의 발전』 15항 참조.
69 『진리안의 사랑』 16-17항 참조.

"여러분의 생명이신 그리스도께서..."(콜로 3,4) 등, 성경은 생명과 하느님의 동일성에 대해 계속해서 언급한다. 생명에 대한 '무조건적인'이라고 하는 것은 바로 이런 이유 때문이다. 그렇기 때문에 생명은 인류와 온 우주의 중심 목표가 되고, 영원한 생명에 대한 전망 안에서 참다운 인간발전을 꾀하는 것이다. 여기에서 생명 윤리와 사회 윤리의 강한 관련성이 대두된다. "사회가 한편으로는 인간의 존엄성, 정의, 평화 등과 같은 가치들을 주장하면서, 다른 한편으로는, 특히 인간의 생명이 약하거나 소외된 곳에서 근본적으로 생명을 평가절하하거나 훼손하는 다양한 방식을 허용하거나 용인하는 행동을 한다면, 그 사회는 굳건한 토대가 결핍된 사회"[70]이기 때문이다. 그러므로 생명에 대한 사회 문제는 생명을 어떻게 인식하는가 하는 것뿐 아니라 생명을 어떻게 다루는가 하는 것과도 관련된 것으로서, 도덕적으로 책임감 있게 생명을 받아들이는 것은 도덕적 힘을 강화하고 서로를 돕도록 하며, 자국의 이기적 욕망을 충족시키는데 드는 엄청난 경제적·지적 지출을 막을 수 있기에 사회와 경제의 풍부한 자원이 아닐 수 없는 것이다.[71]

---

[70] 요한 바오로 2세, 『생명의 복음』(Evangelium Vitae, 1995.3.25.) 101항: 바오로 6세, 『인간 생명』(Humanae Vitae, 1968.7.25.), 8-9항 참조: 『진리안의 사랑』 15항에서 인용.

[71] 『진리안의 사랑』 75항: 이와 관련하여 교회가 민족들의 발전과 빈곤 문제, 물과 식량에 대한 권리에 관심을 가지는 것도 모두 생명권과 관련이 있기 때문이다. 『진리안의 사랑』 27-28항, 44항 참조.

VI. 나가는 말

지금까지 우리는 세계화 시대에 정의란 과연 무엇이고, 인간의 실존에서부터 지구적인 문제에 이르기까지 생명체들의 기본적인 삶의 조건에 대해 정의의 관점에서 '공동선'을 살펴보았다. 교회가 가르치고 있는 사회교리에 내재된 윤리적 요구는 '공동선'의 추구에 있다. 공동선이야말로 사회생활의 의미를 이루는 요소이며, 사회 자체가 존재하는 참된 이유이다. 인간은 공동체를 이루고, 피조물과 '더불어' 서로를 '위해' 존재한다. 생태 환경을 인간의 삶의 조건과 따로 떼어서 생각할 수 없는 것도 서로 긴밀하게 연관되어 있기 때문이다. 사회 교리는 이런 원리를 '공동선'의 근거로 제시한다.

공동선은 하느님의 법에 맞고, 가치 있고 질서 있는 행복한 생활을 위해 개인과 공동체가 정상적이고 안정된 공적 조건을 마련하는 것으로서, 이를 보장하기 위해서는 각자가 자신의 이익을 정의의 요청에 따라 조화롭게 분배하고 조정할 수 있어야 한다. 여기에서 정의의 문제는 개인 간의 이익, 개인과 집단의 이익, 국가와 개인의 이익, 인간과 생태 간의 이익을 올바로 조정하는 구심점이 된다. 정의가 인간에게만 국한된 문제가 아니라 이제 모든 피조물의 세계에까지 도달되어야 하는 과제가 된 오늘날과 같은 상황에서 공동생활에서 어떤 방법으로 서로 협조하느냐, 어떤 식으로 공권력과의 관계를 조정하느냐, 어떻게 모든 공동체들이 서로 조화를 이루느냐하는 문제를 고민하지 않을 수가 없다.

공동선이 요구하는 것은 국가나 사회와 같은 거대집단이 개인이나 사회단체의 권익에 치중하는 것이 아니라, 보편적 시민권을 존중하고 조정하여 최대한 균형을 이루도록 노력하는 것이다. 공권력이 개인의 자주성과 자유를 제한하거나 침탈해서는 안 되고, 오히려 개인의 기본권을 보장해 주어야 한다. 공동선은 인류와 관련하여 선(善)과 의(義)를 배경으로 한 권리와 의무를 요구하며, 진리, 정의, 생명, 평화 등 보편적 가치를 거스르는 모든 행동을 저지하며 질서와 협력으로 하느님의 뜻에 맞는 사회를 발전시키고 개인의 인격을 함양하는데 도움이 되는 제도와 체제를 재정비하는 것까지 포괄한다.

세계화 시대의 사회 질서와 발전은 언제나 모든 피조물의 행복을 지향해야 하며, 물질의 안배는 인간 질서에 종속되어야지 그 반대가 되어서는 안 된다. 주님께서도 친히 "안식일이 사람을 위하여 있지, 사람이 안식일을 위하여 있는 것은 아니다. 사람의 아들이 안식일의 주인이다."(마르 2,26-27)고 했고, "온 세상에 가서 모든 피조물에게 복음을 선포하여라."(마르 16,15)고 하였다. 이것은 예수의 인권선언이자 사회교리의 핵심인 그리스도인의 모든 활동이 피조물에게도 '기쁜 소식'이 되어야 한다는 것을 의미한다. 다시 말해서 오늘날의 '복음'(기쁜 소식)은 현대 세계의 정의라고 할 수 있는 민족, 이념, 국경 등을 초월하여 인류 공동체는 물론 모든 피조물까지 포괄하는 지구 공동체의 선(공동선)을 지향하는 데 있는 것이다.

그러므로 공동선은 인간이 자신은 물론, 피조물과 공동으로 살아가면서 상호 선익을 도모해야 하는 과제인 것이다. 각 개인의 권리와 의무가 존중되고, 그런 사회적 환경을 만들기 위해 모두가 성실하고 효과적으로 제 역할을 하며, 사적 혹은 공적인 구조와 제도들을 발전시켜 삶의 조건이 개선되도록 노력해야 하는 것이다. 진정한 정의는 가장 약자가 자신의 존재감을 인식할 수 있어야 하고, 공동생활에서 소외감을 느끼지 않을 때 모두에게 좋은 것(공동선)이 될 수 있기 때문이다.

참고 자료

교황청 정의평화평의회.『간추린 사회교리』. 한국천주교중앙협의회, 2005.

『가톨릭교회 교리서』. 주교회의 교리교육위원회 번역. 한국천주교중앙협의회, 2008.

『제2차 바티칸 공의회 문헌』. 한국천주교중앙협의회, 2008.

비오 11세.『사십주년』(Quadragesimo Anno), 1931.

_____.『하느님이신 구세주』(Divini Redemptoris), 1937.

요한 23세.『어머니요 스승』(Mater et Magistra), 1961.

_____.『지상의 평화』(Pacem in terris), 1963.

바오로 6세.『인간 생명』(Humanae Vitae), 1968.

_____.『팔십주년』(Octogesima adveniens), 1971.

_____.『현대의 복음 선교』(Evangelii nuntiandi), 1975.

요한 바오로 2세.『인간의 구원자』(Redemptor Hominis), 1979.

_____.『자비로우신 하느님』(Dives in Misericordia), 1980.

_____.『노동하는 인간』(Laborem Exercens), 1981.

_____.『사회적 관심』(Sollicitudo rei socialis), 1987.

_____.『백주년』(Centesimus Annus), 1991.

_____.『제삼천년기』(Tertio Millennio Adveniente), 1994.

_____.『생명의 복음』(Evangelium Vitae), 1995.

베네딕토 16세.『진리안의 사랑』(Caritas in Veritate), 2009.

잉글랜드 웨일즈 가톨릭 주교회의 성명서.『공동선과 가톨릭교회의 사회 교리』. 한국천
        주교중앙협의회, 1997.

천주교서울대교구사회사목부.『가톨릭 사회교리』 1,2, 가톨릭출판사, 1995/1996.

교황청 신앙교리성.〈복음화의 일부 측면에 관한 교리 공지〉(2007.12.03.)

교황청 정의평화평의회.『간추린 사회교리』. 한국천주교중앙협의회, 2005.

『대이교도대전』(해제). 서울대학교 철학사상연구소, 2006.

발터 케르버 외.『현대 사회의 그리스도교 신앙』., 박종대 역, 서강대학교 출판부, 2013.

『사회정의-가톨릭의 입장』. 가톨릭출판사, 1976.

『신학대전』 II-II, q 19. a 2. ad 2.

폴 우드러프. 『아이아스 딜레마』. 이은진 역, 원더박스, 2013.

한정현. 「선(善)」, 『한국 가톨릭 대사전』, 7권, 한국교회사연구소, 1999.

황경식. 『사회정의의 철학적 기초-J. 롤즈의 정의론을 중심으로』. 철학과 현실사, 2013.

황경식 · 박정순 외. 『롤즈의 정의론과 그 이후』. 철학과 현실사, 2009.

D. D. Raphael. *Moral Judgement*. London, Allen & Unwin, 1955.

David P. Gauthier. *Pratical Reasoning*. Oxford University Press, 1963.

H. 헨드릭스. 『성서와 사회정의』. 정한교 역, 분도소책 22, 분도출판사, 1984.

Harry Prosch. *The Genesis of Twentieth Century Philosophy*. New York, Doubleday
    & Company, Inc., 1964.

I. Kant. 『실천이성 비판』. 백종현 역, 아카넷, 2010(개정판).

J. J. Rousseau. *The Social Contract*. bk. 2, ch. 3, Maurice Canston(trans.),
    Baltimore, Penguin Books, 1968.

John Rawls. 『정의론』. 황경식 역, 이학사, 2003.

John Stuart Mill. 『공리주의』. 서병훈 역, 책세상, 2010.

Michel J. Sandel. 『공동체주의와 공공성』. 김선욱 외 역, 철학과 현실사, 2008.

William S. Sahakian. *Ethics*. New York, Barnes & Noble Books, 1974.

Waldemar Hanasz. "The Common Good in Machiavelli", *History of Political
    Thought*, Vol.31, No.1(2010).

김경희. 「국가와 공공선/공동선: 절대선과 개별선 사이의 마키아벨리」, 『정치사상연구』
    제18집 1호(2012), 33-52쪽.

심현주. 「"진리안의 사랑"과 가톨릭 사회론」, 『신학전망』 제168호, 광주가톨릭대학교,
    2010, 2-28쪽.

장현근. "公(public) · 共(common) 개념과 중국 秦 · 漢 정부의 재발견 - 禮 · 法의
    분화와 결합", 『정치사상연구』 제16집 1호(2010), 31-55쪽.

정희완. 「신학의 사회적 책임과 역할에 대한 성찰: 한국적 사회참여 신학을 위하여」, 『신
    학전망』 제177호, 2012, 146-195쪽.

맹주만. 「롤스와 샌델, 공동선과 정의감」, 『철학탐구』 제32집, 2012, 313-348쪽.

정의를 향한 '그린 리더십'(Green Leadership)

: 이사야 11장 '한 싹'과 한국 민담 '해와 달' 이야기의 해석학적 대화

박혜경 ― 대만 장영대학교

I. 들어가는 글: 성경, 폭력의 책?

'폭력'은 동서고금을 막론하고 존재한다. 사랑을 최고의 선으로 삼는 기독교인들이 각자의 자리에서 사랑을 실천한다면 폭력은 지금보다 줄어들 것이다.[1] 그러나 역설적이게도 기독교의 정경인 성경을 통해 폭력을 정당화 시킨 경우가 있었다. 예를 들어, 미국 백인 우월주의 과격 단

---

* Hye-Kyung Park, "Violence and Resistance: A Hermeneutical Dialogue between 'A Shoot' in Isaiah 11 and 'The Sun-moon' in Asian Narratives for Justice," *Madang* 22 (Dec. 2014), pp. 99-114을 수정 번역한 글이다.

1 존 롤스(John Rawls)는 공정성에 대해 두 가지 원칙을 제시한다. "어떻게 의무를 지킬 것인가"와 "법제도들은 정의로워야 한다."이다. 이런 점에서 롤스는 폭력과 정의가 함께 연구되어야 할 과제임을 지적하고 있다고 본다. John Rawls, *A Theory of Justice* (Cambridge, MA: The Belkin Press of Harvard University Press, 1971), p. 343. 기독교인들이 사회 내의 폭력성에 대해 고민한다면 정의 문제를 심각하게 다룰 것이다.

체인 'KKK(Ku Klux Klan)'단과 같은 경우, "성경을 가지고 기도하고 나가자"가 그들의 행동 강령이었다. 이들은 1964년 6월 21일 미시시피에서 사회 인권 운동가 제임스 채니(James Chaney), 앤드류 굿먼(Andrew Goodman)과 마이클 슈워너(Michael Schwerner)를 살해하였다. 당시 KKK단의 조직원이었던 에드가 레이 킬렌(Edgar Ray Killen)은 침례교회 소속 목회자로 이 사건에 가담하였다.2 킬렌은 사건 당시, 목회자에게 유죄를 선고 할 수 없다는 배심원의 의견으로 재판 후 석방되었다. 그런데 사건이 발생한지 41년이 지난 2005년 1월 6일 재기소되었고,3 2005년 6월 23일에 60년형이 선고되었다.4 세 명을 살해한 사건에 가담하였기에 법정 최고형인 20년형이 각각 적용된 것이다.

사회 인권 운동가들을 살해한 이 사건은 인종차별주의와 반유대주의가 복합적으로 얽힌 사건이었다. 이러한 비극은 분파주의와 혐오주의의 결과로 KKK단이 백인의 우월성과 형제애를 극도로 내세우고 있음을 보여준다. 1964년 미시시피에서 배포된 KKK단의 전단지(leaflet)에는 회원 가입 요구 사항 20개 조항이 적혀 있다. 그 첫 번째 조항에서 KKK 단은 '기독교인 형제들의 우호적인 단체'임을 밝히고 있다.5 KKK단에

---

2 Roger Chapman, "Philadelphia, Mississippi," *Culture Wars An Encyclopedia of Issues, Viewpoints, and Voices*, 2nd edition, ed. by Roger Chapman and James Ciment, (London and New York: Routledge, 2010), pp. 506-507.

3 한겨레, "흑인 민권운동가 살해 용의자 40년 만에 체포,"
http://www.hani.co.kr/arti/international/international_general/1761.html.
2015. 07.27. 13:06:31.

4 Mississippi Department of Corrections, "EDGAR KILLEN,"
http://www.webcitation.org/5rNGnu05V. 2015. 07.27 14:48:50.

5 Mississippi Burning Trial, "Mississippi Burning Trial: Selected Klan Documents,"
http://law2.umkc.edu/faculty/projects/ftrials/price&bowers/klan.html.
2015.07.27 14:50:55.

가입을 하면 백인 기사단으로 활동을 할 수 있는데, 조직원이 되는 조건은 '앵글로 색슨족이며 기독교인 미국인(American Anglo-Saxon Christians)' 이었다. 이 전단지에는 KKK단의 조직원이 되어 회원으로서 성경을 가지고 기도하며 나가자고 선동하고 있다. KKK단의 백인 우월주의와 폭력의 정당화는 성경에 대한 자의적 해석과 사회 정의에 대한 무관심에서 기인한다.

더욱이 잘못된 성경 해석과 정의에 대한 무지함은 권력을 가진 사람들에게서 끊임없이 일어나고 있다. 미국의 43대 대통령 조지 W. 부시(George W. Bush)는 '테러리즘에 대항하는 전쟁'을 선포하면서 성경을 참고서로 삼고 있다.[6] 전쟁의 불가피성을 주장하지만, 이는 자신들의 권력 유지를 위한 것이다. 이에 대한 정당성을 성경 본문에서 찾는다. 다른 종교인들에 대한 폭력을 자행하는 기독교인들은 그들이 자행한 폭력의 정당성을 자주 성경에서 찾는다. R. S. 수기타라자(R. S. Sugirtharajah)는 서양 식민지 역사에서 기독교 성경의 억압적이고 약탈적인 요소들로 인해 성경이 정신적, 물리적 정복을 위한 '문서 무기'(textual ammunition)로 사용되었다고 주장한다.[7]

그러나 성경은 한 가지 사상으로 점철된 폭력을 지향하는 책이 아니다. 폭력적인 기독교인들은 그들의 행동을 합법화하기 위해 성경을 인용하였고 해석하였다. 그들은 기독교인이라는 명목 하에 스스로의 폭력성을 정당화 시켰다. 이는 성경에 대한 폭력이다. 오히려 성경은 기독교

---

6 Kwok Pui-Lan, *Postcolonial Imagination & Feminist Theology* (Louisville, KY: Westminster John Knox Press, 2005), p. 7.

7 R. S. Sugirtharajah, *Exploiting Postcolonial Biblical Criticism: History, Method, Practice* (West Sussex, United Kingdom: Blackwell Publishing Ltd., 2012), pp. 31-33.

인들의 폭력적 행동을 지지하지 않으며 사회 정의를 독려한다. 성경에 드러난 폭력과 그와 관련된 이야기들은 당대 성경 독자들의 투영일 뿐이다. 지금 우리가 폭력을 옹호할지 정의를 실천할지는 오늘 성경을 읽는 우리의 몫이다.

II. 여는 글: 이사야 시대와 아시아인

예언자 이사야는 앗수르 제국 치하에 있는 이스라엘 사람들로 하여금 정의를 위해 저항 할 것을 선언하였다. 월터 브루그만(Walter Brueggemann)에 따르면, 이사야는 제국주의에 굴복하지 않는 시적 신탁(poetic oracle)을 선언하였다(사 10:5-19). 이 시적 신탁은 '각 지역에서 일어나는 저항들을 약화시키고 야훼 하나님에 대한 믿음을 상실시키는 것'[8]으로, 제국주의가 지닌 폭력성을 드러낸다. 야훼 하나님은 이스라엘을 심판하기 위해 앗수르를 도구로 사용하였지만 하나님은 이제 앗수르의 오만함을 용납할 수가 없다. 이사야는 앗수르를 향해 '화 있을진저'(5절)라는 용어를 사용함으로써 제국주의 권력에 강력하게 저항하고 있다. 히브리어 'הוי(호이)'에 해당하는 '화 있을진저'는 '하나님께서 심판을 강행하신다'는 뜻을 내포하고 있다. 제국주의가 심판을 받는 이유는 강자가 지닌 폭력 때문이며 정의를 이루지 않기 때문이다.

더욱이 이사야 11장에서는 미래지향적인 지도자상이 나온다. 이는

---

8 Walter Brueggemann, "The Faith in the Empire," *In the Shadow of Empire: Reclaiming the Bible as a History of Faithful Resistance*, edited by Richard A. Horsley (Louisville: Westminster John Knox Press, 2008), p. 32.

'한 싹'으로부터 난 이스라엘의 지도자이며 미래에 '공의로 허리띠를 삼고 성실로 몸의 띠'를 지닌 자이다. 이상적인 '평화(שלום/샬롬)'는 인간을 포함한 자연 공동체의 가장 근본이 되는 '한 싹'의 정의로움으로부터 시작된다고 이사야 11장은 역설한다. 다시 말해, 폭력에 저항하는 방식이 설정되어 있다는 것이다. '싹'은 생명의 근본이다. 연약해 보이는 싹이지만, 그 싹이 하나님의 영을 받으면 정의로운 나무로 자라게 되며, 폭력에 저항하게 된다. 폭력이 폭력을 저지할 수 없다는 말이다.

그런데 이사야 11장을 순수한 비폭력의 본문, 폭력에 저항하는 본문으로만 읽을 수 없다. 왜냐하면 이사야 11장 후반부인 10-16절은 이웃 국가에 대한 이스라엘의 침략과 파괴를 상정하고 있기 때문이다. 비록 이사야 10장 5절-11장 16절이 제국주의에 대한 저항과 평화적 세상을 지향하고 있더라도, 이사야 11장은 여전히 이스라엘 사람들의 선민의식으로 점철되어 있고, 그로 인해 다른 민족들에게 폭력을 가하게 된다. 이는 전 세계인을 위한 진정한 해방 관점의 부재를 나타내며, 현재 이스라엘이 팔레스타인에 행하는 폭력에 성경이 잘못 해석될 여지를 남긴다. 제한된 이상주의를 나타내고 있는 것이다.

따라서 성경을 읽는 독자들은 자신들의 상황에서 성경을 읽을 것이다. 이사야가 자신의 상황에서 자신의 독자들을 위해 신학적 응답을 예언했다면, 오늘의 독자들도 자신의 상황에서 주어지는 신학적 반성을 추구하면서 성경을 읽어야 한다. 그렇게 될 때 성경은 늘 살아 있는 하나님의 말씀이 된다. 아시아인으로서 성경을 읽는 해석학적 연구가 이뤄질 때 이사야가 내세운 폭력에 대항한 저항의 의미가 퇴색되지 않을 것이다.

이를 위해 이 글은 이사야 11장과 한국 이야기인 '해와 달이 된 오누이'에 대한 해석학적 대화를 시도한다. 이 대화는 성경이 지니고 있는, 폭력에 대항한 저항의 의미를 독자의 상황에 맞게 새롭게 해석하려는 시도이다. 그럼으로써 정의로운 공동체가 지녀야 할 목적과 방법론에 밑그림을 제공할 것으로 기대한다. '해와 달' 이야기는 강자가 지니고 있는 권력의 폭력성에 대한 약자의 저항을 보여주고 있으며 이는 인간 사회와 생태 공동체가 공감으로 현존할 수 있는 정의로운 사회를 모색하게 만든다. 인간 사회와 생태 공동체에서 정의가 승리할 수 있도록 이사야 11장과 '해와 달' 이야기는 폭력과 저항이라는 주제 하에 '그린 리더십'(Green Leadership)을 지향하며 해석학적으로 분석될 것이다. 이 작업은 폭력에 대항하는 저항의 한 부분이 될 것이다. 두 가지 다른 본문과 전승에 대한 해석학적인 대화를 위해 '신(新) 양식비평학'(new form criticism)이 방법론적으로 사용될 것이다.[9]

III. 펼치는 글 1(구조): 강자의 폭력과 약자의 저항

1. 이새의 '한 싹': הוי אשור(호이 앗수르), משא בבל(마싸 바벨)

[1]이새의 줄기에서 한 싹이 나며 그 뿌리에서 한 가지가 나서 결실할 것
이요 [2]그의 위에 여호와의 영 곧 지혜와 총명의 영이요 모략과 재능
의 영이요 지식과 여호와를 경외하는 영이 강림하시리니 [3]그가 여호

---

9 '신(新) 양식비평학' 방법론 참조. Hye-Kyung Park, "The Confluence of the Israelite Girl in 2 Kings 5 and *Baridegi* in a Korean Myth," *Madang* 16 (Dec. 2011), pp. 96-97.

와를 경외함으로 즐거움을 삼을 것이며 그의 눈에 보이는 대로 심판하지 아니하며 그의 귀에 들리는 대로 판단하지 아니하며 ⁴공의로 가난한 자를 심판하며 정직으로 세상의 겸손한 자를 판단할 것이며 그의 입의 막대기로 세상을 치며 그의 입술의 기운으로 악인을 죽일 것이며 ⁵공의로 그의 허리띠를 삼으며 성실로 그의 몸의 띠를 삼으리라 ⁶그 때에 이리가 어린 양과 함께 살며 표범이 어린 염소와 함께 누우며 송아지와 어린 사자와 살진 짐승이 함께 있어 어린 아이에게 끌리며 ⁷암소와 곰이 함께 먹으며 그것들의 새끼가 함께 엎드리며 사자가 소처럼 풀을 먹을 것이며 ⁸젖 먹는 아이가 독사의 구멍에서 장난하며 젖 뗀 어린 아이가 독사의 굴에 손을 넣을 것이라 ⁹내 거룩한 산 모든 곳에서 해 됨도 없고 상함도 없을 것이니 이는 물이 바다를 덮음 같이 여호와를 아는 지식이 세상에 충만할 것임이니라 ¹⁰그 날에 이새의 뿌리에서 한 싹이 나서 만민의 기치로 설 것이요 열방이 그에게로 돌아오리니 그가 거한 곳이 영화로우리라 ¹¹그 날에 주께서 다시 그의 손을 펴사 그의 남은 백성을 앗수르와 애굽과 바드로스와 구스와 엘람과 시날과 하맛과 바다 섬들에서 돌아오게 하실 것이라 ¹²여호와께서 열방을 향하여 기치를 세우시고 이스라엘의 쫓긴 자들을 모으시며 땅 사방에서 유다의 흩어진 자들을 모으시리니 ¹³에브라임의 질투는 없어지고 유다를 괴롭게 하던 자들은 끊어지며 에브라임은 유다를 질투하지 아니하며 유다는 에브라임을 괴롭게 하지 아니할 것이요 ¹⁴그들이 서쪽으로 블레셋 사람들의 어깨에 날아 앉고 함께 동방 백성을 노략하며 에돔과 모압에 손을 대며 암몬 자손을 자기에게 복종시키리라 ¹⁵여호와께서 애굽 해만을 말리시고 그의 손을 유브라데 하수 위에 흔들어 뜨거운 바람을 일으켜 그 하수를 쳐 일곱 갈래로 나누어 신을 신고 건너가게 하실 것이라 [16]그의 남아 있는 백성 곧 앗수르에서 남은 자들을 위하여 큰 길이 있게 하시되 이스라엘이 애굽 땅에서 나오던 날과 같게 하시리라(이사야 11장 1-16절).

이사야 11장은 본문 구조상 이사야 10장 5절-12장 6절에 속하며, '왕정 구원자에 대한 예언자적 선포'[10]라는 표제를 붙일 수 있다. 이사야 11장의 내용과 구조를 분석하려면 이사야 10장에서 13장까지의 구조를 함께 연구해야 한다. 이사야는 11장에서 이스라엘에 대한 예언을 선포하고, 더불어 이스라엘 주변의 강대국들에 대해 예언한다. 이사야 10장은 앗수르에 대해서, 11장과 12장은 이스라엘에 대해서 그리고 13장은 바벨론에 대해서 예언하고 있다.

이사야 10장 5절은 'הוֹי אַשּׁוּר'(호이 앗수르)라는 히브리어로 시작하는데, 'הוֹי'(호이)는 예언자들이 주로 하나님의 저주와 심판을 선언할 때 쓰는 단어이다.[11] 성경 개역개정본은 본문을 '앗수르 사람은 화 있을 진저'로 번역하고 있다. 이처럼 이사야는 예언자의 심판 신탁 관용어구로 독자들의 주의를 집중시킨다. 이사야 13장 1절은 'מַשָּׂא בָּבֶל'(마싸 바벨/바벨론에 대한 경고)'이라는 관용 어구로 시작한다. 이사야 10장 5절이 앗수르에 대한 심판이었다면, 13장 1절은 바벨론에 대한 경고로 이사야의 예언 내용이 이사야 13장에 와서 변경된다. 이사야 10장 5절-12장 6절

---

10 Marvin A. Sweeney, *Isaiah 1-39 with an Introduction to Prophetic Literature*, The Forms of the Old Testament Literature, vol. 26 (Grand Rapids, MI: William B. Eerdmans Publishing Company, 1996), pp. 196-217.

11 Claus Westermann, *Basic Forms of Prophetic Speech*, tr. by Hugh Clayton White (Cambridge: the Lutterwroth Press, 1991), pp. 191-194.

까지는 앗수르 제국과 식민지 이스라엘의 관계에 집중하고 있고, 그 중간에 위치하고 있는 이사야 11장은 앗수르에 의해 침략 당한 이스라엘에게 이상적인 지도자가 누구인지 분명히 보여주고 있으며, 특별히 이사야 13장은 문장 구조상 새로운 주제가 시작되면서 그 중심에 바벨론 제국을 명시하고 있다. 이사야 11장의 이스라엘은 두 제국주의 국가들에 의해 멸망당하고 폭력을 당한 약자였다. 북이스라엘이 앗수르에 멸망당하고 남유다가 바벨론에 패망한 역사적 사건을 이사야는 독자들에게 강조하고 있다. 이사야 10장 5절 'הוי אשור'(호이 앗수르)와 13장 1절 'משא בבל'(마싸 바벨)이라는 문장 구조가 11장에 등장하는 이스라엘 '이새'의 상황을 잘 나타내고 있다. 이사야 10장(앗수르)과 13장(바벨론)의 중간 부에 위치해 있는 이사야 11장(이스라엘)은 주변 강대국들의 주변에 쌓여 있는 약소국가의 운명을 이야기하고 있다. 이스라엘의 '이새'는 강대국 앗수르와 바벨론에 의해 차례로 멸망당했다. 그럼에도 불구하고 새로운 리더십이 출현 할 것이다. 왜냐하면 앗수르는 저주를 받고 바벨론은 경고를 받기 때문이다.

2. '이새의 한 싹': '그린 리더십'(green leadership)을 향해서

그렇다면 제국주의의 폭력이 득세하는 상황에서 이스라엘의 이상적인 왕은 어떤 모습일까? 이에 대해 이사야 11장이 대답하고 있다. 이사야 11장 1절은 "이새의 줄기에서 한 싹(חטר/호테르)"이라는 말로 시작한다. 여기서 '이새'는 다윗의 아버지 이름이기에, 전통적으로 다윗 왕조에서 새로운 지도자가 출현할 것이라는 '메시아 대망'(Messianic hope)과 관련시킬 수도 있다. 그러나 11장 1절의 히브리어 구조는 '이새'보다는 '한 싹이 난다'에 강조점을 두고 있다. 더욱이 '한 싹'은 이사야 10장 5절(הוֹי אַשּׁוּר/호이 앗수르)과 13장 1절(מַשָּׂא בָּבֶל/마싸 바벨)의 문장 구조와 비교하면서 이해해야 한다. 이사야 11장 1절의 חֹטֶר(호테르/한 싹)는 문장 구조의 전환을 가져오는 단어이다. 앞에서 본 이사야 10장 5절의 הוֹי(호이)가 문장 구조상 새로운 시작을 알리고 근접한 앗수르에 대한 심판을 알리는 단어라면, 11장 1절의 חֹטֶר(호테르)는 이사야 10장과 11장의 구조적인 반전을 이루면서 독자들의 주의를 이스라엘에게 집중시키는 단어이다. 또한 חֹטֶר(호테르)는 이사야 13장 1절의 מַשָּׂא בָּבֶל(마싸 바벨/바벨론에 대한 경고)에도 등위를 이루고 있다. 앗수르가 야훼 하나님의 הוֹי(호이)로 인해 심판을 면하지 못하지만 이스라엘은 '한 싹'으로 인해 새로운 지도자를 만나게 되고 그는 하나님의 영의 인도를 받는다. 바벨론이 야훼 하나님의 מַשָּׂא(마싸/경고)를 벗어나지 못하겠지만 이스라엘은 바벨론 같지 않을 것이다. 왜냐하면 이스라엘에는 "한 싹"이 돋아나기 때문이다.

'한 싹'은 미래를 대망하는 왕을 가리킴과 동시에 생태 공동체를 이루는 근원적 메타포(metaphor)를 제공한다. 즉, 이스라엘의 지도자는 '그린 리더십'(green leadership)을 지닌 자에게서 시작된다. 생태계에서 '싹'이 돋아나지 않으면 생태계는 존속할 수가 없다. 오늘의 생명의 싹, '한 싹'은 내일의 나무로 자라나기에 미래가 투영되어 있다. '한 싹'은 הוֹי אַשּׁוּר(호이 앗수르)와 מַשָּׂא בָּבֶל(마싸 바벨)이 하나님에 의해 저주와 경고를 받을 때 미래를 향해 자란다. 앗수르와 바벨론이 제국주의적 폭력으로 불의하게 이스라엘을 공격하더라도 이스라엘의 미래의 리더십은 '한 싹'에서 발아한다. 따라서 '한 싹'은 두 강대국이 지닌 제국주의적 폭력에 대항해 저항하며 싹을 틔우고 나무로 자라는 이스라엘의 미래지향적 리더십을 나타낸다.

그런데 '이새의 줄기에서 한 싹'은 무엇을 혹은 누구를 가리키는 것인가? 다윗의 아버지 이름이 이새이기에 이새의 줄기에서 난 한 싹은 전통적으로 '다윗'을 의미했다. 'חֹטֶר'(호테르/한 싹)는 메시아에 대한 희망을 나타내는 단어이고, 이러한 메시아적 대망 사상은 다윗 왕조의 회복을 의미한다고 주장한다. 그런데 학자들은 '한 싹'을 다윗으로 보는 역사적 해석에 의문을 제기하고, 이것이 새로운 왕조에 대한 이야기인지 아니면 이상적인 메시야 상(像)에 대한 대망을 의미하는지 의문을 제시하곤 한다.[12]

이사야 11장 1절은 포로기 이후에 편집 된 것이다.[13] 예언자 이사야가 살아가던 당시의 역사적 배경으로 '이새의 줄기에서 한 싹'을 이해한다면 다윗 왕조 중에서 출현할 수 있는 '한 싹'을 원할 것이다. 그러나 이미 왕권을 상실한 이스라엘 사람들에게 희망은 어디에서 출발할 것인가? 이미 망한 왕조의 부활이 아니라 '한 싹'의 싹을 틔우는 자연 속에서 샘솟았다고 할 것이다. 고향 땅을 떠나서도 어디서나 볼 수 있는 '한 싹'에서 미래의 지도자상이 그려졌다. 싹이 자라서 나무가 되듯 메시아적 희망 사상은 '한 싹'의 소중함에 있었다. 따라서 '한 싹'이라는 본문 구조에 내포된 의미는 다윗 왕조의 재건보다 더 포괄적인 의미의 생명을 지닌 싹에 있는 것이다. 무엇보다도 이사야서 11장에서는 '다윗'이라는 이름이 직접적으로 거론되지 않는다. '한 싹'이야말로 생태 공동체의 근본이며 인간 폭력보다 강인하다. 아무리 걷잡을 수없는 폭력이 현존 할지

---

12 Keith W. Whitelam, "Jesse," *Anchor Bible Dictionary*, vol. 3 (New York: Doubleday, 1992), p. 773.
13 Ibid.

라도 이는 영원하지 않으며 다시 태어나는 '한 싹'의 저항에 폭력은 무릎을 꿇을 수밖에 없다.

3. 레바논의 숲과 이새의 한 싹

이사야 10장과 11장에 대한 구조 분석으로 '한 싹'에 대한 메타포를 볼 수 있다. 이사야 10장 33-34절은 하나님이 행하는 강자들에 대한 심판을 이야기하고 있는데, '나무' 메타포가 사용되었다.14 이사야 10장 33절에서 주 만군의 야훼는 나무 꼭대기의 가지를 잘라내며 장대한 자들을 찍어낼 것이고, 34절에서는 레바논이 권능자에게 베임을 당하는 것처럼 야훼는 빽빽한 숲을 베어내겠다고 말한다. '한 싹'과 '나무.' 이사야 11장 1절의 "이새의 한 싹(רשח/호테르)"은 문법 구조상 앞장의 레바논 '나무' 비유와 연결되어 있다. 레바논의 백향목은 이스라엘 북부 두로 지역에 사는 부자들의 경제적 힘과 권력을 과시하는 척도로 비유할 때 사용되었고(겔 27:5), 신학적으로 오만함을 상징한다.15 이사야 10장과 11장의 공시적 구조로 볼 때 10장 33절과 34절의 '나무' 비유는 11장을 연결시키는 본문 구조의 지표가 된다. 문장 구조상 '나무'는 '싹'이 나올 수 있는 전조 역할을 한다. 예언자 이사야는 10장의 마지막 부분에서 야훼 하나님이 위력을 떨치던 나무들을 다 베어내고, 11장에서 새로운 '한 싹'이 날 것을 기대한다.

---

14 John D. W. Watts, *Isaiah 1-33,* revised edition, Word Biblical Commentary, vol. 24 (Nashville: Thomas Nelson, 2005), p. 203.

15 M. J. Mulder, "לבנון," *Theological Dictionary of the Old Testament*, vol. 7 (Grand Rapids, MI: William B. Eerdmans Publishing Company, 1995), pp. 447-457.

이사야 11장 1절의 첫 번 단어인 '**ויצא**'(웨야짜/그리고 [싹이] 날것이다)는 한 문장의 시작을 알리는 히브리어 접속사 '**ו**'(와우)와 동사 '**יצא**'(야짜)가 결합된 것이다. 그런데 이 단어는 10장 34절의 '**יפול**'(이폴/[레바논]이 떨어질 것이다), 즉 미래 시제의 영향을 받는다. 두 단어는 히브리어 문법 '와우 연결형'(waw consecutive)의 문장 구조를 나타내고 있는데, 이사야 10장 34절의 "레바논이 … 베임을 당하리라"는 미래 시제가 11장 1절에 영향을 미치는 것이다. 다시 말해, '**ויצא**'(웨야짜)는 '한 싹'의 미래가 현존할 것임을 알리고 있으며, 이사야 10장 34절의 베임을 당할 레바논과 극명한 대조를 이루는 '한 싹'이 미래 와우 연결형으로 강조된 것이다. 이사야는 생태 공동체의 기반이 되는 '한 싹'으로 미래에도 베어지지 않을 이상적인 '그린 리더십'을 예언하고 있다.

이사야 11장 1절의 '이새의 줄기의 한 싹'은 다윗 왕조를 선망하게 하고, 10장 33절과 34절에 드러난 '가지'와 '숲' 이미지는 앗수르 왕국의 몰락을 지향하고 있다. 이는 나무라는 공통된 이미지로 대조적인 결과를 나타내기에 문장 서술 구조상 '이연판'(二連板, diptych) 형태로 기술된 것이다.[16] 이사야 10장 34절의 '그 빽빽한 숲(나무)'과 11장 1절의 '이새의 줄기에서 한 싹이 나며'라는 문장 표현은 예언자의 극명한 대조로 자신의 예언을 강화하기 위함이다. 이제 '나무'로 비교된 권력자는 힘을 잃어갈 것이고 '한 싹'인 약자는 힘을 얻을 것이다.[17] 이사야 10장 33-34절과 11장은 편집상의 대위법(counterpart)이 돋보이는 본문들이다. 앞장에서 앗수르의 몰락이 예언되었다면 뒷장에서는 이스라엘의 그린 리

---

16 Willem A. M. Beuken, "The Emergence of the Shoot of Jesse: An Eschatological or a Now Event?" *Calvin Theological Journal* 39 (2004), p. 90.

17 Ibid., 88.

더십이 기대된다.

그리고 이 대조 구문들이 힘을 받는 새로운 전이는 이사야 10장 33절의 '주 만군의 여호와'에서 확신된다. 예언자는 이사야 10장 33절에서 'הנה'(힌네/보라)라는 문장 시작 단어를 통해[18] 야훼의 힘이 전환되고 있음을 확고하게 알린다. 'הנה'(힌네)는 '레바논의 빽빽한 숲(나무)'과 '이새의 줄기에서 나온 한 싹'에 대한 확실한 비교를 가중시키고 있다. 장대한 나무가 가졌던 폭력성은 이제 미약해지며 '한 싹'은 폭력에 맞서게 된다.

이제 이사야 11장 2절은 '한 싹'이 야훼의 영으로 어떻게 나무로 성장하는지 보여준다. '그의 위에 여호와의 영 곧 지혜와 총명의 영이요 모략과 재능의 영이요 지식과 여호와를 경외하는 영이 강림하시리니'(사 11:2). 야훼의 영이 '한 싹' 위에 있다. 레바논의 나무를 제거했던 야훼는 '한 싹'의 미래에서 지속될 리더십을 보여줄 것이다. 나약하지만 야훼의 영으로 끊임없이 돋아나는 새 싹은 오만한 레바논 백향목의 폭력성을 없애는 '그린 리더십'이다.

이사야 11장은 크게 1-9절과 10-16절 두 부분으로 나뉜다. 이사야 11장 1절과 10절에 적힌 '이새'는 두 부분의 연관성을 보이는 동시에 두 부분을 나누는 척도가 된다. 이사야 11장 1-9절의 '이새'는 그 줄기에서 돋아난 한 싹으로 이룩될 평화로운 왕국을 묘사하고 있다. 야훼는 이 평화로운 왕국을 인간 사회(1-5절)와 생태 공동체(6-9절)로 계획했다. '한 싹'이 나서 성립될 왕국의 리더십은 반드시 '정의'를 실현해야 한다. 이사야 11장 5절은 '공의로 그의 허리띠를 삼으며 성실로 그의 몸의 띠를 삼으리라'며 '한 싹'으로 돋아난 리더십의 요구 사항이 적혀 있다. 따라서

---

18 Marvin A. Sweeney, p. 200.

'한 싹' 메타포는 '그린 리더십'(green leadership)을 강조하는 바, 이는 권력자에 대한 야훼 요구의 결정체이다. 왜냐하면 권력자는 상징적으로 정의로운 행동을 동반해야 하는데 이는 '야훼가 직접적으로 주는 은혜이며 그의 행동'[19]이기 때문이다. 이상적인 지도자는 야훼의 영으로 지혜와 총명을 지니며 더불어 정의를 실현해야 한다.

우리는 이사야 11장 6-9절에서 이상적인 왕국이 인간 사회뿐만이 아니라 동물 세계까지 확장되는 것을 보게 된다. '한 싹'으로부터 움트는 지구의 생태 공동체는 약탈자나 희생자가 생기지 않는 낙원(paradise)을 지향한다. '미래 지향적 골든 시대 전통'[20] 안에서 전쟁과 폭력은 인간 사회나 생태 공동체에서 제거 될 것이다. '그린 리더십'은 이러한 생태 공동체를 중요하게 여긴다.

이사야 11장 10-16절에는 '뿌리'가 강조된 '이새'가 나타난다. 이사야 11장 10절은 'שֹׁרֶשׁ יִשַׁי'(쇼레쉬 이쌰이/이새의 뿌리)로 이스라엘의 이상적인 상황(사 11:10-16)을 재차 강조한다. 이사야 11장 1-9절의 '이새'는 선택된 백성 이스라엘의 정의로운 리더십을 설명하였다. 그런데 이사야 11장 10절의 '이새'는 새로운 문단의 시작을 알림과 동시에 10-16절의 리더십이 전 세계적 리더십으로 전환되길 바란다. "그 날에 이새의 뿌리에서 한 싹이 나서 만민의 기치로 설 것이요 열방이 그에게로 돌아오리니 그가 거한 곳이 영화로우리라"(사 11:10). '이새의 뿌리'는 '이새의 줄기에서 난 한 싹'(사 11:1)을 줄여서 표현한 것으로 보이는데,[21] 여

---

19 John D. W. Watts, p. 208.

20 참조. Joseph Blenkinsopp, *Isaiah 1-39: A New Translation with Introduction and Commentary*, The Anchor Yale Bible Commentary, vol. 19 (New Haven: Yale University, 2000), p. 263.

21 J. Renz, "שֹׁרֶשׁ," *Theological Dictionary of the Old Testament*, vol. 15 (Grand

기서 '뿌리'는 이스라엘과는 구별된 더 넓은 인류 공동체를 포함하기 위해 쓰인 표현이다.

야훼는 이집트와 앗수르에 흩어져 있던 이스라엘 사람들을 모은다(사 11:11-12, 15). 이사야 11장 13절에서 이사야는 질투와 적대감이 없어진 비폭력적 상황에서 만개하는 에브라임과 유다의 평화로운 연합을 예언한다. 그런데 이사야 11장 14절은 블레셋, 에돔, 모압과 암몬을 향한 이스라엘 사람들의 공격을 서술하고 있다. 본래 이 지역들은 다윗 왕조의 땅이었기에[22] 이스라엘 사람들이 이 땅에 대한 소유권을 요구하는 것은 자연스러울 수 있다. 그러나 다윗이 이 땅에 들어가기 이전부터 각 지역의 원주민들은 그들의 조상들이 살던 땅에 살고 있었으므로, 이스라엘 사람들이 그 땅의 소유권을 주장하는 것에 대해 문제를 제기할 수 있다. 또한 이사야 11장 14절에 등장한 이스라엘 사람들은 이 지역에 대한 소유권을 강조함과 동시에 원주민을 복종시킬 것이라 강조하고 있다. 이러한 복종에 대한 강조는 이스라엘에게 불가피한 제국주의적 폭력성을 지니게 할 것으로 보인다. 그러므로 이사야 11장 14절은 1-10절에서 강조된 평화와 정의를 추구하는 '그린 리더십'과는 거리가 있을 수 있다.

4. 편모슬하의 오누이: 보호받지 못한 싹들

이사야 11장의 두 번째 부분인 11-16절은 성경을 읽는 독자들의 상황에 해석학적 포문을 열어준다. 따라서 필자는 아시아 기독교인으로서

Rapids, MI: William B. Eerdmans Publishing Company, 2006), p. 500.
22 Marvin A. Sweeney, p. 201.

아시아 문화와 전승을 포함하는 성경 읽기를 제안한다. 송천성(C. S. Song)은 이사야 11장 2-9절에서 이사야의 비전을 명백히 서술한다.[23] 그는 또한 종교 원형계(archetypal world)에서 이사야가 제시한 비전은 예언자의 착각이 아님을 밝힌다. 하나님의 창조는 서구 기독교 전통에 얽매이지 않는다. 따라서 폭력과 저항의 이야기를 담고 있는 아시아의 전통은 이사야 11장에 대한 해석학적 이해를 반영한다. 왜냐하면 아시아 역시 하나님의 '말씀이 육신이 된 한 예(test)로서 존중받고 명예로운'[24] 하나님의 창조 장소이기 때문이다. 창조주 하나님이 아시아를 창조하셨다는 것에는 분명한 하나님의 이유가 있을 것이고 그의 창조 역사에 대한 겸허함이 아시아 이야기들에 대한 연구와 이해를 도모하게 한다. 그러므로 폭력에 대한 저항을 그리고 있는 이사야의 '한 싹', '그린 리더십' 이야기와 '해와 달이 된 오누이'의 해석학적 대화 시도는 아시아 신학의 터전을 위해 필수적이다. 필자가 이사야 11장 본문 구조를 통해서 폭력에 저항하는 '그린 리더십'을 분석하였기에 '해와 달이 된 오누이'에서도 동일한 분석 작업으로 해석학적 대화는 시작된다.

'해와 달' 이야기는 아시아에서 다양한 이야기와 이본(異本)으로 존재한다.[25] 태양과 달의 기원을 설명하기도 하고 남매지간이었던 해와

---

23 C. S. Song, "Story Liberates the Deep Meanings in the Christian Bible," *The Conference of Religions and Cultural Archetype*, Formosa Christianity Culture and Research Center (Tainan City, Taiwan: 2014), p. 13.

24 Archie C. C. Lee, "The Bible in Asia: Contesting and Contextualizing," *Mapping and Engaging the Bible in Asian Cultures: Congress of the Society of Asian Biblical Studies 2008 Seoul Conference*, edited by Young Mee Lee & Yoon Jong Yoo (Seoul: The Christian Literature Society of Korea, 2009), p. 21.

25 박종성, "〈해와 달이 된 오누이〉 유형들의 견주어 읽기: 루마니아에서 동북아시아, 그리고 한국으로," 「한국문학논총」 44 (2006), pp. 5-31.

달이 혼인함으로써 터부를 깨뜨리는 이야기가 되기도 한다. 한국 설화인 '해와 달이 된 오누이'는 약자들을 위협하는 권력자의 폭력에 저항하는 이야기로, 후에 두 오누이는 해와 달이 된다. 필자는 본 글에서 '해와 달이 된 오누이'의 내용을 생략하고, '해와 달이 된 오누이'의 여러 이본 중에서 『차돌 깨무는 호랑이』[26] 본문을 분석하고자 한다.

'해와 달이 된 오누이' 이야기의 구조 분석은 이사야 11장 구조 연구와는 상이하다. 왜냐하면 전자는 한 이야기에 대한 분석이지만, 후자는 이사야 11장 주변의 10장이나 12장을 함께 분석하는 것이 가능하기 때문이다.

앞서 언급한대로 '해와 달이 된 오누이'는 구비문학으로 전래되었기에 다양한 이본들이 상이한 내용을 지니고 있다.[27] 그럼에도 불구하고 어머니, 아들, 딸과 호랑이가 주요 등장인물이며 대부분의 전승본이 대동소이하다. '해와 달이 된 오누이'는 민담의 전형적인 개요 양식 "옛날도 아주 먼 옛날"로 시작한다. 이야기는 "어느 깊은 산골에 어머니와 어린 아들과 딸이 살고 있었습니다"로 등장인물들에 대한 정보를 알려준다. 이야기 서두에서 이 가족이 어머니와 아이들만 있음을 알게 되는데, 이것은 가부장 사회에서 이 가족의 경제적, 사회적 위치를 알 수 있게 해주는 중요한 단서가 된다. 독자들은 깊은 산속에 살고 있는 이 가족에게 아버지가 없음을 알 수 있다. 어머니와 어린 아이들은 빈약한 가족이며 다른 어느 가족 보다 폭력에 노출되어 있다. 가족에게 닥칠 수 있는

---

26 손동인 외 엮음, "해와 달이 된 오누이," 『차돌 깨무는 호랑이』 (서울: 사계절, 2006), pp. 58-74.

27 참조. 송정숙 "전래동화 〈해님과 달님〉의 이본(異本) 비교," 「한국도서관정보학회지」 36. 1 (2005), pp. 47-69.

폭력은 두 가지 면에서 강조된다. 하나는 '깊은 산골'이라는 지형적인 면이며, 다른 하나는 '아버지가 없는' 사회적인 면이다. 깊은 산속에 사는 가족에게 일어날 수 있는 폭력이 아버지의 부재로 가중된다. 사회적 보호가 결여된 가족의 상황이 '해와 달이 된 오누이'의 서두를 장식하고 있다.

이사야 11장은 정의로운 지도자의 출현을 기대하고 있으며, 3절-5절은 야훼를 경외하는 지도자가 공의와 정직으로 세상을 다스릴 '그린 리더십'을 보여준다. '자신의 눈으로 심판하지 않는' 정의로운 지도자상을 이사야는 대망하고 있는데, 이는 정의로운 지도자의 부재에 대한 반증이기도 하다. 지도자들의 부정의한 심판은 권력의 폭력을 의미한다. 이 폭력에 저항 할 수 있는 것은 또 다른 권력의 힘이 아닌 '한 싹'이다. 생태계의 근본을 이루는 '한 싹'이라는 메타포는 정의로운 지도자의 출현을 기대한다. 이스라엘에서 정의로운 왕의 부재가 이스라엘 재앙의 원인이었다면, "이새의 줄기에서 나온 한 싹"이 정의로운 지도자의 부재를 메울 것이다.

반면 '해와 달이 된 오누이'의 이야기에 등장하는 힘없는 가족은 외부로부터 침입하는 폭력에 노출되었다. 그러나 이 폭력은 없어질 것이다. 폭력을 인식하고 이에 대항하는 아이들이 있기 때문이다. 이사야의 '한 싹'은 약해보이지만 그 생명력으로 레바논의 '빽빽한 숲'에 대항 할 수 있다. 부모가 부재한 가운데 살아야 하는 '해와 달이 된 오누이'의 오누이는 나약한 이들이지만, 폭력에 대한 그들의 저항 의식은 폭력을 무릎 꿇게 만든다.

5. 호랑이의 모략과 거짓: 점차적으로 강도를 높이는 폭력

한국 민담에서 '호랑이'는 보통 네 가지 유형으로 등장한다. 호랑이는 잔인하거나, 교활하거나, 어리석거나, 유머러스하다.[28] '해와 달이 된 오누이'에서 호랑이는 잔인하고 폭력적으로 등장한다. '깊은 산골'이라는 이야기의 서두는 맹수들이 나타날 수 있는 가능성을 암시한다. 호랑이는 자신의 폭력성과 잔인함을 약한 가족들에게 조금씩 점차적으로 드러낸다. 호랑이는 어머니에게 처음에는 먹을 것을 주지 않으면 잡아먹겠다고 한다. 강자인 호랑이는 어머니에게 처음에는 먹을 것만 주면 목숨은 살려주겠다고 말한다. 때문에 두려움에 떤 어머니는 아이들에게 줄 음식을 호랑이에 주고 만다. 그러나 호랑이의 폭력성은 여기서 멈추지 않는다. 호랑이는 어머니의 팔, 다리를 하나씩 달라고 위협한다. 호랑이는 자신의 폭력성을 처음부터 강하게 드러내지는 않는다. 그러나 점차 강도를 높여가는 호랑이의 폭력성으로 인해 어머니는 끝내 아이들에게 떡을 주지도 못하고, 아이들은 다시 어머니의 품에 안기지 못했다.

권력자의 폭력은 약자로 하여금 상황이 안전하다고 믿게 만들고 점진적으로 파고든다. 약자들은 '이번에는 정말 괜찮겠지, 힘 있는 자가 도와줄 거야, 거짓말을 할 리가 없어'라고 생각하기 쉽다. 그러나 인간 사회에서 발생하는 폭력은 의도적이건 아니건 간에 호랑이의 감언이설처럼 설득력을 지니고 있으며 반복된다. 따라서 약자들은 호랑이 같은 권력의 폭력에 당하지 않으려면 처음부터 저항해야 한다.

---

28 염희경, "〈해와 달이 된 오누이〉에 나타난 호랑이상: 설화와 전래동화 비교를 중심으로," 「동화와 번역」 5 (2003), pp. 7-46.

6. 오누이 저항의 시작: 호기심, 지혜, 용기

호랑이는 아이들에게도 접근한다. 호랑이는 어머니 옷을 입고 변장하며 자신의 정체성을 감추면서 아이들에게 다가간다. 인간 사회에서 폭력적 강자는 처음부터 자신의 '이빨'을 드러내지 않는다. 호랑이는 동물 세계에서 힘이 센 맹수이기에 이야기에서는 인간 사회의 강자 메타포를 상징화하고 있다. 아버지가 부재한 나약한 가족에게 폭력적인 호랑이는 이야기가 전개되기도 전에 모든 등장인물들을 죽여 이야기를 끝낼 수도 있다. 그러나 호랑이는 점차적으로 드러나는 강자들의 힘의 논리를 보여준다.

이런 폭력을 근절시키기 위해서는 나약한 이들의 기지와 저항이 필요하다. 어머니까지 부재한 아이들이 폭력에 저항할 수 있는 길은 아이들이 가지고 있는 호기심으로 시작된 질문에 있었다. 오빠는 어머니 목소리와는 다르게 쉰 목소리를 가지고 있는 호랑이에게 "그럼 엄마인지 아닌지 이 문지방 사이로 손을 내밀어 봐요"라고 지혜롭게 질문한다. 의심스런 상황에 대해 순응하는 것이 아니라 호기심으로 질문할 때 정의가 이룩된다.

존 롤스는 '정의에 근접한 사회에서는 오히려 시민의 불복종이 민주주의를 달성하게 한다'고 주장하는데, 법이 본질상 다수에 의해 동의되었다 하더라고 그 한계성을 지니고 있기 때문이다.[29] 즉 시민 불복종이 법이 지닌 모순을 제거 할 수 있다는 것이다. 시민 불복종은 폭력적인 행동 구조를 지니지 않으면서 지혜롭게 강자의 폭력과 부정의에 저항할

---

29 John Rawls, p. 363.

수 있게 한다. 이 이야기에서 오누이는 맹목적인 복종을 강요하는 호랑이에게 용기 있게 응답하며 저항의 동작을 시작한다. 정의롭지 못한 호랑이의 속내는 오누이의 지혜로 드러나게 마련이다. '지혜'는 사람들에게 희망을 주며, 비록 힘이 없는 자들에게도 강자의 폭력을 제거하는 힘을 준다.[30] 따라서 폭력의 저항은 제2의 강자에게서 나오는 것이 아니다. 약자의 저항이야 말로 폭력의 본래 얼굴을 드러낸다. 아무리 위장을 하고 있더라도 말이다.

7. 하나님의 현존, 정의의 동아줄

이사야 11장 2절에서 보는 바와 같이 야훼의 영은 '한 싹'이 돋아난 곳에 지혜, 총명, 모략, 재능, 지식을 더할 것이다. 야훼의 영이 부재한 곳에서는 '한 싹'이 위험에 처할 수 있다. 따라서 '한 싹'은 인간 사회에서 야훼와 맺은 관계성의 정도를 재는 척도가 된다. 야훼가 바라는 정의로운 싹을 틔우지 못하고 그 싹을 짓밟는 사회는 야훼와 무관한 곳이다. '해와 달이 된 오누이'에서 오누이가 호랑이에게 목숨을 위협 받을 때, 하늘에서 내려오는 쇠줄의 도움을 받아 호랑이의 폭력에서 벗어난다.

바로 여기에 인간 사회에서 일어나는 폭력에 대한 '신학의 자리'가 형성된다. 약자들이 저항하며 지혜를 모을 때 하나님은 약자를 위한 당파성을 유지하며 자신의 현존을 보여주고 미래의 소망이 된다. 이러한 하나님의 현존은 인간과의 관계에서 명확해진다. 왜냐하면 하늘에서 내려온 쇠줄은 신과의 강력한 관계를 의미하고, 정의롭지 못한 강자로부

---

30 염희경, p. 10.

터 구원을 부여하는 신의 절대적인 의지를 나타내기 때문이다. 호랑이 역시 하늘을 향해 도움을 요청하지만 하늘은 그에게 썩은 동아줄을 내려준다. 그로 인해 호랑이의 폭력은 종국을 맞이하게 된다. 신은 폭력에 침묵하지 않으며 저항하는 약자들 편에 서서 그들을 구원한다.

이사야 11장과 '해와 달이 된 오누이' 본문에 대한 구조 분석은 '그린 리더십'을 지향하는 약자들의 저항의 과정을 보여준다. 빽빽한 레바논의 나무숲이 어린 싹을 짓누르려 할 때, '한 싹'은 정의를 담지하여 미래의 정의로운 지도자로 뿌리 내리고 자란다. 한편 호랑이 강자가 자신의 발톱을 감추고 오누이를 해치려고 할 때, 오누이는 지혜와 용기로 폭력에 저항한다. 폭력에 저항하는 곳에 하나님은 있다. 생태계에서 아주 작은 것이 바로 '한 싹'이다. 인간 사회에서 조실부모한 '오누이'는 누구보다 약자들이다. 정의롭지 못한 사회에서는 강자는 '한 싹'과 '오누이'에게 폭력을 휘두른다. 하나님은 폭력에 저항하는 약자들을 위해 정의롭게 현존한다.

IV. 펼치는 글 3(장르): 시의 창조성, 민담의 저항성

1. 급진적인 사자, 풀을 먹다

이사야 11장의 장르는 '시'다.[31] '해와 달이 된 오누이'는 '민담'이다. 이사야는 '시'라는 장르를 통해서 새로운 왕에 대한 긍정적 평가와 더불

---

31 John D. W. Watts, p. 208.

어 왕권과 백성들의 정의로운 결정을 독려하고 있다.[32] 존 왓츠(John D. W. Watts)에 의하면 이사야는 '평화의 왕국'[33]을 묘사하기 위해서 시를 지었다. 예언자들이 시를 짓는 이유는 비전을 강조하기 위해서이다. 특히 이사야는 정의롭고 평화로운 세상이 이룩되길 바라면서 시 형식으로 예언한다. 예를 들면 이사야 35장 9절에서 이사야는 '거기에는 사자가 없고 사나운 짐승이 그리로 올라가지 아니하므로 그것을 만나지 못하겠고 오직 구속함을 받은 자만 그리로 행할 것이며'라는 시 형식을 빌려 평화의 비전을 강조하고, 10절에서 '시온'을 기쁨과 즐거움의 장소로 표현한다. 이사야는 창조적인 시적 상징과 양식을 통해서 심미적인 방식으로 이상적인 비전을 선포한다.

한스-게오르그 가다머(Hans-Georg Gadamer)는 슐라이에르마허(Schleiermacher)를 인용하면서 시적 특성을 다음과 같이 분석한다. '시 짓기는 이미 의미를 지니고 발설될 것에 동의하는 규범을 표현하는 것이 아니다. 왜냐하면 시에서 말하려고 하는 것은 그 쓰인 방식과 구분할 수 없기 때문이다.'[34] 이사야의 시를 연구하면서 고고학적 발굴로 분석하듯 시의 역사적 사실성 여부를 논한다면 이사야의 시적 창조력은 설 자리를 잃게 될 것이고, 그로 인해 신학적 비전의 의미는 퇴색될 것이다. 예언자가 '시'라는 장르를 선택하는 의도는 '시'에서 추구하는 내용과 '시'라는 방식이 주는 새로운 심미적 강조점을 두기 위함이다. 그러므로 이사야에게 있어서 새로운 평화의 세계는 새로운 비전으로, 시적 옷을 입

---

32 Marvin A. Sweeney, p. 203.

33 John D. W. Watts, p. 208.

34 Hans-Georg Gadamer, *Truth and Method*, second revised edition, translated by Joel Weinsheimer and Donald G. Marshall (New York: Continuum, 2006), p. 187.

고 상징적으로 선포된다.

이사야 11장 6절-8절의 시는 이사야가 선망하는 폭력 없는 사회에 대한 이상적 비전을 제시한다. '그 때에 이리가 어린 양과 함께 살며 표범이 어린 염소와 함께 누우며 송아지와 어린 사자가 살진 짐승이 함께 있어 어린 아이에게 끌리며… 사자가 소처럼 풀을 먹을 것이며… 젖 뗀 어린 아이가 독사의 굴에 손을 넣을 것이라.' 이 세상 어디에서 이런 장면이 가능할까? 이사야는 세상에서는 불가능한 '신성한 사파리'(Holy Safari)35를 시화(詩化)했다. 만약 누군가가 이사야의 시를 시적 구조와 상상력을 배제한 채 읽는다면 이사야가 사자의 생존권을 위협하고 있다고 말할 것이다. 사자에게 풀은 주식이 될 수 없다. 그러나 이사야는 어떤 육식도 허용되지 않는 이상 사회를 시적 장르로 표현하고 있다. 이사야의 평화로운 사파리는 혹자들이 생각하는 정상 범위를 넘어서는 상상의 세계를 급진적으로 창조해야만 이룩되는 신성한 곳이다. 이 신성한 사파리에는 폭력이 없다. 인간 사회가 이룩할 비-폭력 사회는 이처럼 급진적인 반전이 있어야 가능하다. 이사야의 시는 인간 사회의 비-폭력적인 공동체가 용이하게 자발적으로 일어나는 것이 아님을 밝히고 있다.

사자가 자신이 생태적으로 타고난 식습관을 버리듯 강자가 자기희생의 노력을 감행해야 정의롭고 폭력이 없는 사회가 이룩된다. 폭력이라는 본능을 없애야 정의는 실현된다. 이사야에게 있어서 평화는 사자가 비록 자신의 생존권에 위협을 받더라도 이를 포기할 때 일어난다는 것이다. 제임스 콘(James H. Cone)은 사람이 있는 곳 어디서나 폭력이

---

35 Hae-kwon Kim, "A Reading of Isaiah 11 in the Context of the Divided Korea with Focus on a Reunification Theology of Isaiah in His Messianic Prophecy," *Madang* 10 (Dec. 2008), p. 50.

있다고 지적한다.[36] 폭력은 사자가 육식 동물이라는 진리보다 더 자연
스럽게 사회에서 용납되곤 한다. 이사야는 '왜 사자가 고기로만 살아야
하는가?'라는 질문을 한다. 이제 우리는 '왜 사람들은 인류 사회와 생태
공동체에서 자행되는 폭력에 눈감고 있는가?'라고 질문하고 대답해야
할 것이다. 폭력을 사회 구성원들이 저지르는 평범한 상식으로 받아들
이면 폭력이 없는 사회를 구성할 수 없다. 이사야는 맹수들이 자신들의
먹잇감을 포기하는 철저한 자기 부정으로 평화롭고 정의로운 세상이 이
룩됨을 본다. 육식을 포기하는, 스스로 사자이기를 거부하는 '자기 저항
성'(self-resistance)이 신성한 사파리를 만들 것이다. 폭력이 없는 정의
로운 '그린 리더십'의 저항성이다.

2. 오누이, 영웅으로 거듭나다

'해와 달이 된 오누이'는 '민담(folktale)'이다. '사가'(saga, 대하소설)
와 '민담'은 양식비평학에서 대동소이하게 쓰인다. '사가'는 정형화된 주
제나 목적을 이야기 속에서 구조적으로 발전시킨 전통적인 장편 설화를
의미한다.[37] 더욱이 '사가'는 구전 전승을 가지고 있으며 '역사적 이야기
(fiction)'를 구성하며 역사적 상상력을 복원시키며 '원시시대 사가', '가
족 사가'와 '영웅 사가' 세 가지 유형으로 구분된다.[38] 학자들은 '해와 달

---

36 James H. Cone, "In Search of Definition of Violence," *Church & Society* 85 no.
   3 (Jan.-Feb. 1995), pp. 5-7.

37 George W. Coats, *Genesis with an Introduction to Narrative Literature*, The
   Forms of the Old Testament Literature, vol. 1 (Grand Rapids MI: William B.
   Eerdmans Publishing Company, 1983), p. 319.

38 Rolf P. Knierim and George W. Coats, *Numbers*, The Forms of the Old
   Testament Literature, vol. 4 (Grand Rapids, MI: William B. Eerdmans

이 된 오누이'가 해와 달의 생성을 원인론적(etiology)으로 이야기하고 있기에, '원시시대 사가'로 분류하길 원한다.[39] 비록 누이동생은 해가 되고 오빠는 달이 되었다는 이야기가 대미를 장식하지만, 독자들은 '날이 어두워 오자…'라는 표현을 이야기 중간에 접하게 된다.[40] 화자는 본문에서 이미 해와 달의 현존을 상정하고 이야기를 진행시킨다. 따라서 이 이야기는 해와 달의 원인론적 생성을 설명하기 위한 '원시시대 사가'로 볼 수 없고, 오히려 '영웅 사가'(heroic saga)로 보아야 한다. 누이동생과 오빠가 신의 도움을 받은 지혜와 용기로 호랑이의 폭력을 물리치는 내용이기 때문에 이 이야기의 장르는 '영웅 사가'에 속한다.

'해와 달이 된 오누이'가 지닌 파급 효과는 지대하다. 어린이들은 구전 전승으로 전달된 이 이야기를 '스토리텔링'(storytelling)으로 듣고 느낀다. 어린이들은 호랑이가 사람처럼 말을 할 수 있다는 이야기를 접하면서 그들의 공상(fantasy) 속에서 상상력을 급증시키게 된다. 만약 호랑이가 아니라 어느 한 사람이 어머니의 목숨을 빼앗았다면 이야기는 범죄 사건으로 남았을 것이다. 그러나 사람들과 대화하는 호랑이는 민담 속에서 이야기에 흥미를 더하는 등장인물이며 호랑이가 지닌 폭력성이 정의로 귀결될 때 이야기를 듣던 어린이들은 박수를 보낸다. 어린이들은 영웅 사가인 오누이와 호랑이의 대화 장면을 통해서 정의에 대한 개념을 배우며, 신의 등장으로 인해 신(神)에 대한 개념을 배우게 된다. 그리고 폭력을 지닌 강자의 종말을 보기 때문에, 오누이의 영웅 이야기

Publishing Company, 2005), p. 359.

39 조현설, "〈해와 달이 된 오누이〉형 민담의 창조신화적 성격 재론," 「비교민속학」 33 (2007), pp. 107-130.

40 손동인 외 엮음, p. 63.

에서 정의로운 리더십에 대해 희망을 품게 되며, 이는 이상적인 '그린 리더십'을 상정하게 만든다.

호랑이는 호전적이고 혼동된 방식으로 약자를 위협하는 '폭력자'이다. 거기에 호랑이는 어머니를 강간하고 살인하는 '남성 폭력자'로 상징되기까지 한다.[41] 호랑이는 아버지가 없는 집안에 혼돈과 무질서를 가져오는 등장인물이다. 그러나 약자인 오누이들이 강자인 호랑이에게 저항할 때 정의의 신이 희망을 안고 등장한다. 영웅 사가가 보여주는 바, 호랑이가 죽게 되는 장면은 저항의 몸부림이 부정의한 폭력을 억제시킬 수 있음을 확증시킨다. 따라서 누이동생과 오빠는 이야기의 영웅이 되었다. 비록 그들이 힘없는 오누이였지만 말이다.

V. 펼치는 글 4(삶의 자리): 불의한 사회의 희생자들, 어제와 오늘

1. 제국주의의 원정

이사야의 표제를 보면 유대 왕들(웃시야, 요담, 아하스, 히스기야)이 열거 되어 있다. 시대적 배경으로 약 기원전 792년에서 696년을 가리킨다.[42] 그런데 이사야 11장에서 앞서 열거된 어느 왕의 이름도 거론되지 않고 있기에 정확한 통시적 배경을 알기는 어렵지만, 이스라엘이 주변 강대국의 제국주의적이며 역동적인 활동에 지대한 영향을 받고 있음을

---

41 조현설, pp. 122-123.
42 John D. W. Watts, p. 15.

알 수 있다. 이사야 11장에 대한 정확한 역사적 배경에는 여러 이견이 있다.

예를 들면 '이새의 줄기에서 난 한 싹'은 개혁을 이룬 요시야의 편집의 결과라는 의견이 있다.[43] 또한 이사야 5-10장과 14장 24-27절의 역사적 배경을 동시대로 본다. 이 시대는 기원전 705년 산헤립의 원정이 있기 이전에 사르곤이 기원전 713년부터 711년까지 블레셋의 반란을 잠재우려던 때이다. 히스기야 시대에 앗수르는 사마리아를 공격 하였고 (왕하 18:1-12), 유다 역시 앗수르의 위협에 놓여 있었다(왕하 18:13-19:10). 이사야는 앗수르에 대항하려는 히스기야와 유다의 군사적 시도를 만류하고 있다(참조, 사 14:24-27).[44] 그리고 이사야 10장 27-32절에 등장하는 침략자는 이집트 원정을 가는 사르곤으로 여겨지고,[45] '아얏', '미그론', '막마스', '게바', '라마', '기브아' 등의 지명은 제국주의 정복자가 원정을 하면서 들른 장소로, 정확한 위치를 아는 것은 어렵지만 예루살렘에서 북쪽이나 동쪽으로 몇 마일 벗어난 곳을 가리킨다.[46]

사르곤은 이집트를 공격하러 가는 길에 이스라엘 사람들로부터 물품을 조달 받기를 원했기에, 이스라엘의 도시들을 위협했다. 이런 위협은 유다가 이집트나 블레셋과 동맹 관계를 맺는 것을 막기 위함이었다. 제국의 군대들이 도시를 지날 때, 도시인들은 폭력에서 벗어나기 어렵다. 직접적인 전쟁을 치르지 않더라고 그들은 폭력의 희생자가 된다. 제국주의의 군사적 원정이 있는 동안 폭력이 용납된다. 무고한 사람들이

---

43 Marvin A. Sweeney, pp. 209-210.
44 Ibid., p. 209.
45 Ibid., p. 206.
46 John D. W. Watts, p. 200.

이러한 제국주의의 군사적 원정에 희생된다. 따라서 이들을 대변하여 정의를 외치는 '그린 리더십'이 절실히 요청된다. '한 싹'을 대망하는 이 사야 11장의 삶의 자리에는 폭력을 기반으로 한 제국주의의 침략이 드리워져 있었다.

이사야 11장 10-16절에서 드러난 남은 자들의 귀환은 포로생활을 직·간접적으로 경험한 사람들이 이해할 수 있는 메타포이다. '귀환'이라는 위로의 말은 제국주의의 폭력을 경험한 역사적 인식에 기초한 것이기 때문이다. 이러한 이사야 11장 16절에 등장하는 야훼는 '행동하는 야훼'로 앗수르와 이집트 같은 제국주의에서 사람들이 벗어나도록 '큰 길'을 만든다(사 11:16). 제국주의의 희생자들이 야훼의 큰 길로 구원을 받는 희망의 메시지인 것이다. 이처럼 이사야 11장은 이스라엘 사람들이 주변 강대국의 힘에 의해 억울하게 희생자가 되는 역사적 사실을 드러냄과 동시에 역사적 사실에 기반을 둔 미래를 대망하고 있다. '한 싹'에서 발아된 '그린 리더십'이 바로 그것으로, 이 '그린 리더십'이 강대국들의 소란스런 폭력을 잠재울 것이다.

2. 일제강점기의 '천 벌 받은 호랑이'

오랜 기간 동안 구두 전승으로 전해진 민담이기 때문에 '해와 달이 된 오누이'의 원본을 찾기란 매우 어렵다. 일제강점기 때 조선총독부는 조선의 전래 동화들을 편집하여 조선 어린이들을 대상으로 한 일본어 동화집을 출판했다. 일본 식민 교육을 위해서 '해와 달이 된 오누이'가 선택된다.[47] 조선총독부는 일본어를 가르치기 위해 이미 조선 어린이들이 잘 알고 있는 이야기를 일본어로 번역하였다. 이는 '해와 달이 된 오누이'를 조선의 어린이들이 잘 알고 있었다는 역사적 반증이다.

그런데 '해와 달이 된 오누이'는 『조선동화집』에서는 제목이 '천벌 받은 호랑이'로 변경된다.[48] 원 제목인 '해와 달이 된 오누이'와 제목 자체를 비교하자면, 수정된 제목은 죄와 심판을 강조하는 성향을 지닌다. '해와 달이 된 오누이'가 '천벌 받은 호랑이'라는 제목보다는 생태 친화적인 표현을 나타내는 제목이다. 해와 달의 메타포가 오누이라는 가족의 이야기와 결합되어 있기에, 이야기를 듣는 한국 어린이들은 자신들의 삶의 자리와 비교한다. 이 비교를 통해서 자신의 삶의 자리를 되짚어보며 과연 호랑이와 같은 메타포는 무엇인지 반추할 것이다.

조선총독부가 지향했던 일본어 교육이 '천 벌 받는 호랑이'에서 드러나고 있지만, 이야기는 어머니를 살해하고 가족을 위험에 처하게 했던 호랑이가 바로 일본 제국주의자들임을 실토하고 있다.[49] 일제강점기 동양척식주식회사는 조선의 땅을 독점적으로 소유해 나갔는데, 조선 총독부의 비호 아래 1910년 11,000정보(町步),[50] 1916년 73,000정보(町步), 1920년 100,000정보(町步)로 서서히 늘려갔다. 일본 제국주의는 마치 호랑이가 어머니의 목숨을 점차적으로 빼앗아갔던 것처럼 조선의 산하(山河)를 점령해 나갔다. 호랑이가 택한 희생자에 대한 접근 방식이 일제강점기 조선인의 실제적인 삶의 자리에 극명히 드러난 것이다.

---

47 백민정, "일제강점기 3대 전래동화집의 성격 과 그 편찬 배경," 「어문연구」 73 (2011), pp. 200-201.
48 송정숙, pp. 53-54.
49 박정세, "해와 달이 된 오누이 민담에 투영된 역사적 현실과 민중의 희망," 「신학사상」 94(1996), pp. 196-201.
50 1정보(町步)는 9,910.4㎡에 해당한다.

3. 세월호의 아이들: 해와 달이 된 아이들

무엇보다 오늘날의 한국에서 큰 역사적 비극이 일어났다. 지난 2014년 4월 16일, 인천을 떠나 제주를 향하던 세월호 여객선이 뒤집히면서 304명의 희생자를 냈다. 특별히 이 여객선에는 경기도 안산에 위치한 단원고등학교 학생들이 수학여행을 가기 위해 승선해 있었다. 이 사고로 함께 있던 학생들의 75%인 250명이 목숨을 잃었다.[51] 어린 학생들은 어른들이 의식적이건 무의식적이건 간에 저지른 '불의'에 희생되었고, 생명을 존중하지 않고 정의에 무관심한 '폭력'에 의해 희생되었다.

한 보도에 의하면 남녀 학생이 함께 발견되었는데, 그들은 서로 구명조끼를 묶고 있었다.[52] 그들에게는 하나님으로부터 내려오는 생명과 정의의 구명조끼가 필요했다. 희생된 아이들은 하늘의 해, 달, 별이 된다. 하늘의 별이 된 학생들을 위해 살아남은 자들에게 책임이 주어진다. 폭력을 근절하고 정의를 실행하는 것이다. 사고가 일어난 지 1년이 된 오늘, 배가 전복된 이유조차 밝혀지지 않고 있다. 무고한 희생자 9명의 시신은 아직도 찾지 못한 상태이다. "가만히 있으라"는 세월호 방송에 순응한 학생들은 그들의 목숨을 잃었다. 상황의 이상한 징후를 감지하고 방송을 따르지 않은 학생들과 어른들은 배 밖으로 나와 생명을 부지

---

51 The New York Times, "A Korean City With 250 Holes in Its Heart," http://www.nytimes.com/2014/05/01/world/asia/a-korean-city-in-shock-grieving-hundreds-of-young-lives.html?action=click&module=Search&region=searchResults&mabReward=relbias%3As&url=http%3A%2F%2F&_r=0 2015. 07.27 16:26:31.

52 경향신문, "구명조끼 끈 서로 묶은 채… 함께 떠난 두 아이," http://news.khan.co.kr/kh_news/khan_art_view.html?artid=201404240603445&code=940202, 2015. 05. 08 14:24:20.

했다. 호기심을 발휘하여 질문해야 한다. 지금의 방송은 생명을 살리는 '어머니'의 방송인가? 아니면 어머니의 옷으로 변장한 '호랑이'의 방송인가?

세월호 희생자들은 한국 사회가 지니고 있는 폭력을 그대로 드러내고 있으며 그들의 삶 자체는 슬픈 저항이었다. '해와 달이 된 오누이'가 희생당했던 삶의 자리. 오늘도 지속되고 있기에 이야기의 삶의 자리는 영원할 것으로 보인다. 정의를 저버린 리더십은 검푸른 바다에 약자들을 가두고 가만히 있으라고 한다.

VI. 맺는 글(의도): 정의로운 '그린 리더십'

기원전 5세기 그리스 소피스트 트라시마쿠스(Thrasymachus)는 '정의는 강자의 이익'이라고 규정한다.[53] 이사야 10장 28-33절에서 살펴본 강대 제국 앗수르는 약자 이스라엘 거류민들을 위해서 정의를 실현하지 않는다. 앗수르의 정의는 자신들에게만 이익을 주었다. 앗수르와 이집트 사이에 위치한 이스라엘 땅은 큰 소리로 정의를 외치지만 강자들은 그들의 목소리에 귀 기울이지 않는다. 오직 하나님만이 혁혁한 위력으로 정의롭지 못한 가지를 꺾고, 숲을 베어낸다. 오늘날 강자들의 행동 역시 대동소이하다. 정의를 이루기보다는 폭력으로 약자들 위에 군림하려 한다.

이사야는 '한 싹'에서 싹을 틔운 지도자가 '공의로 가난한 자를 심판

---

53 플라톤/이환(옮김), 『국가론』 (서울: 돋을새김, 2006), p. 40.

하며 정직으로 세상의 겸손한자를 판단할 것'(사 11:4 상반절)을 외치고 있다. 폭력과 불의라는 밭에서 자라난 빽빽한 숲에서 군림하는 리더십이 아니다. 정의와 정직의 밭에서 싹을 내기 시작하여 평화의 숲을 이루는 그린 리더십을 말하고 있다.

따라서 이사야 11장 1-9절의 '한 싹'은 불의한 상황에서 요구되는 미래 지도자상을 상징한다. '한 싹'은 불의가 자행하는 폭력에 저항할 수 있기에 폭력보다 강력하다. '한 싹'이 정의로운 나무로 자라도록 하나님의 영은 지혜와 총명을 부어준다(사 11:2). 한편 '해와 달이 된 오누이'는 강자의 폭력 속에서 힘없이 소멸할 수 있는 약자의 저항과 지혜를 보여준다. 이 이야기는 신적 계시를 드러내며 강자의 폭력성을 고발하고 약자들의 저항을 확인한다.

'한 싹'과 '해와 달'은 생명 공동체의 존속을 결정하는 가장 근본적인 자연 요소이다. 리더십이 '한 싹'과 '해와 달'을 정의롭게 지키지 못한다면 하나님의 나라는 패망할 것이다. 이는 자연과 하나님에 대한 폭력이다. 하나님은 정의를 잃은 강자들의 폭력을 묵인하지 않는다. 정의로운 '그린 리더십'은 폭력을 벗어나 하나님의 정의를 실행할 것이다. '한 싹'과 '해와 달'의 소중함을 유지하면서 말이다.

참고문헌

Beuken, Willem A. M. "The Emergence of the Shoot of Jesse: An Eschatological or a Now Event?" *Calvin Theological Journal* 39 (2004): 88-108.

Blenkinsopp, Joseph. *Isaiah 1-39: A New Translation with Introduction and Commentary.* The Anchor Yale Bible Commentary, vol. 19. New Haven: Yale University, 2000.

Chapman, Roger. "Philadelphia, Mississippi." In *Culture Wars An Encyclopedia of Issues, Viewpoints, and Voices.* Edited by Roger Chapman and James Ciment. London and New York: Routledge, 2010, 506-507.

Christman, John. *The Politics of Persons.* Cambridge. UK: Cambridge University Press, 2009.

Coats, George W. *Genesis with an Introduction to Narrative Literature.* The Forms of the Old Testament Literature, vol. 1. Grand Rapids MI: William B. Eerdmans Publishing Company, 1983.

Cone, James H. "In Search of Definition of Violence." *Church & Society* 85. 3 (1995): 5-7.

Horsley, Richard A. *In the Shadow of Empire: Reclaiming the Bible as a History of Faithful Resistance.* Louisville: Westminster John Knox Press, 2008.

Gadamer, Hans-Georg. *Truth and Method.* Second Revised Edition. Translated by Joel Weinsheimer and Donald G. Marshall. New York: Continuum, 2006.

Kim, Hae-kwon. "A Reading of Isaiah 11 in the Context of the Divided Korea with Focus on a Reunification Theology of Isaiah in His Messianic Prophecy." *Madang* 10 (2008): 39-58.

Knierim, Rolf P. and George W. Coats. *Numbers.* The Forms of the Old Testament Literature, vol. 4. Grand Rapids, MI: William B. Eerdmans

Publishing Company, 2005.

Kwok, Pui-Lan. *Postcolonial Imagination & Feminist Theology.* Louisville, KY: Westminster John Knox Press, 2005.

Lee, Archie C. C. "The Bible in Asia: Contesting and Contextualizing." In *Mapping and Engaging the Bible in Asian Cultures: Congress of the Society of Asian Biblical Studies 2008 Seoul Conference.* Edited by Young Mee Lee & Yoon Jong Yoo. Seoul, Korea: The Christian Literature Society of Korea, 2009.

Mulder, M. J. "לבנון." In *Theological Dictionary of the Old Testament,* vol. 7. Grand Rapids, MI: William B. Eerdmans Publishing Company, 1995, 447-457.

Park, Hye-Kyung. "The Confluence of the Israelite Girl in 2 Kings 5 and Baridegi in a Korean Myth." *Madang* 16 (2011): 93-108.

Rawls, John. *A Theory of Justice.* Cambridge. MA: The Belkin Press of Harvard University Press, 1971.

Renz, J. "שרש." In *Theological Dictionary of the Old Testament,* vol. 15. Grand Rapids, MI: William B. Eerdmans Publishing Company, 2006, 500.

Song, C. S. "Story Liberates the Deep Meanings in the Christian Bible." *The Conference of Religions and Cultural Archetype.* Tainan City, Taiwan: Formosa Christianity Culture and Research Center, 2014.

Sugirtharajah, R. S. *Exploiting Postcolonial Biblical Criticism: History, Method, Practice.* West Sussex, United Kingdom: Blackwell Publishing Ltd., 2012.

Sweeney, Marvin A. *Isaiah 1-39 with an Introduction to Prophetic Literature.* The Forms of the Old Testament Literature, vol. 26. Grand Rapids, MI: William B. Eerdmans Publishing Company, 1996.

Watts, John D. W. *Isaiah 1-33.* Revised Edition. Word Biblical Commentary, vol. 24. Nashville: Thomas Nelson, 2005.

Westermann, Claus. *Basic Forms of Prophetic Speech.* Translated by Hugh Clayton

White. Cambridge: the Lutterwroth Press, 1991.

Whitelam, Keith W. "Jesse." In *Anchor Bible Dictionary*, vol. 3. New York: Doubleday, 1992. 773.

박정세. "해와 달이 된 오누이 민담에 투영된 역사적 현실과 민중의 희망," 「신학사상」 94권 1996, 192-211.

박종성. "〈해와 달이 된 오누이〉유형들의 견주어 읽기: 루마니아에서 동북아시아, 그리고 한국으로," 「한국문학논총」 44권, 2006, 5-31.

백민정. "일제강점기 3대 전래동화집의 성격과 그 편찬 배경," 「어문연구」 73권, 2011, 185-214.

손동인 외 엮음. "해와 달이 된 오누이," 『차돌 깨무는 호랑이』. 서울: 사계절, 2006.

송정숙. "전래동화〈해님과 달님〉의 이본(異本) 비교," 「한국도서관정보학회지」 36권 1호, 2005, 47-69.

염희경. "〈해와 달이 된 오누이〉에 나타난 호랑이상: 설화와 전래동화 비교를 중심으로," 「동화와 번역」 5집, 2003, 7-46.

조현설. "〈해와 달이 된 오누이〉형 민담의 창조신화적 성격 재론," 「비교민속학」 33집, 2007, 107-130.

플라톤/이환(옮김). 『국가론』. 서울: 돋을새김, 2006.

Mississippi Burning Trial, "Mississippi Burning Trial: Selected Klan Documents," http://law2.umkc.edu/faculty/projects/ftrials/price&bowers/klan.html, 2015.07.27. 14:50:55.

The New York Times, "A Korean City With 250 Holes in Its Heart," http://www.nytimes.com/2014/05/01/world/asia/a-korean-city-in-shock-grieving-hundreds-of-young-lives.html?action=click&module=Search&region=searchResults&mabReward=relbias%3As&url=http%3A%2F%2F&_r=0, 2015. 07.27 16:26:31.

경향신문, "구명조끼 끈 서로 묶은 채… 함께 떠난 두 아이," http://news.khan.co.kr/kh_news/khan_art_view.html?artid=201404240603445&code=94020, 2015. 05.08 14:24:20.

한겨레, "흑인 민권운동가 살해 용의자 40년 만에 체포,"
http://www.hani.co.kr/arti/international/international_general/1761.
html, 2015. 7.27.13.06.31.

공감하기로서의 정의

— 사랑과 선물 사이

신익상 ㅣ 성공회대학교

Ⅰ. 세월호와 공감

지난 2014년 5월 27일, 조속한 실종자 구조와 진상규명을 요구하기 위해 국회를 방문했던 세월호 참사 유가족들이 국회의원들을 향해서 했던 호소의 말이 있었다 — "우리들과 공감해 달라." 공감에서 출발해야 사태에 올바르게 대처할 수 있다는 이 주장에서 소비중심의 시장자본주의가 갖는 한계를 돌파할 가능성을 본다.

원자적 개인주의가 소비적 시장자본주의라는 단일한 경로를 통해서만 자신의 자유를 실현하고자 할 때, 오히려 개인들은 지독한 고립감 속에서 시장을 순환하는 교환가치의 노예가 되고 만다. 이 지점에서 그간 한국교회가 내놓았던 해법은 시장 자본주의의 흐름에 순응하는 기복 신앙 아니면 이 흐름으로부터의 지연된 탈주로서 내세 신앙이었다. 하지만 '이러한' 기복 신앙은 돌파구 없는 세속화로 귀결하여 교회를 시장에 내놓았고 '이러한' 내세 신앙은 도착지 없는 탈속화로 귀결하여 교회를 현실도피의 장으로 만들었다. 결국 전자는 현실 속에서, 후자는 가상 현실 속에서 고립된 개인들을 양산함으로써 다시 시장 자본주의로 귀환하고 말았다.

역설적이게도 숱한 교회들이 설파하는 설교의 언어는 고립의 언어가 아니라 공감의 언어다. 그럼에도 이 공감의 언어들은 개인들의 고립을 막지 못했다. 교회의 공감은 시장자본주의 속에 자리를 틀고서는 영성의 영역으로부터 벗어난 것이 아닐까? 공감은 교회 내에서 익숙한 개념이긴 하지만 실제로는 작동하지 않는다. 교회에서는 공감의 언어가 끊임없이 만들어지고 이야기되지만, 공감의 영성으로 전이되어 활동되지는 않는다.

'공감'은 실천과 행동으로 이어지기 전에는 아직 진정한 완성이 아니다. 신경과학자인 마이클 가자니가(Michael S. Gazzaniga)는 개인의 인식이나 감정이 윤리적 실천과 행동으로 나타나는 지점에서 사회적 관계가 중요함을 발견하고 있다.[1] 사회적 관계를 가능케 하는 중요한 신경과정이 바로 공감(sympathy-empathy)이다. 함께 느끼는 능력 없이 합리적 판단만으로 관계를 형성하는 것은 불가능하다.[2]

하지만 '함께'라고 하는 공감(sympathy-empathy)의 신경과학은 '누구와 함께'라는 공감(compassion)의 사회학에 의해 완성된다. 사실 '공감'(sympathy-empathy) 자체는 무엇과도, 누구와도 접속해서 작동할

---

1 마이클 S. 가자니가/김효은 옮김, 『윤리적 뇌』(서울: 바다출판사, 2012), 223-224.
2 마이클 S. 가자니가, 『윤리적 뇌』, 224-230; 안토니오 다마지오/임지원 옮김, 『스피노자의 뇌』(서울: 사이언스북스, 2009), 138-141. 참조; 장대익, "거울 뉴런과 공감 본능," 『뇌과학, 경계를 넘다』, 신경인문학 연구회, (서울: 바다출판사, 2012), 179-193. 참조.

수 있다. 기득권자의 눈물과도 접속할 수 있고, 소외된 사람들의 눈물과도 접속할 수 있다. 따라서 공감의 실천은 과연 누구와 접속할 것이냐는 공감의 접속 문제, 사회적 관계 형성의 문제와 밀접하다.

이 지점에서 공감(compassion)의 진정한 가치가 빛난다. 공감(sympathy-empathy)의 지향을 마련하고 실천하는 일, 접속의 방향을 일러주는 일, 참된 고난의 삶이 누구에게 있는지 분명하게 하고 그래서 결정적인 순간에 기득권자의 눈물이 아니라 소외된 이들의 눈물을 선택하는 실천을 만들어가는 일, 그리하여 새로운 일상의 부활을 꿈꾸고 자라나게 하는 일을 공감(compassion)은 가능케 하기 때문이다. 이것은 복음의 핵심, 예수의 십자가와 부활이 가르쳐준 삶, 고난 받는 이들과의 연대[십자가]와 고난 받는 이들의 연대[부활]를 추구함에 다름 아니다.

본고는 교회의 공감이 난파한 지점에서 다시 공감을 찾고자 시도한다. 교회가 오랫동안 신앙의 지침으로 삼아왔던, 그러나 그 지침의 오용으로 인해 공감의 언어가 화석화하고 말았던 바울의 신학 언저리 한 부분을 배회하고자 한다. 고린도전서의 '사랑'에서 로마서의 '선물'에 이르는 길을 헤매면서 '공감'이라는 보물을 찾는 한 여름 날 소풍의 보물찾기처럼! 우리에게 예수가 해답이 아니라 질문이듯, 고린도전서에서 바울의 '사랑'은 삶의 바른 길을 묻는 이들에게 '흔들리는 바른 길'로서 문제가 된다. 본고는 이에 대한 대답을 로마서에서 정의의 진정한 형태로 등장하는 '선물' 개념에서 찾으면서 사랑과 선물 사이에서 드러나는 정의 개념으로 '공감하기로서의 정의'(justice as compassionating)를 제안하고 공감을 신자유주의 시대의 교환·분배정의로부터 인간을 해방하는 교회의 언어로 재발견하고자 한다.

II. 사랑: 흔들리는 바른 길(*orthovia*)3

기독교는 오랫동안 기독교의 사랑을 아가페라는 헬레니즘의 용어로 수용하면서 역시 헬레니즘에서 유래하는 에로스와 이 용어를 대비하여 기독교의 신앙에 핵심이 되는 사랑 개념의 차별화를 꾀했다. 이 장에서는 이러한 기독교의 전략이 얼마나 정당한가를 검토하기 위해 바울이 고린도전서 13장에서 전개한 사랑 개념을 살필 것이다. 이 과정에서 바울의 사랑은 종말론의 지평에서 해답이 아니라 문제가 된다는 점을 밝히고자 한다. 이를 위해 본 장은 에로스와 아가페의 개념을 간략하게 살피고 이 둘의 관계를 대립으로 이해하는 기독교적 관점의 예로서 안데르스 니그렌(Anders Nygren, 1890-1978)의 견해를 검토한 후 이를 바탕으로 고린도전서 13장의 사랑 개념이 차지하는 위치, 문제 제기로서의 위치를 밝히고자 한다.

1. 에로스와 아가페

플라톤에 의하면 에로스는 무엇보다 아름다움에 대한 사랑이다. 주지의 사실은, 이 아름다움이 추한 것이 존재한다는 전제를 갖는다는 점이다. 그리하여 에로스는 차별적인 아름다움이며, 차별적인 사랑이다. 이 차별은 추함과 아름다움, 무지와 지혜, 가난과 풍요 사이에 위상차를 만들어낸다. 에로스는 이 위상차에서 발생하는 고상한 욕망에 의해 작동한다.

---

3 이 장은 졸저, 『변선환 신학 연구』(서울: 모시는사람들, 2012), pp. 34-48의 일부를 발췌하여 대폭 수정하고 재편집한 것이다.

『잔치』4에서 가장 먼저 제시되는 에로스의 성격은 중간적인 존재라는 점이다. 신과 자연, 또는 신과 인간 사이의 거리는 빛과 그림자 사이의 거리만큼 떨어져 있다. 에로스는 이 간격을 뛰어넘을 가능성으로서 신과 인간의 중간 매개 역할을 한다.

매개로서의 에로스가 갖는 지향성은 에로스가 풍요와 부요함의 신인 포로스(Poros)와 가난과 궁핍의 신인 페니아(Penia) 사이에서 탄생하였다는 사실에서 분명해진다. 에로스는 아름다움을 뒤따라 풍요와 가난 사이에서 탄생한 것인데, 이런 까닭에 에로스는 아름다움에 대한 사랑이며, 동시에 가난과 풍요, 무지와 지혜 모두를 자신의 속성으로 하면서 가난에서 풍요로, 무지에서 지혜로 나아가고자 하는 지향성을 갖는다. 완전한 무지나 완전한 지혜의 양극단은 결코 지혜를 향한 지향성을 갖지 않는다. 완전한 무지는 충분하다는 착각에 매여 지혜를 찾지 않기 때문이며, 완전한 지혜는 이미 자신에게 지혜가 있으므로 지혜를 찾지 않기 때문이다.

에로스의 지향성은 이 사랑이 운동성을 갖도록 한다. 처음엔 완전한 존재였던 인간이 둘로 갈라져 불완전한 존재가 된 후에는 갈라진 다른 반쪽을 그리워하며 한 몸이 되고자 하게 되었다는 이야기를 통해 플라톤은 에로스의 운동성을 설명한다. 에로스는 단지 연애로서만 그치는 것이 아니라 "완전한 것을 그리워하고 욕구하는"(193a) 것과 관련되었다는 것이다. 그리하여 에로스는 무엇보다도 "좋은 것을 언제까지나 갖고 싶어 하는 것"(206a), 소유하고자 하는 욕망이다. 소유욕과 운동성은 불가분의 관계를 갖는다. 하지만 여기서 그치지 않는다. 소유욕 안에서

---

4 플라톤, 『잔치』, 198a-213c.

생성을 일으키기 때문이다. "그건 곧 아름다운 것 안에 생식하는 것입니다. 육체에건 영혼에건"(206b). 에로스는 생식 속에서 영원을 발견하려는 운동성이다. 사랑이 추구하는 것은 단지 아름다움이 아니라 아름다운 것 안에 생식하며 출산하는 것, 아름다움과 더불어 영원성을 획득하는 것, 곧 이데아로서의 아름다움에 도달하는 것이다. 하지만 생식이란 불사성(不死性) 자체를 낳는 것이 아니라 다만 시간성 속에서 불사성을 나누어 갖는 것뿐이다. 이 지점에서 에로스는 육체에서 영혼으로 그 관심을 옮겨가게 된다. 가시계(可視界)나 가지계(可知界)의 개개 아름다운 것에서 아름다움 자체, 아름다움의 이데아를 추구하는 것. "신적인 아름다움"(211e) 그 자체를 보는 것이다. 그리고 그러한 아름다움을 보는 자만이 참다운 덕을 산출할 수 있다. 에로스는 태양을 바라본다. 그리고 태양을 짓는다. 그것은 상승운동으로, 인류가 다 이루지 못할 꿈으로 남아있다.

그러면 아가페는 어떤가? 신약성서는 사랑이라는 헬라어 단어를 거의 대부분 아가페로 사용하면서 에로스는 피하고자 했다.5 이는 신약성서의 기자들이 에로스가 가진 관념과는 다른 관념으로 기독교의 사랑을 표현하고자 하였던 의지를 반영한 결과라고 할 수 있을 것이다. 니그렌은 기독교적 사랑의 기본적인 특색을 네 가지로 요약한다. 첫째, 아가페는 자연발생적이고 "비동기화(非動機化) 된 것"이다. 둘째, 따라서 가치에 무관한 사랑이다. 셋째, 이 사랑이 하느님의 사랑을 지시할 때 그것은 곧 창조성이다. 넷째, 아가페는 인간과 신의 교제를 촉발하는 창시자(initiator)이다.6 이 사랑은 신으로부터 출발한다는 점에서 에로스와 대

5 안더스 니그렌/채위 옮김, 『아가페와 에로스』(서울: 교육출판공사, 2007), p. 18.
6 앞의 책, pp. 68-75 참조.

비된다.

사실 '사랑하다'(*agapan*)와 '사랑'(*agape*)이라는 말들은 이미 헬레니즘계의 거류민 유대교가 받아들인 것인데, 이것들은 전혀 알려지지 않은 것은 아니나 중요하지는 않았던 그리스어의 낱말들이다.[7] 70인역이나 필로의 글들에서, 기독교 이전 비기독교인의 자료에서도 이 단어는 발견된다.[8] 헬레니즘 세계에서 이 낱말들은 에로스(*eros*)와 필리아(*philia*) 같은 다른 고상한 말들이 표현할 수 있는 것과 같이 평가되지는 않았다. 따라서 헬레니즘 세계에서 대수롭지 않던 이 단어는 초대 기독교 교회에 와서야 비로소 신과 인간 사이의 결정적인 관계적 차원을 말해주는 중심적인 의미를 차지하게 되었다고 할 수 있다.[9] 초대 기독교인들이 보기에 이데아를 향한 인간의 상향적 자기완성 노력(에로스)은 하느님의 선택 행위에 근거한 사랑을 표현하는데 적합하지 않았다. 특히 바울은 이 단어 '아가페' 안에 구속사적인 기독론과 종말론을 담았다. 로마서의 목소리를 풀어서 요약할진대, 이 세상에 오셔서 십자가에서 죽으셨다가 다시 살아나신 예수 그리스도 안에서 [율]법은 완성되었는데, [율]법의 완성이란 바로 사랑 — 아가페다.[10] 초대 기독교사회의 일반적인 이웃 사랑 개념이 바울에 의해서 세련된 의미를 옷 입게 되었다.[11] 바울은 다음과 같이 말한다. "사랑으로 서로 섬기십시오. 모든 [율]법은

---

7 귄터 보른캄/허혁 옮김, 『바울, 그의 생애와 사상』 (서울: 이화여대출판부, 1984), pp. 288-289.

8 D. H. 화이틀리/한의신 옮김, 『바울신학』 (서울: 나단, 1993), p. 332.

9 귄터 보른캄, 『바울, 그의 생애와 사상』, p. 289.

10 V. P. 퍼니쉬/김용옥 옮김, 『바울의 신학과 윤리』 (서울: 대한기독교출판사, 1982), p. 211.

11 줄리아 크리스테바/김영 옮김, 『사랑의 역사』 (서울: 민음사, 1995), 216.의 각주 2), p. 217 참조.

'네 이웃을 네 몸과 같이 사랑하여라' 하신 한 마디 말씀 속에 다 들어 있습니다"(갈 5: 13b-14). 이 말속에는 십자가 예수를 전형으로 삼고자 하는 의지와 부활을 대망하는 희망이 함께 녹아들어 있다.

2. 아가페와 에로스의 대립?

니그렌은 에로스를 인간의 노력과 공적이 부각되는 상승운동으로, 아가페를 하느님의 은총과 자비가 부각되는 하강운동으로 특징지으면서 양자의 종합이란 불가능하다고 단정한다. 하나는 인본주의적이라면 다른 하나는 신본주의적이라는 것이다.[12] 양자는 이질적인 것으로 변증법적 운동마저도 피해가는 대립을 통해 기독교 역사 속에서 아가페의 생동력을 제공해왔다고 그는 주장한다. 그에 의하면, 에로스의 도전에 대한 아가페의 응전이 가능할 뿐이다.

아가페와 에로스처럼 서로 완전히 상치되는 두 개의 세력 사이에 어떤 진짜 종합(synthesis)이란 있을 수 없는 것이다. 에로스는 아예 처음부터 가난과 공허감에 사로 잡혀서 그 궁핍함을 채워 만족을 얻으려고 하느님 안에서 그와 일치되기를 한없이 갈망 희구하는 것이고, 아가페는 하느님의 은총을 통한 부요함 때문에 그 자신을 사랑으로 쏟아 붓는 것이다.

그러므로 에로스와 아가페가 서로 성공적인 통합을 이룬 것으로 보이면 보이는 정도만큼 그것을 아가페 동기의 관점에서 보면 아가페의 실

---

12 안더스 니그렌, 『아가페와 에로스』, p. 34.

패의 척도를 나타내는 것이 된다. 그것은 곧 아가페의 배반을 뜻하는 것이기 때문이다.13

과연 그러한가? 줄리아 크리스테바(Julia Kristeva)는 아가페를 그리스의 에로스와 구약성서의 여호와가 변형된 것으로 읽으면서 니그렌으로부터 벗어난다. 그에 의하면, 아가페의 하강운동은 단지 에로스 역학의 전이일 뿐이다.14 그럼에도 이 전이가 모든 것을 바꾸어 놓았다. 인간-죄인은 더 이상 대가를 제공하지 않고 오히려 "가장 사랑 받은 자",15 곧 예수의 죽음을 통해 사랑을 입는다. 그것은 시간을 타고 이어지는 부활을 통해 입증될 것이다. 그러나 크리스테바는 묻는다. 이는 피학적인 광기가 아니냐고 말이다. 죽음을 통한 부활의 약속은 결국 영원을 역사 속으로 끌어내린 신성모독이 아니냐고 말이다. 더욱이 이 사랑은 희생을 삭제한다. 아들은 희생했고, 그러나 그 희생은 일시적이었고, 결국 그것으로 희생은 종결됐다. 이제 남은 것은 상징적인 구강 운동뿐이다. 성찬 속에서 '그의' 죽음을 먹음으로써 '우리'는 화해한다. 구강 운동 속에서 식성과 말씀이 교차하는 그것은 바로 상징이다. 그리고 바로 이 순간, 구강기 속에서 다시 플라톤의 『잔치』와 만난다.16 따라서 크리스테바가 보는 바 아가페와 에로스는 그리 멀리 떨어져 있는 이질적인 사랑들이 아니다. 크리스테바가 보여주는 것은 에로스로부터 벗어나려고 하는 아가페가 이미 에로스의 전이로서 닮아 있다는 사실이다. 초대 기독교교

---

13 앞의 책, pp. 295-296.
14 줄리아 크리스테바, 『사랑의 역사』, p. 219.
15 앞의 책, p. 221.
16 앞의 책, pp. 223-235.

회와 바울은 모두 에로스로부터 탈출해서 아가페를 건설했으나, 건설하고 보니 에로스와 닮았다는 것이다. 그렇다면, 아가페는 하강 운동을 위장한 상승 운동, 또는 상승에의 욕망이 된다.

3. 바울의 사랑: 흔들리는 바른 길(*orthovia*)

정말 바울의 아가페는 니그렌이 그린 것처럼 에로스와는 전혀 이질적인 하강 운동이거나 크리스테바가 비판한 것처럼 위장된 에로스일까? 바울에게 사랑 개념의 근거는 성육신을 통해 하느님이 자신의 희생적 사랑을 증명하였다는 데에 있다. 고린도전서 13장에서 언급된 사랑은 바로 이것을 전제로 하고 있다. 그에 의하면 하느님의 사랑(고후 13:13)은 예수 그리스도의 십자가에서 계시되었다(롬 5:5-8; 비교, 요 13:16). 하느님의 사랑(롬 8:39)과 그리스도의 사랑(롬 8:35)은 하느님의 사랑이 그리스도 안에서 우리를 만나는 한 일치된다.

바울은 특히 믿음(*pistis*)과 지식(*gnosis*)을 통하여 하느님의 구원 행위에 대한 인간의 응답을 기술한다. 크리스테바가 지적하듯, 바울이 제시하는 사랑에 있어서 아가페는 전적으로 하느님에 속한 것이므로 인간의 편에서는 아가페가 문제가 아니라 믿음이 문제일 수 있다.[17] 하지만 고전 8: 3에서는 하느님에 대한 우리의 지식과 사랑이, 어떻게 하느님으로부터의 사랑과 연결되는지를 말한다(비교, 갈 4:9). 믿음은 사랑 가운데서 활동한다(갈 5:6). 그 때문에 믿음과 사랑은 종종 서로 결합된다(살전 1:3; 고전 13:13; 고후 6:6). 하지만 믿음과 연결된 사랑은 신을 향

---

17 앞의 책, p. 219.

한 것이라기보다는 무엇보다도 이웃 사랑이다. 바울은 예수에 의해 원수 사랑으로 해석된 이웃 사랑을 받아들여, 거기서 [율]법의 성취를 본다(롬 13:8-10; 갈 5:14). "그리스도의 법"(갈 6:2)은 사랑 안에서 실현된다. 법의 실현으로서의 사랑은 단지 다른 은혜의 선물들 가운데 하나의 은사로 이해될 수 없다.

고린도전서 13장에서 바울은, 사랑은 개개의 은사들에게 덕을 세우는 작용을 부여하는 능력임을 나타낸다. 그리고 믿음과 희망과 사랑은 "그리스도 안의 존재"를 가능케 하는 모든 그리스도인 생활의 통합적 양식이다. 예언과 방언과 지식은 옛 시대와 더불어 그치지만, 믿음과 희망과 사랑은 존속한다. 그리고 사랑은 그것들 가운데 가장 크다. 왜냐하면, 사랑은 종말론적인 완성의 출현이기 때문이며(고전 13:13), 믿음과 희망에 나타난 가능성이 사랑에 의해 구체적으로 실현되기 때문이다.[18] 신과 세속의 이분법 속에서 사랑을 논한 니그렌을 근거로 접근하고 있는 크리스테바의 시각과 달리, 바울은 아가페-사랑을 인간 안에서도 발견할 수 있는 것으로 보고 있다. 사랑은 모든 덕, 모든 은사를 참되게 실현하는 구체적인 현실성이다.

그렇다면 바울 자신이 말하듯, 사랑은 은사를 사용하는 기준이 되는 최상의 길이다(고전 12:31b). 그것은 은사를 사용하는 이들이 걸어야 할 正道, orthovia다. 바울은 바른 길로서 사랑을 제시하고자 했다. 그런데, 길(道)이란 무엇인가?

요한복음은 예수가 신에게로 가는 길이라고 말한다. 그것은 예수가 목적 자체가 아니라 별도의 목적이 있어서 그 목적에 이르기 위한 방편

---

18 루돌프 불트만/허혁 옮김, 『新約聖書神學』(서울: 성광문화사, 1976), p. 352.

이라는 뜻인가? 바레트(C. K. Barrett, 1917-2011)는 요 14:6을 주석하면서 이어지는 7절과 9절에 힘입어 "예수는 진리와 생명의 원천인 하느님에게로 이르는 수단이기 때문에 그 자신이 곧 사람들에게 진리와 생명이 된다."[19]고 설명한다. 수단이므로 목적도 된다 — 이렇게 명제화하면 이는 매우 배타적인 진술이 되고 만다. 수단이므로 목적도 된다는 말이 정당화되려면 이 수단은 '유일한' 수단이어야 하기 때문이다. 그래서 요 14:6b는 "나로 말미암지 않고서는, 아무도 아버지께로 올 사람이 없다"고 부연하는 것인가? 다시 물어서, 예수는 하느님과 상호 내주하는 유일한 존재라는 말인가? 예수를 통해야만 진리에, 생명에, 하느님에 이를 수 있다는 진술은 예수만이 하느님과 일체가 된 이라는 진술을 근거로 그 정당성을 확보하고 있는 듯하다.

요한복음의 이 본문을 통해서 이정배는 참 인간 예수가 인간의 원형(prototype)으로 이해됨으로써 인간과 유리되어 이상화된 인간 예수 이미지를 배태하게 되었으며 이로 인해 또 다른 형태의 가현설을 초래할 우려가 있다고 지적하고 있다. 이는 구체적인 인간 삶을 소외시키는 교회와 교리를 형성한다는 것이다.[20]

바른 길을 묻는 문제는 이와 동일한 문제에 봉착한다. 바울은 길 앞에다 '가장 좋은'이라는 수식어를 붙여서 우리를 사랑으로 인도했다. 길은 그 궤적을 따라 사람이 걸을 수 있을 때 비로소 길이다. 바울이 제공하는 가장 좋은 길은 정말로 사람이 걸을 수 있는 길인가? 니그렌이 주

---

19 C. K. 바레트/한국신학연구소 옮김, 『요한복음(Ⅱ)』(서울: 한국신학연구소, 1985), p. 288.

20 이정배, 『예수가 대답이라면 무엇이 문제인가?』(서울: 성서연구사, 1994), pp. 360-361.

장하듯 기독교의 사랑은 전적으로 신의 것이라고 한다면, 바울이 제공한 길은 인간이 갈 수 없는 길, 이데아가 되고 만다. 니그렌은 가장 플라톤적이지 않은 사랑을 말하고자 했으나, 역설적으로 가장 플라톤적인 사랑으로 인도하고 만 것은 아닌가? 이점에서 아가페를 에로스 역학의 전이로 말하는 크리스테바의 통찰은 정확한 것이었다. 니그렌은 상승운동을 하강운동으로 바꾸었을 뿐, 사랑의 능력을 중간지대에서 최상의 지대로 옮겨놓음으로써 플라톤보다 더 플라톤적인 사랑-이데아를 형성한 것이다. 플라톤에게 에로스는 인간이 어찌해볼 수 있는 중간지대의 활력이었다. 그러나 니그렌에게 아가페는 인간이 어찌해 볼 도리가 없는 천상지대의 자비일 뿐이다. 에로스에서 지상과 천상의 매개자였던 사랑이 그 자리를 버리고 천상으로 올라가 버렸을 때, 지상과 천상을 이을 가능성도 사라져버린 것이다. 그 사랑은 이미 완전하므로 희생에도 적합하지 않고, 죽음에도 적합하지 않고, 그래서 새로운 탄생에도 적합하지 않다.

바울은 적어도 고린도전서 13장에서 니그렌의 사랑-구조를 공유하는가? 고린도교회의 상황에 대한 치열한 고민 속에서 전개되고 있다는 점에서 이미 니그렌과 상이한 출발점을 가지고 있다는 점은 분명하다. 우리가 가진 은사들이 사랑이라는 바른 길을 통해서 활용되지 않는다면 아무 소용이 없다는 것, 그리고 그럴 경우 당시 고린도교인들이 보여준 분열과 윤리적 파탄을 피할 수 없다는 점에서, 그것은 참으로 길이었다. 그런데 그 사랑이 종말론적 영원과 접속하자, 그 길이 흔들리기 시작했다. 이미 우리가 보았던 것처럼, 바울에게 있어서 사랑은 [율]법의 최종적 완성이며, 그것은 예수-그리스도라는 존재로 형상화된다. 그것은 종말과 부활을 향한 이 세계에 견인차가 되며 동시에 마지막 그 자체, 아니

처음부터 끝까지 변함없는 이 세계의 본질이 된다. 사랑은 실존에서 본질로 옮아간다. 역사에서 영원으로 등극한다. 헬레니즘의 이상이 출현한다. 그리고 흔들리는 길은 영원이라는 이데아 속에서 인간을 떨어내기 시작하는 것이다.

참으로 고린도전서 13장의 사랑은 그 어느 곳에서보다도 종말론적인 색채가 강하다. 바울에 의하면, 사랑은 대망하는 바를 향하여 함께 고난에 동참하는 것이면서(13:4-7) 동시에 그 대망하는 것 자체이기도 하다(13:8-13). 그러나 헬레니즘의 이데아상을 담고 있는 종말은 인류 역사를 통틀어 모든 것이 불확실한 지점이다. 모든 것이 얽혀 있는 매듭이다. 역사의 연속성과 불연속성 문제가, 영원과 시간의 문제가, 전체와 부분의 문제가, 정의와 심판의 문제가, 그 외에도 우리가 시간 속에서 대비시킬 수 있는 모든 것의 문제가 풀리지 않은 채 기다리고 있는 지점이다. 따라서 종말론을 바탕으로 귀결된 고린도전서 13장의 마지막 문단[21]은 모든 미해결의 문제를 떠안은 문제의 문단이 되고 만다 — 특히 13절로 인해서. 그 지점에서 바른 길은 흔들리는 길이 된 것이다. 따라서 기독교의 사랑을 위협하는 진짜 문제는 니그렌이 보는 에로스라는 외부 침입자의 문제가 아니라 아가페 자체에 내장되어 있는 종말론적

---

21 "사랑은 없어지지 않습니다. 그러나 예언도 사라지고, 방언도 그치고, 지식도 사라집니다. 우리는 부분적으로 알고, 부분적으로 예언합니다. 온전한 것이 올 때에는, 부분적인 것은 사라집니다. 내가 어릴 때에는, 말하는 것이 어린아이와 같고, 깨닫는 것이 어린아이와 같고, 생각하는 것이 어린아이와 같았습니다. 그러나 내가 어른이 되어서는, 어린아이의 일을 버렸습니다. 지금은 우리가 거울 속에서 영상을 보듯이 희미하게 보지마는, 그 때에는 우리가 얼굴과 얼굴을 마주 볼 것입니다. 지금은 내가 부분밖에 알지 못하지마는, 그 때에는 하나님께서 나를 아신 것과 같이, 내가 온전히 알게 될 것입니다. 그러므로 믿음, 소망, 사랑, 이 세 가지는 항상 있을 것인데, 그 가운데서 으뜸은 사랑입니다"(고전 13: 8-13, 표준새번역).

영원 개념의 문제다. 적어도 바울은 고린도전서 13장에서 사랑이 실존의 문제이면서 다른 한편 영원의 이데아로서의 완전성이기도 하다는 두 진술을 하나로 묶을 수 있는 해결책을 마련하고 있지 않기 때문이다.

그리하여 바울의 사유 속에서 아가페가 가지고 있는 내적 문제인 "흔들리는 바른 길"의 문제는 사랑이 일상적인 삶과 만날 수 없음을 선언하는 듯하다. 바울의 노력에도 불구하고, 니그렌처럼 사랑과 일상의 완벽한 분리라는 잔인한 현실을 받아들여야 하는가, 아니면 크리스테바처럼 철저하게 인간 욕망의 레토릭으로서의 일상이라는 역시 잔인한 현실을 받아들여야 하는가?

III. 선물: 정의로 가는 사이 길(*mediusvia*)

사랑이 갖는 이 일상성과 '어떤' 영원성 사이의 간격으로 인해 바른 길로서의 '세계 내' 과정적 성격이 위협을 받는다는 문제를 넘어설 길을 정의의 문제에서 모색해 보도록 하자. 사랑과 정의는 바울의 신학에서 밀접하다. 이 사실을 이렇게 표현해 보고자 한다: 바울에게서 사랑은 [율]법을 경유하여 정의와 연결된다. [율]법은 정의의 실현을 목표로 하는데, 바울은 이 [율]법의 완성이 바로 사랑(롬 13:10)이라고 말하고 있기 때문이다.

1. [율]법: 정의의 실현?!

바울은 선언한다. "이제는 [율]법과는 상관없이 하느님의 의가 나타났습니다"(롬 3:21). 그리고 이어서 다음과 같이 묻고 답한다. "어떠한 법으로 의롭게 됩니까? 행위의 법으로 됩니까? 아닙니다. 믿음의 법으로 됩니다"(롬 3:27). 그리고 최종적으로는 "그러면 우리가 믿음으로 [율]법을 폐합니까? 그럴 수 없습니다. 도리어 [율]법을 굳게 세웁니다"(롬 3:31)라고 선언함으로써 [율]법의 부재 속에서 [율]법이 성취된다는 역설적인 논리를 전개한다. 이 역설을 믿음이 중재하고 있는데, 이에 관해서는 다음에 논하도록 하자. 여기서의 관심사는 [율]법 바깥에서의 [율]법의 성취라는 역설인데, 이 역설을 조르조 아감벤(Giorgio Agamben)은 다음과 같이 논평한다. "[율]법의 메시아적인 프레로마(pléróma, 충만)는 예외상태의 지양이며 카타르게시스(katargēsis, 작동하지 못하게 하는 것)의 절대화인 것이다."22 아감벤의 이 말에서 출발하여 [율]법과 정의의 관계를 해명해보자.

그의 이 말에 의하면 [율]법의 온전한 성취는 [율]법의 작동정지에 있다. 여기서 카타르게시스란, 가능태(dynamis)가 현실태(energeia)로 이행하여 발현되는(provoked, energeito) 것의 정지를 말한다(롬 7:5-6 참조). 이 발현이 [율]법의 장에서 벌어지는 일이라면, 이를 위해 필연적으로 요청되는 것은 힘[공권력]의 작용이다. 따라서 바울이 말하려고 했던 것은, [율]법의 온전한 성취를 위해서 힘[공권력]을 통한 [율]법의 집행을 멈춰야 한다는 점이었다. 그런데, 힘이 아니라면 무엇을 통해서 [율]법을 성취할 수 있다는 말일까? 바울의 답은 '약함'(astheneia)이었다. 그리고 여기에 '메시아적'이라는 꼬리표를 단다. 메시아적 약함. 이 무력함은 강함을 무력화한다(고전 1:27). 즉 강함의 효력을 정지시킨다.23 그렇

22 조르조 아감벤/강승훈 옮김, 『남겨진 시간』(서울: 코나투스, 2008), p. 180.
23 이것을 알랭 바디우(Alain Badiou)는 다음과 같이 멋지게 표현했다. "주체가 자신의 약

다면 카타르게시스는 [율]법의 전제인 힘[공권력]의 정지이며, 이 정지의 결과인 [율]법의 비활성화, 수행불가능성이다. 다시 말해, 카타르게시스는 효력을 정지시키는 효력이며, 그런 의미에서 비활성화인 동시에 성취(*plerosis*)이다.24

이것이 의미하는 바를 이렇게 이해할 수 있을 것이다. [율]법은 자신이 비활성화 되었을 때에만 자신의 목표, 곧 정의를 성취할 수 있다. 이유는 명백하다. [율]법은 그 자체로는 자신이 규정한 바를 지킬 수 있는 내면적 힘을 가지고 있지 않기 때문이다.25 그 힘은 [율]법 외부에 있다. 이 상황을 바디우(Alain Badiou)는 다음과 같이 설명한다. [율]법은 무엇보다 "문자로 계명된 힘"인데, 문자는 언제나 주체의 사유와 주체의 힘을 유리시키기 때문에 사유와 실천이 일치하는 이른바 진리 공정, 또는 구원을 불가능케 한다. 달리 말해, 구원의 문자는 존재하지 않고, 따라서 문자로 계명된 힘인 [율]법은 "주체를 사유의 무력함으로 구성한다."26

주체의 힘이 탈각된 [율]법의 무력함은 이 무력함을 보충할 외부의 힘을 요청하게 되는데, 이 상황을 칼 슈미트(Carl Schmitt, 1888-1985)는 예외 상태라고 말한다. 동시에 그는 주권자를 "통상적으로 유효한 법질서 바깥에 있으면서도 여전히 그 안에 속해" 있으면서 예외 상태를 결정하는 자라고 규정한다.27 결정이 법질서보다 더 큰 외연을 가지고서 법질서의 기초를 이루기 때문에 결정의 주체인 주권자는 [율]법의 내부와

함을 낱낱이 알리는 곳에서 실재는 오히려 모든 자리들의 찌꺼기라는 것이 입증된다."; 알랭 바디우/현성환 옮김, 『사도 바울』(서울: 새물결, 2008), p. 111.

24 조르조 아감벤, 『남겨진 시간』, p. 164.

25 마커스 보그・존 도미닉 크로산/김준우 옮김, 『첫 번째 바울의 복음』(고양: 한국기독교연구소, 2010), p. 234.

26 알랭 바디우, 『사도 바울』, pp. 161-164. 참조.

27 칼 슈미트/김항 옮김, 『정치신학』(서울: 그린비, 2010), pp. 16-18.

외부에 두루 걸쳐 있다는 것이다. 따라서 법질서의 바깥에 있는 예외상태는 오로지 주권자의 확신에 따른 결정에만 달려있다. 그렇다면 예외상태는 [율]법의 자기정지라는 형태로만 [율]법과 관계를 유지할 수 있다. 예외상태는 [율]법이 정지하는 지점, 그렇게 함으로써 [율]법이 예외상태를 스스로에게 적용하는 지점이기에 아감벤은 [율]법에 의한 예외상태의 배제를 "포섭적인 배제(inclusive exclusion)"28라고 말할 수 있었다.

따라서 예외 상태는 주체의 문제와 관련되어 있다. 주체의 포섭적인 배제 — 포섭되며 배제된 주체 말이다. 포섭되며 배제된 주체는 어떤 주체일까? 이 주체의 면모는 예외 상태의 성격으로부터 밝혀질 수 있을 것이다. 아감벤은 예외 상태의 성격을 [율]법과 관련하여 세 가지로 제시한다.29 첫째, 예외 상태에서는 [율]법의 내부와 외부가 결정되지 못한다. 여기에서는 [율]법이 적용되지 않음으로써 적용되기 때문이다. 배제는 언제나 또 다른 포섭이다. 둘째, 예외 상태에서는 [율]법을 지키는 것과 위반하는 것 사이의 경계가 불분명해진다. [율]법의 효력 정지 상태에서는 적법한 것이 위법한 것이 될 수도, 반대로 위법한 것이 적법한 것이 될 수도 있기에 [율]법의 이행이 불가능해지는 것이다. 포섭적인 배제는 규범의 이행 불가능성을 폭로한다. 셋째, 예외 상태에서는 [율]법의 정식화가 불가능해진다. 이는 계엄령이라는 예외 상태를 떠올리면 이해하기 쉬울 것이다. 계엄령 하에서는 (예컨대) 개인의 자유에 관한 헌법 조

---

28 조르조 아감벤, 『남겨진 시간』, p. 175: 포섭적인 배제의 예로 '왕따' 현상을 들 수 있다. 왕따는 한 반 내의 다른 학생들로부터 배제됨으로써 다른 학생들과의 고유한 관계를 형성한다. 학급 내 다른 학생들이 공유하는 규칙으로부터 배제됨으로써 그 규칙과 관계를 맺고 있는 것이다. '적용되지 않음'은 그 자체로 하나의 강력한 적용이 된다.
29 앞의 책, pp. 175-177. 참조.

항이 단순히 정지될 뿐이지만, 이로 인해 개인의 자유에 관한 합법과 비합법의 경계를 인식하는 것 자체가 불가능해진다. 포섭적인 배제는 [율]법의 비규범성을 폭로한다.

그렇다면 이제 포섭되며 배제된 주체의 성격을 말할 수 있게 되었다. 이 주체는 [율]법의 내부와 외부를 가로지르며 그 작동의 무효를 폭로하는 외부이다. 아감벤은 이 주체를 바울의 "남겨진 자들"(롬 11:5, 고전 9:21)[30]에게서 찾고 있다. 바디우는 이러한 주체를 비존재(in/existence)라고 했으며,[31] 스피박(Gayatri. C. Spivak)은 서벌턴(subaltern)이라고 했고,[32] 좀 더 오래 전에 피에리스(Aloysius Pieris)는 사람 취급을 받지 못하는 사람(non-people)이라고 했고,[33] 오늘 우리에게는 민중이며, 세월호와 함께 침몰한 사람들, 대한민국의 침몰한 일상이다.

아감벤은 예외 상태에게 카타르게시스의 루터식 독일어 번역인 '지양'(Aufhebung)이라는 활력을 불어넣었다. 이 단어는 '폐지'와 '보존'이라는 이중적 의미를 갖는다. 따라서 아감벤이 '예외상태의 지양'이라는 말로써 표현하고자 했던 것은 포섭되며 배제된 주체에 의해 [율]법의 효력이 폐지되며, 바로 이 폐지로 인해 [율]법의 존재 이유이자 성취인 정의가 비로소 보존된다는 사실이었을 것이다.

이상의 의미에서 우리는 바울이 말하고자 했던 것이 진정으로 '[율]

---

30 앞의 책, p. 177; '남겨진 자들'의 자세한 의미에 대해서는 조르조 아감벤, 『남겨진 시간』, pp. 94-97.을 참조하라.

31 Alain Badiou, *The Rebirth of History*, tr. by Gregory Elliott (London•New York: Verso, 2012), p. 56.

32 스티븐 모튼/이운경 옮김, 『스피박 넘기』(서울: 엘피, 2005), 21.의 역자주 참조; 가야트리 스피박/이경순 옮김, 『스피박의 대담』(서울: 갈무리, 2006), p. 318. 참조.

33 Aloysius Pieris, *An Asian Theology of Liberation* (New York: Orbis Books, 1988), pp. 124-126.

법 밖의 정의'였다는 사실을 확인하게 된다. 제닝스(Theodore W. Jennings)는 이를 다음과 같이 단정적으로 말했다.

… 바울은 [율]법이 정의를 만들어낼 수 없다고 결론 내렸다. 정의와 [율]법 사이에는 화해할 수 없는 갈등이 있기에, 만일 정의가 있다면 [율]법과는 별도로, [율]법 밖의 정의로서 있어야 한다는 결론에 이르렀던 것이다.[34]

2. 정의: [율]법 밖에서 만나는 선물

하지만 정의가 [율]법, 즉 그 불가능한 규범성의 외부에서만 성취될 수 있다면, 도대체 그것이 어떻게 가능하다는 말인가? 정의를 규정하는 행위가 그 효력을 정지할 때에야 정의가 비로소 성취된다는 이 말이 작동하는 방식은 무엇인가?

아감벤은 이 지점에서 바울의 '믿음의 [율]법'(*nomos pisteos*)(롬 3:27)을 불러들인다. 남겨진 자들은 예외이므로, 이들에게 [율]법은 적용되지 않는 것으로 인해 적용된다. 이것은 '[율]법에 의한 행위'의 중지

---

34 … Paul has come to the conclusion that law cannot produce justice, that there is an irreconcilable conflict between justice and law, that if there is to be justice, it must come apart from the law, as outlaw justice; Theodore W. Jennings, *Outlaw Justice: The Messianic Politics of Paul* (Stanford: Stanford University Press, 2013), p. 60: [율]법의 애초 취지가 정의의 실현에 있음에도, 오히려 [율]법의 작동이 정의의 실현을 불가능하게 하고 만다는 사실의 실례로 우리는 '폭력'을 생각해 볼 수 있다. 즉, [율]법은 폭력의 금지를 규정하지만, 이 규정을 준수하기 위해서 [율]법은 폭력을 사용한다. 이에 대한 자세한 논의는 테드 W. 제닝스/박성훈 옮김, 『데리다를 읽는다/바울을 생각한다』 (서울: 그린비, 2014), pp. 125-134를 참조하라.

를 뜻한다. 이 중지를 넘어서 [율]법의 성취, 즉 정의에 도달하는 방식이 곧 '믿음'(pistis)이다.[35] 하지만 이 대답을 들어도 여전히 시원치 않은 까닭은, 믿음이 어떻게 그럴 수 있는가에 대한 대답이 빠졌기 때문이다. 그런데 마침 바울은 믿음의 [율]법을 말하기 전에 다음과 같은 말을 한다.

"하느님의 [정]의는 예수 그리스도를 믿는 믿음을 통하여 모든 믿는 사람에게 옵니다. 거기에는 아무 차별도 없습니다. 모든 사람이 죄를 범하였으므로, 하느님의 영광에 이르지 못합니다. 그러나 사람은, 그리스도 예수 안에 있는 속량을 힘입어서, 하느님의 은혜로 값없이(as a gift) [정]의롭게 하여 주심을 받습니다"(롬 3:22-24).

여기에 나타나고 있는 속죄에 대한 해석은 이미 바울 이전의 전승에도 있었던 것이다. 이 전승에서는 '하느님의 [정]의'를 중심으로 속죄를 해석하는 것이 일반적이었다. 바울은 이 전승에 자신의 견해를 첨가했는데, 그것은 "값없이"와 "하느님의 은혜로"(24절)라는 말이다.[36] 따라서 바울의 새로운 의도를 읽을 수 있는 것은 이 두 구절, 또는 이 두 구절의 조합인 "값없이 주어지는 은혜"로서, 이 구절들의 의미가 믿음의 [율]법에 기초가 될 것이다.

아감벤은 "값없이 주어지는 은혜"라는 바울의 이 주제를 무상성으로 풀어나간다. 그에 의하면 무상성은 은혜와 [율]법의 연결고리다. [율]법은 불의를 불의로 드러냄으로써 자신의 이행 불가능을 적나라하게 보여

---

35 조르조 아감벤, 『남겨진 시간』, pp. 177-178. 참조.
36 야기 세이이치/김승철 옮김, 『바울과 정토불교, 예수와 선』 (서울: 대원정사, 1998), pp. 37-38. 참조.

준다. 따라서 주체의 무력함만을 현시할 뿐이다. 그렇다면 이러한 불가능을 돌파할 역량은 그 불가능의 외부에서 진입해 들어와야 한다. 그것이 바로 하느님의 은혜다. 하지만 이 은혜는 [율]법의 이행 불가능을 전제로 해야 한다는 점에서 [율]법 없이 생각할 수 없다. 서로의 대립이 서로의 존재 이유가 된다. 그리고 이러한 대립을 돌파하는 역량의 실현이 바로 무상성이다.[37]

무상성은 상호성이 아니라는 점에서 오늘 우리의 신자유주의 체제 현실과 대비된다. 아리스토텔레스 이래 정의는 분배의 정의와 시정의 정의로 나뉘어 논의되어 왔고, 자본주의의 정점을 찍고 있는 오늘날에는 무엇보다 분배의 정의가 중요한 관심사가 되고 있다. '낙수 효과'나 '분수 효과'를 논하는 경우를 생각해보자. 낙수 효과는 자본가의 이익을 극대화함으로써 그 과잉이 넘쳐흘러 노동자들에게 그 이익의 일부가 분배되는 것을 말한다. 반면 분수 효과는 노동자들의 이익을 적정하게 보장함으로써 시장을 활성화시키고 이를 통해 경기를 회복하여 자본가의 이익을 극대화하는 것을 말한다. 자본주의에서는 자본의 이익을 극대화하는 것이 최종적 목표이기 마련이며, 이 목표에 분배의 정의가 부록처럼 다루어지고 있다.

여기서 중요한 점은 자본주의 내에서 작동하는 분배의 정의는 반드시 상호성을 전제로 논의된다는 사실이다. 자본주의는 시장에서 전개되는 교환 활동을 중심으로 한다. 이 정치 경제 체제에서는 사용 가치가 언제나 교환 가치를 통해서만 현시될 수 있기에 상품의 고유한 유용성보다는 그 유용성을 담보로 하는 상호성이 우선한다. 유용성은 질적 차

---

37 조르조 아감벤, 『남겨진 시간』, pp. 197-198. 참조.

이를 토대로 하지만, 교환으로서의 상호성은 양적 등가성을 토대로 한다. 따라서 시장에서 일어나는 일은 질적 차이가 배제된 양적 동일성의 전가(轉嫁)다.

데리다(Jacques Derrida)가 경제(economy)를 논하면서 분석하였듯이, economy의 어미 nomos(법)가 nemein(분배의 법)을 동시에 의미한다는 점에서 경제에 있어 분배와 상호성은 분리될 수 없다.[38] '각자의 것을 각자에게 주라'(suum cuique tribuere)는 분배 정의의 기본 강령은 '각자의 것'이 과연 무엇인가에 대한 각 시대의 이해에 따라 그 의미가 변화한다. 자본주의 체제에서 '각자의 것'은 교환 가치를 토대로 하는 시장에서 발생하기에 상호성을 바탕으로 이해된다. 신자유주의 경제 체제는 수정 자본주의 경제 체제가 생산 시장의 붕괴에 취약했다는 사실을 근거로 시장의 자유와 노동 시장의 유연성을 강조하면서 등장했다. 그 결과는 비정규직 노동자의 증가와 더욱 강고해진 경쟁 체제였다. 따라서 신자유주의 경제 체제에서의 상호성은 더욱 평가 절하된 노동 가치에 기반을 둔다. 이 상호성에서 노동은 자본의 가치에 의해 배제된다. 여기에서 상호성은 비교에 의한 배제의 상호성에 다름 아니다. 생각해 보라. 여기에서는 끊임없이 상호성과 호혜주의, 상생이라는 구호가 끔찍하게 울려 퍼진다. 그러나 이 상호성은 배제를 은폐하는 상호성, 정의가 불가능한 살림살이의 '법'(eco-nomy)이다.

지금 대한민국의 일상은 신자유주의와 권위주의 권력 집단의 결합 속에서 침몰하였다. 일상의 예외 상태. 그것이 대한민국의 현주소다. 하

---

38 Jacques Derrida, *Given Time 1: Counterfeit Money*, tr. by Peggy Kamuf (Chicago: University of Chicago Press, 1992); 테드 W. 제닝스, 『데리다를 읽는다/ 바울을 생각한다』, pp. 174-175에서 재인용.

지만 이제 우리는 안다. 일상이 예외 상태라면, 일상은 대한민국의 체제를 규정하고 있는 [율]법의 작용을 정지시킴으로써 정의를 성취하는 질적 변혁의 주체여야 한다는 사실을 말이다.

바울은 이 변혁의 방식이 "값없이 주어진 은혜"라고 선언한다. 아감벤은 이 은혜를 무상성이라고 말함으로써 분배의 정의를 효력 정지시켰다. 그런데 무상성의 가장 좋은 유비는 선물이다. 마침 분배와 교환의 체계를 해체하는 방법으로 데리다가 사용했던 선물은 아감벤이 논했던 방식보다 더 분명하게 [율]법 밖의 정의라는 역설에 상응한다. 바울이 말하는 "값없이 주어진 은혜"가 선물이라면, 정의는 선물의 방식으로 [율]법의 불가능성을 뚫고서 실현된다고 할 수 있다.

3. 선물: 불가능한 것

하지만 데리다에 의하면 선물은 불가능한 것(*the* impossible)이다.[39] 이 명제는 은혜와 [율]법 사이에서 선물이—아감벤에 의하면 무상성이— 연결고리의 역할을 하는 한 참이다. 선물은 은혜와 동등하다. 이 동등성은 은혜를 체(體, the substance)로, 선물을 용(用, function)으로 생각하면 명쾌하다. 즉, 은혜는 선물의 본원이라면, 선물은 은혜의 역량이자 실현이다. 반면 선물은 [율]법과 상이하다. 바울은 [율]법과 은혜를 분리시킨다(롬 6:14). 그렇다면 [율]법과 은혜의 거리만큼 [율]법과 선물도 상이할 수밖에 없다. 또한, 정의를 선물의 방식으로 실현한다고 할 때, 정의가 [율]법으로는 불가능한 것이듯, [율]법 안에서 선물은 불가능

---

39 테드 W. 제닝스, 『데리다를 읽는다/바울을 생각한다』, p. 177.

한 것이다.

[율]법은 정의에 대하여 불가능한 것(*the* impossible)이고 선물은 [율]법에 대하여 불가능한 것(*the* impossible)이기 때문에 선물이 정의가 실현되는 방식인 한, 이들의 관계는 하나의 부정적 순환고리인 것처럼 보인다. 그러나 선물과 은혜의 동등성과 선물과 [율]법의 상이성은 겉보기에 순환고리인 것처럼 보이는 이들의 관계에 역동성을 불어넣는다. 이것이 어떻게 가능한가? 두 가지 국면을 통해서 이 역동성을 설명해 보자.

첫 번째 국면은 선물이 무엇을 바탕으로 정의의 실현 방식이 되는가를 인식함으로써 드러난다. 앞서 밝혔듯이, 선물은 경제가 가진 법적 의미를 통해서 정의와 관련된다. 이로 인해 선물과 경제의 이질성이 정의와 [율]법의 이질성에 정확히 대응한다. 앞서 각주 34)에서도 지적하였지만, 데리다는 정의와 [율]법의 이질성을 명확히 드러내는 것으로 폭력을 든다. 그렇다면 선물과 경제의 이질성을 드러내는 것은 무엇일까? 제닝스는 초과(excess), 과잉(superabundance) 또는 넘쳐남(abundance)을 제시한다.[40] 경제는 동등한 것의 교환을 바탕으로 작동하지만, 선물은 초과와 과잉을 바탕으로 작동한다. 이는 은혜가 어떻게 [율]법의 불가능성을 넘어 정의를 생산하는가를 극명하게 보여준다. 즉, 과잉으로서의 선물은 은혜와 [율]법 사이의 퍼텐셜 차이이며, 이 차이에 의해서 은혜로부터 [율]법을 향해 정의가 넘쳐흐른다.

두 번째 국면은 선물이 불가능한 것(*the* impossible)이라는 사실에서 드러난다. 여기서 선물이 불가능한 것(*the* impossible)이라는 의미는

---

40 앞의 책, 197-198.

선물이 불가능하다는(impossible) 의미가 아니다. 단지 선물은 그것이 선물이라는 사실이 인식되는 순간 이내 시장에 종속되어 버리고, 그리하여 더 이상 선물일 수 없다는 사실을 명확하게 하기 위함이다. "각 지점에서, 선물은 교환으로, 경제로, 교환 및 분배의 법칙 등으로 떨어져 버린다. 그러므로 선물은 불가능한 것으로 간주될 것이다."[41] 선물은 우리가 벗어날 수 없는 현실적 체제 내에서 불가능한 것이다. 따라서 선물은 이 체제에서 불가능한 것이지만 원천적으로는 가능하다. 아니, 선물은 불가능한 것이기에 오히려 사유와 욕망을 불러일으키는,[42] 시작하기 위한 가능성이다.

하지만 경제학자인 스테파노 자마니(Stefano Zamagni)는 데리다가 말하는 선물이 존재할 수 없다고 비판한다. 인간의 탐욕으로 인해 인간이 이해관계를 떠나는 것은 불가능하므로 이해관계 없는 선물은 원천적으로 불가능하고, 따라서 욕망의 사회적 배치를 간과하는 데리다 식의 선물은 기껏해야 적선밖에 될 수 없다는 것이다.[43] 그러나 데리다가 말하고자 했던 것은 그러한 적선조차도 선물이 될 수 없다는 선물의 불가능성 문제였다. 그리고 그러한 불가능성이 오히려 적선과 같은 형식으로라도 선물의 가능성을 말함으로써 선물이 불가능한 것이라는 이 세계의 숙명을 은폐하는 교환과 분배의 경제 체계를 폭로한다. 자마니는 선물이 해체와 관련된다는 사실을 이해하지 못한 듯하다.

선물이 정의의 현현 방식이라면 선물은 해체의 현현 방식이기도 해

---

41 앞의 책, p. 180.
42 앞의 책, pp. 183-184. 참조.
43 스테파노 자마니/윤종국 옮김, 『인류 최악의 미덕, 탐욕』(서울: 북돋움, 2014), pp. 212-213.

야 한다. 왜냐하면 해체는 정의이기 때문이다.[44] 선물이 불가능한 것의 가능성일 수 있었던 것은 해체가 불가능한 것의 가능성과 관련되기 때문이다. 해체는 "정의의 해체 불가능성을 법의 해체 가능성으로부터 분리하는 간격"에, "정의가 법 너머로서 사유되는 한에 있어서만 발생하는 어떤 '사이'에 위치한다."[45] 명확하게 이 '사이'는 이원구조에 저항하는 역동적 차연(differance)이 일어나는 공간이다.[46] 따라서 해체는 비이원적 구조를 바탕으로 하는 역동적 개념이다. 비이원적 구조는 양자역학의 포갬 원리(superposition principle)에서 선명하게 볼 수 있다. 예컨대 전자(電子)는 특정한 위치, 즉 '여기'에 위치한 상태일 수도 있고, 또 다른 상태에서는 어딘가 다른 곳, 즉 '저기'에 있을 수도 있다. 전자의 이러한 특성을 참고할 때, 해체의 불가능성은 가능성의 미결정성과 관련된다. 그렇다면 해체는 카타르게시스에로 다시 돌아온 셈이다. 바울에 의거할 때 카타르게시스는 가능태의 현실태로의 발현이 중지된 상태, 그리하여 가능태의 미결정 상태를 가리키기 때문이다. 여기서 더 중요한 사실은, 그러한 미결정 상태가 바로 현실태라는 점이다.

결론적으로, 선물은 두 대립항을 양쪽에 둔 이원구조를 압축해서 두 대립항의 경계—이 경계를 토대로 교환과 분배가 일어난다—를 가로지르고, 폭로하고, 허물며 세우는 과잉으로서의 사이에 놓여 있는 과정, 정의를 향해 나 있는 사이 길(mediusvia)이다.

---

44 테드 W. 제닝스, 『데리다를 읽는다/바울을 생각한다』, p. 68.

45 앞의 책, p. 70.

46 자크 데리다/김보현 옮김, 『해체』(서울: 문예출판사, 1996), pp. 122-123. 참조: 권진관은 바디우를 참조하여 정의란 역동적 개념이며 질서와 상태를 고정시키는 것이 아니라 무너뜨리는 것으로서의 과정이며 부름이라고 정의했다; 권진관, "사회생태적 정의론을 위한 존재론적 모색-알랭 바디우의 존재론을 활용하여," 『생명과 평화를 여는 정의의 신학』, 생명평화마당 엮음 (서울: 동연, 2013), pp. 462-463.

IV. 공감하기로서의 정의
: 불가능한 것(*the* impossible)의 가능성으로

바울의 정의가 미결정 상태의 현실성을 기반으로 하는 해체와 관련된다는 사실은 영원의 문제로 인해 흔들리게 되었던 바른 길(*orthovia*)로서의 사랑을 어떻게 이해해야 할지를 알려준다. 무엇보다 해체는 한계의 너머가 아니라 한계 자체 '안에서' 문제를 제기하는 활동이다. 따라서 정의는, 그리하여 사랑의 완성은 현실을 초월하는 종말론적 영원이 아니라 현실에 내장되어 있는 종말적 성격을 드러내는 것에 초점이 맞추어져 있다. 그렇다면 니그렌이 틀렸다. 니그렌의 아가페를 비판했던 크리스테바는 아가페의 현실 내재적 성격을 지적하는 것에는 성공했지만, 그 방향이 에로스의 상승운동과 어떻게 다른지를 명확하게 지적하지는 못했다. 바울은 [율]법의 카타르게시스가 [율]법이 작동하는 체제로부터의 이탈을 통해 성립하는 것으로 보지 않고 오히려 그 외부로부터 진입해 들어오는 것을 통해 성립한다고 보았다. 그것은 명백하게 하강 운동이다.

여기서 획기적인 것은 이 외부가 언제나 내부적이라는 점이다. 이 성격이 남겨진 자들의 현실을 구성하고 있다. 남겨진 자들은 유대인이건 헬라인이건 특정 공동체와 체제 안에서 합법적으로 규정된다는 점에서 내부적이다. 내부에서 규정되어 내부에 있지만 있지 않은 것으로 취급되는 존재, 포섭되며 배제되는 존재는 왕따다. 바울은 왕따를 남겨진 자들이라고 부른다. 남겨진 자들은 체제와 공동체의 내부와 외부를 가로지르며 자신의 존재를 선언함으로써 [율]법의 효력을 무효화한다.

광화문에서 세월호 유가족들과 함께 단식을 이어갔던 정의구현사

제단의 천막에는 "절망에 빠진 이의 이야기는 바람에 날려도 좋다는 말인가"라는 욥기 6:26의 말씀이 적혀 있었다. 친구들이 내놓은 합법적 규정에 의해 난도질당한 욥은 이들의 규정이 절망에 빠진 이의 말을 바람의 이야기, 그래서 여기 있지 않은 이야기인 것으로 만들어 버렸다고 하소연한다. 세월호 특별법은 세월호 유가족들을 합법적으로 다루면서 동시에 이들을 합법적으로 배제하였다는 점에서 세월호 참사 유가족들을 '남겨진 자들'로 만들었다. 이들의 목소리는 국회 바깥에 있는, 그리하여 [율]법의 테두리를 벗어나 있는 예외상태다. 이들의 단식은 [율]법의 효력 정지를 선언하는 카타르게시스의 절대화이며, 따라서 [율]법 밖에 있는 [율]법의 성취, 정의의 실현이다.

정의의 실현이라면, 그것은 사랑이다. 사랑은 정의로 나 있는 길, 사이 길(*mediusvia*)을 따르기에 바른 길(*orthovia*)일 수 있다. 하지만 이 길은 여전히 흔들리는 길이다. 종말론적 영원 앞에서 인간이 가야할 길을 잃어버렸기에 흔들리는 것이 아니라, 인간이 가야할 길로서 진입해 들어오는 것이 불가능한 것(*the* impossible)이기 때문에 그렇다. 불가능한 것, 그것은 '피조물의 신음'(롬 8:22-23)을 듣는 것, 공감하는 것이다. 이 공감의 순간, 그 사건의 현장에서 불가능한 것—정의, 그래서 사랑—은 가능성으로 현현하고 가능한 것—[율]법—은 불가능하다는 사실이 밝혀진다.

이러한 의미에서, 선물로서의 정의, 선물로서의 사랑, 따라서 불가능한 것의 가능성을 사유하고 욕망하는 시작의 시작은 '공감하기'다. 이에 따라 정의는 공감적(compassionate) 정의가 아니라 공감하는 (compassionating) 정의다. 바울의 정의는 공감하는 정의였으며, 그를 따라 오늘 우리는 불가능한 것의 가능성이 일상으로 반환되어 돌아오는 날을 꿈꾸며 "우는 자들과 함께 울기"(롬 12:15) 위해 간다.

참고문헌

가야트리 스피박/이경순 옮김.『스피박의 대담』. 서울: 갈무리, 2006.

권진관. "사회생태적 정의론을 위한 존재론적 모색-알랭 바디우의 존재론을 활용하여."
『생명과 평화를 여는 정의의 신학』. 생명평화마당 엮음. 서울: 동연, 2013.

귄터 보른캄/허혁 옮김.『바울, 그의 생애와 사상』. 서울: 이화여대출판부, 1984.

루돌프 불트만/허혁 옮김.『新約聖書神學』. 서울: 성광문화사, 1976.

마이클 S. 가자니가/김효은 옮김.『윤리적 뇌』. 서울: 바다출판사, 2012.

마커스 보그·존 도미닉 크로산/김준우 옮김.『첫 번째 바울의 복음』. 고양: 한국기독교연
구소, 2010.

스테파노 자마니/윤종국 옮김.『인류 최악의 미덕, 탐욕』. 서울: 북돋움, 2014.

스티븐 모튼/이운경 옮김.『스피박 넘기』. 서울: 엘피, 2005.

안더스 니그렌/채위 옮김.『아가페와 에로스』. 서울: 교육출판공사, 2007.

안토니오 다마지오/임지원 옮김.『스피노자의 뇌』. 서울: 사이언스북스, 2009.

알랭 바디우/현성환 옮김.『사도 바울』. 서울: 새물결, 2008.

야기 세이이치/김승철 옮김.『바울과 정토불교, 예수와 선』. 서울: 대원정사, 1998.

이정배.『예수가 대답이라면 무엇이 문제인가?』. 서울: 성서연구사, 1994.

자크 데리다/김보현 옮김.『해체』. 서울: 문예출판사, 1996.

장대익. "거울 뉴런과 공감 본능."『뇌과학, 경계를 넘다』. 신경인문학 연구회. 서울: 바다
출판사, 2012.

조르조 아감벤/강승훈 옮김.『남겨진 시간』. 서울: 코나투스, 2008.

줄리아 크리스테바/김영 옮김.『사랑의 역사』. 서울: 민음사, 1995.

칼 슈미트/김항 옮김.『정치신학』. 서울: 그린비, 2010.

테드 W. 제닝스/박성훈 옮김.『데리다를 읽는다/바울을 생각한다』. 서울: 그린비, 2014.

플라톤/조우현 옮김.『잔치』. 서울: 두로, 1997.

C. K. 바레트/한국신학연구소 옮김.『요한복음(Ⅱ)』. 서울: 한국신학연구소, 1985.

D. H. 화이틀리/한의신 옮김.『바울신학』. 서울: 나단, 1993.

V. P. 퍼니쉬/김용옥 옮김.『바울의 신학과 윤리』. 서울: 대한기독교출판사, 1982.

Badiou, Alain. *The Rebirth of History*. tr. by Gregory Elliott. London · New York: Verso, 2012.

Jennings, Theodore. *Outlaw Justice: The Messianic Politics of Paul*. Stanford: Stanford University Press, 2013.

Pieris, Aloysius. *An Asian Theology of Liberation*. New York: Orbis Books, 1988.

젠더 · 섹슈얼리티 · 능력 담론과 여성신학적 정의론

이숙진 ― 성공회대학교

"하나님께 부르심을 받을 때 여러분이 유대인이었습니까? 그렇다면 유대인이라는 증거를 없애려고 하지 마십시오. 하나님의 부르심을 받을 때 여러분이 이방인이었습니까? 그렇다면 유대인이 되려고 하지 마십시오. 유대인인지의 여부가 중요한 것이 아닙니다. 정말 중요한 것은, 하나님의 부르심에 순종하고 그분의 계명을 지키는 것입니다"(고린도전서 7장 18-19절).

I. 명백한 부정의, 모호한 정의

"'투명인간' 오늘 앵커브리핑이 주목한 단어입니다. 사회의 민얼굴. 즉 화장이 벗겨진 민낯은 위기 상황에서 더욱 적나라하게 드러납니다…. 이름은 있되 관리가 되지 않은 투명인간이 속속 드러나고 있습니다. 한

전산업체 직원은 메르스에 걸렸지만, 파견직이란 이유로 빠졌습니다…. 응급실 이송요원 역시 열이 났지만, 생계가 걱정돼 일을 계속했고 400명이 넘는 사람과 접촉했습니다. 비정규직 직원들에게는 보호장구가 제공되지 않았다고 합니다. 대부분이 파견직 혹은 계약직이라는 이유로 사회가 명단을 취급하지 않은 사람들입니다…(Jtbc 앵커브리핑 2015. 06. 15).

〈세월호〉와 〈메르스〉는 현재 우리 사회에 팽배한 사회적 부정의가 어떻게 사람을 무력화시키고 물화하는 지를 보여준다. 두 사건이 말해주는 명백한 사실은 안전과 복지는 보편적 권리가 아니라 수혜 요건을 갖춘 시민만을 위한 것이다. 자본과 결탁한 정부는 보호할 가치가 있는 '시민'과 치워야 할 비용이 되어버린 '비시민'으로 분리하여, 후자에 대해선 더 이상 제도적 보호와 안전에 대한 책임을 지지 않는다. 정의는 안전과 책임감을 의미한다는 점에서 지금 한국은 사회적 부정의가 팽만한 사회임에 틀림없다.

현실에서의 정의는 늘 모호하고, 학문의 영역에서의 정의 담론은 여전히 논쟁적이다. 정당한 몫에 대한 각자의 입장이 다르고, 무엇을 나눌지, 어떻게 나눌지에 대한 생각이 다르기 때문일 터다. 주지하다시피 정의의 내용, 정의의 주체, 정의 실현의 방법은 사회적, 문화적, 시대적 맥락에 따라 달라져 왔다. 오랫동안 지배적인 정의 담론이었던 분배의 패러다임은 절대적인 빈곤과 빈부격차가 야기한 사회적 부정의를 극복할 해법으로 제안되었다. 하지만 오늘날 다양한 주체들의 등장과 함께 새로운 정의의 패러다임 정립이 요청되고 있다. 새로운 정의 담론은 내용 면에서 볼 때 기존의 정의 담론과 달리 다양한 인정(recognition) 요구들에 초점이 있다. 또한 정의의 주체는 국민국가 내에서의 시민권을 넘어서 점차 사회적 배제자들까지 확대하고자 하는 시도들이 일어나고 있다. 이러한 토대 위에 정의의 규준을 정당화 할 수 있는 절차와 방법에 관한 논의 역시 확대되고 있다.[1]

이 글은 얼굴 없는 자본의 위협 앞에 보호장비 없이 무방비 상태로 노출된 이들이 겪는 명백한 부정의는, 경제적/성적/문화적 이해를 달리하는 집단 사이에 존재하는 갈등과 뿌리 깊은 사회적 배제 문제와 맞닿아있다는 문제의식에서 시작한다. 종교는 사회적으로 배제된 자에 대한 깊은 관심과 연민을 가진 대표적인 공동체이다. 기독교 역시 사회적 부정의와 대결하며 정의가 강물처럼 흐르는 세상을 꿈꾸어 온 공동체이다.

한국 기독교는 정의를 세우기 위해 부단히 노력했다. 산업화 시기에는 선 성장 후 분배를 내세운 개발 독재가 야기한 부정의한 경제 구조를 폭로하고, 인권 탄압의 현장을 고발하는데 주력해왔다. 극심한 양극화, 심각한 빈곤 문제, 폭력적 인권 침해의 현장에서 기독교는 경제개발의 그늘에 갇혀 소외된 자들의 정당한 몫을 요청했다. 요컨대 기독교사회운동의 패러다임은 공정한 분배에 있었다. 그러나 1987년 민주화이후 다양한 하위 주체들의 인정의 요구가 높아지면서 기존의 공권력에 의해 침해당한 인권 및 분배의 정의 패러다임으로는 오늘날 다양한 사회적 부정의 문제를 포괄할 수 없다는 인식이 확산되고 있다.

정치철학자이자 페미니즘 이론가인 아이리스 영(Iris Marion Young)은 다양한 집단들 사이의 차별에서 사회적 부정의가 발생한다고 보고, 다양한 정체성을 인정하는 사회의 틀 안에서 정의에 대한 비전을 제시

---

1 기존 정의론의 내용, 주체, 방법과 이와 관련한 도전에 대한 상세한 설명은 다음 서적을 참고하라. 낸시 프레이저/김원식 옮김, 『지구화 시대의 정의』(서울: 그린비, 2010).

하고자 했다. 그가 제안한 인정의 정치학은 기존 정의론에 내포된 남성 중심주의적 한계를 잘 보여주고 있다. 새로운 정의의 패러다임에 주목하는 이 글은 아이리스 영의 여성주의적 정의론을 지렛대로 하여, 기존의 한국기독교의 사회정의운동의 패러다임을 비판적으로 고찰하면서(2장), 교회 공간에서 젠더/섹슈얼리티를 매개로 발생한 부정의의 문제를 여성주의 정의론의 렌즈로 조망하고(3장, 4장), 신자유주의 통치성의 능력 담론을 비판적으로 고찰하는 데(5장) 목적이 있다. 이 글은 추상적인 정의의 기준을 설정하는 것이 아니라 여성을 비롯한 사회적 소수자들이 겪고 있는 부정의를 드러내는 것에 초점이 있다.

II. 기독교 사회정의 운동의 패러다임

기독교 사회 운동은 산업화시대의 사회적 부정의를 지속적으로 의제화하면서 한국 운동사에서 중요한 역할을 담당해왔다. 특히 1960-80년대 초에는 군사 정부의 개발 독재 경제 정책에 맞서 투쟁하면서 정의의 깃발을 드높였다. 기독교가 사회 운동의 구심적인 역할을 할 수 있었던 요인으로 집회시위법 등의 폭압적 법망으로부터 상대적으로 자유로웠던 교회의 물적/인적 자원을 꼽는다. 그러나 물적/인적 자원보다도 더 중요한 요인은 사회정의의 실현을 도모하는 신앙적 열망이었다. 비록 급진적 사회 운동 조직으로부터 이념적인 온건주의와 절충주의라는 비판을 받았음에도 불구하고 부단했던 기독교 사회정의 운동은 절망의 시대를 건너게 해 준 등불이었다.

제3공화국 이래 개발 독재, 재벌 육성, 저임금 노동 정책 등이 야기한 경제적 양극화로 인해 교육 기회의 양극화, 사회 재생력의 양극화, 문화적 양극화가 확산되면서 사회적 부정의가 고착화되었다. 이러한 상황에서 기독교 사회 운동의 구심점이었던 한국기독교교회협의회(KNCC)는 노동자 농민의 권익 보호, 시국사범 구속자 석방 및 고문 피해자의 인권 회복, 학원의 자유 확보 등을 목표로 반독재 민주화운동에 깊이 개입하였다. 당시 기독교 정의 운동의 패러다임은 선성장 후분배 정책으로 대표되는 개발 독재 정책에 저항하는 과정에서 정립되었다. 그리하여 불공정한 분배의 문제와 공권력에 의한 폭력이 야기한 사회적 부정의 문제를 의제화하는 데 주력한 것이다.

권위주의 시대의 종말을 고했던 1987년 민주화 이후에도 기독교 사회 운동은 정부의 국제인권규약 가입을 촉구하고, 과거 청산 운동 등을 통해 공권력에 의한 고문과 폭력 사례를 폭로하는 등의 인권 운동을 전개하였고, 기독교 정의 담론은 공권력의 오·남용에 의해 훼손된 정의나 재화의 불공정한 분배 등 공적 영역에서 발생하는 사회적 부정의 문제에 집중되어 있었다. 그러하기에 젠더나 섹슈얼리티와 연동된 사회적 부정의 문제들, 요컨대 가정 폭력이나 성 폭력과 같은 사안이나 성적 소수자에게 가해지는 차별 문제에 대해서는 대체로 침묵하거나 모호한 태도를 취했다. 사회 운동의 핵심은 억압에 대한 저항에 있다. 그런데 공권력이 아닌 이른바 사적 영역에서 자행되는 억압과 지배의 문제는 사회적 부정의의 문제로 보지 않았던 것이다.

비단 기독교 사회 운동만이 젠더/섹슈얼리티와 연계된 부정의에 대해 무심했던 것은 아니다. 전 세계인의 인권 문제를 다루는 국제기구인 유엔 산하 인권위원회 역시 해마다 수천 건의 불평등 문제 시정을 위해 적극적이었지만, '성'을 매개로 한 부정의의 문제는 관심 밖이었다. 공적 영역에서의 차별이나 탄압과 달리, 사적 영역에서 발생하는 성 차별은 인권이나 정의의 렌즈로 조망할 사안이 아니라고 보았기 때문이다. 그러나 여성주의자들은 이에 대하여 발본적 문제 제기를 하였고[2], 북경세계여성대회(1995)이후 젠더/섹슈얼리티와 연동된 차별 문제는 국제 인권 문제의 핵심적 사안이 되었다. 북경대회에 앞서 비엔나선언문(1988)에서는 성에 근거한 폭력과 모든 형태의 성희롱 및 성적 착취는 인권과 정의의 문제이며, 국가는 가해자를 처벌하고 방지해야 할 책임이 있음을 명시하고 있다.[3] 비엔나선언의 가장 큰 공헌은 가정 내의 인권 침해 특히 구타, 근친에 의한 성적 학대, 성 감별 후 여아 낙태, 음핵 절개, 지참금으로 인한 여성 폭력 등 젠더/섹슈얼리티에 연동된 차별/폭력을 정의와 인권의 침해 문제로 인식하였다는 데 있다.

군사 정권 아래에서의 한국의 사회 운동 역시 공권력에 의한 폭력 문제에 집중하느라 사적 영역에서 성을 매개로 발생하는 부정의의 문제에 관해선 등한시하였다. 민주주의의 제도화가 본격화된 1990년대 중반부터 성, 구타, 위안부, 매춘, 기지촌 매춘, 장애 여성과 관련된 불평등/부정의 문제들이 가시화되었다. 그 결과 가족법 개정, 가정폭력범죄의 처벌 등에 관한 특례법(1997년 제정, 2005년까지 9차례 개정), 성폭력특별법(1994년 제정, 1997년 개정), 여성발전기본법(1995년 제정, 2002년까지 6차례 개정) 등 그동안 젠더 차별적이었던 요소들을 개선하려는 새로운 법안들이 연이어 제정되었다. 이러한 법 제정은 한국 사회가 유엔여성차별철폐협약에 가입함으로써 국제적 기준을 준수해야 했던 외부적 요인

---

2 캐더린 맥키넌, "전쟁시의 범죄, 평화시의 범죄,"『현대사상과 인권』(사람생각, 2000), p. 109.
3 마이클 프리먼/김철효 옮김, 『인권: 이론과 실천』(아르케, 2005), p. 175.

덕분이기도 했지만, 무엇보다도 여성의 권리를 의제화하고 여성에게 가해지는 각종 사회 부정의를 고발함으로써 이를 시정하는 데 커다란 기여를 한 한국 여성 운동의 투쟁의 결과이다. 오늘날 사회정의 담론과 실천은 북경세계여성대회(1995)를 거치면서 공권력에 의한 부정의 이외에도 일상적인 규범, 습관, 상징들에 내포된 다양한 억압적 기능들도 비판적 성찰의 대상으로 삼음으로써 미시적 차원에까지 뻗어있는 부정의에 관심한다.

이러한 국내외 사회 운동의 분위기와 달리 기독교는 차별금지조항 삭제 파동과 교회 내 성폭력 문제 등 최근 일련의 사태에서 보이듯 민주화 이후에도 여전히 여성에 가해지는 폭력이나 성적소수자, 성폭력의 희생자가 겪는 고통에 그리 민감하지 않은 것 같다. 여기에서 그동안의 기독교 사회 운동의 의미를 축소한다거나 기독교 정의 개념을 문제시하려는 것은 아니다. 공권력에 의한 사회적 부정의에 저항하는 것은 사회정의 운동에서 여전히 결정적인 중요성을 가지고 있으며, 사회정의 운동에서의 기독교의 역할 또한 유의미하다. 다만 이 글에서는 성을 매개로 한 억압과 지배의 문제 역시 사회적 정의의 내용과 주체 설정에 중요한 요소라는 사실을 환기하고자 한다.

여성주의 정의론을 모색한 아이리스 영(Iris Marion Young)은 물질적 재화를 공정하게 분배하는 것에 집중되어 있던 그간의 지배적인 정의담론을 비판적으로 성찰하였다. 분배의 정의 패러다임이 극심한 빈부격차와 빈곤 문제의 해결을 위해서 지배적인 정의 담론일 수밖에 없었던 역사적 맥락을 수긍하면서도 물질적 재화의 공평한 분배가 다양한 얼굴을 한 사회적 부정의를 해결할 수 없다고 보았다.4 불의한 사회적 구조가 재생산되는 데에는 객관적·물질적 조건만이 아니라 그 조건에서 구성원 대다수가 일상적으로 취하는 행동 패턴도 크게 작용하고 있기 때문이다. 이러한 아이리스 영의 여성주의 정의론은 사회정의를 외치면서도 기독교 공동체 안에 침윤된 젠더/섹슈얼리티의 매개로 발생한 부정의를 성찰하는데 유용한 지렛대가 될 수 있다.

III. 기독교 공간의 젠더 부정의

앞서 살펴본 것처럼, 기존의 정의 패러다임으로는 사적 영역의 부정의를 조망하기엔 한계가 있다. 권위주의의 개발 독재 시대는 파행적인 한국적 자본주의로 인해 빈부격차가 가장 심각한 사회 문제로 대두되었고 따라서 과도한 공권력과 분배 문제를 해결하는 것이 정의론의 주된 관심이었다.

서구 사회에서도 정의로운 공동체를 위해 무엇을 어떻게 분배하여야 하는지에 대한 다양한 이견이 있었다. 부와 같은 자원의 공정한 분배(드워킨),[5] 소득 분배 이전에 생산 수단 자체의 공유(마르크스주의), 혹은 합리적인 행위자들이 요구하는 기본 재화(primary goods)들에 대한 공정한 분배(롤스)[6] 논의들이 제기되었다. 특히 롤스는 물질적 재화로부터 심리적 재화, 가령 공정한 분배 원칙에서 자존감의 기반이 될 수 있는 자유, 권리, 기회 등에 이르는 다양하고 다차원적인 재화들의 분배에 유

---

4 Iris Marion Young, *Justice and the Politics of Difference* (Princeton: Princeton University Press, 1990), p. 19.
5 로널드 드워킨/염수균 옮김, 『자유주의적 평등』(한길사, 2005).
6 존 롤즈/황경식 옮김, 『정의론』(이학사, 2003).

의함으로써 체계 통합과 사회 통합을 조화시키고자 하였다.

아이리스 영은 이러한 분배의 정의 패러다임이 정의로운 사회 구축에 충분하지 않다고 보았다. 물질적 재화뿐만 아니라 자유, 권리 등을 포함시키는 롤스의 분배의 패러다임조차도 문제적으로 보았다. 자유, 권리, 기회, 권력 등은 분배할 수 있는 사물이 아님에도 분배의 대상 목록에 넣었다는 것이다. 요컨대 권리는 사물이 아니라 사람들 사이의 관계를 규정해주는 제도적 규칙이며, 기회는 사회적인 자격 부여이다. 권력 또한 소유물이 아니라 일종의 지배-억압의 사회적 관계인데도 불구하고, 이것이 작동하는 구체적인 사회적 맥락은 무시하는 오류를 범하고 있다는 것이다.[7]

자유, 권리, 기회 등을 공정하게 분배하기 위해서 직접적인 물질적 재화의 재분배가 필요한 것이 아니라 동등한 자격을 주는 것만으로도 가능하다[8]고 지적하면서 아이리스 영은 지배와 억압의 개념을 제안한다. 특히 기존의 정의 패러다임이 간과하고 있는 사회 구조나 제도적 맥락 중에서 '의사 결정의 구조와 절차', '노동 분업', '문화'라는 세 가지 범주들에 주목한다. 의사 결정 구조와 절차는 재화의 분배뿐만 아니라 사회 구성원들의 삶 전반에도 커다란 영향을 미친다. 그리하여 영은 민주적 의사 결정 구조와 절차를 정의의 중요한 요소이자 조건으로 제시한다.[9] 특정한 형태의 노동 분업은 단순한 분배의 불공정 문제뿐만 아니라 사회적 인정과 관련된 문제가 중심이 된다고 할 수 있다. 마지막으로 문화는 상징, 의미, 습관 등과 관련된 매우 광범위한 영역을 지시하는데,

---

7 Iris Marion Young, p. 25.
8 Ibid. p. 31.
9 Ibid, p. 23.

인종, 성, 취향 등에 대한 지배적 해석 틀은 표준적인 틀에서 벗어난 사람들을 열등하거나 비정상적인 존재로 규정하는 불의를 저지르기도 한다.[10] 요컨대 새로운 정의론 구축을 위해 아이리스 영은 사회 구조나 제도적 맥락에서 '의사 결정의 구조와 절차', '노동 분업', '문화' 등의 세 범주에서 발생하는 부정의를 주목하였다.

아이리스 영이 주목한 이 세 범주는 한국 기독교 공동체 내부에서 여성 집단이 현실적으로 겪고 있는 젠더 부정의와 인정 투쟁들을 야기하는 사회적 부정의들을 드러내는데 매우 유용하다.

먼저, 교회 공동체에서는 공동체 구성원 모두가 동등하게 좋은 삶을 살아가기 위한 전제 조건인 의사 결정의 구조와 절차에서 여성은 배제되고 있다. 누가 의사 결정권을 가지고 있는가, 의사를 결정하는 과정은 권위적인가 아니면 민주적인가, 공정한 정의의 원칙을 마련하기 위한 토론의 장에는 누가 참여 하는가 등은 그 공동체의 정의에 대한 민감성을 나타내는 지표이다. 당사자들의 삶에 결정적인 영향을 끼칠 수 있는 사안을 결정하는 과정에서 소외되고 배제된 특정 집단이 있다면, 공동체 내부에서의 그들의 위상은 열악할 가능성이 매우 높다.

의사 결정의 주체나 절차와 관련된 문제는 물질적 자원의 결과적 분배와는 다른 차원이지만, 민주적 의사 결정 구조와 절차는 정의의 중요한 요소이자 조건이다.[11] 때문에 이 범주는 여성이라는 이유로 의사 결정 구조와 주체에서 배제되어온 교회 공간에서의 부정의를 포착하는데 유용하다. 주지하다시피 교회법상 목사와 장로로 구성되는 당회는 목회자의 청빙과 사퇴, 교회 재정과 행사 등 교회 행정의 대부분의 일을 기획

10 Ibid, p. 24.
11 Ibid, p. 23.

하고 실질적 의사 결정권을 행사하는 최고 기구이다. 그런데 대부분의 교회에서는 제도적 관습적 이유를 들어 여성의 당회 참여를 허용하지 않고 있다. 여성 안수를 허용하지 않는 교단의 경우에는 여성의 당회 참여가 원천적으로 불가능하다. 여성 안수를 허용한 교단의 경우에도 별반 다를 바 없다. 여성 안수가 허용되었지만 실제로 청빙되는 여성 목사의 비율이 매우 낮고, 설령 목사로 청빙되었다 하더라도 관습적인 이유로 여성 목사는 당회에서 배제되는 경우가 태반이기 때문이다.

여교역자협의회에서 여 교역자들의 당회 참석 여부를 조사한 결과, 전도사이므로 참석 불가능 68.8%, 목사이지만 참석하지 못하는 경우가 8.8%로 나타났다. 목사임에도 참석하지 못하는 이유로는 미조직 교회로 인한 당회의 부재(67%), 당회장이나 당회원들의 거부(8%), 교육 목사나 파트타임 목사 신분(14%), 다른 사역 시간과의 중복(8%), 기타(3%)로 나타났다. 교회 헌법에서는 전도사도 유급 교역자로 규정하고 있지만 당회 참석권을 부여하지 않고 있는 것이다.[12] 심지어는 당회가 열리는 날, 여자 부교역자에게 다른 일을 시켜서 당회 참석을 사실상 불가능하게 하는 경우도 있다. 이는 담임목사의 의도보다는 장로를 비롯한 당회 구성원들의 여성 목사 기피증에서 기인하는 경우가 많다고 한다.[13]

이러한 구조적·제도적 부정의는 주로 집단(group)의 차이와 관련하여 발생한다. 아무리 자격을 갖추고 있어도 여성 집단에 속한다는 사실만으로 배제하고 차별하는 일이 빈번하게 발생한다. 집단 사이의 차

---

12 전국여교역자 편, 『여성목회』 (도서출판 여교, 2000).
13 한국여신학자협의회 편, "특별좌담: 여교역자들이 삶의 자리에서 느끼는 어려움," 『한국여성신학』 (한국여신학자협의회, 2004).

이에서 발생하는 부정의는 개개인이 의도하지 않더라도 관습적으로, 문화적으로 각인되어 있는 경우가 많기 때문에 그것이 부정의임을 인식하는 것 자체가 쉽지 않다. 그리하여 의사 결정권에서 배제당하는 것은 구성원으로서 당연히 누려야 하는 자기 결정권의 침해임에도 불구하고 종종 역할 분담이라는 포장으로 본질을 호도하는 경우가 허다하다. 그러나 의사 결정 과정에서의 배제란 역할 분담과는 차원이 다른 문제이다.

이처럼 자신의 행동과 행동의 조건을 결정하는 과정에 동등한 자격으로 참여할 수 있는 조건을 제약하는 것을 아이리스 영은 '지배'(domination)라고 보았다.[14] 영이 주목한 지배는 정치, 경제, 문화 등 다양한 영역에서 일어난다. 가령 특정 집단의 의지가 정치적으로 대표되지 않거나 대표될 수 없는 경우, 기업의 이전, 폐업처럼 중요한 경제적 의사 결정이 지역 주민이나 관련자들의 그 어떤 참여도 없이 이루어지는 경우, 주류 문화가 설정한 틀 속에서 아무런 발언권도 행사하지 못하는 소수인들이 침묵하는 경우가 여기에 속한다. 사회 구성원의 삶에 지대한 영향을 미치는 결정들이 단지 소수의 사람들에 의해 이루어지는 경우 사회적 지배가 야기할 수 있는 문제는 더욱 심각한 지경에 처하게 될 것이다. 역으로 생각해보면, 정의를 세운다는 것은 누군가의 자기 결정을 제약하는 사회적이고 제도적인 요인들, 요컨대 억압과 지배의 요인들을 드러내어 제거한다는 것과 상통한다.

이처럼 교회 여성들이 의사 결정 구조 및 절차에서 배제되고 있는 상황을 젠더에 의한 사회적 지배의 문제로 볼 수 있다. 의사 결정 절차에서 여성이 배제됨으로써 종교적 자원의 불평등한 분배뿐만 아니라 여성

---

14 Iris Marion Young, p. 37.

집단의 삶 전반에 직접적인 영향이 나타난다. 현재 한국교회의 대부분의 여성들은 가부장적 교회 문화와 그것에 근거한 성 차별적 위계를 자연스러운 것으로 받아들이고 있다. 교회 여성들은 남성 헤게모니에 의해 구축된 젠더의 위계화를 창조의 질서로 받아들이고 있으며 이 질서에 순종할 때 구원과 축복을 받을 수 있다는 종교적 신념을 지니고 있다. 이러한 순종적인 태도들은 교회의 중요한 의사 결정권으로부터 오랫동안 배제되어 온 정황과 깊이 연동되어있다. 자신의 삶에 커다란 영향을 미치는 의사 결정 절차에서 배제되는 것이 바로 사회적 지배며, 당사자들의 자기 결정 권리에 대한 직접적인 침해이다.

아이리스 영이 주목한 노동 분업에 의한 부정의 역시 교회 안에서 발생한다. 오랫동안 가사 노동을 비롯한 돌봄 노동은 사회적 재생산에 필요불가결하면서도 대가가 지불될 필요가 없는 사적 활동으로 간주되어 왔다. 그런데 이러한 일들은 여성의 천직으로 인식되어 주로 여성들에게 주어져 왔다. 숭고한 일이라고 치켜세우면서 합당한 임금 지불을 보류하는 이러한 노동에 대한 사회적 대우는 매우 열악하다. 특정 노동에 대한 사회적 해석과 평가 방식이 불평등 분배에 큰 영향을 미치고 있기 때문이다. 돌봄 노동처럼 정당한 가치 평가를 받지 못하는 업무에는 여성을 전담자로 취급하면서, 사회적 가치 평가가 높은 업무에는 여성의 진입을 막기 위한 유리벽을 세우곤 한다. 이러한 노동의 영역에서의 차별과 배제는 불공정한 분배를 야기한다.

기독교 공동체 안에서의 돌봄 노동 역시 희생과 봉사로 포장되어, 희생의 아이콘인 여성의 일로 간주되어왔다. 교회의 공간이 여성에게 어떠한 역할을 기대하였는지를 보면, 젠더의 위계화가 작동되는 방식을 알 수 있다. 종교의 영역은 공적 공간일수도, 사적 공간일수도 있는 경계가 불분명한 장소이다. 막스 베버(Max Weber)는 종교를 사적 영역으로 분류하였지만 한국 사회에서의 교회는 공적 역할을 담당하였다. 그런데 젠더가 매개될 때 한국교회는 공/사의 경계가 모호한 공간이었다. 여성들이 교회에서 맡은 주된 역할은 가정에서 하는 일의 연장에 불과한 경우가 허다하기 때문이다. 의사소통 능력이나 타인에 대한 돌봄의 경험이 많다는 성별 고정 관념으로 인해 여성들은 주로 감정 노동을 수행해야만 했다.

감정 노동은 기계화, 자동화되기 어려운 영역인 서비스 시장에서 태동한 개념이다. 감정 노동의 수행자들은 자신의 감정 상태와는 관계없이 조직이 요구하는 매뉴얼에 따라 미소를 짓거나 정해진 높낮이의 목소리로 말하며 인내하고 복종적인 자세를 취한다. 현대 노동 시장에서 가장 빠른 속도로 증가하는 서비스 직종에서 장기간 억압적인 감정 노동을 계속하게 되면 노동자는 좌절과 우울 등 심리적 질병을 겪게 되며 심한 경우 공황 상태에 빠지는 사례들이 속속 보고되고 있다. 서비스 직종만큼 폭력적이지는 않겠지만, 교회에서 감정 노동을 전담하는 여성목회자의 고충도 만만치 않다. 젠더에 따른 성 역할 구분이 가져온 위계화 현상이다.

이처럼 희생과 봉사라는 이름의 노동은 숭고함이라는 아름다운 포장지로 감싸 있으면서도 실제적으로 착취의 다른 이름일 경우가 왕왕 있다. 기독교 공동체에서도 젠더에 의해, 젠더에 따른 역할 분담의 구조로 인하여 여성들이 주변화 되며, 무력화되는 현상이 발생한다. 이는 여성이 자신의 능력과 잠재력을 발휘하여 자기 개발을 도모하는 것을 불가능하게 만드는 것에 다름 아니기 때문에 사회적 억압이라고 볼 수 있다. 구조적 현상으로서의 억압은 억압의 주체가 행사하는 의도적인 억압이라기보다는 주로 일상생활을 통해 부지불식간에 발생하기 때문에 극복하는데 난점이 많다. 오로지 억압 받는 주체들의 적극적인 요구와 참여만이 의사 결정 과정은 물론이고 노동 분업 및 문화의 측면과 관련된 사회적 억압들을 해소하는 지름길이다. 이런 점에서 자발적 참여는 사회정의의 한 요소일 뿐만 아니라 다양한 사회적 지배와 억압을 극복하기 위한 조건이기도 하다.[15]

그렇다면 교회 여성들은 교회의 젠더 부정의의 극복을 위하여 무엇을 요구하며 어떻게 참여할 것인가. 한국 여성운동을 포함한 세계 여성운동의 성 주류화 정책(gender-main streaming)[16]은 한 범례가 될 수 있다. 1980년대 이후 젠더 정의를 향한 여성 정책은 여성적인 영역에서 발생하는 여성 억압이나 여성성에 관한 문제에서 한 걸음 나아가 남성과 여성 모두를 포괄하는 쪽으로 확장되었다. 젠더 정의는 여성 정책이 추구하는 목표이자 가치이다. 여성 정책은 역사적으로는 같음으로서 평등 비전에 기초한 균등 처우(equal trearment)에서 차이의 인정으로서 평등 비전에 기초한 특별 처우(special trearment)를 거쳐, 같음과 차이의 딜레마를 넘어 기존의 성 평등 구조 자체의 변혁을 꾀하는 쪽으로 선회하고 있다. 성차별적인 법·제도를 부분적으로 땜질하여(tinkering) 여성을 기존의 질서에 끼워 넣는 균등 처우 접근이나 여성에게 맞는 특별한 제도와 정책을 새롭게 재단(tailoring)하는 특별 처우 접근과 달리 정책 과정과 정책 과정에 참여하는 일상적인 행위자들의 정책 관행 자체를 변혁하고자하는 것이다.[17]성 주류화를 위하여 모든 정책을 젠더 정

---

15 Ibid, p. 91.
16 북경행동강령은 성주류화를 "정부와 공공기관의 모든 정책과 프로그램에 젠더 관점을 통합하는 것"(UN, 1995)으로 정의한다.

의적 관점에서 평가하고 재조직화할 필요가 있다. 가령 국가기관의 경우 공무원의 성 평등에 대한 인식과 능력을 강화하기 위한 성 인지 교육과 성 불평등 현실을 가시화할 수 있는 성 인지 정책이나 예산이 기존의 성 불평등에 미치는 효과를 평가해 개선하도록 하는 성별 영향 평가와 성 인지 예산 제도 등이 여기에 포함된다.

한국 여성신학은 가부장적 질서에 쉽게 순응하는 교회 여성들의 주체성 회복을 위해 적지 않은 노력을 해 왔다. 여성 스스로가 인식과 행위의 주체로 우뚝 서는 것을 젠더 정의의 목표로 삼았던 것이다. 이러한 목표를 달성하고 젠더 정의를 세우기 위하여 한국교회도 의사 결정 과정에 여성의 참여를 제도적으로 마련할 수 있는 성 주류화 정책이 도입되어야 하며, 구체적으로는 목회자와 교회의 직분을 맡은 당회원에 성 인지 교육, 성별 영향 평가와 성 인지 예산 제도를 도입할 필요가 있다.

종교 공동체는 사회정의의 영역임과 동시에 사랑과 헌신으로 유지된다. 그러하기에 교회의 공적 성격과 사적 성격을 적절히 이해하고 규명하는 것, 교회 내 성 역할 규범이 기회와 재화 분배의 불평등 체계로 전이되는 것을 막는 것, 그리하여 여성이 남성과 마찬가지로 교회 공동체 안에서 자신의 고유한 능력을 발휘할 수 있는 합리적이고 자존감 있는 주체로 행동할 수 있도록 정책적 조절을 하는 것, 이것이 젠더 정의의 틀 속에서 성 인지적 통합을 모색하는 길이 될 것이다.

---

17 Teresa Rees, "Reflections on the Uneven Development Gender Mainstreaming in Europe", *International Feminist Journal of Politics* 7(4), 2005, pp. 557-560.

IV. 기독교 섹슈얼리티 담론과 차이의 정치

앞 장에서 아이리스 영의 제안에 기대어 의사 결정의 구조 및 절차와 노동 분업의 렌즈로 교회 공동체 안에서의 젠더 부정의를 조망하였듯이 이 장에서는 '문화'의 범주에서 발생하는 부정의를 주목한다. 그리하여 성적 지향의 차이가 차별의 근거가 되는 기독교 현실을 드러내고 새로운 정의의 패러다임을 모색하겠다.

제도적 차원의 정의 문제는 대체로 집단 차원의 부정의와 연동되어 있다는 아이스리스 영의 통찰은 옳다. 여성이나 성적 소수자들이 당하는 지배와 억압의 문제는 한 개인의 문제라기보다는 그/녀들이 속해 있는 집단의 다름에 기인하는 경우가 허다하기 때문이다. 사회적 동물인 인간에게 사회적 인정은, 자기실현을 위한 필수적 조건이다. 성, 젠더, 인종, 계급 등의 자신이 속한 집단이 배제되거나 억압당한다면, 아무리 스스로 자존감이 높다하더라도 자기를 온전히 실현하기 어렵다. 그리하여 아이리스 영이 제안한 지배와 억압의 개념 틀은 집단의 차이/다름을 인정하는 데 유용하다.[18]

문화적 차원에서의 억압 역시 사회적 부정의를 강화한다. 지배적인 문화를 정상적, 표준적인 것으로 강요하거나 역으로 특정 집단에게 부정적인 낙인을 찍음으로써 폭력적인 차별 대우를 하기 때문이다. 아이리스 영은 문화란 상징, 의미, 습관 등과 연동된 폭넓은 개념으로써, 어느 특정한 집단에게 부과되는 상징적 의미는 그들의 사회적 지위뿐만 아니라 재화의 분배에도 직접적인 영향을 미치게 된다고 보았다.[19] 대

---

18 Iris Marion Young, p. 4.
19 Ibid, p. 24.

부분의 지배 집단이 무반성적으로 자신들의 문화를 정상적인 것으로 받아들인다는 점에서 일종의 문화제국주의의 특성이 있는데 이는 의도적인 것이라기보다는 무의식적인 것에 가깝다. 그리하여 영은 이러한 문화적 차원의 고유한 기능을 해명하기 위해서 인정의 정치학에 관심을 갖는다.

앞서 언급했듯이, 젠더/섹슈얼리티에 의한 인권 침해는 오랫동안 정의 문제로 여겨지지 않았다가 북경세계여성대회 이래로 정의와 인권 문제의 핵심 사안으로 부각되었다. 사실 섹슈얼리티의 문제는 여성과 남성의 관계에만 국한된 것이 아니라 보다 포괄적인 영역과 관련되어있다. 그럼에도 불구하고 여성운동을 비롯한 한국 사회운동에서는 섹슈얼리티를 '젠더 불평등'의 문제로 환원하여 왔다.[20] 그 결과 집합적 힘을 구성하지 못한 성적 소수자의 인권 문제는 간과되었다. 근래 젠더에 포섭되지 않는 섹슈얼리티 정치학을 주장하는 소수자 집단이 등장하면서, 성적 지향으로 인해 차별받는 집단으로서의 정체성이 형성되고 차별의 부당함에 대한 공론화가 진행되고 있다.

민주화 이후 정의와 인권에 대한 감수성이 점차 높아짐에 따라 인권위원회에서는 사회적 소수자에게도 헌법상 평등의 원칙을 적용할 목적으로 차별금지법을 제안하였다. 그 원안에는 성별, 장애, 병력, 나이, 출신 국가, 출신 민족, 인종, 피부색, 언어, 출신 지역, 용모 등 신체 조건, 혼인 여부, 임신 또는 출산, 가족 형태 및 가족 상황, 종교, 사상 또는 정

---

20 아이리스 영이 억압받는 여성의 차이에 대한 인정을 요구하는 반면, 주디스 버틀러는 여성이라는 범주 자체를 해체할 것을 요구한다. 여성이라는 동질적인 집단을 상정하는 것 자체가 또 다른 배제, 가령 동성애자들에 대한 배제를 함축할 수 있다고 보기 때문이다. 주디스 버틀러/조현준 옮김, 『젠더 트러블』 (문학동네, 2008).

치적 의견, 범죄 전력 및 보호 처분, 성적 지향, 학력, 사회적 신분 등을 이유로 차별해서는 안 된다는 조항이 포함되었다. 요컨대 사회적 소수자에게도 헌법상 평등의 원칙을 적용하려는 취지로 제안한 차별금지법안 초안에는 성적 지향에 근거한 차별 금지 조항이 포함된 것이다. 차별금지법안의 제정 업무를 이관 받은 법무부가 "차별금지법 제정을 위한 공청회"(2007. 9. 12)를 거쳐 입법을 예고하는 등[21] 성적 소수자 차별금지법의 제정이 가시화되자 기독교(보수) 진영은 즉각적인 반대 운동을 펼쳤다. '동성애 차별금지법안 저지 의회선교연합'을 결성하여 법무부의 입법 예고 기간 동안에 '성적 지향'이라는 자구의 삭제를 위해 총력을 기울이는 등 조직적으로 움직였다. '차별금지법저지 1000만인 서명운동'을 전개하면서[22] 관련 부서 항의 방문, 의견서 제출, 반대 의견을 담은 팩스 보내기, 관련 국회 대책 기구 설립, 기자 회견, 피켓 시위 등 다방면의 활동을 한 결과, 인권위원회가 제시했던 원안에서 '성적 지향'을 비롯한 7개 조항이 삭제되었다. 강력한 의제 집단으로 급부상한 기독교의 동성애 혐오는 성적 소수자의 차별 극복에 가장 큰 걸림돌이 되고 있다.

앞서 수차례 언급했듯이 권위주의 시대의 한국 기독교는 사회정의 실현을 위해 앞장 서왔다. 그러나 정의와 인권의 주체 범위가 확대되고 있는 오늘날의 기독교는 섹슈얼리티에 기반한 차별과 배제의 상황을 합리화하는 대표적인 공간이다. 국가인권위원회가 제안했던 차별금지법을 둘러싼 기독교(인)의 일련의 태도와 관점은 섹슈얼리티로 인해 발생

---

21 법무부공고 제2007-106호, 2007년 10월2일-22일 입법예고. 자세한 일정에 대해서는 이숙진, "차별금지 법제화 과정과 입법운동의 동학," 「동향과 전망」 77, 2009. pp. 442-443.

22 "차별금지법이 사람 차별하네," 「한겨레21」 (2007. 11. 9); "동성애조장 '차별금지법'안 된다," 「국민일보」 (2007. 12. 13).

한 차별과 배제를 정의 문제로 인식하고 있지 않음을 보여준다. 차별금지법 반대 운동은 주로 기독교 보수 진영에서 전개하고 있지만, 기독교 진보 진영 역시 섹슈얼리티를 비롯한 다양한 차원의 인정의 요구들에 대하여 적절한 대응을 하지 못하고 있다. 다양한 이유가 있으나 가장 핵심이 되는 것이 기독교의 신성성 담론이다. 교회는 이성애 중심의 남성 지배적 현상을 자연의 영원한 질서 혹은 하느님의 뜻으로 해석함으로써 섹슈얼리티에 의한 억압을 은폐하여왔다. 담론의 차원뿐만 아니라 제도적 장치와 실천은 섹슈얼리티의 억압 양식을 재생산하고 있다. 정의와 인권의 대상 범위의 확장이라는 역사적 흐름에 역행하는 기독교의 담론과 실천이 섹슈얼리티에 의한 배제를 공고히 하는 폭력적 장치로 기능하고 있는 것이다.

차별금지법 삭제 조항 파동은 우리에게 다양한 물음을 던지고 있다. 인간은 신의 형상(imago Dei)으로 지음 받은 존엄한 존재임을 천명하면서도 특정인에 대한 차별 금지에 반발하는 이유는 무엇인가, 정의로운 삶을 누릴 대상과 그렇지 못한 자의 기준은 무엇으로 결정되는가 등을 되묻고 있는 것이다. 종종 우리 사회는 개인보다는 공동체의 논리와 유지에 더 중요한 가치를 부여한다. 성적 지향에 따른 차별금지 조항 삭제 파동도 이러한 맥락에서 읽을 수 있다. 신앙 공동체의 교리에 따르느라 정작 '사랑'이라는 결정적인 진리를 묵살하는 공동체의 유지 메커니즘을 발견할 수 있기 때문이다. 이렇듯 교회는 사랑의 공동체라고 목청을 높이지만 공동체 내부의 실재하는 집단적 배제와 차별을 은폐한다.

교회 공간에서 섹슈얼리티를 둘러싼 차별이 담론화되고 실천되는 방식을 드러내고, 섹슈얼리티에 의한 배제의 고통을 언어화하지 못하는 소수자의 현실을 직시하는 작업은 기독교 사회정의 운동의 한계를 극복하는 출발점이다. 아이리스 영이 지적했듯이, 정의는 특정한 개인 혹은 집단의 선호(preference)나 삶의 방식에 대해서는 중립적이다.[23] 다만 한 사회가 이러한 선호나 삶의 방식을 추구하기 위해서 필요한 법적·제도적 조건들을 마련하고 있는가에 관련될 뿐이다. 요컨대 각자의 삶의 방식과 선호에 따라 살기 위한 제도적 조건의 구비는 정의 실현의 필수 작업이다.

제도적 조건이 완비된다고 해서 섹슈얼리티에 의한 차별이 극복되고 정의가 실현되는 것은 아니다. 뿌리 깊은 편견으로 인한 성적 소수자의 깊은 상처와 이들에 대한 공동체의 차별 의식은 형식적 평등을 내세우는 법적 제도적 장치만으로는 근절할 수 없다는 말이다. 법적 차원에서의 차별 금지는 기회와 자원에 대한 평등주의적 분배라는 자유주의적 전제에 제한되어 있기에 비가시적인 차별 형태들에 대해서는 적절한 제재를 가하기 어렵다. 직접적이고 가시적인 차별이 금지됨에도 차별의 양상이 다양하고 복합적으로 변화되자 주요 국가들의 차별 개념은 새롭게 확장되었다. 직접적 차별에 대한 규제가 기회의 평등을 달성하려는 노력이었다면, 간접적 차별을 금지함으로써 차별의 개념과 유형이 확대된 것이다.

이러한 맥락에서 기독교의 성적 소수자에 대한 편견과 선입견을 들여다보는 작업은 우리 사회의 차별과 배제에 관한 인식론적 성찰과 현실적인 실천을 모색하기 위하여 필요하다. 요컨대 기독교 공간에서 생산되는 차별과 배제의 담론에 관한 비판적인 개입과 성찰은 인권 감수성을 높이는 의의를 갖는다. 기독교 사회정의 운동은 성적 소수자가 자

---

23 Iris Marion Young, p. 37.

신의 선호(preference)와 삶의 방식을 추구하며 행복한 삶을 누리기 위해서 필요한 제도적 조건들을 마련하는 일에 적극 개입해야 할 것이다. 또한 편견과 선입견으로부터 거리를 두고 나와 다름을 인정하며 우리와 같은 도덕 공동체의 일원[24]이라는 동료 의식을 갖기 위한 노력을 기울여야 한다. 동료 의식은 인권의 감수성을 향상시킬 뿐만 아니라 침해와 차별 행위를 사전에 예방하는 효과를 가지고 있기 때문이다. 여기에서 우리는 자신의 성적 지향을 비하하는 내부의 도덕률로 인한 고통의 심연과 스스로의 아픔을 언어화하지 못하는 성적 소수자들의 삶의 자리를 들여다볼 수 있는 신학적 성찰의 지점을 발견할 수 있다. 또한 섹슈얼리티를 매개로 희생자와 가해자로 만든 지배 구조와 폭력 구조의 형성에 일조했던 전통적 신학 개념들에 대한 전면적인 성찰이 요청된다. 이러한 작업은 사회적 배제자들과 주변인들의 고통과 아픔에 공감해 온 성서와 기독교 정신을 회복하는 길이자 차별과 배제의 메커니즘을 극복하고 새로운 정의의 패러다임을 정립하는 계기가 될 것이다.

아이리스 영은 차이의 정치(Politics of difference)를 통해 젠더/섹슈얼리티로 인해 겪었던 집단적 차원의 지배와 억압을 폭로하고 각 집단들의 이질성, 다원성, 차이에 대해서 적극적으로 주목할 것을 요구하고 있다. 주지하다시피 특정한 인종, 계급, 성에 의해 구성된 것임에도 주류라는 이유로 보편성과 일반성을 강조하는 동일성의 정치는 다름과 차이를 무시함으로써 사회적 지배와 억압을 강화한다. 이른바 정통 신학의 실상은 서구 백인 중산층 이성애 남성 중심의 신학이라는 여성신학의 지속적인 비판과 같은 맥락이다. 차이의 정치가 제안하는 것은 현실적

---

24 리차드 로티, "인권, 이성, 감성," 『현대사상과 인권』(사람생각, 2000), p. 161.

으로 다원적인 도덕적 주체들을 하나의 주체로 환원하지 말고 도덕적 주체들의 집단적 이질성(Heterogeneity)과 차이를 받아들이자는 것으로 수렴된다. 이를 무시하고 간과하는 경우 현실적 지배와 억압이 은폐될 수 있다는 것이 아이리스 영의 생각이다.[25]

V. 능력 담론과 정의론

리차드 로티에 따르면, 경제적 능력, 성적 지향성, 성별, 피부색, 종교, 정치적 견해, 출신지, 출신 국가 등의 기준으로 우리와 같은 '도덕 공동체'(Richard Rorty) 일원이 아닌 외부자로 간주된 대상에 대해선 '도덕적 감성'이 작동하지 않는다고 한다. 요컨대 외부자들이 겪는 정의롭지 못한 상황에 대해서는 무감각해진다는 것이다. 오늘날 우리 사회에서 도덕 공동체 내부와 외부, 즉 시민과 비시민을 나누는 하나의 기준은 능력이다. '능력 담론'은 신용불량자와 노숙자 등 무수한 경제적 무능력자를 걸러냄으로써 체제로부터 탈락한 "벌거벗은 생명"(bare life), "호모 사케르"(homo sacer) 요컨대 사회적 배제자를 양산하고 있다. 사회적 배제란 사람들이 자신이 속해 있는 사회에 충분히 포함되지 못한 상태로서 "사회적 자원에 대하여 특정 개인이나 집단의 접근 및 이용 기회의 박탈"(Silver, 1994)을 의미하며, "구성원이 사회에서 정상적인 삶을 영위하는 데 필요한 제반 권리(정치적·경제적·사회적·문화적 권리 등)가 박탈당하면서 사회의 주류 질서로부터 유리되는 역동적 과정"(심창학,

---

25 Iris Marion Young, p. 97

2001)이다.[26]

오랫동안 정치(인권) 영역과 경제(평등) 영역에서의 공정한 분배에 집중되어있던 정의 담론의 패러다임이 위기를 맞게 된 또 한 요인은 무한 경쟁의 시스템이 양산한 무능력자의 대두이다. 능력 담론에 의해 만들어진 무능력자들이 겪는 차별 문제는 국가 권력에 의한 개인(집단)의 기본권 침해와 경제적인 불균등 분배에 집중하는 분배 정의의 프레임으로 조망할 수 없다. 유령처럼 유동적이고 실체가 불분명한 자본 앞에 '벌거벗은 생명'처럼 무방비 상태로 노출된 사회적 배제자 혹은 사회적 배제 메커니즘이 야기하는 정의의 위기 상황을 포착하지 못하기 때문이다.

무한 경쟁을 내세운 신자유주의 통치성이 작동하는 우리 사회는 과도한 능력주의로 인해 경쟁은 심화되고 그 결과 시민적 덕성은 나날이 상실되고 있다. 산업 사회의 특징이었던 안정된 가족 공동체와 평생 직장의 개념이 급속히 해체되고, 그간 가족이나 국가 등 공동체가 담당해 왔던 것들이 점차 개인의 책임으로 이관되면서, 저마다 생존력을 키우기 위해 고군분투한다. 몇 십 억대의 높은 연봉이나 물질적인 성공을 이룬 능력자들에 대한 선망과 실직 위험 속에서 사회적 무능력자로 전락할지 모른다는 공포감 사이에서 이른바 연애-결혼-출산을 포기하는 삼포 세대가 출현하였다. 대박, 쪽박, 무한 경쟁, 승자 독식 등의 범상치 않은 단어들은 점차 일상어로 회자되고, 적자생존·우승열패의 시장 도덕 속에서 능력주의는 물신화된다.

---

26 '사회적 배제' 개념은 르네 르느아르(Rene Lenoir)의 『배제된 사람, 프랑스인 열사람 중의 하나』(Les Exclus, Un Francais sur dix, 1974)에서 사용된 이후, 유럽뿐만 아니라 전 세계적으로 학문적·사회적·정치적 차원에서 중요한 개념으로 사용되기 시작했다.

능력주의의 대척점에는 세습주의가 있다. 오늘날 우리 사회는 신(新)신분 사회의 도래라고 할 정도로 부의 세습, 학벌 세습, 고용 세습, 심지어 대형 교회 목회직의 세습에 이르기까지 사회 전 영역에서 세습이 이루어지고 있다. 엘리아스가 간파하였듯이, 가진 자들은 집단 응집력, 내부 통제, 동일한 규범 및 정체성의 강화 등의 수단을 통해 자신의 기득권을 결사적으로 지키기 때문에 외부자들은 진입이 불가능하고 그결과 출발점에서부터 불공정한 게임이 진행된다. 그 어떠한 형태이든 세습이 용인된 사회는 개인 삶의 가능성을 제한하고 박탈한다는 의미에서 사회 통합의 토대를 이루는 정의(justice)가 훼손될 여지는 농후하다.

능력주의는 이러한 세습주의의 폐해에 비해 사람들의 상식적 정의감에 부합한다. 그간 능력주의는 과거부터 존속되어 오던 전통적 위계를 타파하고 학벌, 지연, 학연 등의 단일주의에서 벗어나기 위한 시도로 이해되어왔다. 실제로 평등이나 기회 균등에서 벗어나는 현상들이 발생할 때 종종 우리는 능력 우선을 앞세운다. 불평등에 저항하는 이들조차 능력에 따른 불평등만은 용인하는 편이다. 민주화 이후 세습의 고리를 끊기 위한 장치들이 만들어졌는데 이때 능력주의가 부각되었다. IMF체제 이래 일련의 개혁은 능력주의 이데올로기를 강조함으로써 집단주의 구속에서 벗어나고자 하는 이들에게 새로운 기회를 제공한다고 선전하였다. 오랫동안 젠더에 따른 불평등을 경험한 여성의 입장에서는 성 차별을 극복할 수 있는 절호의 찬스로 받아들이기도 했다. 능력만으로 주류 사회의 진출이 용이해진 상황에서 여성을 집단적으로 피해자화 한다는 이유로 여성운동의 무의미성을 주장하는 영 페미니스트들이 등장할 정도이다.

누구나 자신의 능력에 따라 일할 기회를 공평하게 부여받아야 하며 기여한 만큼 공정하게 보상을 받아야 한다는 원칙을 거부할 사람은 없다. 그러나 개인의 능력에 따라 선발되어 위계적 사회 체제에 배치, 분배받는다는 이 시대의 능력주의의 원칙에 대해선 찬반이 엇갈린다. 능력주의의 과도화가 파생시키는 사회 문제 때문이다. 세습주의의 부정의를 극복하는 대안으로 모색된 능력주의는 종종 불평등을 정당화하고 강화한다. 가령, 능력만 있으면 생산직도 차별 없이 임원 승진도 가능하다는 산업 현장에 부는 능력주의는 평가의 주체가 회사라는 측면에서 오히려 불공정한 장치가 되어버릴 가능성이 농후하다. 젠더 문제도 마찬가지이다. 여성도 남성과 똑같이 능력이 있고, 자원을 가지고 있기 때문에 능력주의 사회에서 여성 차별은 종식된 것으로 착시 현상을 일으킬 수 있다. 그러나 능력주의 이데올로기는 여성 대중에게 자괴감을 불러일으키며 젠더에 기반을 둔 위계화를 심화시키기 십상이다. 요컨대 생물학적인 여성 대통령의 요란한 등장 이래, 송파 세 모녀와 부천 세 자매의 자살, 자매 할머니의 방치된 죽음 등의 일련의 수많은 사건이 말해주듯 여성의 빈곤화, 빈곤의 여성화는 날이 갈수록 심화되고 있다. 극소수의 능력자 여성들이 신기루처럼 존재하는 동안 자원이 없는 여성들은 저임금 일자리로 몰리며 가혹한 빈곤 속에 산다. 저임금의 일자리마저 없는 여성들이 배고파도 굶고 아파도 치료를 받지 못하는 지경이 된 것은 결코 개인의 무능력을 탓할 수 없다. 끊임없이 누군가를 무능력자로 만드는 그 사회의 책임이기 때문이다.

능력주의의 부정의한 측면은 구조적인 차원에서도 발견된다. 저소득층을 비롯한 사회적 배제자들은 제도 교육에 접근할 기회가 원천적으로 차단된 경우가 허다하다. 그 결과 조직이 요구하는 능력을 배양할 학습의 기회를 얻지 못할 가능성이 높다. 또한 남성 지배적인 조직 문화가 형성되어 여성이 의사소통에 더 큰 어려움을 겪는다면, 이들 역시 능력주의의 시험장에서 불리할 수밖에 없다. 능력주의의 만연은 인간성 상실을 가져온다. 능력은 인적자원으로서의 인간을 교환가치라는 단일한 양적 차이로 환원하여 측정하고, 그것으로 사람을 서열화한다. 결국 무한 경쟁을 부추기는 능력주의로 인해 탈진한 주체들이 증가하고 있다. 이런 점에서 능력만 지배하는 능력주의에 대한 과대 평가를 경계하며 능력주의는 신화에 불과하다고 보았던 아이리스 영의 통찰을 되새겨볼 필요가 있다.[27]

20대 80의 사회 혹은 격차 사회 등으로 묘사되는 우리 사회에서 능력주의는 사회적 무능력자를 생산하는 장치로도 기능한다. 잘난 한 사람이 만 명을 먹여 살린다면 그들의 변덕스런 선의에 의존하는 사회는 취약할 수밖에 없다는 지적이 있다.[28] 능력주의 사회는 능력자에 의한 지배이자, 능력(자)에 의한 무능력(자)의 지배의 사회이다. 무능력(자)은 능력(자)의 배경 혹은 반대 짝으로 가정되고 구성되기에 불평등은 전제되고 용인된다.[29] 이런 점에서 기독교 복지 사업이 정교한 배제의 장치로 기능하고 있지 않은지 재고할 필요가 있다. 자원 봉사나 기부로 대표되는 복지 사업은 종종 시혜자들에게 자선의 미덕을 실천한다는 자긍심을 심어주면서 그들 자신이 능력 본위의 사회 질서를 강화시키는 배제의 주체가 되고 있다는 사실을 망각시킨다. 한편 무능력이 입증되어

---

27 Iris Marion Young, *Justice and the Politics of Difference* (Princeton: Princeton University Press, 1990) 참조

28 Kenneth Arrow, Samuel Bowles, & Steven Durlauf, *Meritocracy and Economic Inequality*, (Princeton: Princeton University Press, 2000), xi.

29 김미영, "능력주의에 대한 공동체주의의 해체,"「경제와사회」, 제84호 (2009), p. 258 참조.

야만 복지 혜택을 받을 수 있는 수혜자에게는 스스로의 능력 없음을 자인하게 함으로써 그들 자신이 배제의 객체가 되고 있음을 망각시킬 수 있다. 그 결과 기독교 복지사업은 종종 능력 담론이 만들어 낸 사회적 배제를 은폐하고 강화하는 기제가 될 수 있다.

오늘날 기독교 공동체는 능력주의를 신앙의 언어로 번안하여 다양한 장치를 통해 유통, 소비하고 있다.『긍정의 힘』,『목적이 이끄는 삶』,『다니엘 학습법』,『최고경영자 예수』,『성공코칭 온바이블』등과 같은 대중적 신앙 서적들은 경쟁력 있는 유능한 인간상을 '이상적 신앙인'과 연결시킴으로써 개인의 능력 유무에 따른 사회적 배제를 정당화한다. 베스트·스테디셀러 신앙 서적들은 '능동성', '주체성', '적극성', '선택', '긍정성' 등의 키워드를 가지고 신앙적인 방법을 통해 무한 경쟁 사회에서 성공적으로 살아가는 길을 제시함으로써 능력자를 꿈꾸는 신앙인의 욕망을 자극하고 있다. 능력주의에 빠진 것은 신앙인뿐만이 아니다. 한 유능한 목회자의 "작은 교회는 실패한 목회"라는 과감한 발언은 교회에 침윤된 능력주의의 단면을 보여준다. 이제 교회들도 기업 문화에서 볼 수 있는 이윤 지상주의, 경쟁력, 구조 조정, 효율성, 개방, 선택 등과 같은 전략들이 유입하여30 유능한 목회를 꿈꾼다. 이러는 가운데 능력은 이 시대의 복음으로 둔갑되고 있다.

---

30 기업 내·외부의 환경과 역량을 감안한 'SWOT(강점–약점–기회–요인)' 분석을 도입한다든가 세대별, 직업별 맞춤 전도는 오늘날 기업이 활용하고 있는 세부 마케팅을 활용한 사례라고 할 수 있다. 1990년대 이래 대형교회를 선망하는 목회자들의 벤치마킹 대상이 되고 있는 온누리교회의 하용조 목사는 1996년 미국 시카고에 있는 윌로우크릭 교회를 방문한 후 윌로우크릭이 운영하는 프로그램의 많은 부분을 차용한 것으로 알려져 있다. 황일도, "황일도 기가가 지켜본 온누리교회의 겉과 속,"「신동아」(동아일보사 2007. 10).

VI. 불가능한 가능성을 꿈꾸며

이상에서 기독교 공간에서 젠더/섹슈얼리티를 매개로 발생한 부정의와 무한 경쟁을 촉발하는 능력 담론을 통해 여성을 비롯한 사회적 소수자들이 겪고 있는 사회적 부정의 현장을 조망하였다.

정체성의 다름으로 인해 특정 영역에서의 참여가 배제되고, 하는 일의 가치가 평가 절하되고, 사회적 기여도를 인정받지 못하는 상태가 지속되면서 젠더/섹슈얼리티에 의한 부정의는 구조화된다. 차별과 배제의 기제들은 일시적으로 작동하고 마는 것이 아니라 장기 지속적으로 구조화된다. 누구든 자신의 잠재력을 오롯이 펼칠 수 있는 여건을 마련하기 위해서는 오랜 차별 관행이 낳은 구조적 부정의에 대한 민감성을 키울 수밖에 없다. 설령 악의적인 차별 의도가 없더라도 기존의 교리, 규범이나 규칙, 절차 등은 지배 집단의 행동 양식이나 특성을 중심으로 만들어졌기 때문에, 기존의 규범을 따를 경우 현존하는 차별을 자각하기 어렵다. 때문에 교회가 조장하는 편견과 선입견을 들여다보는 작업은 우리 사회의 차별과 배제에 관한 인식론적 성찰과 현실적인 실천을 모색하기 위한 출발점이 된다.

초대 갈라디아 교회에서는 새로 들어온 이들과의 인정 투쟁으로 공동체 내의 분란이 끊이지 않았다. 분란의 현장에서 "유대인이나 헬라인이나 종이나 자유인이나 남자나 여자나 다 그리스도 예수 안에서 모두 하나이다"(갈라디아서 3장 28절)고 외친 바울의 선언은 여성신학적 정의론 정립의 신학적 토대가 될 수 있다. 이 선언의 해석을 둘러싼 이견이 분분하지만, 여성신학적 관점에서는 민족, 계급, 성에 따른 정체성의 차이를 차별이 아닌 다름으로 '인정함으로써 비로소' 그리스도인이라는 새로운 정체성이 구성될 수 있다고 해석할 수 있다.

　　성적, 인종적, 사회 경제적인 부정의가 구조화된 1세기 초대교회에서의 바울의 선언은 회당의 구조적인 차별과 편견에 맞서 각기 다름을 인정하면서도 그것에만 머물지 않았다. 바울의 선언을 기존의 지배적인 규칙과 관행 그리고 담론에서 권리와 몫이 없는 자로 취급한 이들에게도, 회당의 모든 의사 결정 과정에 동등한 참여자로서의 지위를 보장한 급진적인 선언이라고 한 해석은 오늘날 한국교회에 많은 시사점을 준다.[31] 이러한 관점에서 볼 때 권리, 능력, 신분 등에 따라 차등적으로 대접하는 것은 신학적 정의가 아니다. 기독교 정의 논의는 사회적 권리나 몫의 차원에서 끝날 수 없다. 이런 맥락에서 오늘날 교회 공간에서 묵인되어 행해지고 있는 구조적 부정의에 관한 비판적인 개입과 성찰은 사회적 정의에 대한 감수성을 일깨우며 "권리 없는 자들의 권리"와 "몫 없는 자들의 몫"을 보장하는 그 불가능한 가능성에 다다르기 위한 첫 걸음이 될 것이다.

---

31 김진호, 『리부팅 바울』, 삼인, 2013

참고문헌

김진호, 『리부팅 바울』, 서울: 삼인, 2013.

낸시 프레이저/김원식 옮김, 『지구화 시대의 정의』, 서울: 그린비, 2010.

낸시 프레이저/악셀 호네트, 김원식, 문성훈 옮김, 『분배냐, 인정이냐?』, 서울: 사월의 책, 2014.

로널드 드워킨/염수균 옮김, 『자유주의적 평등』, 서울: 한길사, 2005

리차드 로티, 「인권, 이성, 감성」, 『현대사상과 인권』, 서울: 사람생각, 2000.

마이클 프리먼/김철효 옮김, 『인권: 이론과 실천』, 서울: 아르케, 2005.

아이리스 M. 영/허라금, 김양희, 천수정 옮김, 『정치적 책임에 관하여』, 서울: 이후, 2013

이숙진, "차별금지 법제화 과정과 입법운동의 동학", 「동향과 전망」 77, 2009.

전국여교역자 편, 『여성목회』, 서울: 도서출판 여교, 2000.

존 롤즈/황경식 옮김, 『정의론』, 서울: 이학사, 2003.

주디스 버틀러/조현준 옮김, 『젠더 트러블』, 서울: 문학동네, 2008

캐더린 맥키넌, "전쟁시의 범죄, 평화시의 범죄", 『현대사상과 인권』, 서울: 사람생각, 2000.

Young, Iris., *Justice and the Politics of Difference*, Princeton: Princeton University Press, 1990.

_____, *Global Challenges: War, Self Determination and Responsibility for Justice*, Cambridge: Polity press, 2007

Rees, Teresa., "Reflections on the Uneven Development Gender Mainstreaming in Europe", *International Feminist Journal of Politics* 7(4), 2005.

저자 소개

권진관

성공회대학교 조직신학 교수
대표 저서:
『성령과 민중』(한국신학연구소, 1993), 『우리 구원을 이야기하자』(기독교
서회, 1998), 『성령, 민중의 생명』(나눔사, 2000), 『예수, 민중의 상징; 민중,
예수의 상징』(동연, 2009) 등.

김명희

서강대학교 신학연구소 연구교수 역임. 현재 서강대, 성신여대, 세종대, 협
성대 출강
저·역서:
『한류로 신학하기』(공저, 2013), 『세월호 이후의 신학』(공저, 2015), 『영
원한 보석. 그리스도교의 세계로 읽는 법화경』(역서, 2010) 등.

김혜경

대구가톨릭대학교 인성교육원 강의전담교수
대표 저서
Sciamanesimo e Chiesa in Corea(『샤머니즘과 한국교회』, 국제학술저서,
2005), 『세상을 향한 선교』(2010), 『일곱 언덕으로 떠나는 로마 이야기』
(2010), 『예수회의 적응주의 선교: 역사와 의미』(2012), 『한류로 신학하기』
(공저: 2013), 『세월호 이후 신학: 우는 자들과 함께 울라』(공저: 2015) 등.

백민정

가톨릭대학교 철학과 조교수, 한국철학(조선시대 유교사상) 전공
저 · 역서:
『정약용의 철학: 주희와 마테오 리치를 넘어 새로운 체계로』(이학사, 2007),
『강의실에 찾아온 유학자들: 공자에서 정약용까지, 대표 유학자 13인이 말하
다』(사계절, 2007),『제국의 논리에서 마음의 탐구로: 중국철학 이야기 제2
권』(책세상, 2006),『맹자: 유학을 위한 철학적 변론』(태학사, 2005),『유
교적 공공성과 타자』(공저)(연세대 국학연구원 사회인문학총서, 혜안,
2014),『스승 이통과의 만남과 대화: 연평답문』(공역)(이학사, 2006) 등.

류제동

중앙대학교 철학연구소 전임연구원 및 성공회대학교 신학연구원 연구교수
저 · 역서:
『하느님과 일심: 윌프레드 캔트웰 스미스의 종교학과 대승기신론의 만남』(한
국학술정보, 2007),『텅 빈 충만: 공의 하느님』(John Cobb 외 저, 황경훈 ·
류제동 역, 우리신학연구소, 2009),『보리수 가지치기: 비판불교를 둘러싼 폭
풍』(Jamie Hubbard 외 저, 류제동 역, 씨아이알, 2015).

박혜경

대만 장영대학교 구약신학 조교수
대표 저서:
Why Not Her? A Form and Literary-Critical Interpretation of the
Named and Unnamed Women in the Elijah and Elisha Narratives (The
Peter Lang Publishing Group, 2015),

신익상

성공회대학교 신학연구원 연구교수
대표 저서
『변선환 신학 연구』(모시는사람들, 2012), 『제3세대 토착화신학』(모시는
사람들, 2010)(공저), 『신학의 저항과 탈주』(모시는사람들, 2010)(공저),
『종교 속의 철학 철학 속의 종교』(문사철, 2013)(공저), 『남겨진 자들의 신
학』(동연, 2015)(공저), 『세월호 이후 신학』(모시는사람들, 2015)(공저),
『과학으로 신학하기』(모시는사람들, 2015)(역서)

이숙진

성공회대학교 신학연구원 연구교수
대표 저서
『한국기독교와 여성정체성』(한들, 2006), 『미디어와 여성신학』(동연, 2012,
공저), 『박근혜 정부의 탄생과 신학적 성찰』(동연, 2013, 공저), 『21세기 자
본주의와 대안적 세계화』(문화과학사, 2007, 공저), 『한국여성종교인의 현
실과 젠더문제』(동연, 2014, 공저) 등.